# बच्चों के अधिकार और बालश्रम

# बच्चों के अधिकार और बालश्रम

सुभाष शर्मा

क्षिप्रा शर्मा

वाणी प्रकाशन

प्रकाशन के उत्कृष्टतम 63 वर्ष

vaniprakashan.com

पेपरबैक पहला संस्करण 2026

वाणी प्रकाशन
4695, 21-ए, दरियागंज, नयी दिल्ली-110 002
फ़ोन : + 91 11 23273167, 23275710
शाखाएँ
अशोक राजपथ, पटना-800 004, बिहार
कॉफ़ी हाउस कैम्पस, महात्मा गांधी मार्ग, प्रयागराज-211 001, उत्तर प्रदेश
महात्मा गांधी अन्तरराष्ट्रीय हिन्दी विश्वविद्यालय, वर्धा-442 001, महाराष्ट्र
sales@vaniprakashan.in
vaniprakashan@gmail.com

Bachchon Ke Adhikar Aur Balshram
*by* Subhash Sharma
Kshipra Sharma

ISBN : 978-93-5828-388-4
Social Studies



मूल्य : ₹ 500



*आर. टेक ऑफ़सेट, दिल्ली-110 032 में मुद्रित*

*वाणी प्रकाशन का लोगो मक़बूल फ़िदा हुसैन की कूची से*

# यह बच्चा किसका बच्चा है?

यह बच्चा कैसा बच्चा है?
यह बच्चा काला-काला-सा
यह काला-सा, मटियाला-सा
यह बच्चा भूखा-भूखा-सा
यह बच्चा सूखा-सूखा-सा
यह बच्चा किसका बच्चा है?
यह बच्चा कैसा बच्चा है?
जो रेत पर तन्हा बैठा है
ना इसके पेट में रोटी है
ना इसके तन पर कपड़ा है
ना इसके सर पर टोपी है
ना इसके पैर में जूता है
ना इसके पास खिलौनों में
कोई भालू है, कोई घोड़ा है
ना इसका जी बहलाने को
कोई जोरी है, कोई झूला है
ना इसकी जेब में धेला है
ना इसके हाथ में पैसा है
ना इसके अम्मी-अब्बू हैं
ना इसके आपा-खाला हैं
यह सारे जग में तन्हा है

यह बच्चा क्या कुछ कहता है?
यह दुनिया कैसी दुनिया है?
यह दुनिया किसकी दुनिया है?
हम जिस आदम के बेटे हैं
यह उस आदम का बेटा है
यह आदम एक ही आदम है
वह गोरा है या काला है
यह धरती एक ही धरती है
यह दुनिया एक ही दुनिया है
सब इक दाता के बन्दे हैं
सब बन्दों का इक दाता है
कुछ पूरब-पश्चिम फ़र्क नहीं
इस धरती पर हक़ सबका है
यह तन्हा बच्चा बेचारा
यह बच्चा जो यहाँ बैठा है
इस बच्चे की कहीं भूख मिटे
(क्या मुश्किल है, हो सकता है)
इस बच्चे को कहीं दूध मिले
(हाँ! दूध यहाँ बहुतेरा है)
इस बच्चे का कोई तन ढाँके
(क्या कपड़ों का यहाँ तोड़ा है?)

यह बच्चा कैसा बच्चा है?
यह बच्चा कैसा बैठा है?
यह बच्चा कब से बैठा है?
यह बच्चा क्या कुछ पूछता है?

इस बच्चे को कोई गोद में ले
(इन्सान जो अब तक ज़िन्दा है)
फिर देखिए कैसा बच्चा है!
यह कितना प्यारा बच्चा है!

**–इब्ने इंशा**

# भूमिका

भारत में बाल मज़दूरी की समस्या अत्यन्त जटिल एवं विकराल है। विभिन्न इलाकों में, भिन्न-भिन्न व्यवसायों में और भिन्न-भिन्न शर्तों पर, बाल मज़दूर काम करते रहे हैं जिसका लेखा-जोखा विस्तार से यहाँ दिया गया है। किन्तु इस मामले में जितनी बार, जितनी तरह से, जाँच-पड़ताल एवं विश्लेषण किया जाएगा, उतनी बार उतने नये और उलझे हुए आयाम प्रकाश में आएँगे। इसलिए प्रस्तुत पुस्तक में यह प्रयास किया गया है कि भारत के विभिन्न क्षेत्रों में समाजशास्त्रियों, अर्थशास्त्रियों, स्वयंसेवी संस्थाओं, जन-प्रतिनिधियों, प्रशासकों, तथा अन्तरराष्ट्रीय संगठनों द्वारा जो विशिष्ट अध्ययन किए गए हैं, उनमें पाई गई मुख्य विशेषताओं का उल्लेख हो। फिर भी यह दावा नहीं किया जा सकता है कि इस पुस्तक में सभी क्षेत्रों के सभी अध्ययनों को शामिल किया गया है क्योंकि ऐसा करना न तो मेरा अभीष्ट रहा है और न सीमित साधनों से ऐसा करना मुमकिन ही है। फिर भी समाजशास्त्र का विद्यार्थी होने के नाते, श्रमायुक्त बिहार, तथा प्रधान सचिव, श्रम संसाधन विभाग, बिहार के रूप में अनुभव प्राप्त करने, एवं साहित्यकार के रूप में अपनी जनपक्षधर संवेदना के कारण प्रथम लेखक ने इस विषय के कई अनछुए पहलुओं को समेकित रूप से प्रस्तुत करने का विनम्र प्रयास किया है। भारत के बाल मज़दूरों पर विस्तार से लिखी गई हिन्दी में यह पहली पुस्तक है, जिसमें बाल मज़दूरी: एक दृष्टिकोण, भारत में बच्चों की स्थिति, बच्चों के अधिकार एवं राष्ट्रीय बालनीति, बाल श्रम: विधान एवं संविधान, बाल श्रम क्यों? (सैद्धान्तिक एवं व्यावहारिक पक्ष), बाल श्रम शोषण के स्वरूप एवं परिणाम, परिवार, लोक समाज, एवं सरकार के सरोकार, इक्कीसवीं सदी में बाल मज़दूरी की

चुनौतियाँ, वर्तमान बनाम भविष्य, कल नहीं, आज जैसे मुद्दों पर एक साथ चर्चा की गई है। यह प्रयास किया गया है कि यह पुस्तक समाजशास्त्र, श्रम एवं समाज कल्याण, तथा श्रम अर्थशास्त्र के अध्यापकों एवं विद्यार्थियों, प्रशासकों, स्वयंसेवी संस्थाओं, सामाजिक कार्यकर्त्ताओं, एवं रुचि-सम्पन्न पाठकों के लिए किसी न किसी रूप में अवश्य उपयोगी होगी।

ज्ञातव्य है कि 2016 में बाल श्रम संशोधन अधिनियम के पारित होने के कारण उसकी प्रमुख विशेषताओं को इसमें शामिल कर लिया गया है। आज यह पूरी शिद्दत के साथ महसूस किया जाता है कि 14 वर्ष के नीचे की उम्र के बच्चों से कोई भी कार्य कराना, जिससे उनकी शिक्षा और खेल-कूद बाधित होता है, वह बाल श्रम का ही एक रूप है। अब सारे पूर्णकालिक या अंशकालिक कार्य बच्चों के बचपन की प्रगति को बाधित करते हैं, तथा नियोजकों या परिवारों या अन्य संस्थाओं/व्यक्तियों द्वारा उन्हें हुनर सिखाने का तर्क-कुतर्क पूर्णतः बेमानी है। जिन बच्चों के हाथों में खेलने-कूदने के लिए गेंद, खिलौने आदि होने चाहिए या पढ़ने के लिए पुस्तकें, क़लम आदि होने चाहिए, उनके हाथों में काम करने का कोई औजार, उपकरण आदि देखकर मन और हृदय विचलित हो जाता है। बचपन में काम करने के लिए मज़बूर बच्चे आगे चलकर कोई कुशल श्रमिक नहीं बन पाते और कम मज़दूरी पर आजीवन काम करने को विवश रहते हैं। अस्तु, बाल मज़दूरी प्रथा को जड़ से ख़त्म करना परिवार, लोक समाज, एवं शासन-प्रशासन के लिए परम आवश्यक है। आइये, हम सभी मिल-जुलकर इस महत्वपूर्ण कार्य को अंज़ाम दें। अब और देरी नयी पीढ़ी को रसातल में ले जायेगी, तथा देश के भावी कर्णधार इस अक्षम्य अपराध के लिए बड़ों-बुज़ुर्गों, शासकों-प्रशासकों, ग़ैर-सरकारी संगठनों, स्वयंसेवियों, अध्यापकों, धर्मगुरुओं, जनप्रतिनिधियों आदि को कभी माफ़ नहीं करेंगे। तब हम सबको पछताने के सिवाय कुछ भी हाथ नहीं लगेगा। इसलिए हम सभी उदासीनता, निष्क्रियता, और 'पर उपदेश कुशल बहुतेरे' की प्रवृत्ति को छोड़कर सहयोग करें, कानूनों का कार्यान्वयन सुनिश्चित करायें, और व्यष्टि से समष्टि की ओर बढ़ने की हर सम्भव कोशिश करें। भविष्य के साथ-साथ वर्तमान में किसी तरह जीवन-यापन कर रहे बच्चों के बारे में समानुभूति सब में होनी चाहिए। 12 जून, 2024 के विश्व

बाल श्रम विरोध दिवस का विषय था: 'आइये हम सब अपनी प्रतिबद्धताओं पर कार्य करें: बाल श्रम समाप्त करें।'

इस पुस्तक के प्रकाशन में बहुत सारे मित्रों, सहयोगियों, और कर्मियों का अप्रत्यक्ष योगदान सराहनीय रहा है जिनमें प्रो. के. एल. शर्मा, डॉ. राजीव रंजन गिरि, डॉ. बी. के. सिंह, डॉ. विजय चौधरी, अनन्त कुमार सिंह, जवाहर पाण्डेय, आदि विशेष रूप से उल्लेखनीय हैं। यहाँ व्यक्त विचार हमारे निजी हैं।

1 जनवरी, 2026

**डॉ. सुभाष शर्मा**
**डॉ. क्षिप्रा शर्मा**

# अनुक्रम

# समर्पण

उन साहसी बच्चों को
जो रख दिए हैं अपना बचपन गिरवी
जो संघर्ष कर रहे हैं
देश के भविष्य के लिए
जो जी रहे हैं वर्तमान के लिए
(अतीत के लिए नहीं)।
जिन्हें सही काम चाहिए
जिन्हें सही दाम चाहिए
जिन्हें सही हक़ चाहिए
जिन्हें सही न्याय चाहिए
जिन्हें चाहिए जीने का,
जिन्हें चाहिए विकास का,
जिन्हें चाहिए सुरक्षा का,
जिन्हें चाहिए सहभागिता का
समग्र अधिकार।
उनका लौटा दे बचपन
परिवार, सरकार, और समाज
लेकिन कल नहीं, आज.....

# 1

# बाल मज़दूरी : एक समग्र दृष्टिकोण

जब कोई बच्चा (18 वर्ष से कम उम्र का) किसी प्रकार के नियोजन में (पूर्णकालिक या आंशिक रूप से) लगा रहता है और उसके एवज में भुगतान पाने की आशा रखता है, भले कम ही भुगतान हो-तो वह बाल मज़दूर कहलाता है। अर्थात् अपने घर-परिवार से हटकर दूसरे के अधीन आर्थिक लाभ (नगद या वस्तु के रूप में) पाने के लिए वह काम करता है। कभी-कभी आधा भुगतान उसे मिलता है, और कभी-कभी भोजन-कपड़ा के अलावा कुछ भी नहीं मिलता। प्राय: हर भाषा में और हर देश में ऐसा कहा और सुना जाता है कि 'बच्चे राष्ट्र के भावी कर्णधार होते हैं', 'बच्चे राष्ट्र के भविष्य हैं', 'आज का बच्चा कल का नागरिक है', 'बच्चा आदमी का बाप होता है' (चाइल्ड इज द फादर ऑव मैन)। लेकिन हम इन जुमलों की निरर्थकता पर मर्माहत होकर कभी-कभी सोचते हैं कि हमारे समाज के पहले और वर्तमान कर्णधार कथनी और करनी में दोहरा मापदण्ड अपनाकर दोगली भाषा क्यों बोलते हैं? अन्यथा जिस गति से भारत के विभिन्न क्षेत्रों में आज़ादी के पूर्व से लेकर आज तक लाखों बच्चे तमाम तरह के शोषण के शिकार हो रहे हैं, उनके विरुद्ध सभी तबकों द्वारा कम-से-कम जन-आन्दोलन की शुरुआत काफ़ी पहले हो जानी चाहिए थी, किन्तु जन-आन्दोलन की बात कौन करे, हर क्षेत्र में एवं हर तबके में बच्चों के प्रति परानुभूति एवं प्रचण्ड संवेदना तक अभिव्यक्त नहीं की जाती।

जिन बच्चों की ओर मेरा इशारा है, उन्हें समाज के तथाकथित ठेकेदार 'बाल मज़दूर' की संज्ञा देते हैं। कहीं-कहीं तो इन बच्चों के परिवारों द्वारा दिए गये नाम गुमनामी के अन्धकार में लुप्त हो गये हैं, और समाज इन्हें उनके लिंग के आधार पर मात्र 'ऐ लड़का' या 'ऐ लड़की' अथवा उनके कद या

शारीरिक गठन के हिसाब से 'छोटू' या 'मोटू' या 'नाटे', आदि नामों से पुकारता है। कहीं-कहीं उन्हें 'चवन्नी' या 'अठन्नी' या 'अद्धा' भी कहा जाता है। यानी इन बच्चों से हम लोगों ने न सिर्फ़ इनका बचपन छीन लिया है बल्कि उन्हें अपना एक प्यारा-सा नाम रखने के अधिकार से भी वंचित कर दिया है (जबकि 'मानव अधिकारों की सार्वभौमिक घोषणा' 1948 में सभी को नाम का भी अधिकार प्राप्त है) क्योंकि हमारे देश के ये तमाम बच्चे अल्पायु में ही अपने बचपन को गिरवी रखकर काग़ज़ के चन्द टुकड़ों से ख़रीद लिये जाने पर बंधुआ मज़दूर बनकर उत्पादन की विभिन्न प्रक्रियाओं से अपने को जोड़ लेते हैं और उनके भार से वे इतना दब जाते हैं कि जवानी का एहसास किए बिना बचपन से सीधे बुढ़ापे में पहुँच जाते हैं। फिर बचपन भी कहाँ? जिन बच्चों के हाथों में खिलौने, काग़ज़-कलम, कॉपी-क़िताब, स्लेट-पेन्सिल होनी चाहिए थी, उन हाथों में औरों के जूते पॉलिश करने के ब्रश, दूसरों के पढ़ने के लिए स्लेट-निर्माण की सामग्रियाँ, पत्थर तोड़ने के हथौड़े अथवा दरी-कालीन बुनने के लिए धागों का जाल होता है जिसके मकड़जाल में उनकी ज़िन्दगी पिसती रहती है। जिन बच्चों को माँ-बाप की गोद में होना चाहिए था या भाई-बहन की बाँहों में जिनका दुलार होना चाहिए था, वे भयंकर शीतलहरी, तपती दोपहरी, और घनघोर वर्षा के थपेड़ों के शिकार होते हैं। वे मिट्टी के दीये या मोमबत्ती जलाकर दीवाली नहीं मनाते बल्कि अपना बचपन सुलगाकर, उँगलियाँ जलाकर, अमीर बच्चों की दीवाली के उत्सव के लिए पटाखे या मोमबत्ती या अगरबत्ती बनाते हैं। उनका 'अपना उत्सव' नहीं होता बल्कि दूसरे के उत्सव के लिए वे अपना सर्वस्व न्यौछावर कर देते हैं। फुटपाथों और नुक्कड़ों से लेकर होटलों, दुकानों, प्रतिष्ठानों, और कारखानों में काम करने वाले संघर्षशील बच्चे ख़ुद अँधेरी काली कोठरी में रहकर दूसरों को रोशनी देने के लिए माचिस बनाते हैं। बड़े लोगों के लिए बहुमूल्य दरी-कालीन बुनने वाले इन बच्चों को ओढ़ने-बिछाने के लिए चिथड़े भी मयस्सर नहीं होते। जिन बच्चों को खेलने के लिए बगीचों की हरियाली और खुले आकाश के नीचे साफ़-सुथरे मैदान, तथा पढ़ने के लिए उपयोगी और सृजनशील विद्यालय नसीब होने चाहिए थे, वे सिर्फ़ होटलों के जूठन, मोटर गैरेजों की कालिखों, और कारखानों की चिमनियों के धुएँ में मरने के लिए अस्थायी रूप से जीने

को मज़बूर होते हैं और जिन्हें परिवार, समाज, और सरकार उपेक्षित करने से बाज नहीं आती। वस्तुत: वे मर-मर कर जीते हैं।

सन् 1997 भारत देश की जनता और व्यवस्था दोनों के लिए अत्यन्त महत्त्वपूर्ण था क्योंकि हम सभी भारतीय अपनी अमूल्य आज़ादी की स्वर्ण-जयन्ती उस वर्ष मना रहे थे। उसके बाद हम इक्कीसवीं सदी के ढाई दशक बिता चुके हैं। आज़ादी के 75 वर्ष भी पूरे हो चुके हैं। ऐसे में अब ज़रूरी है कि हम पीछे मुड़कर यह भी देखें कि पिछले 75 वर्षों में हमने क्या खोया, क्या पाया? यहाँ आर्थिक, सामाजिक, राजनीतिक आदि क्षेत्रों में उन्नति-अवनति पर विस्तार में चर्चा किए बिना भारतीय समाज रूपी उद्यान के बालक और बालिका रूपी कलियों की खिलखिलाहट अथवा मुरझाहट पर एक नज़र तो डाल ही सकते हैं। भारत में बाल श्रमिक समस्या अत्यन्त जटिल है लेकिन यह सिर्फ़ भारत की समस्या नहीं, बल्कि यह एक अन्तरराष्ट्रीय परिघटना है। यद्यपि संख्या में भारत में जितने बाल मज़दूर हैं, उतने समूचे विश्व में किसी देश में नहीं हैं। फिर भी 2001 में भारत में कुल बाल मज़दूर यहाँ की पूरी आबादी के मात्र 5.2 प्रतिशत थे जबकि तुर्की में तब यह प्रतिशत 27.3, थाईलैण्ड में 20.9, बंगलादेश में 19.5, ब्राजील में 18.8, पाकिस्तान में 16.6, इण्डोनेशिया में 12.4, मास्को में 11.5, मिस्र में 8.2, अर्जेन्टाइना में 6.6  प्रतिशत था। एकमात्र पड़ोसी देश श्रीलंका में यह प्रतिशत भारत से कम था अर्थात् वहाँ मात्र 4.9 प्रतिशत बाल मज़दूर थे। मग़र 2011 की जनगणना में भारत में कुल 1.01 करोड़ बाल मज़दूर (56 लाख बालक और 45 लाख बालिकायें) (5-14 वर्ष) पाये गये। यह कुल आबादी का 0.8 प्रतिशत था, तब उस उम्र-समूह में भारत में कुल 25.964 करोड़ बच्चे थे। 2011 में पूरे विश्व में 21.7 करोड़ बच्चे मज़दूरी करते थे। अन्तरराष्ट्रीय श्रम संगठन के अनुसार पूरी दुनिया में कृषि में सबसे ज़्यादा बाल मज़दूर (60 प्रतिशत) हैं। दूसरी ओर संयुक्त राष्ट्र खाद्य एवं कृषि संगठन के अनुसार 70 प्रतिशत बाल मज़दूर कृषि एवं आनुषंगिक कार्यों में लगे हैं। कृषि के अलावा अन्य अनौपचारिक कार्यों में भी बाल मज़दूर कार्यरत हैं। अन्तरराष्ट्रीय श्रम संगठन की 2017 की रिपोर्ट के अनुसार 2016 में पूरी दुनिया में 15.2 करोड़ बाल मज़दूर थे और भारत में तब 1.29 करोड़ बाल मज़दूर थे। अन्तरराष्ट्रीय श्रम

संगठन के अनुसार बाल श्रम की परिभाषा यूँ है: 'ऐसी कार्य दशाएं जहाँ बच्चे, अपने, तथा अपने परिवारों के जीविकोपार्जन के लिए नियमित रूप से काम करने के लिए बाध्य होते हैं। इसके परिणामस्वरूप वे शैक्षिक, आर्थिक एवं सामाजिक रूप से पिछड़े रहते हैं, और उनकी कार्यदशा, उनके स्वास्थ्य, और उनके शारीरिक तथा मानसिक विकास के लिए हानिप्रद तथा शोषक होती है। ये बच्चे अपने परिवारों से अलग रहते हैं, और अक्सर शैक्षिक एवं प्रशिक्षण अवसरों से वंचित होते हैं, तथा वे अपरिपक्व रूप से वयस्क जीवन जीने के लिए बाध्य होते हैं'। इस प्रकार घर या उसके बाहर काम करने से बच्चे अपने बचपन, अपनी क्षमता, अपनी गरिमा, स्वत्व आदि से वंचित हो जाते हैं, और ये काम शारीरिक, मानसिक, सामाजिक या नैतिक रूप से बच्चों के लिए हानिकारक होते हैं, तथा विद्यालय में शिक्षा के अवसर से उन्हें वंचित कर देते हैं। खेतों-खलिहानों, दुकानों या कारखानों में काम करने से बच्चों के सपने चकनाचूर हो जाते हैं। किन्तु आश्चर्य है कि कुछ विकसित देशों की साम्राज्यवादी सोच है कि भारत से निर्यात किए जाने वाले उत्पादों, ख़ासकर कालीन, का बहिष्कार किया जाए, तथा इसमें बाल मज़दूरों के संलग्न होने के कारण भारत के विरुद्ध प्रतिबन्ध लगाया जाए। ज्ञातव्य है कि विश्व बाज़ार में भारतीय कालीन की गुणवत्ता, मूल्य आदि बेहतर होने के नाते उसकी माँग अधिक है। यही कारण है कि 1995 में जर्मनी और संयुक्त राज्य अमरीका ने 48 करोड़ डॉलर की क़ीमत के भारतीय कालीन का आयात किया था, जो भारत द्वारा किए गये पूरे कालीन निर्यात का 80 प्रतिशत था। बाद में जर्मनी ने भारतीय कालीनों के आयात के न केवल बहिष्कार की घोषणा की थी बल्कि तथाकथित स्वयंसेवी संस्थाओं (भारतीय एवं विदेशी दोनों) को बड़े पैमाने पर भारत में बाल श्रम के विरोध में प्रचार-प्रसार करने के लिए धनराशि भी दी थी। यहाँ तक कि उन लोगों ने भारत के कई विपक्षी सांसदों से सम्पर्क कर उन्हें प्रचार-प्रसार सामग्री एवं उपहार आदि दिए, तथा संसद सत्र में बाल मज़दूरी प्रथा के विरुद्ध ज़ोरदार विरोध करने का अनुरोध किया। दूसरे, कुछ वर्षों से संयुक्त राज्य अमेरिका भी भारतीय कालीनों आदि के प्रतिबन्ध पर विचार कर रहा है। संयुक्त राज्य अमेरिका ने पूर्व में भी भारत को क्रायोजेनिक इंजन की प्रौद्योगिकी देने से इन्कार कर दिया था, तथा रूस पर भी दबाव डाल रहा था

कि वह उक्त प्रौद्योगिकी भारत को हस्तान्तरित न करे। उसी प्रकार 'भारत इलेक्ट्रॉनिक्स लिमिटेड' पर भी संयुक्त राज्य अमरीका ने आर्थिक प्रतिबन्ध लगाया। 1998 में पोखरण विस्फोट होने के कारण संयुक्त राज्य अमरीका, जापान तथा अन्य कुछ देशों ने भी भारत पर आर्थिक प्रतिबन्ध लगाये थे जिन्हें उन्होंने बाद में उठा लिये। 2025 में संयुक्त राज्य अमरीका के राष्ट्रपति डोनाल्ड ट्रम्प ने भारत से जाने वाली वस्तुओं पर टैरिफ काफी बढ़ा दिया।

यह विशेष रूप से उल्लेखनीय है कि जिस जर्मनी ने भारत के कालीनों का बहिष्कार किया, वहाँ के कुछ लोग ने भारत के कुछ ग़ैर-सरकारी संगठनों की मदद से एक जर्मन-भारतीय निर्यात संवर्द्धन संघ की स्थापना की और इस संघ ने बाल मज़दूर-विरोधी संगठनों के साथ मिलकर एक 'रुगमार्क प्रतिष्ठान' का गठन किया, जो इस आशय का प्रमाण-पत्र ज़ारी करता है कि अमुक करघे द्वारा निर्मित कालीन में बाल मज़दूरों को नहीं लगाया गया था। इस प्रतिष्ठान ने भारत के लगभग 2,500 निबन्धित कालीन उत्पादकों में से मात्र 58 को यह प्रमाण-पत्र दिया (द स्टेट ऑव द वर्ल्ड्स चिल्ड्रेन 1997, युनिसेफ)। उक्त प्रतिष्ठान का प्रमाणन भारतीय कालीन उद्योग को बुरी तरह प्रभावित करता रहा है। इसलिए भारत सरकार और यहाँ के कालीन निर्यातकों ने एक कनसोरटियम का गठन किया है जिसने अलग से अपना प्रमाण-पत्र 'कालीन' देना शुरू कर दिया है, जिसका आशय है कि उक्त कालीन के निर्माण में बाल मज़दूर नहीं लगे थे। कालीन-निर्यातकों का यह कहना बिल्कुल सही है कि दूर-दराज़ के गाँवों में स्थित उन छोटे-छोटे करघों के मालिकों पर निगरानी रखना असम्भव है जो, वास्तव में, कालीन की बुनाई करते हैं। दूसरे, उक्त प्रतिष्ठान द्वारा किए गये औचक निरीक्षण त्रुटिहीन नहीं होते हैं। तीसरे, उसमें भी भ्रष्टाचार की गुंजाइश बनी रहती है क्योंकि बिखरे हुए 13,000 करघों का स्थल-निरीक्षण करना बहुत कठिन है। फिर भी 1995 में 'रुगमार्क प्रतिष्ठान' के निरीक्षण में 408 करघों पर 760 बाल मज़दूर अवैध रूप से काम करते हुए पाए गये थे, जिन्हें रुगमार्क ने पूर्व में लाइसेंस दिया था। इसलिए सितम्बर 1996 तक उक्त प्रतिष्ठान ने 164 करघों का लाइसेंस रद्द कर दिया। 'रुगमार्क प्रतिष्ठान' कालीनों की कुल ख़रीद के बाज़ार-मूल्य का एक प्रतिशत आयातकों से बाल मज़दूरों के विद्यालय एवं प्रशिक्षण आदि

के लिए वसूल लेता है और निर्यातकों से बिक्री मूल्य का 0.25 प्रतिशत लेता है जिससे निरीक्षण आदि का ख़र्च चलता है। उक्त प्रतिष्ठान ने सितम्बर 1990 में भदोही में एक विद्यालय खोला था और मिर्जापुर में अक्टूबर, 1996 में एक विद्यालय खोला था। इस प्रकार विकास कार्य नगण्य रहा जबकि ज़्यादा जोर विनियमन (रेशुलेशन) पर रहा।

यह तथ्य भी महत्त्वपूर्ण है कि भारत जैसे विकासशील देशों से होने वाले निर्यातों का बाल मज़दूर के नाम पर बहिष्कार करना एक अतिवादी राजनीतिक एवं साम्राज्यवादी सोच का प्रतीक है क्योंकि विकासशील देशों के समूचे निर्यात-उद्योगों में बहुत कम बाल मज़दूर नियोजित हैं। मुश्किल से 5 प्रतिशत बाल मज़दूर निर्यातोन्मुखी व्यवसायों में हैं, बाकी 95 प्रतिशत बच्चे ग़ैर-निर्यातोन्मुखी उद्योगों एवं अन्य कार्यों में काम करते हैं। इसलिए उक्त बहिष्कार का कोई मायने नहीं है। इतना ही नहीं, बाल मज़दूरों द्वारा उत्पादित सामानों का 90 से 95 प्रतिशत अपने देश में ही खप जाता है। तीसरे, हमें इस यथार्थ पर भी ध्यान देना होगा कि ख़तरनाक कार्यों में लगे बच्चों को वहाँ से हटाने पर उनके परिवारों को वैकल्पिक जीविका के साधन दें और उनका विद्यालयों में दाख़िला करायें वरना वे पहले से भी बदतर कठिनतम परिस्थितियों में काम करने के लिए मज़बूर हो जायेंगे। जैसा कि बांग्लादेश में वस्त्र उद्योग में लगे बाल मज़दूरों को 1992 में संयुक्त राज्य अमरीका द्वारा प्रतिबन्ध की धमकी दिए जाने पर अचानक हटा दिया गया था क्योंकि बांग्लादेश के वस्त्र-उद्योग का क़रीब 60 प्रतिशत संयुक्त राज्य अमरीका को निर्यात होता था। इस अचानक कार्रवाई से कुछ बाल मज़दूर पहले से भी और ज़्यादा ख़तरनाक एवं असुरक्षित कर्मशालाओं में काम करने लगे, और बालिका-मज़दूर वेश्यावृत्ति करने को मज़बूर हो गयीं। इसलिए यह आवश्यक है कि हम ऐसे बाल मज़दूरों की शिक्षा की व्यवस्था के साथ-साथ उनकी पारिवारिक आय बढ़ाने की भी हरसम्भव कार्रवाई करें।

बाल मज़दूरी प्रथा के कई कारण हैं लेकिन मुख्य कारण ग़रीबी, अशिक्षा, वयस्कों की बेरोज़गारी, तथा कम मज़दूरी दर है। इसलिए विभिन्न विभागों के समन्वय से विकास एवं कल्याण कार्यक्रमों का सीधा लाभ बाल मज़दूरों के परिवारों को मिलना चाहिए। इतना ही नहीं, ऐसे ग़रीब एवं वंचित परिवारों को

स्वास्थ्य, पोषाहार, सार्वजनिक वितरण प्रणाली के माध्यम से सस्ते खाद्यान्न, कपड़े तथा अन्य आवश्यक वस्तुएँ उपलब्ध कराई जायें जिससे उन परिवारों में मृत्यु-दर और जन्म-दर कम हो, तथा उनकी औसत उम्र बढ़े। इसके साथ-साथ उन ग़रीब परिवारों के वृद्धों को सामाजिक सुरक्षा पेंशन की व्यवस्था सुनिश्चित की जाए अन्यथा बाल श्रम-उन्मूलन की घोषणा मात्र काग़ज़ी ही रह जाएगी। इसके लिए शासन/प्रशासन में इच्छाशक्ति एवं प्रतिबद्धता पैदा करनी होगी, जिससे वे ग़रीबी-उन्मूलन कार्यक्रमों और स्वास्थ्य, कल्याण, चिकित्सा आदि सम्बन्धी कार्यक्रमों से बाल मज़दूरों के परिवारों को सहभागी के रूप में जोड़ें, तथा उन्हें पूरी पारदर्शिता से लाभान्वित करें।

हमारा अनुभव है कि विभिन्न राज्यों में बाल श्रम कानूनों के कार्यान्वयन में शिथिलता बरती जाती है। कुछ राज्यों में हर प्रखण्ड (ब्लॉक) में श्रम निरीक्षक (श्रम प्रवर्तन अधिकारी) का पद ही सृजित नहीं है, तथा सभी जिलों और प्रमण्डलों (कमिश्नरियों) में श्रम विभागीय अधिकारी पदस्थापित नहीं होते। दूसरे, उनका समुचित प्रशिक्षण एवं उन्मुखीकरण बाल श्रमिकों के प्रति सकारात्मक रुख़ वाला नहीं होता। शुरू से उद्योगपतियों और कारखानों के मालिकों के साथ उठते-बैठते, और विभिन्न हितों के लिए उपकृत होने के कारण उनमें से अधिकांश में बाल-श्रम (प्रतिषेध एवं विनियमन) अधिनियम 1986 तथा बाल मज़दूर (प्रतिषेध एवं विनियमन) संशोधन अधिनियम, 2016 और बाल मज़दूर (प्रतिषेध एवं विनियमन) संशोधन नियमाली, 2017 के तहत कारखानों का गहन निरीक्षण करने, तथा दोषी पाए गये नियोजकों के विरुद्ध अभियोजन की कार्रवाई करने का नैतिक साहस नहीं होता। तीसरे, यह अत्यन्त अफ़सोसजनक है कि बाल मज़दूर रखने वाले नियोजकों के विरुद्ध कार्रवाई करने की क्या वैधानिक प्रक्रिया है यथा-किस प्रपत्र में निरीक्षण प्रतिवेदन दर्ज़ करना है? किस प्रकार नियोजकों को नोटिस निर्गत करनी है? किस प्रकार न्यायालयों में अभियोजन दायर करना है? किस प्रकार साक्ष्य जुटाना है? आदि बिन्दुओं की सही-सही जानकारी अधिकांश श्रम निरीक्षकों, कारखाना निरीक्षकों, श्रमाधीक्षकों, सहायक/उप श्रमायुक्तों को नहीं रहती है जिसके कारण यदि औपचारिकतावश निरीक्षण कार्य भी कर लिये जाते हैं, तो पाए गये

उल्लंघनों के लिए नियोजकों के विरुद्ध समय पर अभियोजन दायर नहीं किए जाते, और यदि दायर भी किए जाते हैं, तो उन मुकदमों में सक्रियता न बरतने के कारण एवं अनुसंधान करने वाले पुलिस अधिकारियों, तथा न्यायालय के पीठासीन अधिकारियों की अकर्मण्यता/असंवेदनशीलता से अभियोजन प्रायः विफल हो जाता है। यही कारण है कि अरुणाचल प्रदेश, मध्य प्रदेश, महाराष्ट्र, मेघालय, नागालैण्ड, ओडिशा, राजस्थान, दिल्ली, बिहार, जम्मू-कश्मीर, त्रिपुरा आदि राज्यों में दायर किए गये प्रायः सभी अभियोजन विफल हो जाने के कारण किसी भी नियोजक को बाल श्रम अधिनियम 1986 के तहत दंडित नहीं किया जा सका, और अधिकांश राज्यों में दायर किए गये अभियोजनों का विचारण (ट्रायल) अत्यन्त धीमी गति से होने के कारण अधिकांश मामले वर्षों से लम्बित हैं। इतना ही नहीं, उक्त अधिनियम के अधीन राज्य सरकारों द्वारा बाल श्रम नियमावली बनाई जानी चाहिए थी, किन्तु कई राज्यों में ससमय बाल श्रम नियमावली ही नहीं बनाई गयी जिसके कारण वैधिक एवं तकनीकी आधारों पर अभियोजन विफल होता रहा है।

हमारा यह भी मानना है कि भारतीय संविधान के खण्ड-4 (नीति निर्देशक सिद्धान्त) की धारा-45 के तहत संविधान लागू होने के 10 वर्षों के अन्दर 14 वर्ष से नीचे के सभी बच्चों को मुफ़्त एवं अनिवार्य शिक्षा उपलब्ध कराई जानी थी किन्तु आज़ादी मिलने के लगभग 62 वर्ष बीत जाने के बावजूद (2009 तक) हम इस लक्ष्य से कोसों दूर थे। 2009 में बच्चों का निःशुल्क एवं अनिवार्य शिक्षा का अधिकार अधिनियम (संसद से पारित होने पर) बना, तथा 1 अप्रैल, 2010 से बच्चों का निःशुल्क एवं अनिवार्य शिक्षा का अधिकार अधिनियम (कानून) पूरे भारत में लागू हो गया जिसके तहत 14 वर्ष तक के सभी बच्चों को अनिवार्य एवं मुफ़्त शिक्षा दिये जाने का प्रावधान है। यह अनिवार्य शिक्षा औपचारिक होनी चाहिए क्योंकि अनौपचारिक, वैकल्पिक, समानान्तर, या अंशकालिक शिक्षा के नाम पर सर्वशिक्षा अभियान के तहत शिक्षा मित्रों की नियुक्ति प्रायः न्यायप्रद नहीं है क्योंकि वे प्रशिक्षित नहीं होते, उन्हें कम वेतन मिलता है, उनकी सेवा अस्थायी होती है, तथा उन्हें तमाम विद्यार्थी/अभिभावक गम्भीरता से नहीं लेते। दरअसल बच्चों का शैक्षिक पाठ्यक्रम आकर्षक, उत्पादनशील एवं रोज़गारोन्मुखी हो, तथा पढ़ाने का

तौर-तरीक़ा बाल-केन्द्रित, सहज, समावेशी तथा प्राकृतिक वातावरण से अन्तः सम्बन्ध बनाये।

ऐसा अनुभव है कि बाल मज़दूरी प्रथा का उन्मूलन सिर्फ़ सरकारी कार्यक्रमों से नहीं हो सकता। इसके लिए समाज के सभी तबकों यथा स्वयंसेवी संस्थाओं, बुद्धिजीवियों, पत्रकारों, श्रमिक संघों, सामाजिक कार्यकर्त्ताओं, शिक्षकों, सरकारी कर्मचारियों आदि को एकजुट होकर प्रयास करना होगा। किन्तु अफ़सोस है कि विगत वर्षों में 'स्वयंसेवी' संस्थाओं की जगह ग़ैर-सरकारी संगठनों ने ले ली है जिनका मुख्य उद्देश्य प्रायः केन्द्र और राज्य सरकारों से निधि प्राप्त करना, अथवा विदेशी सरकारों/ग़ैर-सरकारी संगठनों से धनराशि प्राप्त करना है। इन संगठनों में पूर्व की स्वयंसेवी संस्थाओं की-सी निष्ठा, तथा सर्वोदय, अन्त्योदय, आमूलचूल भूमि-सुधार, सामाजिक परिवर्तन, और सामाजिक-आर्थिक न्याय के प्रति प्रतिबद्धता नहीं रह गयी है। भारत सरकार के श्रम मंत्रालय के निदेशक ने एक बार हमसे कहा था कि बाल श्रमिकों के लिए विशेष विद्यालय चलाने हेतु जितने ग़ैर-सरकारी संगठनों को पिछले कुछ वर्षों में धनराशि आबंटित की गयी है, उसके आलोक में उनकी प्रगति अत्यन्त असन्तोषजनक रही है, और उनका भौतिक एवं वित्तीय प्रगति प्रतिवेदन भी नियमित रूप से प्राप्त नहीं होता है। इसी वज़ह से कुछ संस्थानों के विरुद्ध कार्रवाई भी की गयी। 2014 से 2020 के दौरान भारत सरकार ने क़रीब बीस हज़ार ग़ैर-सरकारी संगठनों का निबन्धन तमाम अनियमिततायें (विशेषकर शर्तों के उल्लंघन) पाये जाने के कारण रद्द कर दिया। बिहार सरकार के निबन्धन विभाग ने भी काग़ज़ पर चल रही तमाम संस्थाओं का निबन्धन रद्द किया। इसके अलावा अधिकांश श्रमिक संघों की भूमिका इस मामले में प्रायः उदासीन रही है। मुश्किल से एक-दो श्रमिक संघ ने बाल मज़दूरी प्रथा के विरुद्ध अपनी आवाज़ निरन्तर उठायी है। बिहार में सीटू और एटक श्रमिक संघों द्वारा बाल मज़दूरों के बारे में छिटपुट सेमिनार आयोजित किए गये थे किन्तु कोई गम्भीर एवं संगठित प्रयास नहीं किया गया। यहाँ तक कि पश्चिम बंगाल, जहाँ वामपन्थी आन्दोलन विशेष रूप से सक्रिय रहा है, में भी बाल मज़दूरों की स्थिति बेहतर नहीं रही है, और सिर्फ़ कोलकाता महानगर में एक लाख से अधिक बच्चे फुटपाथों पर अपना जीवन-यापन करते हैं। लगभग यही

स्थिति चेन्नई, दिल्ली, बंगलुरू, मुम्बई, हैदराबाद, अहमदाबाद, जयपुर, सूरत जैसे महानगरों में भी है। फिर भी बाल मज़दूरों के लिए ठोस कार्य वहाँ भी नहीं किया गया है। ऐसा प्रतीत होता है कि अधिकांश राज्यों के श्रमिक संघ, राजनीतिक दलों के पिछलग्गू बन गये हैं, और नयी आर्थिक नीति के तहत उदारीकरण लागू होने, पूर्वी यूरोप में समाजवाद के पतन, श्रमिक कुलीनता, तथा श्रमिक संघों के नियमित एवं खुले चुनाव न होने के कारण अधिकांश श्रमिक संघ मज़दूरों के सामान्य हितों, तथा बाल मज़दूरों के विशेष हितों, के प्रति शिथिल एवं उदासीन होते गये हैं, जिन्हें पूर्व की तरह पुन: सक्रिय होने की ज़रूरत है। इसका एक सटीक उदाहरण बिहार का है (जिसका प्रथम लेखक को प्रत्यक्ष अनुभव रहा है) जहाँ एक श्रमिक संघ का महासचिव एक बिस्किट निर्माण कम्पनी के प्रबन्धन से मिल गया, जब कि तमाम मज़दूर उसके विरुद्ध खुले आम आन्दोलन कर रहे थे।

इस प्रकार हम देखते हैं कि भारत देश में बाल मज़दूरों की समस्या अत्यन्त जटिल एवं बहुआयामी है जिसका निदान भी बहुआयामी ही हो सकता है। 2008 में भारत में पाँच लाख रोज़गार (संगठित क्षेत्र) ख़त्म हो गये। 2020 में कोविड-19 नामक महामारी के कारण पूरे देश में क़रीब दो करोड़ रोज़गार ख़त्म हो गये, तथा बेरोज़गारी दर 7 प्रतिशत हो गयी। कुछ राज्यों में बेरोज़गारी की स्थिति बदतर हो गयी-बिहार में 47 प्रतिशत, तमिलनाडु में 49.8 प्रतिशत, झारखंड में 47 प्रतिशत; दूसरी ओर उसी समय पंजाब में 2.9 प्रतिशत, छत्तीसगढ़ में 3.4 प्रतिशत, और तेलंगाना में 6.2 प्रतिशत बेरोज़गारी थी (सेंटर फॉर मॉनिटरिंग ऑव इंडियन इकोनॉमी)। इस प्रकार स्पष्ट है कि उदारीकरण, निजीकरण, एवं भूमंडलीकरण से न विदेशी पूँजी निवेश अप्रत्याशित रूप से बढ़ा, न तकनीकी क्षमता ज़्यादा बढ़ी, और न संगठित रोज़गार की औसत दर बढ़ी; यद्यपि असंगठित एवं अनौपचारिक निजी क्षेत्रों में कुछ रोज़गार बढ़े हैं किन्तु उससे बेरोज़गारी पर ज़्यादा चोट नहीं हो सकी। इसका असर बाल मज़दूरों और उनके परिवारों पर निश्चित रूप से पड़ा है क्योंकि जैसी हमारी नीतियाँ और हमारे कार्यक्रम होंगे, उसी के अनुरूप उनके परिणाम भी होंगे। यदि हम भविष्य के कर्णधारों में वर्तमान में आर्थिक, सामाजिक, शैक्षिक, सांस्कृतिक, एवं स्वास्थ्य सम्बन्धी निवेश नहीं करेंगे, तो अन्तत: "बोया

बीज बबूल के, आम कहाँ से होय" वाली कहावत अक्षरश: चरितार्थ होगी। जैसा कि विश्वप्रसिद्ध भारतीय अर्थशास्त्री प्रो. अमर्त्य सेन ने ठीक ही कहा है–"आप वही फसल काटते हैं जिसका बीज आपने बोया है। आप कदापि वह फसल नहीं काट सकते जिसका बीज आपने बोया ही नहीं।" किस प्रकार सरकारी-अर्द्धसरकारी क्षेत्रों में बाल मज़दूर कार्यरत हैं, इसकी पुष्टि तीन उदाहरणों से होती है–पहला, अप्रैल-मई 2009 के लोकसभा चुनाव में बिहार के भागलपुर जिले में कई बच्चों से इलेक्ट्रॉनिक वोटिंग मशीनें ढुलवायी गयी जिसका पर्दाफाश होने पर भारत के निर्वाचन आयोग ने ऐसा न करने का निर्देश सभी राज्यों को दिया था। दूसरा, मई 2009 में बंगलूरू मेट्रो रेल कार्पोरेशन में कई बाल मज़दूर ठेकेदारों के अधीन काम करते हुए पाये गये-ये झारखंड और पश्चिम बंगाल से ले जाये गये थे जिन्हें कम मज़दूरी दी जा रही थी। उनके माँ-बापों को कुछ अग्रिम देकर ठेकेदारों ने इन बाल मज़दूरों को नियोजित किया था। इसकी पोल एक ग़ैर-सरकारी संगठन (पर्यावरण समर्थन समूह) ने खोली। तीसरा, दिल्ली, जयपुर, मुम्बई, चेन्नई, हैदराबाद जैसे महानगरों में तमाम बाल मज़दूर अभी भी कार्यरत हैं। दिल्ली में 'बचपन बचाओ आन्दोलन' की पहल पर जनवरी-मार्च 2023 में 200 बाल मज़दूर कई प्रतिष्ठानों/कार्यस्थलों से निकाले गये जो प्रतिकूल परिस्थितियों में कार्य कर रहे थे। उच्च न्यायालय, दिल्ली को 'बचपन बचाओ आन्दोलन' ने 27 मार्च (2023) को इसे सूचित किया था (द टाइम्स ऑव इंडिया, 28 मार्च 2023)। चौथे, मई 2024 में गाज़ियाबाद (उत्तर प्रदेश) में दसना मांसाहार कारखाने से 57 बँधुआ बाल मज़दूरों (31 बालिकाएँ और 26 बालक) को राष्ट्रीय बाल अधिकार संरक्षण आयोग (नई दिल्ली) के हस्तक्षेप से पुलिस ने निकाला। ये बच्चे बिहार और पूर्वी उत्तर प्रदेश के थे। पाँचवें, इसके अलावा जुलाई 2024 में सरस्वती बिहार (दिल्ली) के कारखाने से 23 बच्चों (14 बालक एवं 9 बालिकाएँ) को निकाला। ये बच्चे बिहार और पूर्वी उत्तर प्रदेश के थे। हर साल की तरह इस बार भी 'विश्व बाल मज़दूरी-विरोधी दिवस' 12 जून को विज्ञापन प्रकाशित करके, गोष्ठी आदि करके मनाया गया। मगर मूर्त रूप से कोई नयी ठोस कार्य योजना नहीं बनी।

# 2

# बच्चों के अधिकार एवं राष्ट्रीय बाल-नीति

इस अध्याय में बच्चों के अधिकार, जो संयुक्त राष्ट्र द्वारा स्वीकृत हैं; तथा राष्ट्रीय बालनीति पर विचार किया जायेगा। संयुक्त राष्ट्र महासभा द्वारा 20 नवम्बर, 1989 को बाल अधिकार सम्मेलन में निम्नलिखित प्रस्ताव पारित किए गये थे:

## इस समझौते में शामिल देश

यह मानते हुए कि संयुक्त राष्ट्र घोषणा-पत्र के सिद्धान्तों के अनुसार समूचे मानव-समुदाय की अन्तर्निहित गरिमा और सभी के सम्मान और अहरणीय अधिकारों की मान्यता ही विश्व में स्वाधीनता, न्याय, और शान्ति का आधार है।

यह समझते हुए कि संयुक्त राष्ट्र घोषणा-पत्र को मानने वाले राष्ट्रों ने मूलभूत मानव अधिकारों और मानवीय गरिमा तथा सम्मान के प्रति आस्था व्यक्त की है, तथा व्यापक स्वाधीनता के वातावरण में सामाजिक प्रगति और जीवन के बेहतर मानकों को बढ़ावा देने का संकल्प व्यक्त किया है।

यह मानते हुए कि संयुक्त राष्ट्र ने मानव अधिकारों की विश्वव्यापी घोषणा तथा मानव अधिकारों की अन्तरराष्ट्रीय प्रसंविदाओं में यह घोषणा की है और सहमति व्यक्त की है कि हर व्यक्ति को जाति, वर्ण, लिंग, भाषा, धर्म, राजनीति अथवा अन्य राय, राष्ट्रीय अथवा सामाजिक उद्‌गम, सम्पत्ति, जन्म या हैसियत जैसे किसी भी भेदभाव के बिना इस घोषणा और प्रसंविदाओं में प्रदत्त अधिकार और स्वाधीनताएँ प्राप्त हैं।

इस बात को पुनः स्मरण करते हुए कि मानव अधिकारों की सार्वभौमिक घोषणा के अन्तर्गत, संयुक्त राष्ट्र ने कहा है कि बचपन पर विशेष ध्यान और सहायता की आवश्यकता है।

इस बात पर सहमत होते हुए कि परिवार, समाज का मूलभूत समूह है, और इसके सभी सदस्यों, विशेषत: बच्चों, के विकास और ख़ुशहाली के लिए इसे आवश्यक संरक्षण और सहायता मिलनी चाहिए ताकि यह समाज में अपना दायित्व पूर्ण रूप से निभा सके।

यह मानते हुए कि बच्चे के व्यक्तित्व के पूर्ण और सुसंगत विकास के लिए उसे परिवार के बीच ख़ुशी, प्रेम और आपसी समझ-बूझ के वातावरण में बढ़ना चाहिए।

यह समझते हुए कि बच्चे को समाज में अपने विशिष्ट व्यक्तित्व के साथ जीने को तैयार किया जाना चाहिए, और उसका लालन-पालन संयुक्त राष्ट्र घोषणा-पत्र के आदर्श की भावना, ख़ास तौर से शान्ति, गरिमा, सहिष्णुता, स्वाधीनता, समता, और परस्पर एकता की भावना के अनुरूप होना चाहिए।

यह याद रखते हुए कि बच्चों पर विशेष ध्यान देने की आवश्यकता सबसे पहले 1924 में बाल अधिकारों के बारे में जेनेवा घोषणा, और फिर 20 नवम्बर, 1959 को (संयुक्त राष्ट्र) महासभा द्वारा पारित 'बाल अधिकारों की घोषणा' में व्यक्त की गयी; इसे मानव अधिकारों की सार्वभौमिक घोषणा (1948), नागरिक और राजनीतिक अधिकारों की अन्तरराष्ट्रीय प्रसंविदा (1966) (विशेषत: अनुच्छेद 23 तथा 24 में), अन्तरराष्ट्रीय आर्थिक, सामाजिक और सांस्कृतिक अधिकार प्रसंविदा (विशेषत: अनुच्छेद 10 में), तथा बच्चों के कल्याण से जुड़ी विशिष्ट एजेन्सियों और अन्तरराष्ट्रीय संस्थानों के सम्बंद्ध विधानों और प्रपत्रों में मान्यता दी गयी।

बाल अधिकार घोषणा में कही गयी इस बात को याद रखते हुए कि शारीरिक तथा मानसिक रूप से अपरिपक्व होने के कारण, बच्चे को सुरक्षा के विशेष उपायों और देखभाल की आवश्यकता है, इसमें जन्म से पूर्व तथा बाद में भी समुचित कानूनी संरक्षण शामिल हैं।

माता-पिता के अलावा अन्य व्यक्ति द्वारा पालन-पोषण और गोद लेने-देने के राष्ट्रीय और अन्तरराष्ट्रीय नियमों के विशेष सन्दर्भ में बच्चों के संरक्षण और कल्याण से सम्बद्ध सामाजिक और कानूनी सिद्धान्तों की घोषणा, बच्चों के मामले में न्याय प्रणाली के बारे में संयुक्त राष्ट्र मानक न्यूनतम नियम (पेइचिंग

नियमों) और आपात स्थिति, तथा सशस्त्र संघर्ष की स्थिति में महिलाओं और बच्चों के संरक्षण के बारे में घोषणा को फिर याद करते हुए।

यह समझते हुए कि विश्व के सभी देशों में अत्यन्त कठिन परिस्थितियों में अनेक बच्चे रह रहे हैं, और इन पर विशेष ध्यान दिया जाना ज़रूरी है।

बच्चों के संरक्षण और सुसंगत विकास के लिए प्रत्येक राष्ट्र की परम्पराओं और सांस्कृतिक मूल्यों का पूरा ध्यान रखते हुए प्रत्येक देश में, ख़ासतौर से विकासशील देशों में, बच्चों के जीने की स्थितियों में सुधार के काम में अन्तरराष्ट्रीय सहयोग के महत्त्व को समझते हुए निम्न बातों पर सहमत हुए:

## परिभाषाः

(अनुच्छेद-1)

इस समझौते के परिप्रेक्ष्य में, बच्चे से तात्पर्य 18 वर्ष से कम आयु के प्रत्येक मनुष्य से है, बशर्ते कि बच्चे पर प्रयोज्य कानूनों के अन्तर्गत बच्चा इस उम्र से पहले वयस्कता प्राप्त नहीं कर लेता।

## अधिकारों का सम्मान, भेदभाव नहीं:

(अनुच्छेद-2)

1. इस समझौते में शामिल देश अपने अधिकार-क्षेत्र में प्रत्येक बच्चे के लिए बच्चे अथवा उसके माता-पिता अथवा कानूनी अभिभावक की जाति, वर्ण, लिंग, भाषा, धर्म, राजनीतिक तथा अन्य विचार, राष्ट्रीय, जातीय अथवा सामाजिक उद्‌गम, सम्पत्ति, विकलांगता, जन्म और हैसियत के किसी भी भेदभाव के बिना इस समझौते में प्रदत्त अधिकारों का सम्मान करेंगे और इन्हें सुनिश्चित करेंगे।

2. समझौते में शामिल देश यह सुनिश्चित करने के सभी उचित उपाय करेंगे कि बच्चे के माता-पिता कानूनी अभिभावकों अथवा परिवारजनों की हैसियत, गतिविधियों, व्यक्त विचारों अथवा विश्वासों के कारण बच्चे को किसी भी प्रकार का भेदभाव या दण्ड न झेलना पड़े।

## बच्चों के सर्वोत्तम हितों की प्राथमिकता:

(अनुच्छेद-3)

1. बच्चों से सम्बद्ध सभी कार्यों, चाहे वे निजी अथवा सार्वजनिक सामाजिक कल्याण संस्थाओं, अदालतों, प्रशासनिक अधिकारियों, अथवा विधायी निकायों द्वारा किए जायें, बच्चे के सर्वोत्तम हितों पर सबसे पहले ध्यान दिया जाएगा।

2. समझौते में शामिल देश बच्चे के कल्याण के लिए आवश्यक संरक्षण और देखभाल सुनिश्चित करेंगे, और ऐसा करने में उसके माता-पिता, कानूनी अभिभावकों अथवा उसके लिए ज़िम्मेदार व्यक्तियों के अधिकारों तथा कर्त्तव्यों का ध्यान रखेंगे, और इस काम के लिए सभी उपयुक्त विधायी तथा प्रशासनिक उपाय करेंगे।

3. समझौते में शामिल देश यह सुनिश्चित करेंगे कि बच्चों की देखभाल और संरक्षण के लिए ज़िम्मेदार संस्थाएँ, सेवाएँ और सुविधाएँ, कर्मचारियों की संख्या, उपयुक्तता और उचित निरीक्षण के मामले में सक्षम अधिकारियों द्वारा ख़ास तौर से सुरक्षा और स्वास्थ्य जैसे क्षेत्रों में निर्धारित मानकों के अनुरूप हों।

## परिवार, अभिभावक एवं अन्य का दायित्व:

(अनुच्छेद-4 एवं 5)

समझौते में शामिल देश माता-पिता अथवा (जहाँ लागू हो) स्थानीय रीति-रिवाजों के अनुसार बृहद् परिवार अथवा समुदाय के सदस्यों, कानूनी अभिभावकों अथवा बच्चे के लिए कानूनी तौर पर ज़िम्मेदार अन्य व्यक्तियों के ऐसे दायित्वों, अधिकारों और कर्तव्यों का, बच्चे की उभरती क्षमताओं के अनुरूप, सम्मान करेंगे, जिन दायित्वों, अधिकारों और कर्तव्यों का, बच्चों द्वारा इस्तेमाल किए जाने में उचित दिशा निर्देश मिलते हैं।

## जीने का अधिकार:

(अनुच्छेद-6)

1. समझौते में शामिल देश मानते हैं कि हर बच्चे को जीने का जन्मजात अधिकार है।

2. समझौते में शामिल देश मानते हैं कि हर बच्चे के जीवित रहने के और विकास को सुनिश्चित करने का हर सम्भव प्रयास करेंगे।

## जन्म का पंजीकरण, नाम एवं राष्ट्रीयता का अधिकार:

(अनुच्छेद-7)

1. जन्म के तुरन्त बाद ही बच्चे का पंजीकरण करा लिया जाएगा, और जन्म से ही उसे अपना नाम होने, एक राष्ट्रीयता प्राप्त करने, तथा जहाँ तक सम्भव हो, माता-पिता द्वारा उचित देखभाल किए जाने, तथा यह जानने का अधिकार होगा कि उसकी देखभाल हो रही है।

2. समझौते में शामिल देश यह सुनिश्चित करेंगे कि अपने-अपने राष्ट्रीय कानूनों और सम्बद्ध अन्तरराष्ट्रीय विधानों को मानने के दायित्वों के अन्तर्गत बच्चों को ये अधिकार मिल सके, ख़ास तौर पर ऐसी स्थिति में जब बच्चा राष्ट्रीयता से विहीन हो जाए।

## अस्मिता का अधिकार:

(अनुच्छेद-8)

1. समझौते में शामिल देश विधि-सम्मत रूप से राष्ट्रीय, नाम और पारिवारिक सम्बन्धों सहित बच्चे की अस्मिता के अधिकार का सम्मान करेंगे और इसमें कोई अवैध हस्तक्षेप नहीं होने देंगे।

2. अगर किसी बच्चे को उसकी अस्मिता के कुछ या सभी घटकों से ग़ैर-कानूनी तरीक़े से वंचित किया गया हो, तो समझौते में शामिल देश उसकी अस्मिता को जल्द-से-जल्द बहाल करने के लिए उपयुक्त सहायता और संरक्षण प्रदान करेंगे।

## माँ-बाप के साथ रहने का अधिकार:

(अनुच्छेद-9)

1. समझौते में शामिल देश यह सुनिश्चित करेंगे कि माता-पिता की इच्छा के खिलाफ़ बच्चा उनसे अलग न किया जाए, केवल ऐसे मामलों को छोड़कर, जब सक्षम अधिकारी प्रयोज्य कानून और प्रक्रियाओं के अन्तर्गत

न्यायिक समीक्षा के बाद निर्धारित करें कि किसी बच्चे का माता-पिता से अलग रहना उसके सर्वोत्तम हित में है। ऐसा निर्धारण ऐसे विशिष्ट मामले में आवश्यक हो सकता है जब माता-पिता द्वारा बच्चे के साथ दुर्व्यवहार अथवा उसकी उपेक्षा की जाए, अथवा माता-पिता के अलग-अलग रहने की स्थिति में बच्चे के निवास-स्थान के बारे में फैसला करना अनिवार्य हो जाए।

2. इस अनुच्छेद के पैराग्राफ 1 के अन्तर्गत किसी भी कार्यवाही के दौरान इसमें भाग लेने के इच्छुक सभी पक्षों को कार्यवाही में भाग लेने और अपने विचार व्यक्त करने का मौका दिया जाएगा।

3.समझौते में शामिल देश माता-पिता से या किसी एक से अलग रखे गये बच्चे के इस अधिकार का सम्मान करेंगे कि वह माता और पिता दोनों से नियमित रूप से व्यक्तिगत सम्बन्ध और सीधा सम्पर्क रख सके, बशर्ते कि ऐसा करना बच्चे के सर्वोत्तम हितों के प्रतिकूल न हो।

4.अगर समझौते में शामिल देश की किसी कार्रवाई जैसे नज़रबन्दी, कैद, देश-निकाला, निर्वासन, अथवा मृत्यु (राज्य की हिरासत के दौरान किसी भी कारण से व्यक्ति की मृत्यु सहित) के कारण माता-पिता या इनमें से किसी एक को बच्चे से अलग होना पड़ता है, तो समझौते में शामिल देश, अनुरोध किए जाने पर, माता-पिता या बच्चे अथवा उचित होने पर परिवार के अन्य सदस्य को परिवार से अलग सदस्य (सदस्यों) के निवास आदि के बारे में जानकारी देगा, बशर्ते कि ऐसी जानकारी देना बच्चे के हित के प्रतिकूल न हो। समझौते में शामिल देश यह भी सुनिश्चित करेंगे कि ऐसी जानकारी माँगने पर सम्बद्ध व्यक्ति (व्यक्तियों) को कोई बुरे परिणाम न झेलने पड़ें।

## परिवार से पुनर्मिलन का अधिकारः

(अनुच्छेद-10)

1. अनुच्छेद 9 के पैराग्राफ 1 के अन्तर्गत समझौते में शामिल देशों के दायित्वों के अनुरूप, अगर किसी देश को परिवार के पुनर्मिलन के लिए उस देश को छोड़ने या उसमें आने के लिए बच्चे अथवा उसके माता-पिता का आवेदन प्राप्त होता है, तो समझौते में शामिल देश ऐसे आवेदनों पर सकारात्मक, मानवीय, और तुरन्त कार्रवाई करेंगे। समझौते में शामिल देश

यह भी सुनिश्चित करेंगे कि ऐसा आवेदन करने पर आवेदकों और उनके परिवारजनों को बुरे परिणाम न झेलने पड़ें।

2. अगर किसी बच्चे के माता-पिता अलग-अलग देशों में रहते हैं तो उसे, असाधारण परिस्थितियों को छोड़कर, माता-पिता दोनों से नियमित रूप से निजी सम्बन्ध और सीधा सम्पर्क रखने का अधिकार होगा। इस उद्‌देश्य की प्राप्ति और अनुच्छेद 9 पैराग्राफ 2 के तहत समझौते में शामिल देशों के दायित्वों के अन्तर्गत, ये देश अपने देश सहित किसी भी देश को छोड़ने तथा अपने देश में प्रवेश करने वाले बच्चे और उसके माता-पिता के अधिकार का सम्मान करेंगे। लेकिन देश को छोड़ने का अधिकार ऐसे प्रतिबन्धों से बाधित होगा, जो प्रतिबन्ध कानून द्वारा लगाए गये हों, और जो राष्ट्रीय सुरक्षा, सार्वजनिक व्यवस्था, सार्वजनिक स्वास्थ्य, नैतिकताओं, और अन्य व्यक्तियों के अधिकारों को बनाए रखने के लिए आवश्यक हों, और इस समझौते में माने गये अन्य अधिकारों के अनुरूप हों।

## अवैध रूप से विदेश भेजे जाने से सुरक्षा का अधिकारः

(अनुच्छेद-11)

1. समझौते में शामिल देश बच्चों को ग़ैर-कानूनी तरीक़े से विदेश भेजे जाने, और उनके वापस नहीं लौटने की घटनाओं को रोकने के लिए कदम उठाएँगे।

2. इस उद्‌देश्य के लिए, समझौते में शामिल देश नए द्विपक्षीय और बहुपक्षीय समझौते करने, तथा वर्तमान समझौते को बढ़ावा देने के प्रयास करेंगे।

## विचारों की अभिव्यक्ति का अधिकारः

(अनुच्छेद-12)

1. अपने विचार बना सकने वाले बच्चे को समझौते में शामिल देश आश्वस्त करेंगे कि उससे जुड़े हर मुद्‌दे पर स्वतन्त्र रूप से अपने विचार व्यक्त करने का उसे अधिकार है। बच्चे की आयु तथा परिपक्वता के अनुरूप उसके विचारों को पर्याप्त महत्त्व दिया जाएगा।

2. इस उद्देश्य के लिए, बच्चे को ख़ास तौर से, बच्चे से सम्बद्ध किसी न्यायिक या प्रशासनिक कार्यवाही के दौरान, राष्ट्रीय कानून के प्रक्रियात्मक नियमों के अन्तर्गत स्वयं अथवा किसी प्रतिनिधि अथवा उचित संस्था के माध्यम से अपनी बात कहने का अवसर दिया जाएगा।

## अभिव्यक्ति की स्वतन्त्रता का अधिकार:

(अनुच्छेद-13)

1. बच्चे को अभिव्यक्ति की स्वतन्त्रता का अधिकार होगा। इस अधिकार में बिना किसी सीमा के, मौखिक, लिखित अथवा मुद्रित रूप में, कला-रूप में अथवा बच्चे की पसन्द के किसी और माध्यम से, सभी प्रकार की जानकारी और विचार माँगने, प्राप्त करने और दूसरों को बताने की आज़ादी का अधिकार होगा।

2. यह अधिकार कुछ प्रतिबन्धों के तहत हो सकता है, लेकिन यह प्रतिबन्ध केवल कानूनी तथा आवश्यक होने चाहिए:

(क) अन्य व्यक्तियों के अधिकारों अथवा प्रतिष्ठा के लिए।

(ख) राष्ट्रीय सुरक्षा, सार्वजनिक व्यवस्था, सार्वजनिक स्वास्थ्य अथवा नैतिकता के लिए।

## धार्मिक स्वतन्त्रता का अधिकार:

(अनुच्छेद-14)

1. समझौते में शामिल देश बच्चों के विचारों, अन्तरात्मा और धर्म की आज़ादी के अधिकारों को सुनिश्चित करेंगे।

2. समझौते में शामिल देश, बच्चे की उभरती क्षमताओं के अनुरूप अपने अधिकार के इस्तेमाल के लिए माता-पिता अथवा (जहाँ प्रयोज्य हो) कानूनी अभिभावकों के बच्चे को दिशा देने के अधिकारों और कर्त्तव्यों का सम्मान करेंगे।

3. अपने धर्म अथवा विश्वासों के प्रदर्शन की आज़ादी पर कानून द्वारा निर्धारित ऐसी सीमाएं हो सकती हैं जो सार्वजनिक सुरक्षा, सार्वजनिक व्यवस्था, सार्वजनिक स्वास्थ्य, अथवा नैतिकताओं, अथवा अन्य लोगों के मूलभूत अधिकारों तथा स्वतन्त्रताओं को बनाए रखने के लिए ज़रूरी हैं।

## एकत्र होने तथा संगठन बनाने की स्वतन्त्रता का अधिकारः

(अनुच्छेद-15)

1. समझौते में शामिल देश संगठन बनाने की आज़ादी तथा शान्तिपूर्ण तरीक़े से एकत्र होने की बच्चों की आज़ादी के अधिकार को स्वीकार करते हैं।

2. इन अधिकारों के कार्यान्वियन में ऐसे प्रतिबन्धों को छोड़कर, अन्य कोई प्रतिबन्ध नहीं लगाए जा सकते, जो प्रतिबन्ध कानून के अनुरूप हों, और जो किसी लोकतान्त्रिक समाज में राष्ट्रीय सुरक्षा अथवा सार्वजनिक सुरक्षा, सार्वजनिक व्यवस्था, सार्वजनिक स्वास्थ्य अथवा नैतिकताओं के संरक्षण, अथवा अन्य लोगों के अधिकारों और स्वतन्त्रताओं को बनाए रखने के लिए आवश्यक हों।

## निजता का अधिकारः

(अनुच्छेद-16)

1. किसी भी बच्चे की निजता, परिवार, घर, और पत्र-व्यवहार पर मनमाने और ग़ैर कानूनी ढंग से हस्तक्षेप नहीं किया जाएगा। उसके सम्मान और प्रतिष्ठा पर ग़ैरकानूनी तरीक़े से हमला भी नहीं किया जाएगा।

2. बच्चे को ऐसे हस्तक्षेपों और हमलों के खिलाफ़ कानूनों के संरक्षण का अधिकार है।

## देश-विदेश से सूचना पाने का अधिकारः

(अनुच्छेद-17)

समझौते में शामिल देश जन-संचार माध्यमों की महत्त्वपूर्ण भूमिका को स्वीकार करते हैं और यह सुनिश्चित करेंगे कि बच्चे को अनेक राष्ट्रीय तथा अन्तरराष्ट्रीय स्रोतों से सूचना और सामग्री मिले, ख़ास तौर पर ऐसे स्रोतों से, जो बच्चे के सामाजिक, आध्यात्मिक और नैतिक हित, तथा शारीरिक और मानसिक स्वास्थ्य को बढ़ावा देने से सम्बद्ध हैं। इस उद्देश्य के लिए, समझौते में शामिल देशः

(क) जन-संचार माध्यमों को बच्चे के सामाजिक और सांस्कृतिक हित के लिए, और अनुच्छेद 29 की भावना के अनुरूप सूचना और सामग्री देने को प्रोत्साहित करेंगे।

(ख) अनेक सांस्कृतिक, राष्ट्रीय, और अन्तरराष्ट्रीय स्रोतों से ऐसी सामग्री के निर्माण, प्राप्ति और आदान-प्रदान के लिए अन्तरराष्ट्रीय सहयोग को बढ़ावा देंगे।

(ग) बाल-पुस्तकों के प्रकाशन और उनको बच्चों तक सुलभ कराने को बढ़ावा देंगे।

(घ) अल्पसंख्यक अथवा आदिम वर्गों के बच्चों की भाषागत आवश्यकताओं पर विशेष ध्यान रखने के लिए जन-संचार माध्यमों को प्रोत्साहित करेंगे।

(ङ) अनुच्छेद 13 और 18 के प्रावधानों को ध्यान में रखते हुए, बच्चों के हित के प्रतिकूल सूचना और सामग्री से उसके बचाव के लिए उचित दिशा-निर्देश तैयार करने के काम में जन-संचार माध्यमों को प्रोत्साहित करेंगे।

## देखभाल और विकास का अधिकार:

(अनुच्छेद-18)

1. समझौते में शामिल देश इस सिद्धान्त की मान्यता सुनिश्चित करने का हर सम्भव प्रयास करेंगे कि बच्चे की देखभाल और विकास की, माता और पिता दोनों की समान ज़िम्मेदारी है। बच्चे की देखभाल और विकास की प्राथमिक ज़िम्मेदारी माता-पिता अथवा (परिस्थिति के अनुरूप) कानूनी अभिभावकों की है। बच्चे का सर्वोत्तम हित ही उनकी बुनियादी चिन्ता होनी चाहिए।

2. इस समझौते में प्रदत्त अधिकारों को सुनिश्चित करने और बढ़ावा देने के लिए, समझौते में शामिल देश माता-पिता और कानूनी अभिभावकों को उचित सहायता देंगे ताकि वे बच्चे की देखभाल की ज़िम्मेदारियाँ निभा सकें। समझौते में शामिल देश बच्चों पर उचित ध्यान देने के लिए संस्थाओं, सुविधाओं, और सेवाओं के विकास को भी सुनिश्चित करेंगे।

## हिंसा, चोट, अपमान, दुर्व्यवहार और शोषण से सुरक्षा का अधिकार:

(अनुच्छेद-19)

1. समझौते में शामिल देश ऐसे सभी उचित विधायी, प्रशासनिक, सामाजिक, और शैक्षिक उपाय करेंगे जिनसे माता-पिता (अथवा माता या पिता), कानूनी अभिभावक (अभिभावकों), और अन्य किसी व्यक्ति की देख-

रेख में रह रहे बच्चों को सभी प्रकार की शारीरिक और मानसिक हिंसा, चोट अथवा अपमान, उपेक्षा अथवा उपेक्षाजनक व्यवहार, दुर्व्यवहार अथवा शोषण, जिसमें यौन-शोषण शामिल है, से बचाया जा सके।

2. संरक्षण के इन उपायों में औचित्य के अनुसार, बच्चे और उसकी देखभाल करने वालों को आवश्यक सहायता देने के लिए सामाजिक कार्यक्रम बनाने की प्रभावी प्रक्रियाएँ भी शामिल हैं। इन उपायों में बच्चों से दुर्व्यवहार रोकने तथा ऐसे दुर्व्यवहार का पता लगाने, रिपोर्ट किए जाने वाले उपयुक्त अधिकारी को विचारार्थ सौंपे जाने, जाँच, उपचार, दुर्व्यवहार के बाद के घटनाक्रम पर नज़र रखना और उचित होने पर न्यायिक कार्यवाही भी शामिल है।

## विशेष संरक्षण एवं सहायता का अधिकारः

(अनुच्छेद-20)

1. अगर किसी बच्चे को अस्थायी अथवा स्थायी रूप से अपने पारिवारिक वातावरण में भेजा जाना उचित नहीं है, तो ऐसी स्थिति में वह बच्चा सरकार की ओर से विशेष संरक्षण और सहायता पाने का अधिकारी है।

2. समझौते में शामिल देश अपने राष्ट्रीय कानूनों के अनुरूप ऐसे बच्चे की देखभाल की वैकल्पिक व्यवस्था करेंगे।

3. इस देखभाल में, अन्य बातों के अलावा, माता-पिता का दायित्व अन्य व्यक्ति द्वारा सँभाला जाना, इस्लामी कानून के अनुसार कफाला, गोद दिया जाना और ज़रूरी होने पर बच्चे को देखभाल के लिए उचित संस्था में रखा जाना शामिल है। बच्चे की देखभाल की समस्या के समाधानों का चयन करने से बच्चे की देख-रेख की वर्तमान व्यवस्था की निरन्तरता बने रहने, तथा बच्चे की जातीय, धार्मिक, सांस्कृतिक, तथा भाषायी पृष्ठभूमि पर उचित ध्यान दिया जाएगा।

## वैधिक रूप से गोद लिये-दिये जाने का अधिकारः

(अनुच्छेद-21)

समझौते में शामिल जो देश गोद लेने की प्रथा को मान्यता देते हैं और/अथवा इसकी इज़ाज़त देते हैं, वे यह सुनिश्चित करेंगे कि इस प्रक्रिया में बच्चे के सर्वोत्तम हितों पर सर्वोपरि ध्यान दिया जाएगा और ये देश-

(क) यह सुनिश्चित करेंगे कि बच्चे का गोद दिया जाना केवल सक्षम अधिकारी द्वारा प्राधिकृत होने की स्थिति में ही हो, और यह अधिकारी प्रयोज्य कानूनों और प्रक्रियाओं के अनुसार तथा सभी सम्बद्ध और विश्वसनीय जानकारी के आधार पर निर्धारित करे कि माता-पिता, सम्बन्धियों और कानूनी अभिभावकों के साथ बच्चे के सम्बन्ध को देखते हुए गोद दिया जाना स्वीकार किया जा सकता है, तथा आवश्यक होने पर, सम्बद्ध व्यक्तियों ने गोद दिये जाने की जानकारी प्राप्त करके आवश्यक परामर्श के बाद अपनी सहमति दी है।

(ख) यह मानेंगे कि दूसरे देश में गोद दिये जाने वाले बच्चे की देखभाल का वैकल्पिक तरीक़ा तभी हो सकता है, जब बच्चे को अपने ही देश के किसी देखभाल करने वाले या गोद लेने वाले परिवार में नहीं रखा जा सकता अथवा बच्चे के अपने देश में किसी उचित तरीक़े से उसकी देखभाल नहीं की जा सकती।

(ग) यह सुनिश्चित करेंगे कि दूसरे देश में गोद दिए गये बच्चे को भी वही संरक्षण और जीवन-स्तर मिलेगा जो उसके अपने देश में गोद दिए जाने की स्थिति में उपलब्ध है।

(घ) इस बात को सुनिश्चित करने के सभी उचित कदम उठायेंगे कि दूसरे देश में गोद दिए जाने की स्थिति में, बच्चे को विदेश भेजने से इस काम में शामिल लोगों को कोई अनुचित वित्तीय लाभ न हो।

(ङ) जहाँ उचित हो, वहाँ इस अनुच्छेद के उद्देश्यों की पूर्ति के लिए द्विपक्षीय और बहुपक्षीय व्यवस्था अथवा समझौते करेंगे और इसी दायरे में यह सुनिश्चित करने का प्रयास करेंगे कि दूसरे देश में बच्चे को भेजे जाने का काम सक्षम अधिकारियों अथवा संगठनों द्वारा किया जाएगा।

## शरणार्थी के रूप में संरक्षण का अधिकारः

(अनुच्छेद-22)

1. समझौते में शामिल देश यह सुनिश्चित करने के लिए उचित प्रयास करेंगे कि अगर कोई बच्चा शरणार्थी का दर्ज़ा दिए जाने की माँग करता है, अथवा लागू होने वाले अन्तरराष्ट्रीय अथवा राष्ट्रीय कानूनों और प्रक्रियाओं

के अन्तर्गत शरणार्थी माना गया है, तो वह चाहे अपने माता-पिता अथवा अन्य किसी व्यक्ति के साथ हो अथवा न हो, उस बच्चे को उचित संरक्षण और समझौते तथा अन्य ऐसी अन्तरराष्ट्रीय मानव अधिकार अथवा मानवीय प्रसंविदाओं, जिनमें ये देश सदस्य हैं, के अनुसार मिलने वाले अधिकार दिलाने में मानवीय सहायता मिले।

2. इस उद्देश्य के लिए, समझौते में शामिल देश, जैसा उचित समझें, संयुक्त राष्ट्र तथा इसे सहयोग करने वाले अन्य सक्षम अन्त:सरकारी तथा ग़ैर-सरकारी संगठनों को सहयोग करेंगे ताकि ऐसे बच्चे को संरक्षण दिया जा सके और मदद की जा सके, और किसी शरणार्थी बच्चे के माता-पिता अथवा परिवार के अन्य सदस्यों का पता लगाया जा सके ताकि बच्चे का उसके परिवार से पुनर्मिलन के लिए आवश्यक जानकारी जुटाई जा सके। अगर माता-पिता अथवा अन्य परिवार जनों का पता न चल पाए, तो बच्चे को वही संरक्षण मिलना चाहिए जैसा किसी भी कारण से पारिवारिक वातावरण से अस्थायी अथवा स्थायी रूप से अलग हुए किसी भी बच्चे को दिए जाने की समझौते में व्यवस्था है।

## विकलांग बच्चों को गरिमा, आत्मनिर्भरता एवं सक्रिय भागीदारी का अधिकार:

(अनुच्छेद-23)

1. समझौते में शामिल देश मानते हैं कि मानसिक अथवा शारीरिक रूप से विकलांग बच्चे को पूर्ण और अच्छी ज़िन्दगी जीनी चाहिए, और इस ज़िन्दगी में गरिमा सुनिश्चित होनी चाहिए, आत्मनिर्भरता को बढ़ावा दिया जाना चाहिए, तथा समाज में बच्चे की सक्रिय भागीदारी की सुविधा होनी चाहिए।

2. समझौते में शामिल देश विशेष देखभाल पाने के दिव्यांग बच्चे के अधिकार को मानते हैं, और ये देश आवेदन किए जाने पर पात्र बच्चे और उसकी देखभाल के लिए ज़िम्मेदार लोगों को, उपलब्ध संसाधनों के अनुरूप इस तरह की सहायता को प्रोत्साहित और सुनिश्चित करेंगे जो बच्चे की स्थिति तथा उसके माता-पिता अथवा उसकी देखभाल करने वाले अन्य लोगों की परिस्थिति के अनुरूप होगी।

3. विकलांग बच्चे की विशेष आवश्यकताओं को समझते हुए इस अनुच्छेद के पैराग्राफ 2 के अनुसार दी जाने वाली सहायता, बच्चे के माता-पिता अथवा उसकी देखभाल कर रहे अन्य लोगों के वित्तीय संसाधनों को देखते हुए, यथासम्भव निःशुल्क दी जाएगी, और इस सहायता का उद्देश्य यह सुनिश्चित करना होगा कि बच्चे के लिए शिक्षा, प्रशिक्षण, स्वास्थ्य सेवाएँ, पुनर्वास सेवाएँ, रोज़गार की तैयारी, और मनोरंजन के अवसर सम्भव हो सकें, और वह इन्हें ऐसे तरीक़े से प्राप्त करे जो तरीक़ा बच्चे के यथासम्भव पूर्ण रूप से समाज में घुल-मिल सकने तथा उसके सांस्कृतिक और आध्यात्मिक विकास सहित व्यक्तिगत विकास के अनुकूल हो।

4. समझौते में शामिल देश अन्तरराष्ट्रीय सहयोग की भावना से विकलांगता रोकने के एहतियाती स्वास्थ्य सम्बन्धी उपायों तथा विकलांग बच्चों के चिकित्सकीय, मनोवैज्ञानिक और कार्य-सम्बन्धी उपचार से समुचित जानकारी का आदान-प्रदान करेंगे। इसमें पुनर्वास, शिक्षा, तथा व्यावसायिक सेवाओं सम्बन्धी जानकारी की प्राप्ति और उसे दिया जाना शामिल है। समझौते में शामिल देश इन क्षेत्रों में अपनी क्षमताएँ, कार्यकुशलता और अनुभव बढ़ा सकें, इस बाबत विकासशील देशों की आवश्यकताओं का विशेष ध्यान रखा जाएगा।

## स्वास्थ्य सुविधाएँ पाने का अधिकारः

(अनुच्छेद-24)

1. समझौते में शामिल देश बीमारी के उपचार और फिर स्वस्थ होने के लिए उच्चतम हरसम्भव स्वास्थ्य-सम्बन्धी मानक तथा सुविधाएँ प्राप्त करने के बच्चे के अधिकार को मान्यता देते हैं। समझौते में शामिल देश यह सुनिश्चित करने का प्रयास करेंगे कि किसी भी बच्चे को ऐसी स्वास्थ्य सेवाएँ पाने के अधिकार से वंचित न होना पड़े।

2. समझौते में शामिल देश इस अधिकार के पूर्ण कार्यान्वयन का प्रयास करेंगे और विशेष रूप से, इन क्षेत्रों में उचित उपाय करेंगे-

(क) शिशु तथा बाल-मृत्यु समाप्त करना।

(ख) स्वास्थ्य सम्बन्धी प्राथमिक देखभाल पर विशेष बल होते हुए सभी बच्चों को आवश्यक चिकित्सा सेवा तथा स्वास्थ्य की देखभाल उपलब्ध और सुनिश्चित करना।

(ग) बीमारी और कुपोषण को दूर करने के प्रयास करना; इसमें स्वास्थ्य सम्बन्धी प्रारम्भिक देखभाल के दायरे में, अन्य बातों के अलावा, तुरन्त और आसानी से उपलब्ध प्रौद्योगिकी के ज़रिए, और पर्याप्त पौष्टिक भोजन, और साफ़ पेयजल उपलब्ध करके, और पर्यावरण प्रदूषण के ख़तरों को पूरी तरह ध्यान में रखते हुए बीमारी और कुपोषण दूर करने के प्रयास शामिल हैं।

(घ) बच्चे के जन्म से पूर्व और बाद में माताओं के लिए उपयुक्त स्वास्थ्य-सम्बन्धी देखभाल सुनिश्चित करना।

(ङ) यह सुनिश्चित करना कि समाज के सभी वर्गों, ख़ास तौर से बच्चों और उनके माता- पिताओं को बाल-स्वास्थ्य और पोषण की बुनियादी बातों, स्तनपान के लाभों, स्वच्छता और पर्यावरण की शुद्धि, और दुर्घटनाएँ रोकने के उपायों के बारे में जानकारी दी जाए, और उन्हें इस बारे में शिक्षा तथा इस जानकारी के इस्तेमाल में मदद मिले।

(च) स्वास्थ्य ठीक रहने के बारे में एहतियाती देखभाल को बढ़ावा देना, माता-पिता को उचित निर्देश देने की व्यवस्था और परिवार नियोजन की शिक्षा तथा सेवाएँ।

3. समझौते में शामिल देश बच्चों के स्वास्थ्य के लिए नुकसानदेह परम्परागत प्रथाओं को समाप्त करने के सभी प्रभावी और उचित उपाय करें।

4. इस अनुच्छेद में माने गये अधिकारों को धीरे-धीरे पूर्ण प्राप्ति के लिए समझौते में शामिल देश अन्तरराष्ट्रीय सहयोग बढ़ाने और प्रोत्साहित करने का वचन देते हैं। इस बारे में, विकासशील देशों की आवश्यकता का विशेष ध्यान रखा जाएगा।

## उपचार सम्बन्धी परिस्थितियों की समीक्षा का अधिकार:

(अनुच्छेद-25)

समझौते में शामिल देश किसी भी बच्चे को दिए जा रहे उपचार और उपचार के दौरान उसे रखे जाने से सम्बद्ध अन्य परिस्थितियों की समय-समय पर समीक्षा के अधिकार को मानते हैं, जिस बच्चे को सक्षम अधिकारियों ने उसके

शारीरिक तथा मानसिक स्वास्थ्य की देखभाल, संरक्षण और उपचार के लिए रखा है।

## सामाजिक बीमा सहित सामाजिक सुरक्षा का अधिकार:

(अनुच्छेद-26)

1. समझौते में शामिल देश सामाजिक बीमा सहित सामाजिक सुरक्षा से लाभ उठाने के हर बच्चे के अधिकार को मान्यता देंगे और ऐसे हर सम्भव प्रयास करेंगे कि राष्ट्रीय कानूनों के अनुसार बच्चे को पूरी तरह यह अधिकार मिल सके।

2. किसी बच्चे द्वारा अथवा उसकी ओर से ऐसे लाभों के लिए आवेदन दिए जाने पर, बच्चे और उसकी देखभाल का दायित्व सँभाल रहे व्यक्तियों को संसाधनों और परिस्थितियों तथा अन्य सम्बद्ध बातों का ध्यान रखते हुए, उचित होने पर बच्चे को ये लाभ दिए जाने चाहिए।

## समुचित जीवन-स्तर एवं विकास का अधिकार:

(अनुच्छेद-27)

1. समझौते में शामिल देश मानते हैं कि हर बच्चे को उसके भौतिक, मानसिक, आध्यात्मिक, नैतिक, और सामाजिक विकास के लिए समुचित जीवन-स्तर पाने का अधिकार है।

2. बच्चे के माता-पिता (अथवा माता या पिता) या उसकी देखभाल का दायित्व सँभाल रहे अन्य व्यक्तियों की ज़िम्मेदारी है कि वे अपनी योग्यताओं और वित्तीय क्षमताओं के अनुरूप, बच्चे के विकास के लिए आवश्यक स्थितियाँ उसे उपलब्ध कराएँ।

3. समझौते में शामिल देश, राष्ट्रीय परिस्थितियों और अपने संसाधनों के अनुरूप, इस अधिकार के कार्यान्वयन में माता-पिता और बच्चों की देखभाल का दायित्व सँभालने वाले अन्य व्यक्तियों को सहायता देने के उचित उपाय करेंगे, और आवश्यकता पड़ने पर सामग्री के रूप में सहायता और सहायता कार्यक्रम, ख़ास तौर से, पोषण, वस्त्र और आवास के लिए, उपलब्ध कराएँगे।

4. समझौते में शामिल देश, सम्बद्ध देश में और विदेश में रह रहे माता-पिता अथवा बच्चे की वित्तीय ज़िम्मेदारी वाले अन्य व्यक्तियों से बच्चे की देखभाल के लिए आवश्यक राशि उपलब्ध कराएँगे, ख़ास तौर से ऐसे मामलों में जब बच्चे की वित्तीय ज़िम्मेदारी वाला व्यक्ति बच्चों के देश में नहीं रहता हो, समझौते में शामिल देश अन्तरराष्ट्रीय समझौते में शामिल होने, ऐसे समझौते करने और अन्य उपयुक्त व्यवस्था करने को प्रोत्साहित करेंगे।

## शिक्षा का अधिकारः

(अनुच्छेद-28)

1. समझौते में शामिल देश बच्चों के शिक्षा के अधिकार को मान्यता देते हैं, और समान अवसर के आधार पर इस अधिकार को उपलब्ध कराने में निरन्तर प्रगति के लिए निम्न उपाय करेंगे:

(क) प्राथमिक शिक्षा को अनिवार्य बनाकर उसे सभी बच्चों को निःशुल्क उपलब्ध कराना।

(ख) सामान्य और व्यावसायिक शिक्षा सहित माध्यमिक शिक्षा के विभिन्न रूपों के विकास को बढ़ावा देना, और हर बच्चे के लिए इसे सुलभ और उपलब्ध बनाना, और जिन बच्चों की आवश्यकता हो, उन्हें निःशुल्क शिक्षा और वित्तीय सहायता देने जैसे उचित उपाय करना।

(ग) क्षमता के आधार पर सभी के लिए उच्च शिक्षा सुलभ कराने के सभी उपयुक्त उपाय करना।

(घ) स्कूलों में बच्चों की नियमित उपस्थिति सुनिश्चित करने तथा पढ़ाई के बीच में ही बच्चों की छीजन (स्कूल छूट जाने की) दर को कम करना।

2. समझौते में शामिल देश यह सुनिश्चित करने के उपयुक्त उपाय करेंगे कि स्कूल में अनुशासन लागू करने के तरीक़े बच्चे की मानवीय गरिमा तथा इस समझौते के प्रावधानों के अनुरूप हों।

3. समझौते में शामिल देश शिक्षा से सम्बद्ध मामलों, ख़ास तौर से विश्व भर में अज्ञानता और निरक्षरता को समाप्त करने, तथा वैज्ञानिक और तकनीकी जानकारी और शिक्षण के आधुनिक तरीकों की जानकारी सुलभ बनाने में अन्तरराष्ट्रीय सहयोग बढ़ाएँगे और इसे प्रोत्साहित करेंगे। इस मामले में विकासशील देशों की आवश्यकताओं का विशेष ध्यान रखा जाएगा।

## सांस्कृतिक पहचान, पर्यावरण, मानव अधिकार तथा समावेशी शिक्षा का अधिकार:

(अनुच्छेद-29)

1. समझौते में शामिल देश इस बात पर सहमत हैं कि बच्चे की शिक्षा को निम्न दिशाओं में निर्देशित किया जाना चाहिए:

(क) बच्चे के व्यक्तित्व, प्रतिभाओं, तथा मानसिक और शारीरिक योग्यताओं का पूर्ण विकास।

(ख) मानव अधिकारों, मूलभूत स्वतन्त्रताओं, और संयुक्त राष्ट्र घोषणा-पत्र के सिद्धान्तों के प्रति सम्मान का विकास।

(ग) बच्चे के माता-पिता, उसकी सांस्कृतिक पहचान, भाषा, जीवन-मूल्यों, बच्चे के निवास, तथा उद्‌गम वाले देश के राष्ट्रीय मूल्यों, और बच्चे की अपनी सभ्यता के अलावा अन्य सभ्यताओं के प्रति सम्मान की भावना का विकास।

(घ) सभी देशों तथा जातीय, राष्ट्रीय और धार्मिक समूहों तथा देश के आदिम निवासियों के बीच समझ-शान्ति, सहिष्णुता, स्त्री समानता और मैत्री की भावना के साथ स्वतन्त्र समाज में ज़िम्मेदारी भरे जीवन के लिए बच्चे को तैयार करना।

(ङ) प्राकृतिक पर्यावरण के प्रति सम्मान की भावना का विकास।

2. इस अनुच्छेद और अनुच्छेद 28 के किसी भी भाग को शैक्षिक संस्था खोलने या इन्हें निर्देशित करने की व्यक्तिगत स्वतन्त्रता में हस्तक्षेप करने के अर्थ में नहीं समझा जाएगा, बशर्ते कि इन संस्थाओं में इस अनुच्छेद के पैराग्राफ-1 के सिद्धान्तों का पालन किया जाए, और इन संस्थाओं में दी जा रही शिक्षा राज्य द्वारा निर्धारित न्यूनतम मानकों के अनुरूप हो।

## अल्पसंख्यकों को सांस्कृतिक अस्मिता का अधिकार:

(अनुच्छेद-30)

जिन देशों में जातीय, धार्मिक, अथवा भाषायी अल्पसंख्यक, और देश के आदिम निवासी बच्चे हों, उन्हें समूह के अन्य बच्चों के समुदाय में अपनी

संस्कृति को मानने, अपने धर्म के बारे में बताने या उसे मानने, अथवा अपनी भाषा का प्रयोग करने के अधिकार से वंचित नहीं किया जाएगा।

## सहभागिता का अधिकारः

(अनुच्छेद-31)

1. समझौते में शामिल देश आराम करने, खेलने, अपनी उम्र के अनुरूप मनोरंजन करने, और सांस्कृतिक जीवन, तथा कलाओं में मुक्त रूप से भाग लेने के बच्चे के अधिकार को मान्यता देते हैं।

2. समझौते में शामिल देश सांस्कृतिक और कलात्मक जीवन में योगदान देने के बच्चे के अधिकार को सम्मान देंगे, और कलात्मक, मनोरंजनात्मक और इसके लिए उपयुक्त तथा सम्मान वाले प्रावधानों को प्रोत्साहित करेंगे।

## हानिकारक/जोख़िमपूर्ण कार्यों से संरक्षण का अधिकारः

(अनुच्छेद-32)

1. समझौते में शामिल देश आर्थिक शोषण और जोख़िम भरे अथवा बच्चे की शिक्षा में बाधा डालने वाले, अथवा बच्चे के स्वास्थ्य अथवा शारीरिक, मानसिक, आध्यात्मिक, नैतिक या सामाजिक विकास के लिए हानिप्रद कार्यों में संरक्षण के बच्चे के अधिकार को मान्यता देते हैं।

2. समझौते में शामिल देश इस अनुच्छेद का कार्यान्वयन सुनिश्चित करने के लिए विधायी, प्रशासनिक, सामाजिक, और शैक्षिक उपाय करें। इस उद्देश्य की प्राप्ति और अन्य अन्तरराष्ट्रीय प्रसंविदाओं के सम्बद्ध प्रावधानों को ध्यान में रखते हुए, समझौते में शामिल देश विशेष रूप से:

(क) रोज़गार के लिए न्यूनतम आयु अथवा विभिन्न रोज़गारों के लिए अलग-अलग न्यूनतम आयु निर्धारित करेंगे।

(ख) रोज़गार की परिस्थितियों के बारे में उपयुक्त विधान बनाएंगे।

(ग) इस अनुच्छेद का कार्यान्वयन सुनिश्चित करने के लिए उपयुक्त दण्ड और अन्य प्रतिबन्धों का प्रावधान करेंगे।

## नशीले पदार्थों के उत्पादन एवं तस्करी से बच्चों को संरक्षण का अधिकारः

(अनुच्छेद-33)

समझौते में शामिल देश बच्चों को, सम्बद्ध अन्तरराष्ट्रीय सन्धियों में प्रभावित नशीले पदार्थों के अवैध इस्तेमाल से बचाने के लिए, ऐसे पदार्थों के अवैध उत्पादन तथा तस्करी में बच्चों को लगाये जाने से रोकने के लिए विधायी, प्रशासनिक, सामाजिक, तथा शैक्षिक उपायों सहित सभी उपयुक्त उपाय करेंगे।

## यौन-शोषण से सुरक्षा का अधिकारः

(अनुच्छेद-34)

समझौते में शामिल देश यौन-शोषण तथा यौन-दुर्व्यवहार के सभी रूपों से बच्चों को बचाने का वचन देते हैं। इस उद्‌देश्य की पूर्ति के लिए समझौते में शामिल देश निम्न बातों को रोकने के लिए सभी उपयुक्त राष्ट्रीय, द्विपक्षीय, और बहुपक्षीय उपाय करेंगे-

(क) किसी बच्चे को किसी अवैध यौन-कार्य के लिए फुसलाना या ज़ोर-ज़बरदस्ती करना।

(ख) बच्चों का शोषण करते हुए नग्नतापूर्ण कार्यों और सामग्री में उनका इस्तेमाल करना।

## बच्चों के अपहरण, बिक्री एवं व्यापार रोकने सम्बन्धी अधिकारः

(अनुच्छेद-35)

समझौते में शामिल देश किसी उद्‌देश्य के लिए, और किसी भी रूप में बच्चों का अपहरण, बिक्री और व्यापार रोकने के लिए सभी उपयुक्त राष्ट्रीय, द्विपक्षीय, और बहुपक्षीय उपाय करेंगे।

## शोषण के विभिन्न रूपों से सुरक्षा का अधिकारः

(अनुच्छेद-36)

समझौते में शामिल देश बच्चों के कल्याण के किसी भी पक्ष के लिए अनुचित शोषण के सभी अन्य रूपों से बच्चों को बचाएँगे।

## अमानवीय क्रूरता एवं दंड से सुरक्षा का अधिकारः

(अनुच्छेद-37)

समझौते में शामिल देश यह सुनिश्चित करेंगे कि-

(क) किसी भी बच्चे को यातना अथवा अन्य क्रूर, अमानवीय या अपमानजनक व्यवहार या दण्ड नहीं झेलना पड़ेगा। 18 साल से कम आयु के व्यक्तियों के अपराधों के लिए न तो मृत्युदण्ड दिया जाएगा, न ही ऐसा आजीवन कारावास दिया जाएगा जिससे मुक्त होने की आशा न हो।

(ख) किसी भी बच्चे को स्वाधीनता से ग़ैरकानूनी तथा मनमाने तरीक़े से वंचित नहीं किया जाएगा। किसी भी बच्चे की गिरफ़्तारी, नज़रबन्दी, और कारावास का दण्ड कानून के अनुसार ही होगा, और कोई उपाय कारगर न होने पर ही ऐसे दण्ड दिए जाएंगे और ऐसे दण्डात्मक उपाय यथासम्भव कम-से-कम अवधि के लिए होंगे।

(ग) स्वाधीनता से वंचित हर बच्चे के साथ, मनुष्य की जन्मजात गरिमा को बनाए रखते हुए और ऐसे बच्चे की उम्र के अनुरूप आवश्यकताओं को ध्यान में रखते हुए मानवता और सम्मान का व्यवहार किया जाएगा। ख़ास तौर से स्वाधीनता से वंचित बच्चे को सयानों से अलग तभी रखा जाएगा, जब ऐसा करना उसके सर्वोत्तम हित में समझा जाए, और असामान्य परिस्थितियों को छोड़कर ऐसे बच्चे को पत्र-व्यवहार और आते-जाते रहने के ज़रिए अपने परिवार से सम्पर्क बनाए रखने का अधिकार होगा।

(घ) स्वाधीनता से वंचित हर बच्चे को कानूनी तथा अन्य उपयुक्त सहायता तुरन्त सुलभ होने का अधिकार होगा, और स्वाधीनता से वंचित किए जाने की वैधता को किसी अदालत या अन्य सक्षम, स्वतन्त्र और निष्पक्ष अधिकारी के समक्ष चुनौती देने और ऐसी किसी कार्रवाई पर तुरन्त फैसला पाने का अधिकार होगा।

## सेना में भर्ती होने और सशस्त्र संघर्ष में भाग लेने से सुरक्षा का अधिकारः

(अनुच्छेद-38)

1. समझौते में शामिल देश सशस्त्र संघर्षों की स्थिति में बच्चों से सम्बद्ध

कानूनों को समाप्त करने और इन नियमों के प्रति सम्मान सुनिश्चित करने का वचन देते हैं

2. समझौते में शामिल देश यह सुनिश्चित करने के लिए सभी व्यावहारिक उपाय करेंगे कि 15 वर्ष से कम आयु के व्यक्ति लड़ाइयों में सीधे हिस्सा न लें।

3. समझौते में शामिल देश 15 वर्ष से कम आयु के बच्चों को सेना में भर्ती नहीं करेंगे। 15 से 18 वर्ष के व्यक्तियों को सेना में भर्ती करने के मामले में समझौते में शामिल देश इन व्यक्तियों में से सबसे ज़्यादा उम्र के व्यक्तियों को प्राथमिकता देंगे।

4. सशस्त्र संघर्षों की स्थिति में नागरिकों को बचाने के अन्तरराष्ट्रीय कानूनों के अपने दायित्वों की पूर्ति के अनुरूप ही, समझौते में शामिल देश ऐसे संघर्ष से प्रभावित बच्चों के संरक्षण और देखभाल सुनिश्चित करने के लिए सभी व्यावहारिक उपाय करेंगे।

## शोषित एवं सशस्त्र संघर्ष के शिकार बच्चों को पुनर्वास का अधिकार:

(अनुच्छेद-39)

उपेक्षा, शोषण, अथवा दुर्व्यवहार के किसी भी रूप, यातना, तथा क्रूर, अमानवीय, अथवा अपमानजनक व्यवहार तथा दण्ड के किसी भी अन्य रूप, अथवा सशस्त्र संघर्ष के शिकार बच्चे को शारीरिक और मनोवैज्ञानिक रूप से फिर से स्वस्थ बनाने, तथा समाज में उसके फिर से घुल-मिल सकने को बढ़ावा देने के लिए समझौते में शामिल देश सभी उपयुक्त उपाय करेंगे। बच्चे को पुनः सामान्य बनाने और समाज में उसके पुनः समन्वय का काम उसके लिए स्वास्थ्यप्रद, आत्मसम्मानपूर्ण एवं गरिमामय वातावरण में किया जाएगा।

## निष्पक्ष एवं न्यायपूर्ण विचारण (ट्रायल) का अधिकार:

(अनुच्छेद-40)

1. समझौते में शामिल देश मानते हैं कि ऐसा प्रत्येक बच्चा, जिसने कथित रूप से दण्ड विधान का उल्लंघन किया है, उस पर ऐसा आरोप है या ऐसा माना गया है, उसे ऐसा विचारण पाने का अधिकार है जो बच्चे की गरिमा

तथा महत्त्व की अनुभूति को बढ़ावा देने के अनुरूप हो, जो मानव अधिकारों तथा अन्य लोगों की स्वाधीनताओं के प्रति बच्चे के सम्मान को और मज़बूत बनाए, और जिस व्यवहार में बच्चे की आयु, समाज में बच्चे के फिर से घुल-मिल सकने, और समाज में बच्चे द्वारा रचनात्मक भूमिका निभाए जाने की वांछनीयता का ध्यान रखा जाए।

2. इस उद्देश्य की प्राप्ति और अन्तरराष्ट्रीय प्रसंविदाओं से सम्बद्ध प्रावधानों को ध्यान में रखते हुए, समझौते में शामिल देश, विशेष रूप से इन बातों को सुनिश्चित करेंगे:

(क) किसी भी बच्चे पर ऐसे किसी कार्य को करने या अनजाने में हो जाने से दण्डनीय कानूनों के उल्लंघन का आरोप नहीं लगाया जाएगा, अथवा दोषी नहीं समझा जाएगा, अथवा यह नहीं माना जाएगा कि उसने कानून को तोड़ा है, जिस कार्य को किए जाते समय वह कार्य राष्ट्रीय अथवा अन्तरराष्ट्रीय कानून के अन्तर्गत प्रतिबन्धित नहीं था।

(ख) प्रत्येक बच्चे को, जिस पर दण्डनीय कानून तोड़ने का आरोप है या उसे दोषी माना जा रहा है, कम-से-कम निम्न गारण्टी मिलेगी-

(i) जब तक वह कानूनन दोषी नहीं साबित हो जाता, तब तक उसे निर्दोष माना जाए।

(ii) उसके खिलाफ़ आरोपों की उसे तुरन्त सीधे, और उचित होने पर उसके माता-पिता अथवा कानूनी अभिभावक के ज़रिए, जानकारी दी जाए और अपने बचाव की तैयारी और ऐसी सामग्री प्रस्तुत करने में उसे कानूनी अथवा अन्य उपयुक्त सहायता प्रदान की जाए।

(iii) सक्षम, स्वतन्त्र, और निष्पक्ष अधिकारी अथवा न्यायिक निकाय द्वारा कानून के अनुसार न्यायपूर्ण सुनवाई के ज़रिए, बिना देरी किये, मामला निपटाया जाए, और इस दौरान कानूनी तथा अन्य उपयुक्त सहायता मौजूद हो, बशर्ते कि ऐसा करना, ख़ास तौर से बच्चे की उम्र अथवा परिस्थिति, उसके माता-पिता और कानूनी अभिभावक को ध्यान में रखते हुए, बच्चे के सर्वोत्तम हित में न माना जाए।

(iv) उसे साक्ष्य देने अथवा अपराध स्वीकार करने, प्रतिकूल गवाहों की जाँच करने अथवा उनके द्वारा जाँच कराए जाने, और समानता की शर्तों के

आधार पर अपनी ओर से गवाह पेश करने और उनकी जाँच के लिए बाध्य न किया जाए।

(v) अगर यह माना जाए कि बच्चे ने दण्ड विधान का उल्लंघन किया है, तो उसे इस फैसले और इसके अनुरूप की गयी कार्रवाइयों की कानून के अनुसार उच्चतर, सक्षम, स्वतन्त्र और निष्पक्ष अधिकारी अथवा न्यायिक निकाय से पुन: समीक्षा की गारण्टी मिले।

(vi) अगर बच्चा प्रयुक्त भाषा को समझ अथवा बोल न सके, तो उसे दुभाषिये की नि:शुल्क सेवाएँ मिलें।

(vii) सुनवाई के हर दौर में उसकी निजता का पूरा सम्मान किया जाए।

3. समझौते में शामिल देश दण्ड विधान के उल्लंघन का आरोप लगे, दोषी समझे गए, अथवा जिनके बारे में माना गया है कि उन्होंने दण्ड विधान का उल्लंघन किया है, ऐसे बच्चों के लिए ख़ास तौर से प्रयोज्य कानूनों, प्रक्रियाओं, अधिकारियों, और संस्थाओं को बढ़ावा देंगे और ख़ास तौर से-

(क) ऐसी न्यूनतम आयु का निर्धारण करेंगे जिससे कम आयु के बच्चे के लिए माना जा सके कि उसमें दण्ड विधान के उल्लंघन की क्षमता नहीं है।

(ख) जहाँ उपयुक्त और वांछनीय हो, ऐसे बच्चों के मामले को बिना न्यायिक कार्यवाही के सुलझाने के प्रयास करेंगे लेकिन साथ ही यह भी ध्यान में रखेंगे कि मानव अधिकार और कानूनी सुरक्षा के प्रावधानों का पूरा ध्यान रखा जाए।

4. देखभाल, माता-पिता के अलावा किसी अन्य व्यक्ति द्वारा देखभाल, शिक्षा, व्यावसायिक प्रशिक्षण कार्यक्रम, तथा संस्थागत देखभाल के अन्य विकल्पों जैसे विभिन्न तरीक़े बच्चों को उपलब्ध हों ताकि यह सुनिश्चित हो सके कि बच्चों के साथ उपयुक्त कल्याणकारी व्यवहार हो, और यह व्यवहार उनसे अपराध तथा परिस्थितियों-दोनों बातों को ध्यान में रखते हुए किया जाए।

## राष्ट्रीय और अन्तरराष्ट्रीय कानूनों के तहत पूर्व से प्राप्त अधिकार:

(अनुच्छेद-41)

इस समझौते की किसी भी बात का ऐसे प्रावधानों पर कोई असर नहीं होगा जो बच्चे के अधिकारों की पूर्ति के लिए ज़्यादा अनुकूल हों और जो–

(क) समझौते में शामिल देश के कानून अथवा

(ख) उस देश में लागू अन्तरराष्ट्रीय कानून में सन्निहित हों।

## सिद्धान्तों का व्यापक प्रचार-प्रसारः

(अनुच्छेद-42)

1. समझौते में शामिल देश इस समझौते के सिद्धान्तों और प्रावधानों को बच्चों और वयस्कों तक व्यापक प्रसार के लिए उपयुक्त और सक्रिय उपाय करने का वचन देते हैं।

## दायित्वों की जाँच के लिए समितिः

(अनुच्छेद-43)

1. इस समझौते में जिन दायित्वों को निभाने का वचन दिया गया है, समझौते में शामिल देशों द्वारा उनकी प्राप्ति में सफलता की जाँच के लिए बाल अधिकारों के बारे में एक समिति गठित की जाएगी जो निम्नलिखित तरीके से कार्य करेगी-

2. समिति में इस समझौते के कार्यक्षेत्र से सम्बद्ध उच्च नैतिक स्तर और मान्य योग्यता वाले दस विशेषज्ञ होंगे। समझौते में शामिल देश अपने नागरिकों में से इन विशेषज्ञों का चयन करेंगे और ये विशेषज्ञ अपनी व्यक्तिगत क्षमता से इन समितियों में कार्य करेंगे। इनके चयन में विभिन्न भौगोलिक क्षेत्रों में और प्रमुख कानूनी प्रणालियों के आधार पर समानता बनाए रखने पर ध्यान दिया जाएगा।

3. समिति के सदस्यों का चुनाव समझौते में शामिल देशों द्वारा मनोनीत लोगों की सूची में से गुप्त मतदान द्वारा होगा। समझौते में शामिल प्रत्येक देश अपने नागरिकों में से एक व्यक्ति को मनोनीत कर सकता है।

4. समिति का प्रारम्भिक चुनाव इस समझौते में लागू होने की तिथि से छह महीने की अवधि तक सम्पन्न हो जाएगा। इसके बाद हर दूसरे वर्ष समिति का चुनाव होगा। ऐसे चुनाव से कम-से-कम चार माह पूर्व, संयुक्त राष्ट्र महासचिव समझौते में शामिल देशों को सूचित करेंगे कि वे दो महीने की अवधि में अपने नामांकन प्रस्तुत कर दें। इसके बाद महासचिव इन मनोनीत

सदस्यों और उन्हें मनोनीत करने वाले देशों की अकारादि क्रम से सूची तैयार करेंगे और उसे इस समझौते के सदस्य देशों को प्रस्तुत कर देंगे।

5. संयुक्त राष्ट्र मुख्यालय में महासचिव द्वारा आयोजित समझौते में शामिल देशों की बैठक में समिति का चुनाव होगा। इन बैठकों में गणपूर्ति (कोरम) के लिए दो-तिहाई सदस्य देशों की उपस्थिति आवश्यक होगी। समिति के सदस्य वे व्यक्ति चुने जायेंगे जिन्हें सर्वाधिक मत मिलेंगे,और उपस्थित तथा मतदान कर रहे सदस्य देशों के प्रतिनिधियों का पूर्ण बहुमत मिलेगा।

6. समिति के सदस्य चार वर्ष के लिए चुने जायेंगे। दुबारा मनोनीत होने पर वे फिर चुनाव में भाग ले सकेंगे। पहले चुनाव में चुने गये सदस्यों में से पाँच सदस्यों का कार्यकाल दो वर्ष में ही समाप्त हो जाएगा, और ऐसे सदस्यों का चयन बैठक के अध्यक्ष द्वारा लॉटरी निकालकर किया जाएगा।

7. अगर समिति के किसी सदस्य की मृत्यु हो जाए, या वह इस्तीफ़ा दे दे, या वह घोषित कर दे कि वह समिति में अपना दायित्व निभाने की स्थिति में नहीं है, तो उसे मनोनीत करने वाला देश अपने देश के विशेषज्ञों में से एक व्यक्ति को नियुक्त करेगा जो उस सदस्य के कार्यकाल की बाकी अवधि तक काम करेगा, लेकिन इसके लिए समिति की मंज़ूरी लेनी होगी।

8. समिति अपनी कार्य-प्रक्रिया के नियम ख़ुद तय करेगी।

9. समिति अपने पदाधिकारियों को दो वर्ष की अवधि के लिए चुनेगी।

10. समिति की बैठक सामान्यतः संयुक्त राष्ट्र मुख्यालय, अथवा समिति द्वारा निर्धारित किसी अन्य सुविधाजनक स्थान पर होगी। समिति की बैठक सामान्यतः हर वर्ष होगी। आवश्यक होने पर समिति की बैठकों की अवधि का निर्धारण और समीक्षा, संयुक्त राष्ट्र महासभा की अनुमति मिलने पर, समझौते में शामिल देशों की बैठक में की जाएगी।

11.इस समझौते के अन्तर्गत समिति के प्रभावी तरीक़े से काम करने के लिए संयुक्त राष्ट्र महासचिव आवश्यक संख्या में कर्मचारियों तथा अन्य सुविधाओं की व्यवस्था करेंगे।

12. संयुक्त राष्ट्र महासभा की मंज़ूरी पर इस समझौते के अन्तर्गत गठित समिति के सदस्य महासभा द्वारा निर्धारित नियमों और शर्तों के अनुसार परिलब्धियाँ प्राप्त करेंगे।

**प्रगति-रपटः**

(अनुच्छेद-44)

1. समझौते में शामिल देश, संयुक्त राष्ट्र महासचिव के ज़रिए, इस समझौते में मान्य अधिकारों को दिलाने के लिए किए गये उपायों और इन अधिकारों को दिलाने में हुई प्रगति की रिपोर्ट प्रस्तुत करेंगे:

(क) देश के समझौते में शामिल होने के दो वर्ष के अन्दर।

(ख) इसके बाद हर पाँच वर्ष के बाद।

2. इस अनुच्छेद के अन्तर्गत प्रस्तुत रिपोर्ट में इस समझौते के तहत दायित्वों से जुड़े कारकों, और अगर कोई परेशानियाँ हों, तो उनका उल्लेख किया जाएगा। रिपोर्ट में ऐसी पर्याप्त सूचनाएँ भी होंगी जिसे समिति को सम्बद्ध देश में समझौते के प्रावधान लागू करने के बारे में व्यापक जानकारी मिले।

3. समिति समझौते में शामिल देशों से समझौते को लागू करने से सम्बद्ध और जानकारी देने का भी आग्रह कर सकती है।

4. समिति आर्थिक और सामाजिक परिषद् के ज़रिए, हर दो वर्ष में, महासभा में अपनी गतिविधियों की रिपोर्ट पेश करेगी।

5. समझौते में शामिल देश अपने नागरिकों के लिए इस रिपोर्ट को व्यापक तरीक़े से उपलब्ध कराएँगे।

**प्रभावी कार्यान्वयन के उपायः**

(अनुच्छेद-45)

इस समझौते के प्रस्तावों के प्रभावी कार्यान्वयन, तथा इस क्षेत्र में अन्तरराष्ट्रीय सहयोग को प्रोत्साहित करने के लिए-

(क) विशेषज्ञता वाली संस्थाओं, संयुक्त राष्ट्र बाल कोष, और अन्य संयुक्त राष्ट्र संस्थाओं को ऐसे प्रावधानों के कार्यान्वयन के बारे में अपने प्रतिनिधित्व का अधिकार होगा, जो इन संस्थाओं को सौंपे गये कार्य-क्षेत्र में आते हैं। इनके कार्यान्वयन के बारे में विशेषज्ञ-परामर्श के लिए समिति इन संस्थाओं को आमन्त्रित कर सकती है। समझौते के ऐसे क्षेत्रों, जो विशेषज्ञ संस्थाओं, संयुक्त राष्ट्र बाल कोष, और अन्य सक्षम संस्थाओं के कार्यक्षेत्र में

आते हैं, के कार्यान्वयन के बारे में समिति इन संस्थाओं को अपनी रिपोर्ट देने के लिए आग्रह कर सकती हैं।

(ख) अगर समझौते में शामिल कोई देश कोई ऐसी रिपोर्ट प्रस्तुत करते हों, जिसमें तकनीकी परामर्श अथवा सहायता के लिए प्रार्थना की गयी हो अथवा आवश्यकता का संकेत दिया गया हो, तो अगर समिति उपयुक्त समझे तो इन आवेदनों और संकेतों को अपने प्रेक्षणों तथा सुझावों सहित, यदि कोई हो, विशेषज्ञ एजेन्सियों, संयुक्त राष्ट्र बाल कोष, और अन्य सक्षम संस्थाओं को प्रस्तुत करेगी।

(ग) समिति संयुक्त राष्ट्र महासभा को यह सिफ़ारिश कर सकती है कि वह महासचिव से यह अनुरोध करे कि वे महासभा की ओर से बच्चों के अधिकारों से जुड़े विशिष्ट विषयों पर अध्ययन करवाएँ।

(घ) इस समझौते में अनुच्छेद 44 और 45 के अन्तर्गत सूचना के आधार पर समिति सुझाव दे सकती है या आम सिफ़ारिश कर सकती है। ऐसे सुझाव और आम सिफ़ारिशें समझौते में शामिल सम्बद्ध देश को भेजी जायेंगी और समझौते में शामिल देश की टिप्पणियों के साथ, यदि कोई हो, महासभा को भेजी जायेंगी।

## सभी देशों की सहमति (हस्ताक्षर):

(अनुच्छेद-46)

इस समझौते पर सभी देश हस्ताक्षर कर सकेंगे।

## समझौते की पुष्टि:

(अनुच्छेद-47)

इस समझौते की पुष्टि की जानी है। पुष्टि की प्रसंविदाएँ संयुक्त राष्ट्र महासचिव के पास जमा की जाएंगी।

## सभी देशों को समझौते में शामिल होने का अधिकार:

(अनुच्छेद-48)

कोई भी देश इस समझौते में शामिल हो सकता है। समझौते में शामिल होने की प्रसंविदाएँ संयुक्त राष्ट्र महासचिव के पास जमा की जायेंगी।

## प्रभावी तिथिः

(अनुच्छेद-49)

1. यह समझौता पुष्टि या शामिल होने की बीसवीं प्रसंविदा के संयुक्त राष्ट्र महासचिव को सौंपे जाने की तिथि के तीसवें दिन से लागू हो जाएगा।

2. इस समझौते की पुष्टि करने या इसमें शामिल होने वाला कोई भी देश जिस तिथि को पुष्टि करने या शामिल होने की बीसवीं प्रसंविदा संयुक्त राष्ट्र महासचिव के पास जमा कर देगा, उसके तीसवें दिन से उस देश में यह समझौता लागू हो जाएगा।

## संशोधन का प्रस्ताव देने का अधिकारः

(अनुच्छेद-50)

1. समझौते में शामिल कोई देश किसी संशोधन का प्रस्ताव कर सकता है, और इसे संयुक्त राष्ट्र महासचिव के पास दर्ज़ करा सकता है। ऐसा होने पर संयुक्त राष्ट्र महासचिव प्रस्तावित संशोधन की जानकारी समझौते में शामिल देशों को देंगे, और इन देशों से यह बताने का आग्रह करेंगे कि क्या वे चाहते हैं कि इन प्रस्तावों पर विचार और मतदान के लिए समझौते में शामिल देशों को भेजे जाने के चार महीने के अन्दर कम से कम एक-तिहाई सदस्य देश ऐसा सम्मेलन बुलाए जाने की राय देंगे, तो महासचिव संयुक्त राष्ट्र के तत्त्वावधान में ऐसा सम्मेलन आयोजित करेंगे। सम्मेलन में उपस्थित और वोट दे रहे सदस्यों के बहुमत से पारित कोई भी संशोधन मंज़ूरी के लिए महासभा में प्रस्तुत किया जाएगा।

2. इस अनुच्छेद में वर्णित प्रक्रिया के अनुसार पारित संशोधन संयुक्त राष्ट्र महासभा द्वारा स्वीकृत और समझौते में शामिल देशों के दो-तिहाई सदस्यों द्वारा स्वीकृत होने पर लागू हो जाएगा।

3. अगर कोई संशोधन लागू हो जाता है, तो इसे स्वीकृत करने वाले देशों के लिए यह बाध्यकारी होगा। अन्य देशों के लिए अब भी इस समझौते और उनके द्वारा स्वीकृत अन्य पिछले संशोधनों के प्रावधान बाध्यकारी होंगे।

## आपत्तियाँ देने का अधिकारः

(अनुच्छेद-51)

1. समझौते में शामिल देशों द्वारा इसकी पुष्टि अथवा इसे मानने के समय विभिन्न मुद्दों पर आपत्तियों को संयुक्त राष्ट्र महासचिव प्राप्त करेंगे, और सभी सदस्य देशों को इन्हें भेजेंगे।

2. इस समझौते के उद्देश्य तथा लक्ष्य से मेल नहीं खाने वाली आपत्ति की अनुमति नहीं दी जाएगी।

3. संयुक्त राष्ट्र महासचिव को अधिसूचना प्रस्तुत करके किसी भी समय आपत्ति वापस ली जा सकती है। इसके बाद महासचिव आपत्ति वापस लिये जाने की जानकारी सभी सदस्य देशों को देंगे। ऐसी अधिसूचना महासचिव को प्राप्त होने की तिथि से प्रभावी होगी।

## अस्वीकार का अधिकारः

(अनुच्छेद-52)

समझौते में शामिल कोई देश संयुक्त राष्ट्र महासचिव को लिखित अधिसूचना भेजकर इस समझौते को अस्वीकार कर सकता है। ऐसी अधिसूचना के महासचिव को प्राप्त होने की तिथि के एक वर्ष बाद यह अस्वीकृति प्रभावी हो जाती है।

## संयुक्त राष्ट्र महासचिव द्वारा दस्तावेज़ों का रखरखावः

(अनुच्छेद-53)

संयुक्त राष्ट्र महासचिव को इस समझौते के दस्तावेज़ों और प्रसंविदाओं को रखने वाला अधिकारी (संग्राहक) नियमित किया गया है।

## समझौते का मूल पाठः

(अनुच्छेद-54)

इस समझौते का मूल (अंग्रेजी) पाठ, जिसके अरबी, चीनी, फ्रेंच, रूसी और स्पैनिश पाठ भी उतने ही प्रामाणिक हैं, संयुक्त राष्ट्र महासचिव के पास जमा रहेगा।

प्राधिकृत प्रतिनिधियों ने, जो अपनी-अपनी सरकार द्वारा विधिवत् प्राधिकृत हैं, इस समझौते के साक्षी-स्वरूप इस पर हस्ताक्षर किए हैं।

उपर्युक्त से स्पष्ट है कि संयुक्त राष्ट्र संघ ने बच्चों के जीने, विकास, सुरक्षा, एवं सहभागिता सम्बन्धी विभिन्न अधिकारों को शामिल किया है, जिससे एक ओर बच्चों को आगे बढ़ने के लिए पर्याप्त सुअवसर मिले, और दूसरी ओर उन्हें क्रूरता, अपमान, भय, दण्ड, अपराध, यातना, जोखिम, वंचना, सशस्त्र संघर्ष, भेदभाव, उत्पीड़न आदि का शिकार न होना पड़े। ये अधिकार बच्चों के मूलभूत अधिकार हैं, जिनसे उन्हें वंचित नहीं किया जाना है अन्यथा वे अमानवीय जीवन जीने को विवश हो जाएंगे। ये अधिकार मूलतः 'बच्चे पहले' (चिल्ड्रेन फर्स्ट) के सिद्धान्त पर आधारित हैं, जो उनके वर्तमान तथा भविष्य दोनों का बख़ूबी ख़्याल रखते हैं। भारत ने 11 दिसम्बर, 1992 को इसका अनुमोदन कर दिया था। मगर इस शर्त के साथ कि इनका अनुपालन उपलब्ध संसाधनों तथा अन्तरराष्ट्रीय सहयोग के दायरे में होगा। सो शिशुओं और पाँच वर्ष तक के बच्चों की मृत्यु-दर पहले से घटने के बाद भी अभी काफी अधिक बनी हुई है, बहुतेरे बच्चे विद्यालय नहीं जाते, बाल-वेश्याओं की संख्या बढ़ रही है, बहुतेरे बच्चे पोषाहार से वंचित होने के नाते कम वजन एवं कम ऊँचाई के हैं। यह भी विशेष रूप से उल्लेखनीय है कि यहाँ अठारह वर्ष के नीचे वालों को 'बच्चा' माना गया है, जबकि भारतीय संविधान में वर्णित नीतिनिर्देशक सिद्धान्तों और मूलाधिकारों के तहत मात्र चौदह वर्ष के नीचे वालों को ही 'बच्चा' माना गया है। यह तथ्य अत्यन्त महत्त्वपूर्ण है क्योंकि भारत ने इसका अनुमोदन सदस्य राष्ट्र के रूप में किया है। इस प्रकार बाल अधिकार समझौता, 1989 में दिये गये विभिन्न अधिकारों को चार श्रेणियों में बाँटा जा सकता है: (क) जीने का अधिकार, (ख) विकास का अधिकार, (ग) सुरक्षा का अधिकार, एवं (घ) सहभागिता का अधिकार। यूँ भारत सरकार ने 1974 में ही एक राष्ट्रीय बाल नीति बनाई थी, जिसका वर्णन नीचे किया जा रहा है।

## भारत की राष्ट्रीय बाल नीति

-(22 अगस्त, 1974 का संकल्प)

संख्या 1-14/74 सी.डी.डी.-बाल अधिकार समझौते के काफी पहले भारत सरकार ने बच्चों के कल्याण के लिए एक राष्ट्रीय बाल नीति बनाने पर विचार किया था। उचित विचार-विमर्श के बाद 22 अगस्त, 1974 को निम्नलिखित राष्ट्रीय बाल नीति अपनाने का निर्णय लिया गया-

### प्रस्तावना

बच्चे राष्ट्र की सर्वाधिक महत्त्वपूर्ण सम्पत्ति हैं। उनकी देखभाल और चिन्ता करना हमारी ज़िम्मेदारी है। मानव संसाधन विकास के लिए हमारी राष्ट्रीय योजनाओं में बच्चों के कार्यक्रमों को प्रमुख स्थान मिलना चाहिए ताकि हमारे बच्चे अच्छे नागरिक बनें, और शारीरिक रूप से सक्षम, मानसिक रूप से सजग, और नैतिक रूप से स्वस्थ बनें। हमारा लक्ष्य यह होना चाहिए कि बढ़त की अवधि में सभी बच्चों को विकास के समान अवसर मिलें क्योंकि इससे असमानता कम करने और सामाजिक न्याय (व्यापक अर्थ में) सुनिश्चित करने का हमारा ज़्यादा व्यापक उद्‌देश्य पूरा होगा।

बच्चों की आवश्यकताओं और उनके प्रति हमारे दायित्व संविधान में बताए गये हैं, संसद द्वारा पारित राष्ट्रीय शिक्षा संकल्प बच्चों की शैक्षिक आवश्यकताओं के बारे में राज्य की नीति को निर्देशित करता है। राष्ट्रीय संसाधनों के विवेकपूर्ण और कुशल उपयोग से इन दस्तावेज़ों में बताए गये लक्ष्य प्राप्त किए जा सकते हैं। इन लक्ष्यों को ध्यान में रखते हुए भारत सरकार राष्ट्रीय बाल नीति के बारे में यह संकल्प पारित करती है।

### नीति और उपाय

बच्चों का पूर्ण शारीरिक, मानसिक, और सामाजिक विकास सुनिश्चित करने के लिए उन्हें जन्म से पूर्व और इसके बाद, तथा बढ़त की पूरी उम्र में पर्याप्त सेवाएं प्रदान करना राज्य की नीति होगी। राज्य ऐसी सेवाओं का कार्यक्षेत्र निरन्तर बढ़ाता जाएगा ताकि समुचित अवधि में देश में सभी बच्चों को उनके

सन्तुलित विकास के लिए सर्वोत्तम परिस्थितियाँ मिलें। इन उद्देश्यों की प्राप्ति के लिए विशेष रूप से निम्न उपाय किए जाएंगे-

(1)सभी बच्चों को एक व्यापक स्वास्थ्य कार्यक्रम के दायरे में लाया जाएगा।

(2)बच्चे की खुराक में कमियाँ दूर करने के उद्देश्य से पोषण सेवाएँ देने के लिए कार्यक्रम चलाए जाएंगे।

(3) गर्भवती महिलाओं और स्तनपान कराने वाली माताओं के सामान्य स्वास्थ्य में सुधार, उनकी देखभाल, पोषण, तथा उन्हें पोषण के बारे में शिक्षित करने के लिए कार्यक्रम चलाए जाएंगे।

(4) राज्य चौदह वर्ष की उम्र तक बच्चों को निःशुल्क और अनिवार्य शिक्षा देने के लिए उचित उपाय करेगा और राष्ट्रीय स्रोतों की उपलब्धता के अनुरूप इस कार्य के लिए समयबद्ध कार्यक्रम चलाया जाएगा। स्कूलों में इस समय बच्चों की, ख़ास तौर से लड़कियों और कमज़ोर वर्ग के बच्चों की, बर्बादी, और उनके विकास में जो ठहराव आ रहा है, उसे कम करने के विशेष प्रयास किए जायेंगे। ऐसे ही वर्गों के बच्चों को स्कूल जाना शुरू करने से पहले अनौपचारिक शिक्षा देने का कार्यक्रम भी चलाया जाए।

(5) जो बच्चे औपचारिक स्कूली शिक्षा का पूरा लाभ उठाने की स्थिति में नहीं हैं, उनकी ज़रूरतों के अनुरूप शिक्षा के अन्य तरीक़े उपलब्ध कराए जाने चाहिए।

(6) स्कूलों, सामुदायिक केन्द्रों, और ऐसी ही अन्य संस्थाओं में शारीरिक स्वास्थ्य, शिक्षा, खेल और अन्य मनोरंजक, तथा सांस्कृतिक, और वैज्ञानिक गतिविधियों को बढ़ावा दिया जाएगा।

(7)अवसरों की समानता सुनिश्चित करने के लिए कमज़ोर वर्गों (जैसे-अनुसूचित जातियों और जनजातियों के बच्चों, और गाँवों और शहरों में आर्थिक रूप से कमज़ोर वर्गों) के बच्चों को विशेष सहायता उपलब्ध कराई जाएगी।

(8) विपन्न सामाजिक परिस्थितियों वाले, अपराधी बन चुके, भिखारी बनने को मज़बूर और अन्य परेशानियों में जी रहे बच्चों को शिक्षा, प्रशिक्षण और पुनर्वास दिलाया जाएगा, और उन्हें देश के लिए उपयोगी नागरिक बनने में मदद की जाएगी।

(9) बच्चों को उपेक्षा, क्रूरता और शोषण से बचाने के लिए संरक्षित किया जाएगा।

(10)चौदह वर्ष से कम उम्र के किसी भी बच्चे को जोख़िम वाले कामों में लगाने की इज़ाज़त नहीं दी जाएगी, न ही उसे कठिन काम करने दिया जाएगा।

(11) शारीरिक रूप से विकलांग, संवेगात्मक रूप से उद्वेलित और मन्दबुद्धि बच्चों के विशेष उपचार, शिक्षा, पुनर्वास और देखभाल की व्यवस्था की जाएगी।

(12) विपत्तियों और राष्ट्रीय आपदाओं के समय राहत (सहायता) देने में बच्चों को प्राथमिकता दी जाएगी।

(13) अत्यन्त प्रतिभाशाली बच्चों, ख़ास तौर पर कमज़ोर वर्गों के ऐसे बच्चों, का पता लगाने, प्रोत्साहित करने, और उनकी सहायता करने के लिए विशेष कार्यक्रम चलाए जायेंगे।

(14) वर्तमान कानूनों में इस प्रकार संशोधन किए जायेंगे ताकि सभी कानूनी विवादों में चाहे वे माता-पिताओं के बीच हों, अथवा संस्थाओं के बीच, बच्चों के हितों पर सर्वाधिक ध्यान दिया जाएगा।

(15) बच्चों के लिए विभिन्न सेवाओं के आयोजन में पारिवारिक सम्बन्धों को मज़बूत बनाने की दिशा में प्रयास किए जाएंगे ताकि सामान्य परिवार, पास-पड़ोस, और समुदाय के वातावरण में बच्चों की क्षमताओं का पूर्ण विकास हो सके।

## कार्यक्रम बनाने में प्राथमिकता:

विभिन्न क्षेत्रों में कार्यक्रम बनाने में इन क्षेत्रों से सम्बद्ध कार्यक्रमों को प्राथमिकता दी जाएगी-

(1) बच्चों के स्वास्थ्य से सम्बद्ध, रोगों की रोकथाम, और बेहतर स्वास्थ्य के उपायों वाले पक्षों को बढ़ावा देना।

(2) स्कूल जाना शुरू करने से पहले बच्चों और शिशुओं के पोषण के साथ-साथ गर्भवती महिलाओं और स्तनपान कराने वाली माताओं के पोषण के कार्यक्रम ।

(3) अनाथ और विपन्न बच्चों की देखभाल, शिक्षा, और प्रशिक्षण की व्यवस्था।

(4) कामकाजी अथवा बीमार माताओं के बच्चों की देखभाल के लिए बाल पालना-गृह (क्रेच तथा अन्य सुविधाएं); तथा

(5) विकलांग बच्चों की देखभाल, शिक्षा, प्रशिक्षण, और पुनर्वास की व्यवस्था।

## राष्ट्रीय बाल बोर्ड का गठन

पिछले कई दशकों में हमने उपर्युक्त दिशाओं में सेवाएँ उपलब्ध कराने में काफी प्रगति की है। स्वास्थ्य, पोषण, शिक्षा, और कल्याण गतिविधियों का उल्लेखनीय विस्तार हुआ है। जहाँ भी जीवन-स्तर ऊँचा उठा है, उससे अप्रत्यक्ष रूप से कुछ हद तक बच्चों की मूलभूत आवश्यकताएँ भी पूरी हुई हैं, लेकिन सारे काम का ऐसा केन्द्रबिन्दु और मंच होना ज़रूरी है, जिसके माध्यम से बच्चों की आवश्यकताएँ पूरी करने में लगी विभिन्न सेवाओं का अनुश्रवण, समीक्षा, और समन्वय हो सके। ऐसा ही केन्द्रबिन्दु उपलब्ध कराने तथा विभिन्न स्तरों पर सभी आवश्यक सेवाओं का निरन्तर अनुश्रवण, समीक्षा, और समन्वय सुनिश्चित करने के लिए राष्ट्रीय बाल बोर्ड बनाया जाएगा। राज्य स्तर पर भी ऐसे ही विभिन्न बोर्ड बनाए जा सकते हैं।

## स्वयंसेवी संगठनों की भूमिका

सरकार ऐसे प्रयास करेगी ताकि बाल कल्याण कार्यक्रम के लिए पर्याप्त संसाधन जुटाए जायें और उपयुक्त योजनाएं चलाई जायें। इसके साथ-साथ, बाल कल्याण के क्षेत्र में कार्यरत स्वयंसेवी संगठनों को, स्वयं या सरकारी सहायता से, शिक्षा, स्वास्थ्य, मनोरंजन, और सामाजिक कल्याण सेवाओं के विकास का अवसर मिलता रहेगा। भारत में स्वयंसेवा की परम्परा रही है। राज्य का प्रयास तथा स्वयंसेवी प्रयास एक-दूसरे के पूरक बन सकें। बाल कल्याण कार्यक्रमों को बढ़ावा देने, तथा इनके विकास के लिए स्वयंसेवी संगठनों, न्यासों, कल्याणकारी, तथा धार्मिक संस्थाओं के संसाधनों का हर सम्भव इस्तेमाल किया जाएगा।

## विधायी और प्रशासनिक उपाय

इन उद्देश्यों की प्राप्ति के लिए राज्य आवश्यक विधायी तथा प्रशासनिक सहायता उपलब्ध कराएगा। विस्तृत हो रहे कार्यक्रमों की ज़रूरतें पूरी करने,

तथा सेवाओं की कार्यकुशलता बढ़ाने के लिए अनुसंधान कार्य, तथा कार्मिकों के प्रशिक्षण की सुविधा का विकास किया जाएगा।

## जनता की भागीदारी

भारत सरकार को विश्वास है कि इस वक्तव्य में बताई गयी नीति को समाज के सभी वर्गों तथा बच्चों के लिए काम कर रहे सभी संगठनों का समर्थन और सहयोग मिलेगा। इन उद्देश्यों की प्राप्ति में अपनी भागीदारी निभाने के लिए भारत सरकार अपने नागरिकों, और स्वयंसेवी संगठनों का आह्वान भी करती है।

उपर्युक्त से स्पष्ट है कि संयुक्त राष्ट्र के बाल अधिकार समझौते के द्वारा बच्चों को जो मूलाधिकार दिए गये हैं, ये सभी राष्ट्रीय बाल नीति (1974) में शामिल नहीं हैं। दूसरे, राष्ट्रीय बाल नीति का व्यवहार में समुचित कार्यान्वयन भी नहीं हो सका है। तीसरे, यह सन्तोष की बात है कि विश्व के 191 देशों (भारत सहित) ने बाल अधिकार समझौता (1989) को अनुमोदित कर दिया है, कम-से-कम सैद्धान्तिक रूप में। मगर दक्षिण एशियाई क्षेत्रीय सहयोग संघ (सार्क) का 2000 तक ख़तरनाक कार्यों में लगे बाल मज़दूरों तथा बँधुआ मज़दूरी व्यवस्था ख़त्म करने, तथा 2010 तक सभी प्रकार के बाल श्रम की समाप्ति का संकल्प मात्र काग़ज़ी रह गया है।

**नई राष्ट्रीय बाल-नीति (2013) :** बाद में 2013 में नयी राष्ट्रीय बाल नीति भारत सरकार ने बनाई जिसका आधार अधिकार-आधारित परिप्रेक्ष्य था। इसने दीर्घकालिक, टिकाऊ, बहु क्षेत्रीय (मल्टीसेक्टोरल), समेकित तथा समावेशी दृष्टिकोण बच्चों के सर्वांगीण विकास एवं संरक्षण हेतु अपनाया। इसके पाँच क्षेत्र निम्नलिखित हैं:

(1) जीना, स्वास्थ्य एवं पोषाहार-जीने, स्वास्थ्य एवं पोषाहार (भुखमरी, वंचना, एवं कुपोषण से सुरक्षा) प्रत्येक बच्चे का अहरणीय अधिकार है, और इसे सर्वोच्च प्राथमिकता दी जायेगी। राज्य दिव्यांगों, बालिकाओं, और एच.आई.वी. प्रभावित बच्चों की विशेष ज़रूरतों का ख़्याल रखेगा।

(2) शिक्षा एवं विकास-प्रत्येक बच्चे को सीखने, ज्ञान प्राप्त करने, और शिक्षा पाने का अधिकार है, और इसके लिए आवश्यक वातावरण, सूचना,

आधारभूत संरचना, सेवाएँ, एवं समर्थन बच्चों की पूर्ण क्षमता के विकास के लिए किया जायेगा।

(3) संरक्षण-सभी बच्चों के अधिकारों का संरक्षण राज्य करेगा, और राज्य सभी बच्चों की देखभाल वाला, संरक्षणपरक और सुरक्षित वातावरण सुनिश्चित करेगा।

(4) सहभागिता-राज्य बच्चों की आयु, परिवक्वता के स्तर, तथा विकासशील क्षमताओं के अनुरूप हुनर विकसित करने, आकांक्षाओं को साकार करने, तथा विचारों को अभिव्यक्त करने के लिए सक्षम वातावरण, अवसर तथा समर्थन उपलब्ध करायेगा।

(5) विविध-विभिन्न कार्यक्रमों में समन्वय स्थापित किया जायेगा, तथा उनका अनुश्रवण किया जायेगा। क्षमता-विकास, संसाधन-निर्धारण, सामाजिक अंकेक्षण, सामुदायिक स्कोर कार्ड आदि को प्रभावकारी अनुश्रवण हेतु औजार के रूप में इस्तेमाल किया जायेगा। बजट-सम्बन्धी उत्तरदायित्व सुनिश्चित करने के लिए 'बाल बजट' का प्रावधान किया जायेगा।

पहले क्षेत्र में जननी सुरक्षा योजना, भारत नवजात शिशु कार्य योजना (2014), राष्ट्रीय कृमिनाशक (डिवार्मिंग) पहल, स्वच्छ भारत अभियान (2 अक्टूबर, 2019 को 'खुला शौच मुक्त भारत' घोषित), आँगनबाड़ी के ज़रिये बच्चों को पोषाहार, दोपहर का भोजन, आदि शामिल हैं। दूसरे क्षेत्र में निःशुल्क एवं अनिवार्य शिक्षा (समग्र शिक्षा अभियान) के तहत सकल नामांकन दर में वृद्धि, 'पढ़े भारत, बढ़े भारत', 'बेटी बचाओ, बेटी पढ़ाओ' आदि शामिल हैं। तीसरे क्षेत्र में पोक्सो कानून के तहत बच्चों को संरक्षण, बाल मज़दूर (संशोधन), अधिनियम 2016 के तहत कड़ी कानूनी कार्रवाई का प्रावधान, किशोर न्याय अधिनियम में अतिरिक्त संरक्षण आदि शामिल हैं। बच्चों में हुनर विकसित करने हेतु नयी शिक्षा नीति (2020) में कक्षा 6-8 के दौरान उचित वातावरण का प्रावधान किया गया है। चौथे, राष्ट्रीय बाल कार्य योजना (2016) में पुनः उन चार क्षेत्रों पर ज़ोर दिया गया है। ऑन-लाइन बाल-शोषण की शिकायत का प्रावधान भी किया गया है। प्राकृतिक आपदाओं और मानव-जनित आपदाओं, तथा जलवायु-परिवर्तन की स्थिति में बच्चों को प्राथमिकता देने का वादा भी किया गया है। इसके अलावा धारणीय या सतत्

(टिकाऊ) विकास लक्ष्यों (सस्टेनेबल डेवलपमेंट गोल्स) के अनुरूप समन्वय एवं विभिन्न कार्यक्रमों के जुड़ाव पर ज़ोर दिया गया है।

ये दोनों नीतियाँ, तथा बाल अधिकार समझौता (1989) किस हद तक भारत में व्यवहार में कार्यान्वित हुआ है, इसे अगले अध्यायों में हम विश्लेषित करेंगे।

# 3

# भारत में बच्चों की स्थिति

बच्चों के अधिकारों पर संयुक्त राष्ट्र संघ द्वारा जो समझौता 20 नवम्बर, 1989 को पारित किया गया था, अब तक 191 देश उसे स्वीकार कर चुके हैं। उस समझौते में 18 वर्ष से कम उम्र के ऐसे प्रत्येक व्यक्ति को बच्चा माना गया है जो बच्चे पर लागू होने वाले कानून के तहत निर्धारित उम्र से पहले वयस्कता प्राप्त नहीं कर ले। 12 नवम्बर, 1992 को भारत ने भी इस समझौते पर अपनी सहमति दे दी, किन्तु हमारे देश में विभिन्न कानूनों के तहत 'बाल' (चाइल्ड) की परिभाषा भिन्न-भिन्न है। भारत की जनगणना में 14 वर्ष से कम आयु का व्यक्ति बच्चा माना गया है, और भारतीय संविधान के अनुसार भी बच्चे की परिभाषा में 14 वर्ष से कम उम्र के व्यक्ति शामिल हैं। भारतीय दण्ड विधान 1860 की धारा 82 (अब भारतीय न्याय संहिता की धारा 20) के अनुसार 7 वर्ष से कम उम्र के बच्चे द्वारा किया गया कोई भी कार्य अपराध नहीं माना गया। उसी प्रकार 7 वर्ष से अधिक और 12 वर्ष से कम आयु वाले किसी भी बच्चे द्वारा किया गया कोई भी कार्य अपराध नहीं है जिसने उस मौके पर घटना की वस्तुस्थिति या अपने आचरण के बारे में सही निर्णय लेने योग्य परिपक्वता हासिल नहीं की हो-डोली इन कैपैस्स सिद्धांत पर आधारित। इसी प्रकार किशोर-न्याय अधिनियम (2000) के अनुसार 18 वर्ष की आयु से कम के लड़के और 18 वर्ष से कम आयु की लड़की को तरुण (किशोर) माना गया है, और उसका आम कैदियों से भिन्न तरीक़े से विचारण (ट्रायल) करने का प्रावधान किया गया है। इसके अलावा बाल-विवाह (प्रतिषेध) अधिनियम (1929) के अनुसार 21 वर्ष से कम आयु का लड़का और 18 वर्ष से कम उम्र की लड़की को नाबालिग (बच्चा) माना गया है। इसके अतिरिक्त अप्रेन्टिस

ऐक्ट (1951), कारखाना अधिनियम (1948), तथा बाल श्रम अधिनियम 1986 और बाल श्रम (प्रतिषेध एवं विनियमन) संशोधन अधिनियम 2016 के अनुसार 14 वर्ष से कम उम्र के व्यक्ति को बच्चा माना गया है। हम सभी रोज़ाना अपने इर्द-गिर्द घरों, सड़कों, दुकानों, और कारखानों में काम करते हुए बच्चों को देखते हैं किन्तु बहुत सारे निरक्षर, ग़रीब एवं पढ़ाई छोड़कर घर पर रहने वाले बच्चे भी हैं जो सम्भावित (पोटेंशियल) बाल श्रमिक हैं। इसलिए ऐसे बच्चों की स्थिति एवं समस्याओं की जानकारी प्राप्त करना निहायत ज़रूरी है।

भारत में अनुमानतः क़रीब 30 करोड़ बच्चे 14 वर्ष से कम उम्र के हैं। नेशनल कॉउन्सिल ऑव अप्लाइड इकोनॉमिक रिसर्च (नयी दिल्ली) के द्वारा किए गये घरेलू बाज़ार सूचना सर्वेक्षण में यह पाया गया-"जनसंख्या के अन्य समूहों की तुलना में वयस्क महिलाएँ (बालिकाओं सहित) चिकित्सकों के सम्पर्क में कम-से-कम आती हैं और ऐसा लगता है मानो ये घर में सर्वाधिक उपेक्षित प्राणी हैं।"

इसके अलावा शिशु-चिकित्सा विभाग के दो शैक्षिक संस्थानों में अध्ययन करने पर निम्नलिखित तथ्य पाए गए-

(1) बाह्य-चिकित्सा विभाग की सेवाओं का लाभ उठाने वाले 20,407 बच्चों में से 65.2 प्रतिशत बालक तथा 34.8 प्रतिशत मात्र बालिकाएँ थीं।

(2) 3,773 भर्ती बाल रोगियों में से 83.5 प्रतिशत बालक तथा 16.5 प्रतिशत मात्र बालिकाएँ थीं।

(3) भर्ती बाल रोगियों में से मरने वाली बालिकाओं की संख्या मरने वाले बालकों की संख्या से काफी अधिक थी-अर्थात् एक ओर बालिकाओं की भर्ती अस्पताल में बहुत कम कराई जाती है, और उस पर भी उनका इलाज कराने के लिए बीमारी के अन्तिम चरण में उन्हें अस्पताल ले जाया जाता है।

इतना ही नहीं, लड़कियों के खान-पान में भी पक्षपात बरता जाता है। यही कारण है कि अधिक से अधिक लड़कियाँ कुपोषण की शिकार होती हैं, और इसके परिणामस्वरूप इनकी अनुमानित आयु अपेक्षाकृत कम होती है। ख़ासकर हिन्दी भाषी क्षेत्रों में बालिकाओं को बालकों की तरह खानपान, शिक्षा, स्वास्थ्य आदि की सुविधाएँ नहीं दी जाती हैं। उदाहरणार्थ, 2010-2014

में उत्तर प्रदेश में जन्मी बालिका की आयु (जीवन प्रत्याशा) 65.4 वर्ष आँकी गयी जबकि तब केरल में जन्मी बालिका की आयु 78 वर्ष आँकी गयी। उस वर्ष उत्तर प्रदेश में बालक की जीवन प्रत्याशा 63 वर्ष और केरल में बालक की जीवन प्रत्याशा 72 वर्ष थी और कुल लोगों की औसत जीवन प्रत्याखा क्रमशः 64 वर्ष एवं 75 वर्ष थी। उस दौरान समूचे भारत में सभी लोगों की औसत जीवन प्रत्याशा 68 वर्ष, बालकों की 66.4 वर्ष तथा बालिकाओं की 70 वर्ष थी। ज्ञातव्य है कि स्त्रियों की आनुवंशिक क्षमता अधिक होने से उनकी जीवन प्रत्याशा पुरुषों से अधिक होती है। फिर भी लीला गुलाटी ने केरल में एक अध्ययन के दौरान पाया-(क) विद्यालय जाने पर भी बालिका को घरेलू काम करने पड़ते हैं; (ख) जब घर में पूरी तरह काम करने की ज़रूरत होती है, तो बालिका की पढ़ाई बन्द करा दी जाती है; (ग) बाहर काम करने पर उसे अपनी मज़दूरी का अधिकांश घर में देना पड़ता है। लगभग यही स्थिति अन्यत्र है। लीला गुलाटी के अनुसार इसके मुख्य कारण निम्नलिखित हैं:

(अ) बुढ़ापे में बेटे ही देखभाल करेंगे क्योंकि बेटियाँ ससुराल चली जायेंगी (पराया धन)।

(ब) बेटे शादी में दहेज पाते हैं जबकि बेटियों के लिए दहेज देना पड़ता है (दहेज प्रथा)।

(स) बेटा किसी स्थायी, नियमित, एवं ज़्यादा कुशल कार्य में लग सकता है जबकि बेटी को कम मज़दूरी वाला और अकुशल कार्य करना है (आर्थिक पक्ष)।

इसके अलावा माँ-बाप के मरने पर बेटा ही उन्हें मुखाग्नि देने का अधिकारी होता है हिन्दुओं में (रिवाज)।

इतना ही नहीं, पुरुषों के अनुपात में महिलाओं की संख्या कुछ जिलों में अत्यन्त कम रही है। उदाहरणार्थ, युनिसेफ (1995) के अनुसार तमिलनाडु के सलेम जिले में प्रति 1,000 पुरुषों पर मात्र 849 महिलाएँ, मध्य प्रदेश के भिण्ड जिले में 850, राजस्थान के जैसलमेर जिले में 851, हरियाणा के कैथल जिले में 854 और जींद जिले में 858, तथा पंजाब के अमृतसर जिले में 861 महिलाएँ थीं। 2001 में 1,000 पुरुषों पर भारत में 933 महिलाएँ थीं-तब केरल में 1,058 महिलायें तथा पांडिचेरी में 1,001 महिलाएं थीं। यह लिंग अनुपात

छत्तीसगढ़, तमिलनाडु, मणिपुर, आन्ध्र प्रदेश, मेघालय, ओडिशा, हिमाचल प्रदेश, कर्नाटक, गोआ, त्रिपुरा, लक्षद्वीप, उत्तराखंड, मिजोरम, असम, और पश्चिम बंगाल में राष्ट्रीय औसत से अधिक था। शेष में यह राष्ट्रीय औसत से कम था-महाराष्ट्र (922), राजस्थान (921), गुजरात (920), बिहार (919), नागालैंड (900), उत्तर प्रदेश (898), अरुणाचल प्रदेश (893), जम्मू-कश्मीर (892), दिल्ली (821), दादरा नागर हवेली (812), चंडीगढ़ (777), दमन दिव (710)। उल्लेखनीय है कि 1991-2001 में हिमाचल प्रदेश, गोवा, महाराष्ट्र, गुजरात, पंजाब, सिक्किम, हरियाणा, दिल्ली, दादरा नागर हवेली, चंडीगढ़ एवं दमन दिव में लिंग अनुपात घटा। 2011 में भारत में लिंग अनुपात 940 प्रति 1,000 (पुरुष) हो गया-केरल (1084), पांडिचेरी (1037), तमिलनाडु (996), आन्ध्रप्रदेश (993), छत्तीसगढ़ (991), मेघालय (989), मणिपुर (985), ओडिशा (979), मिजोरम (976), गोआ (973), कर्नाटक (973), हिमाचल प्रदेश (972), उत्तराखण्ड (963), त्रिपुरा (960), असम (958), पश्चिम बंगाल (950), झारखण्ड (948), लक्षद्वीप (946), अरुणाचल प्रदेश (938), नागालैंड (931), मध्य प्रदेश (931), महाराष्ट्र (929), राजस्थान (928), गुजरात (919), बिहार (918), पंजाब (895), सिक्किम (890), जम्मू-कश्मीर (889), हरियाणा (879), अंडमान-निकोबार (876), दिल्ली (868), चंडीगढ़ (818), दादरा-नागर हवेली (774) एवं दमन-दिव (618)। इस प्रकार स्पष्ट है कि जो राज्य/संघ शासित क्षेत्र आर्थिक रूप से विकसित हैं (हरियाणा, पंजाब, गुजरात, महाराष्ट्र, दिल्ली, चंडीगढ़ आदि), वहाँ लैंगिक संवेदना एवं न्याय ज़रूरी नहीं-अर्थात् सामाजिक चेतना एवं सामाजिक विकास, आर्थिक वृद्धि दर से पूर्णतः निर्धारित नहीं होता। दूसरी ओर केरल का राज्य सकल घरेलू उत्पाद इन राज्यों से कम है मगर वहाँ का लिंगानुपात पूरे देश में सबसे अच्छा है (1084 प्रति 1000 पुरुषों पर)। ऐसा माना जाता है कि कुछ इलाकों में नवजात बच्चियों की हत्या कर दी जाती है अथवा भ्रूण-परीक्षण कराकर उनके जन्म के पूर्व ही गर्भपात करा दिया जाता है। बिहार में कार्यरत एक स्वयंसेवी संस्था 'अदिथि' के अनुसार बिहार के कटिहार, सहरसा, मधुबनी, सीतामढ़ी, पूर्णिया आदि क्षेत्रों में नवजात बच्चियों की हत्या का प्रचलन रहा है। तमिलनाडु के सलेम जिले के पाँच ब्लॉकों में

किए गये अध्ययन में 1,250 लोगों (1,238 हिन्दू) से साक्षात्कार करने पर 9 प्रतिशत ने स्वीकार किया कि उन्होंने पिछले 2 वर्षों में अपनी बच्चियों की हत्या की थी, तथा 67 प्रतिशत लोगों ने स्वीकार किया कि उनके गाँवों में बच्चियों की हत्या होती है, तथा 38 प्रतिशत ने यह भी कहा कि एक से अधिक बच्ची के जन्म लेने पर वे उसकी हत्या कर देंगे। अन्य तरीक़े से सत्यापित करने पर इसकी सम्पुष्टि हुई कि 44 प्रतिशत परिवारों में (547 परिवार) बच्चियों की हत्या की गयी थी! इसके अलावा 865 लोगों ने कहा कि बच्ची का जन्म लेना एक बोझ है, तथा सभी ने एक मत से कहा कि बच्चियों के लिए चार उत्सव करने पड़ते हैं-कान छेदाई, तरुणावस्था प्राप्त होने पर, शादी के समय, और पहला बच्चा होने पर। 554 लोगों ने दो और उत्सव गिनाए-शादी के बाद नाभिक परिवार बसाने, तथा मासिक-धर्म बन्द होने पर (केवल गोडेर जाति में)। इन उत्सवों में होने वाला ख़र्च बच्चियों की हत्या करने का मुख्य कारण है। अन्य कारण दहेज तथा उसके कारण बच्चियों की प्रताड़ना, ससुर द्वारा पतोहू का यौन-शोषण आदि हैं। जिन बच्चियों को जन्म के 24 घण्टे के अन्दर मार दिया जाता है, उन्हें 'कुझीपप्पा' (श्मशानी गड्ढे में जाना) कहा जाता है।

संयुक्त राष्ट्र संघ द्वारा 20 नवम्बर, 1989 को पारित 'बच्चों के अधिकार समझौते' में मुख्यतः चार प्रकार के अधिकार शामिल हैं: (1) जीने का अधिकार, (2) विकास का अधिकार, (3) सुरक्षा का अधिकार, एवं (4) सहभागिता का अधिकार।

**(1) जीने का अधिकार :** इस अधिकार के तहत जीने का, स्वास्थ्य के उच्चतम स्तर की प्राप्ति का, समुचित पोषाहार का, मानवोचित जीवन-स्तर उपभोग करने का, एक नाम, और एक राष्ट्रीयता धारण करने का अधिकार आदि सम्मिलित है। यह सर्वविदित है कि प्रत्येक दिन हज़ारों बच्चे मौत के मुँह में चले जाते हैं जिन्हें थोड़ी सावधानी बरतने और थोड़ा-बहुत ख़र्च करके बचाया जा सकता है। उक्त समझौते के अनुच्छेद 6 के अनुसार हर बच्चे को जीने का जन्मजात अधिकार है। इसका मतलब यह है कि हर बच्चा अपनी आकस्मिक मृत्यु, तथा अपने प्रति अप्राकृतिक एवं विकृत व्यवहार से सुरक्षित रहे, एवं स्वस्थ जीवन-यापन कर सके। यद्यपि भारत में 1971 में प्रत्येक 1,000 जीवित जन्मों में बच्चों की मृत्यु-दर 129 थी जो 1992 में घटकर 79

तथा 1994 में 73 हो गयीं। 1990-2019 के दौरान विश्व में 5 वर्ष से कम उम्र में बाल-मृत्यु दर 93 से घटकर 38 (प्रति हजार जीवित जन्मों पर) हो गई, और 5 वर्ष से कम उम्र के बच्चों की कुल मौतें 1.26 करोड़ से घटकर 52 लाख हो गयी। इन 52 लाख बाल-मृत्युओं में 50 प्रतिशत से अधिक उप-सहारा अफ्रीका में हुई। 2019 में प्रतिदिन पूरे विश्व में 14,000 बाल-मृत्यु हुई जो मानवता के लिए कलंक है क्योंकि 2019 में पूरे साल में कुल 52 लाख बच्चों (5 वर्ष से कम) की मृत्यु हुई। इसी प्रकार 1990-2019 के दौरान भारत में 5 वर्ष से कम उम्र के बच्चों की मृत्यु की संख्या 34 लाख से घटकर 8.24 लाख हो गयी। 2019 में अफगानिस्तान में बाल-मृत्यु दर 60, अंगोला में 75, बेनिन में 90, बुर्किनाफासो में 88, कैमरून में 75, सेन्ट्रल अफ्रिकन रिपब्लिक में 110, चाड में 114, कांगो में 85, एक्वेटोरियल गिनिया में 82, गीनिया में 99, गीनिया-बिसाऊ में 79, लेसोथो में 86, लिबेरिया में 85, माली में 94, नाइजर में 80, नाइजीरिया में 117, सियेरा लियोन में 109, सोमालिया में 117, दक्षिणी सूडान में 96, तथा कोट डि आइवोयर में 79 प्रति हजार जीवित जन्मों पर थी। दूसरी ओर तब शिशु मृत्यु दर (1 वर्ष से कम) भारत में 30.9, संयुक्त राज्य अमेरिका में 7, यू.के. में 4, स्वीडन में 3, स्पेन में 3, जापान में 2, स्लोवेनिया में 2, सिंगापुर में 3, सैन मरिनो में 2, आइसलैंड में 2, फिनलैंड में 2, एस्टोनिया में 2, डेनमार्क में 4, एवं साइप्रस में 2 प्रति हजार जीवित जन्मों पर थी। उनमें से अधिकांश मौतें कुपोषण एवं बीमारियों से होती रही हैं। भारत के विभिन्न राज्यों में शिशु-मृत्यु दर (एक वर्ष तक के बच्चों में) में काफी भिन्नता है। जहाँ एक ओर केरल में 1992 में शिशु-मृत्यु दर मात्र 17 थी, वहीं दूसरी ओर ओडिशा में तब यह दर 114 थी। इसी प्रकार यह भी सचाई है कि 1990 में भारत में ग्रामीण क्षेत्रों में शिशु-मृत्यु दर 86 थी जबकि शहरों में यह दर 51 थी। 1994 के आँकड़े के अनुसार सर्वाधिक साक्षर केरल प्रदेश में शिशु-मृत्यु दर मात्र 16 थी, (शहरी क्षेत्र में मात्र 14) जो सभी राज्यों में सबसे कम थी जबकि ओडिशा में यह दर सबसे अधिक 103 थी। 2018 में भारत में सर्वाधिक शिशु-मृत्यु दर मध्य प्रदेश (48) में थी और सबसे कम नागालैंड (4), मिजोरम (5) तथा केरल (7) में थी। 2017 में भारत में शिशु-मृत्यु दर घटकर 59 (प्रति एक हज़ार जीवित जन्मों पर) हो

गयी जबकि तब नेपाल में यह मात्र 28 थी, भूटान में 32, इंडोनेशिया मे 23, वियतनाम में 17, ईरान में 16, चीन में 12, थाईलैंड में 9, श्रीलंका में 8, रूस में 7, संयुक्त राज्य अमेरिका में 6, यू.के. में 4, तैवान में 4, डेनमार्क में 4, फिनलैंड में 2.5, सिंगापुर में 2, जापान में 2, और मोनाको में 1.8 (सबसे कम) थी। तब सबसे अधिक शिशु-मृत्यु दर अफगानिस्तान (111), सोमालिया (95), सेंट्रल अफ्रिकन रिपब्लिक में 86 और गिनिया-बिसाऊ में 85.7 थी। तब 2017 में विश्व में औसत शिशु-मत्यु दर 29 थी। 2017 में ग्रामीण भारत में शिशु मृत्यु-दर 37 तथा शहरी भारत में 23 थी। यह ग्रामीण और शहरी क्षेत्रों में स्वास्थ्य-चिकित्सा सुविधाओं, तथा बच्चों के पालन-पोषण (पोषाहार) में भिन्नता का सूचक है। 2019 में भारत में शिशु मृत्यु दर घटकर 30.9 प्रति हज़ार जीवित जीवित जन्म हो गई, तथा 2020 में यह 29.89 प्रति हज़ार जीवित जन्म हो गयी। 2024 में भारत में शिशु मृत्यु दर 25.8 (प्रति हज़ार जीवित जन्म) हो गयी। तब सर्वाधिक शिशु मृत्यु दर मध्य प्रदेश में थी-46 (प्रति हज़ार जीवित जन्म)। तब भारत इस मामले में विश्व में (225 देशों में) 47वें स्थान पर था। केरल में यह दर 6, नागालैंड एवं मिजोरम में 3, और सिक्किम में 5, अंडमान-निकोबार में 7, तमिलनाडु, गोवा और लक्षद्वीप में 8 (प्रत्येक), पुडुचेरी में 9, मणिपुर में 10, दिल्ली तथा दादरा-नागर हवेली में 11, चंडीगढ़ में 13, महाराष्ट्र एवं दमन-दिव में 17, पंजाब एवं हिमाचल प्रदेश में 19, जम्मू-कश्मीर में 20, पश्चिम बंगाल में 20, त्रिपुरा एवं कर्नाटक में 21, तेलंगाना में 23, गुजरात एवं आन्ध्र प्रदेश में 25, झारखंड, उत्तराखंड और हरियाणा में 27, अरुणाचल प्रदेश और बिहार में 29, मेघालय में 33, राजस्थान में 35, ओडिशा में 38, छत्तीसगढ़ में 40, असम में 40, उत्तर प्रदेश में 41 तथा मध्यप्रदेश में 46 (2024 में) है। इस प्रकार जिन हिन्दी राज्यों, पश्चिमी राज्यों और दक्षिणी राज्यों में (केरल एवं तमिलनाडु को छोड़कर) विकास (स्वास्थ्य) का ज़ोर-शोर से प्रचार किया जाता है, वे राज्य अपने एक साल से कम उम्र के शिशुओं को बचाने में असमर्थ हैं। भौतिक आधारभूत संरचनाएँ बना लेना पर्याप्त नहीं है, सामाजिक विकास भी होना चाहिए।

संयुक्त राष्ट्र संघ के बाल अधिकार समझौते (1989) के अनुच्छेद 24 के अनुसार, "समझौते में शामिल देश बीमारी के उपचार और फिर स्वस्थ

होने के लिए उच्चतम हर सम्भव स्वास्थ्य सम्बन्धी मानक तथा सुविधाएँ प्राप्त करने के बच्चे के अधिकार को मान्यता देते हैं। समझौते में शामिल देश यह सुनिश्चित करने का प्रयास करेंगे कि किसी भी बच्चे को ऐसी स्वास्थ्य सेवाएँ पाने के अधिकार से वंचित नहीं होना पड़े। बच्चे के जन्म से पूर्व और बाद में माताओं के लिए उपयुक्त स्वास्थ्य सम्बन्धी देखभाल सुनिश्चित की जानी चाहिए।'' यह सर्वविदित है कि छोटे बच्चों में दस्त की बीमारी बहुत अधिक होती है किन्तु 1992 में दस्त से बचाव के लिए ओ.आर.एस. घोल के उपयोग की दर लगभग 37 प्रतिशत मात्र थी जो अब करीब 50 प्रतिशत है (2024 में)। 5 वर्ष से कम उम्र के बच्चों की मौतों में 8 प्रतिशत दस्त के कारण पूरे विश्व में (2017) होती थी अर्थात् विश्व में एक साल में 4.80 लाख ऐसे बच्चों की मृत्यु दस्त से पूरे विश्व में होती थी और 2022 में 49 लाख (5 वर्ष के नीचे के) बच्चों की मौत पूरे विश्व में हुई। इनमें से सबसे ज़्यादा मौतें दक्षिण एशिया और उप-सहारा अफ्रीका में (80 प्रतिशत) होती हैं। विशेषज्ञों के अनुसार 70 प्रतिशत दस्त से होने वाली मौतों को नमक-चीनी के घोल के पानी से रोका जा सकता है। पूरे विश्व में 29 जुलाई को ओ.आर.एस. दिवस मनाया जाता है। ओ.आर.एस. में चार तत्व होते हैं: सोडियम क्लोराइड (साधारण नमक), सोडियम साईट्रेट, पोटैसियम क्लोराइड, ग्लूकोज (चीनी)। इतना ही नहीं, देहात और शहरी क्षेत्र में स्वास्थ्य सुविधाओं की उपलब्धता में भी काफी अन्तर है। मिसाल के तौर पर, संस्थागत प्रसव के कारण शहरी क्षेत्र में पैदा होने वाले 93.8 प्रतिशत बच्चों को अस्पताल/मातृ-शिशु कल्याण केन्द्र आदि में चिकित्सा सुविधा उपलब्ध हो जाती है जबकि देहाती क्षेत्रों में मात्र 87 प्रतिशत (2022) बच्चों को यह सुविधा मिल पाती है। विभिन्न प्रदेशों में इसकी स्थिति भिन्न-भिन्न है। कर्नाटक, आन्ध्रप्रदेश, एवं केरल में 99.9 प्रतिशत (शहरी एवं ग्रामीण) बच्चे जन्म के समय संस्थागत चिकित्सकीय सुविधाएँ पा लेते हैं जबकि (2021-22) उत्तर प्रदेश और बिहार में क्रमशः 91 एवं 87 प्रतिशत बच्चे ही यह सुविधा पाते हैं। इतना ही नहीं, प्रशिक्षित दाइयों और दवाओं के अभाव में प्रसव के समय तमाम गर्भवती महिलाओं की मृत्यु हो जाती है। पूरे भारत में 95.5 प्रतिशत संस्थागत प्रसव होते हैं। तमिलनाडु, केरल, गोवा, पुडुचेरी और लक्षद्वीप में सभी प्रसव (100 प्रतिशत) संस्थागत

होते हैं। मेघालय में मात्र 57 प्रतिशत और नागालैंड में मात्र 33 प्रतिशत प्रसव संस्थागत होते हैं।

भारत देश में ग़रीबी रेखा के नीचे रहने वाली आबादी लगभग 12 प्रतिशत है। विश्व बैंक (2024) के अनुसार भारत में 12.9 करोड़ लोग घोर ग़रीबी रेखा के नीचे रहते हैं। स्टेट बैंक ऑव इंडिया के अनुसार भारत में 5 प्रतिशत से कम लोग ग़रीबी रेखा के नीचे रहते हैं। हालाँकि कुछ अध्ययनों ने और अधिक लोगों को ग़रीबी रेखा के नीचे रहने का अनुमान लगाया है। बिहार, राजस्थान, गुजरात, झारखण्ड और छत्तीसगढ़, उत्तर प्रदेश एवं मध्यप्रदेश, आन्ध्र प्रदेश, तेलंगाना में ज़्यादा लोग ग़रीबी रेखा के नीचे रहते हैं। ख़ैर, एक अनुमान के मुताबिक भारत में करीब 25 करोड़ लोग कुपोषण के शिकार हैं, तथा 5 साल से कम उम्र के 38 प्रतिशत बच्चे बौनापन अर्थात् गम्भीर कुपोषण से ग्रसित हैं, तथा प्रजनन की उम्र की 51 प्रतिशत महिलाएँ खून की कमी (एनीमिया) की शिकार हैं। दूसरे, विद्यालय जाने के पूर्व की आयु (3 वर्ष) के लगभग 79 प्रतिशत बच्चे एवं 55 प्रतिशत गर्भवती माताएँ अपने गर्भावस्था के तीसरे चरण में लौह तत्त्व (आयरन) की कमी से ग्रसित होती हैं, और 24 प्रतिशत पुरुष भी इससे पीड़ित हैं। तीसरे, क़रीब 5 करोड़ लोग घेंघा की बीमारी (थायराईड) से ग्रसित हैं। पूरे विश्व में 15.8 प्रतिशत लोग आयोडीन की कमी के कारण घेंघा से पीड़ित हैं। चौथे, 2019 में पूरे विश्व में 52 लाख बच्चे (5 वर्ष से कम) मर गये जिनमें से 8.24 लाख बाल-मृत्यु भारत में हुई, तथा 66 लाख बच्चे सामान्य किस्म की विकलांगता के शिकार हैं। पाँचवें, सिर्फ़ आयोडीन की कमी के कारण भारत में हर साल लगभग 90 हज़ार बच्चे जन्म के समय अथवा थोड़ी देर बाद मर जाते हैं। छठे, लगभग 60 हज़ार बच्चे हर साल विटामिन 'ए' की कमी के साथ-साथ प्रोटीन ऊर्जा कुपोषण के शिकार होकर अन्धे हो जाते हैं। सातवें, भारत में 5 वर्ष तक के बच्चों में से 34.5 प्रतिशत औसत से कम वजन वाले होते हैं। इसलिए आवश्यक है कि बच्चों की मृत्यु दर में कमी, गर्भवती माँ की मृत्यु दर में कमी, कुपोषण में कमी, खसरा, दस्त, रक्ताल्पता आदि से होने वाली मौतों को रोकने हेतु शत-प्रतिशत प्रशिक्षण, तथा प्रशिक्षित दाइयों से प्रसव आदि कराने के उपायों पर प्राथमिकता दी जानी चाहिए। हाल के वर्षों में बच्चे एड्स से भी काफी प्रभावित हुए हैं। 1996 में भारत में 8,30,000

बच्चे एड्स के शिकार पाये गये थे तथा एड्स से मरने वाले 15 लाख लोगों में से साढ़े तीन लाख बच्चे थे जो 15 वर्ष से कम उम्र के थे। 2017 में एड्स/एच. आई.वी. से प्रभावित कुल 21.4 लाख लोग भारत में थे। इसमें 88,000 मामले नये थे। 2017 में एड्स से भारत में 69,000 मौतें हुईं। पूरे विश्व में कुल एड्स मामलों की संख्या में भारत तीसरे स्थान पर था। 2010-17 के दौरान नये एड्स/एच.आई.वी. संक्रमण में 27 प्रतिशत की कमी हुई, तथा एड्स से होने वाली मौतों में 56 प्रतिशत की कमी हुई। मणिपुर, मिजोरम, एवं नागालैंड में सबसे ज़्यादा एड्स के मामले हैं। भारत में महिला यौन कर्मियों में 1.6 प्रतिशत एड्स से पीड़ित (2017) हैं किन्तु महाराष्ट्र में 7.4 प्रतिशत, तथा आन्ध्रप्रदेश में 6.3 प्रतिशत महिला यौन कर्मी एड्स से पीड़ित हैं। 2017 में 67 प्रतिशत एड्स/एच.आई.वी. पीड़ित महिला यौन कर्मियों को इसके बारे में पता था, तथा 91 प्रतिशत महिला यौन कर्मी निरोध का उपयोग करते थे। 2018-19 में 13,760 एड्स/एच.आई.वी. प्रभावित बच्चों में से 86 प्रतिशत को ए.आर.वी. सुविधा एड्स संचरण रोकने के लिए दी गयी। भारत सरकार का माँ से बच्चे में संक्रमण रोकना (प्रिवेंटिंग मदर टू चाइल्ड ट्रांसमिशन) कार्यक्रम 2002 से शुरू है। असुरक्षित रक्त-संचरण, इंजेक्शन, यौन-सम्बन्ध आदि की वज़ह से बच्चे भी एड्स के शिकार होते हैं। एड्स से प्रभावित माँ का दूध पीने से सात में से एक बच्चा एड्स से प्रभावित पाया गया है। मातृ मृत्यु दर (प्रति लाख प्रसव) भारत में 2020 में 103 थी जबकि तब विश्व में यह औसत दर 223 थी। भारत सरकार की तमाम योजनाओं जननी-शिशु सुरक्षा योजना, मातृ वन्दना योजना, पोषण कार्यक्रम, प्राथमिक आरोग्य केन्द्रों की वृद्धि आदि से मातृ मृत्यु दर में कमी आयी। मातृ मृत्यु कभी-कभी अकेले होती है, तो कभी-कभी गर्भस्थ शिशु के साथ होती है। प्रसव के दौरान मृत्यु के कई कारण हैं: अत्यधिक रक्तस्राव (70 प्रतिशत), संक्रमण, उच्च रक्त चाप, असुरक्षित गर्भपात, अप्रशिक्षित दाइयाँ/ नर्सें/चिकित्सक, कम उम्र में प्रसव आदि हैं। 2016-20 के दौरान मातृ-मृत्यु 33,800 से घटकर 25,220 हो गयी मगर यह संख्या भी काफी है।

**(2) विकास का अधिकार :** बाल अधिकार समझौते (1989) के अनुच्छेद 6 के अनुसार समझौते में शामिल देश बच्चों को जीवित रहने और

उनके विकास को सुनिश्चित करने का हर सम्भव प्रयास करेंगे। ऐसा देखा गया है कि आपदाओं यथा अकाल, बाढ़, सुखाड़, युद्ध आदि के दौरान बच्चे मौत, विस्थापन, और अपंगता के सबसे अधिक शिकार होते हैं। विकास के अधिकार का तात्पर्य है-समुचित शिक्षा, बचपन के दौरान समुचित देखभाल, सामाजिक सुरक्षा, मनोरंजन, तथा सांस्कृतिक गतिविधियों का अधिकार। पूर्व में ही यह स्पष्ट किया जा चुका है कि अशिक्षा और बाल श्रम का परस्पर सकारात्मक सम्बन्ध है। समझौते के अनुच्छेद 28 में यह भी प्रावधान किया गया है कि बच्चों को शिक्षा का समान अधिकार दिया जाए और प्राथमिक शिक्षा के अधिकार के तहत नि:शुल्क शिक्षा का प्रावधान कराया जाए। भारतीय संविधान के अनुच्छेद 45 में यह प्रावधान किया गया है-"इस संविधान के लागू होने के वर्ष से 10 वर्ष के भीतर ही सारे बच्चों को 14 वर्ष की आयु पूरी होने तक नि:शुल्क अनिवार्य प्राथमिक शिक्षा देने के लिए राज्य तमाम साधन उपलब्ध कराएगा और इसके लिए हर सम्भव प्रयास करेगा।" इतना ही नहीं, राष्ट्रीय शिक्षा नीति (1986), तथा भारत में 'सबके लिए शिक्षा' में भी यह संकल्प दुहराया गया था कि सन् 2000 तक भारत में सभी बच्चों को प्राथमिक शिक्षा दी जाएगी किन्तु जिस तरह से विगत कई दशकों में शिक्षा की प्रगति हुई, वह सन्तोषजनक नहीं कही जा सकती । अन्ततः संविधान में संशोधन करके धारा 21 ए जोड़ी गई, और बच्चों को नि:शुल्क एवं अनिवार्य शिक्षा का अधिकार अधिनियम, 2009 बनाया गया जो 1 अप्रैल 2010 से लागू किया गया। फिर 2020 में नयी शिक्षा नीति बनाई गयी, जिसमें त्रिभाषा सूत्र, प्राथमिक शिक्षा मातृ भाषा में देने पर ज़ोर है।

यह सही है कि 1951 में भारत में मात्र 2,09,671 मान्यता प्राप्त प्राथमिक विद्यालय थे और 1993 में इनकी संख्या बढ़कर 5,72,541 हो गई, और 2018 में कुल संख्या 8,40,546 हो गयी और 2024 में यह संख्या 14.89 लाख हो गयी। इसी प्रकार भारत में प्राथमिक शिक्षकों की संख्या 1951 में 5,38,000 थी जो 1991 में बढ़कर 16,37,000 हो गई, तथा 2014 में 26 लाख से अधिक हो गयी। 2024 में प्राथमिक विद्यालय के सरकारी शिक्षकों की संख्या 32.78 लाख हो गयी। सरकारी और निजी विद्यालयों के प्राथमिक शिक्षकों की संख्या 48 लाख है। प्राथमिक से लेकर वरीय माध्यमिक स्तर

(11-12) तक (सरकारी और निजी) भारत में कुल 95 लाख से अधिक शिक्षक हैं। इनमें से 48.76 लाख शिक्षिकाएँ और 46.30 लाख शिक्षक हैं। इसी तरह प्राथमिक विद्यालयों में छात्र-छात्राओं का नामांकन 1951 में 1 करोड़ 92 लाख हुआ था जो 1991 में बढ़कर 9 करोड़ 91 लाख हो गया, तथा 2019 में 12 करोड़ से अधिक हो गया (96 प्रतिशत)। सन् 1950-51 में सकल राष्ट्रीय उत्पाद का 1.2 प्रतिशत शिक्षा पर व्यय किया जाता था, जो अब 3 प्रतिशत से अधिक हो गया है। किन्तु इसके बावजूद 1991 में लगभग 48 प्रतिशत लोग निरक्षर थे जिनमें से 6 से 14 वर्ष की आयु वाले लगभग 2 करोड़ 10 लाख बच्चे थे। तब 15 से 35 वर्ष की आयु वर्ग के 12 करोड़ 10 लाख वयस्क निरक्षर थे। 2001 में भारत में साक्षरता दर बढ़कर 64.8 प्रतिशत हो गयी अर्थात् तब क़रीब 37 करोड़ लोग निरक्षर थे। जहाँ पुरुषों में क़रीब 25 प्रतिशत निरक्षर थे, वहीं महिलाओं में 46 प्रतिशत से अधिक निरक्षर थे। 2011 में भारत में साक्षरता दर 74 प्रतिशत हो गई, अर्थात् 26 प्रतिशत लोग अशिक्षित थे। 2020 तक भारत में साक्षरता दर क़रीब 78 प्रतिशत हो गई, तथा केरल में सर्वाधिक साक्षरता दर 96.2 प्रतिशत हो गयी। नेशनल सैम्पल सर्वे के अनुसार 2025 में भारत में साक्षरता दर 80.9 प्रतिशत हो गयी-87.2 प्रतिशत पुरुषों में और 74.6 प्रतिशत स्त्रियों में (7 वर्ष और उससे ऊपर)। मिजोरम में यह 98 प्रतिशत, लक्ष्यद्वीव में 97 प्रतिशत और केवल में 96.2 प्रतिशत है जबकि बिहार में 74 प्रतिशत, मध्य प्रदेश में 75 प्रतिशत और राजस्थान में 75.8 प्रतिशत है। शहरी क्षेत्र में साक्षरता दर 88.9 प्रतिशत और ग्रामीण क्षेत्र में 77.5 प्रतिशत है। यद्यपि शिक्षकों की संख्या में बढ़ोतरी हुई है किन्तु शिक्षक और विद्यार्थियों का अनुपात 1950-51 में 35.7 से बिगड़कर 1990-91 में 60.5 हो गया-यानी 60 विद्यार्थियों पर मात्र एक शिक्षक उपलब्ध था। बिहार में यह स्थिति और ख़राब (70) थी। मगर अब काफी शैक्षिक प्रगति (विशेषकर नामांकन) हो रही है जिसमें नये शिक्षकों की भर्ती भी शामिल है। 2017 में भारत के प्राथमिक विद्यालयों में विद्यार्थी-शिक्षक अनुपात 33:1 हो गया जो बच्चों को नि:शुल्क एवं अनिवार्य शिक्षा का अधिकार अधिनियम (2009) में सकारात्मक प्रावधान के कारण है जिसमें 30:1 का विद्यार्थी-शिक्षक अनुपात

प्राथमिक शिक्षा में तथा 35:1 का अनुपात अपर प्राथमिक स्तर पर निर्धारित है। मगर बिहार, उत्तर प्रदेश, मध्यप्रदेश, छत्तीसगढ़, झारखंड, ओडिशा, असम आदि में विद्यार्थी- शिक्षक अनुपाल संतोषजनक नहीं है। इतना ही नहीं, प्राथमिक विद्यालयों में नामांकन करने वाले सारे बच्चों में से मात्र 83 प्रतिशत (2015) ही कक्षा 5 तक पहुँच पाते हैं अर्थात् 17 प्रतिशत बच्चे बीच में पढ़ाई छोड़ देते हैं। यानी शेष छीजन (ड्राप आउट) के शिकार हो जाते हैं। विद्यालय भवन, पठन-पाठन सामग्री, पढ़ाई का स्तर, शौचालय आदि भी निश्चित रूप से सन्तोषजनक नहीं रहा है। 'सर्वशिक्षा अभियान', और अब 'समग्र शिक्षा अभियान' से संख्या में वृद्धि हुई है मगर गुणवत्ता में नहीं-25 प्रतिशत शिक्षक ग़ायब रहते हैं। फिर 2023 में पूरे देश में सभी सरकारी विद्यालयों में दस लाख से अधिक शिक्षकों के पद खाली थे (जैसा कि नीति आयोग ने बताया था)। सबसे ज़्यादा रिक्तियाँ उत्तर प्रदेश, बिहार, राजस्थान, मध्य प्रदेश, एवं पश्चिम बंगाल में रही हैं। फिर कई विद्यालयों में मात्र एक शिक्षक है, विशेषकर मध्य प्रदेश, और उत्तर प्रदेश में। एकल शिक्षक कक्षा 1 से 5 तक कैसे पढ़ा सकता है? अर्थात् पढ़ाई की खानापूर्ति मात्र होती है। कई शिक्षक पढ़ाने की बज़ाय शिक्षा निदेशालय या जिला शिक्षा कार्यालयों में स्वार्थवश तैनात रहते हैं। फिर कहीं ज़्यादा शिक्षक बहुत कम विद्यार्थियों वाले विद्यालयों (शहरों में) में पदस्थापित हैं। अर्थात् संख्या और गुणवत्ता दोनों में बच्चों की शिक्षा शिक्षकों और शैक्षिक प्रशासन की कमी का शिकार रही है।

बिहार, झारखण्ड, उत्तर प्रदेश, ओडिशा, असम जैसे पिछड़े राज्यों में यह छीजन (ड्राप आउट) दर इससे भी अधिक है। तमाम शिक्षाशस्त्रियों एवं समाजशास्त्रियों का मानना है कि उच्च शिक्षा से ज़्यादा प्राथमिक/प्रारम्भिक शिक्षा को प्राथमिकता देकर गुणवत्तापूर्ण बनाया जाय, तथा बच्चों के खेलने एवं मनोरंजन का अधिकार, बालकेन्द्रित शिक्षा, बालिकाओं की समान शिक्षा के प्रति विशेष उपाय (पोशाक, छात्रवृत्ति, शौचालय, सायकिल), आदि किए जाने चाहिए क्योंकि विद्यालयीय शिक्षा मानव जीवन की नींव होती है तथा इससे 'सामाजिक लाभ' ज़्यादा होते हैं जबकि उच्च शिक्षा से 'व्यक्तिगत लाभ' ज़्यादा होते हैं। सर्व/समग्र शिक्षा अभियान के कारण करीब 97 प्रतिशत बच्चों का नामांकन प्राथमिक विद्यालयों में हो चुका है मगर उपस्थिति 70 प्रतिशत से अधिक नहीं होती।

**(3) सुरक्षा का अधिकार :** बाल अधिकार समझौते (1989) के अनुच्छेद 19 के अनुसार, "समझौते में शामिल सभी देश ऐसे सभी उचित विधायी, प्रशासनिक, सामाजिक, और शैक्षिक उपाय करेंगे जिनसे माता-पिता, कानूनी अभिभावक, और अन्य किसी व्यक्ति की देख-रेख में रह रहे बच्चों को सभी प्रकार की शारीरिक और मानसिक हिंसा, चोट अथवा अपमान, उपेक्षा अथवा उपेक्षापूर्ण व्यवहार, दुर्व्यहार, शोषण (यौन-शोषण सहित) से सुरक्षा प्रदान की जा सके।'' सन् 1981 की जनगणना के अनुसार भारत में 1,31,70,000 बाल श्रमिक (14 वर्ष से कम उम्र वाले) पाए गये थे। 1983 में राष्ट्रीय नमूना सर्वेक्षण ने यह अनुमान लगाया था कि 5 से 15 वर्ष की आयु के लगभग 1,73,60,000 बाल श्रमिक थे, जबकि 1983 में ही 'ऑपरेशन शोध समूह' ने 4,40,00,000 बाल श्रमिकों का अनुमान लगाया था। यानी समूचे विश्व के अन्य देशों में काम करने वाले सभी बाल श्रमिकों की संख्या से भी अधिक बाल श्रमिक भारत में होने का अनुमान लगाया गया था। योजना आयोग के आकलन के अनुसार सन् 2000 में करीब 2 करोड़ बाल श्रमिक भारत में कार्यरत थे। 2001 की जनगणना के अनुसार भारत में एक करोड़ छब्बीस लाख बाल मज़दूर थे, तथा 2011 की जनगणना के अनुसार भारत में 1.01 करोड़ बाल मज़दूर थे। 2021 में जनगणना सम्पन्न नहीं हुई मगर भारत में कम से कम 78 लाख बाल मज़दूर 2023 में थे (कैलाश सत्यार्थी फाउंडेशन)। संयुक्त राष्ट्र ने 2025 तक बाल-मज़दूरी प्रथा समाप्त करने का लक्ष्य रखा था मगर भारत जैसे अधिकतर विकासशील देश यह लक्ष्य प्राप्त नहीं कर सके। यह अत्यन्त अफ़सोसजनक है कि बहुत सारे बच्चे सड़कों या फुटपाथों पर अपनी ज़िन्दगी बिताते हैं। एक अनुमान के मुताबिक क़रीब 5 लाख बच्चे मुंबई, कलकत्ता, दिल्ली, हैदराबाद, कानपुर, चेन्नई जैसे महानगरों में सड़कों/फुटपाथों पर अपनी ज़िन्दगी व्यतीत करते हैं। इसी प्रकार बाल वेश्याओं का जीवन भी अत्यन्त कष्टकर है, जिनमें से अधिकांश अनुसूचित जाति/जनजाति के परिवारों की होती हैं। अतः बाल श्रम संशोधन अधिनियम 2016, तथा नियमावली 2017 का दृढ़ता से कार्यान्वयन कराया जाये। इसके अलावा नशीली दवाओं के सेवन से ऐसे बच्चों की सुरक्षा भी की जाए। ऐसा व्यवहार में पाया गया है कि विभिन्न अपराधी गिरोहों द्वारा बच्चों को नशा खिलाकर विभिन्न अपराध कराए जाते हैं, भिक्षाटन करवाया

जाता है, और उनका शारीरिक, मानसिक, एवं यौन-शोषण भी किया जाता है। राष्ट्रीय बाल अधिकार संरक्षण आयोग ने दिसम्बर 2020 में जाँच में पाया था कि मरकज़-उल-मारिफ़ द्वारा संचालित छः बच्चों के देखभाल केन्द्रों में दाख़िल 1,080 बच्चों में से 300 बच्चे ग़ायब थे। किन्तु संस्था का कहना था कि वे बच्चे उत्तीर्ण होकर चले गये, अथवा उन्होंने पढ़ाई छोड़ दी। आयोग ने उस संस्था पर विदेश से ग़ैर-कानूनी संस्थाओं से दान लेने का भी आरोप लगाया था। उक्त संस्था का कहना था कि वह विदेशी योगदान (विनियमन) अधिनियम (एफ.सी.आर.ए.) के तहत निबन्धित है, और भारत सरकार को सभी प्राप्त दान राशि की जानकारी दी जाती है। भारत सरकार ने इस कानून में 2020 और 2022 में कई संशोधन किये हैं : (क) ग़ैर-सरकारी संगठनों के पदाधिकारियों को अपनी आधार संख्या देनी है। (ख) सरकार विदेशी निधि के उपयोग की संक्षिप्त जाँच कर सकती है। (ग) विदेशी निधि का घरेलू हस्तान्तरण मना है। (घ) प्रशासनिक व्यय की सीमा 20 प्रतिशत से अधिक न हो। (ङ) बिना भारत सरकार को सूचित किये अपने रिश्तेदारों से विदेशी निधि दस लाख रुपये तक प्राप्त की जा सकती है। (च) रिश्तेदारों से विदेशी निधि प्राप्त करने की समय-सीमा तीन महीने तक कर दी गयी है। फिर भी वहाँ बाल संरक्षण में पूरी पारदर्शिता नहीं है। इसी प्रकार 2018 में टाटा इंस्टीट्यूट ऑव सोशल साइसेंज (मुम्बई) ने पाया कि बिहार के मुजफ़्फ़रपुर में स्थित सेवा संकल्प एवं विकास समिति द्वारा संचालित बालिका आश्रम गृह में 34 बालिकाओं के साथ बार-बार बलात्कार किया जाता था, जिसमें उस संस्था के संचालक ब्रजेश ठाकुर, कई सफ़ेदपोश नेतागण (जिनमें समाज कल्याण मंत्री मंजू वर्मा और उनके पति), जिला बाल विकास समिति के अध्यक्ष दिलीप वर्मा, बाल संरक्षण सहायक निदेशक दिवेश शर्मा, रवि रोशन आदि शामिल थे। बाद में अभियुक्त ब्रजेश ठाकुर की मौत तिहाड़ जेल में हो गयी। ऐसी स्थिति बिहार के बाल संरक्षण गृहों के अलावा उत्तर प्रदेश के देवरिया जिले के बाल संरक्षण गृह में भी थी जहाँ से 26 लड़कियों को अधिकारियों के पास गोरखपुर भेजा जाता था और उनका यौन-शोषण होता था। इस प्रकार स्पष्ट है कि अनाथ बालिकाओं को शासन- प्रशासन संरक्षण गृहों में भी संरक्षण नहीं दे सका। 2005-2006 में निठारी (नोयडा) में 19 लड़कियों का अपहरण, बलात्कार और हत्या की गयी थी, मगर पुलिस ने ससमय ठोस कानूनी कार्रवाई

नहीं की। बाद में जनता के विरोद्ध करने पर मोहिन्दर सिंह पंढेर और उसके घरेलू नौकर सुरेन्द्र कोहली को कई मामलों में ट्रायल कोर्ट ने मौत की सज़ा सुनाई थी। मगर इलाहाबाद हाईकोर्ट ने दोनों के खिलाफ़ पर्याप्त सबूत न होने के कारण उन्हें आरोप मुक्त कर दिया। अब सुप्रीम कोर्ट ने अपील में उन दोनों को बरी कर दिया (2025 में)! इतना ही नहीं, भारत में जनवरी 2021 में 6 साल तक के 1779 बच्चे अपनी माँओं के साथ जेलों में बन्द थे और उनका बचपन, खिलंदड़ापन, और खिलखिलाहट ग़ायब है। इनमें से 1409 बच्चे विचाराधीन बन्दियों (अंडरट्रायल) के रूप में अपनी माँओं के साथ हैं, तथा 370 बच्चे सजायाफ़्ता माँओं के साथ हैं। यद्यपि नियमानुसार उनके पढ़ने, भोजन आदि की व्यवस्था जेलों में की जाती है, मगर जेल का बन्द, बदबूदार तथा बदतर माहौल उनका सामाजीकरण नकारात्मक ढंग से करता है। सबसे ज़्यादा (490) बच्चे उत्तर प्रदेश की जेलों में हैं; दूसरे स्थान पर पश्चिम बंगाल (192 बच्चे) तथा तीसरे स्थान पर मध्य प्रदेश (177 बच्चे) है। बच्चों को पूर्ण न्याय दिलाने से एक साथ तीन लक्ष्यों की प्राप्ति हो सकती है : (क) उनके मानव अधिकारों की प्राप्ति। (ख) राष्ट्र के कानून के शासन की प्राप्ति। (ग) सतत् विकास लक्ष्य (एस.डी. जी.) की प्राप्ति।

**(4) सहभागिता का अधिकार :** बाल अधिकार समझौते (1989) के अनुच्छेद 12 के अनुसार बच्चों को हर मुद्दे पर स्वतन्त्र रूप से अपना विचार व्यक्त करने का अधिकार है। सहभागिता के अधिकार में बच्चों के दृष्टिकोण के प्रति सम्मान, अभिव्यक्ति की आज़ादी, विचार और धर्म के प्रति सम्मान, तथा अभियुक्त बच्चों को प्राकृतिक न्याय का अधिकार शामिल है। उक्त समझौते के अनुसार राज्य इस बात को सुनिश्चित करेगा कि किसी बच्चे को मनमाने ढंग से बन्दी नहीं बनाया जाए, और न ही उसे उत्पीड़ित किया जाए। उसे मृत्युदंड और आजीवन कारावास की सजा नहीं दी जाएगी, तथा उसे तब तक निर्दोष माना जाएगा, जब तक उसे स्वतन्त्र और निष्पक्ष न्यायिक प्रक्रिया के तहत दोषी साबित नहीं कर दिया जाए। इतना ही नहीं, उसे अन्य वयस्क कैदियों से अलग रखा जाएगा, और उसके दोषों के लिए उसे पुनर्वासीय (सुधार हेतु) आधार पर सजा दी जाएगी, न कि दण्डस्वरूप। भारत में सन् 1991 में 29,591 बाल अभियुक्त विभिन्न काण्डों के तहत विवेचित (ट्रायल)

किए गए, और उनके ऊपर ज़्यादातर चोरी, सेंधमारी, दंगा, जुआ आदि के आरोप थे। उनमें से 23,201 बालक और 6,390 बालिकाएँ थीं। दूसरे, क़रीब 20 प्रतिशत बच्चे 7 से 12 वर्ष की उम्र के, 64 प्रतिशत बच्चे 12 से 16 वर्ष की उम्र के, तथा 16 प्रतिशत लड़कियाँ 16 से 18 वर्ष की उम्र की थीं। तीसरे, 30 प्रतिशत बाल अभियुक्त अशिक्षित थे। चौथे, 70 प्रतिशत बाल अभियुक्त अपने माँ-बाप के साथ रह रहे थे, और 11 प्रतिशत गृहविहीन थे। पाँचवें, 60 प्रतिशत बच्चे ग़रीब परिवारों से आते थे, जिनकी मासिक आमदनी 500 रुपये से भी कम थी। यह भी पाया गया कि कई राज्यों में बच्चों को वयस्कों के साथ जेल में रखा गया है जिसके कारण उनका यौन-शोषण होता है। फिर उनके मामलों का निस्तार धीमी गति से होता है, तथा पीठासीन अधिकारी प्रायः कम संवेदनशील होते हैं। इसके अलावा कई मामलों में उनकी ज़मानत लेने वाला कोई व्यक्ति नहीं होता जिसके कारण लम्बी अवधि तक वे हिरासत में पड़े रहते हैं। वर्ष 2024-25 में भारत में कुल 3010 बाल सुधार-गृह थे जिनमें साठ हज़ार बच्चे संसीमित थे-सर्वाधिक तमिलनाडु में (दस हज़ार बच्चे)। इन्हें किशोर न्याय (देखभाल और संरक्षण) अधिनियम के तहत सुरक्षा, भोजन, वस्त्र, विकास, चिकित्सा, पुनर्वास प्रशिक्षण, मनोरंजन और सामाजिक पुनर्समेकन (रिइंट्रिग्रेशन) की सुविधाओं का प्रावधान है मगर अधिकांश राज्यों में इनका कार्यान्वयन संतोषजनक नहीं है। तमिलनाडु के बाद पश्चिम बंगाल (4744), महाराष्ट्र (3495), उत्तर प्रदेश (3226), गुजरात (3195), कर्नाटक (3110), राजस्थान (2733), मध्यप्रदेश (2597), तेलंगाना (2243), बिहार (2227), आन्ध्र प्रदेश (1546), असम (1241), झारखंड (1238), दिल्ली (1216), मिजोरम (1172), जम्मू-कश्मीर (1104), और मेघालय (1031) में काफी बच्चे इस कानून के तहत संसीमित हैं। किशोर अपराध मुख्यतः चार प्रकार के होते हैं: (क) व्यक्तिगत, (ख) समूह- समर्थित, (ग) संगठित, (घ) परिस्थितिजन्य। पारिवारिक पालन-पोषण, आर्थिक अभाव, ग़लत संगति, बचपन में यौन-शारीरिक शोषण, परिवार की उपेक्षा, माँ-बाप में तनाव/टकराव, पड़ोस और समुदाय का नकारात्मक व्यवहार, शैक्षिक विफलता के बाद सही परामर्श-सेवा न मिलना, पुलिस द्वारा अनावश्यक परेशान करना, असामाजिक तत्त्वों का दबाव आदि के कारण कुछ किशोर अपराध प्रायः

करते हैं। परिवार, समुदाय और शैक्षिक संस्थाओं में थोड़ा अनुशासन और अधिक स्नेह-दुलार बच्चों के संतुलित विकास के लिये आवश्यक है।

बच्चों के विरुद्ध सेंधमारी, चोरी, दंगा, मद्यपान, जुआ, आबकारी के मामले अधिक दर्ज़ होते हैं, जो समाज और पुलिस तन्त्र की नकारात्मक दृष्टि का भी द्योतक है। प्राय: समाज इन बच्चों को चंचल या नटखट से अपराधी बना देता है जैसा कि 'आवारा' फिल्म में यह बात बख़ूबी सिद्ध होती है।

यदि हम गिरफ़्तार बच्चों की शैक्षिक, सामाजिक, एवं आर्थिक पृष्ठभूमि की समीक्षा करें, तो पाएँगे कि अधिकांश बच्चे अशिक्षित तथा ग़रीब परिवारों के हैं :

(1) 1994 में कुल 17,203 बाल अपराधियों में से 5,141 अशिक्षित, 7,493 प्राइमरी तक शिक्षित, 3,613 नॉन-मैट्रिक, तथा 956 मैट्रिक या उससे ऊपर की शिक्षा प्राप्त किए थे। अर्थात् जैसे-जैसे बच्चे ज़्यादा शिक्षित होते गए, वैसे-वैसे उनकी आपराधिक गतिविधि कम होती गयी। इस प्रकार शिक्षा का अपराध से विपरीत सम्बन्ध है।

(2) कुल बाल अपराधियों में से आधे से अधिक (54 प्रतिशत) के परिवारों की मासिक आय 500 रुपये तक थी, तथा 29 प्रतिशत के परिवारों की मासिक आय 501 रुपये से 1,000 रुपये तक के बीच थी, यानी इन दोनों श्रेणियों को मिला दिया जाए तो स्पष्ट होगा कि 83 प्रतिशत बाल अपराधियों के परिवारों की मासिक आय 1,000 रुपये मात्र तक थी। इसके बाद जैसे-जैसे मासिक आय की श्रेणी बढ़ती गई, वैसे-वैसे बाल अपराधियों की संख्या घटती गयी। अर्थात् बेहतर आर्थिक स्थिति और बाल अपराध में विपरीत सम्बन्ध है।

(3) एक अन्य महत्वपूर्ण तथ्य यह भी है कि पहली बार अपराध करने वाले बच्चों की संख्या 15,703 थी जबकि पुराने बाल अपराधियों की संख्या सिर्फ़ 2,000 थी, अर्थात् 91 प्रतिशत बच्चों ने पहली बार अपराध किया। जैसा कि पूर्व में हम देख चुके हैं कि ये अपराध प्राय: सेंधमारी, चोरी, दंगा, जुआ, मद्यपान, आबकारी आदि की श्रेणी में सर्वाधिक हैं, जो संकेत करता है कि उन बच्चों को किसी षड्यन्त्र के तहत फँसा दिया जाता है क्योंकि प्राय: झुग्गी-झोपड़ियों में रहने वाले, स्टेशनों पर सामान या सेवा बेचने वाले आदि बच्चे स्थानीय पुलिस की कुदृष्टि के शिकार भी होते हैं।

(4) कुल बाल अपराधियों की संख्या की दृष्टि से क्षेत्रवार स्थिति इस प्रकार थी: पहले स्थान पर तमिलनाडु, दूसरे स्थान पर मध्य प्रदेश, एवं तीसरे स्थान पर महाराष्ट्र था।

(5)एक और महत्वपूर्ण तथ्य यह है कि एक मात्र राज्य सिक्किम और एकमात्र संघीय क्षेत्र लक्षद्वीप समूह में एक भी बाल अपराधी हिरासत में नहीं था। इसके अलावा उत्तर-पूर्वी क्षेत्रों में बाल अपराधी नगण्य रहे हैं। शायद यह इन क्षेत्रों की स्वस्थ सांस्कृतिक विरासत का प्रतिफल है।

2024 में भी भारत में बाल सुधार-गृहों में संसीमित बच्चों की शैक्षिक स्थिति असंतोषजनक रही है-अधिकतर बच्चे माध्यमिक शिक्षा (कक्षा दस) उत्तीर्ण नहीं हैं और सुधार गृहों में भी उनकी शिक्षा और परामर्श-सेवा की समुचित व्यवस्था नहीं होती। भारत सरकार ऐसे प्रत्येक संसीमित बच्चे के लिये 2000 रुपये की दर से मासिक ख़र्च की राशि देती है।

इतना ही नहीं, भारत में अभी भी बाल-विवाह विरोधी कानून होने के बावजूद धड़ल्ले से बाल-विवाह होते हैं। इसमें हिन्दीभाषी क्षेत्र सबसे आगे है। सन् 1981 में 15-17 वर्ष की आयु वर्ग की 43 प्रतिशत बालिकाएँ विवाहित थीं। तब राजस्थान में ऐसी 64 प्रतिशत बालिकाएँ विवाहित थीं जबकि गोआ, दमन एवं दीव में उस उम्र की मात्र 7 प्रतिशत विवाहित थीं। आज भी तमाम बच्चों का विवाह बचपन में होता है। यद्यपि धीरे-धीरे शिक्षा के प्रचार-प्रसार से विवाह की उम्र बढ़ रही है। फिर भी ग्रामीण क्षेत्रों में, विशेषकर बालिकाओं का विवाह, अभी भी 18 वर्ष के पूर्व ज़्यादातर मामलों में होता है। संयुक्त राष्ट्र के अनुसार भारत में प्रति वर्ष 15 लाख लड़कियों का विवाह 18 वर्ष के पूर्व हो जाता है। पूरे विश्व में हर साल 18 वर्ष के पूर्व 1.20 करोड़ लड़कियों का विवाह हो जाता है। युनिसेफ के अनुसार पूरी दुनिया में 18 वर्ष के पूर्व शादी करने वाली लड़कियों की संख्या 65 करोड़ है जिनमें से 28.5 करोड़ (40 प्रतिशत) दक्षिण एशिया की लड़कियाँ हैं। राष्ट्रीय अपराध रिकॉर्ड्स ब्यूरो (नई दिल्ली) के अनुसार 2019 में 964 व्यक्तियों को बाल विवाह (प्रतिषेध) अधिनियम के तहत गिरफ़्तार किया गया था। इस प्रकार बाल-विवाह होने से बच्चे अपने भविष्य के बारे में बिना कुछ जाने-समझे पारम्परिक कुरीतियों के शिकार होते हैं, जिसके फलस्वरूप उनकी शिक्षा और जीवनचर्या बुरी तरह

प्रभावित होती है, और कम उम्र में ही वे बालिकाएँ माँ बन जाती हैं। किन्तु अफ़सोस है कि 1994 में बाल-विवाह प्रतिबन्ध अधिनियम के तहत मात्र 53 मामले दर्ज़ कराए गये थे जबकि हर वर्ष 'अक्षय तृतीया' को हिन्दी राज्यों, विशेषकर राजस्थान, मध्यप्रदेश, एवं छत्तीसगढ़, में बाल-विवाह हज़ारों समूहों में होते है। 2021 में 23.3 प्रतिशत लड़कियों का विवाह 18 वर्ष के पूर्व हो गया था। सरकार का मानना है कि भारत में हर साल दो लाख बाल-विवाह रोके जाते हैं। इस बाबत जन-जागरण तेज होना चाहिए।

विभिन्न कानूनों के तहत जिन बाल अपराधियों को गिरफ़्तार किया जाता है, उन्हें डाँट-डपटकर, चेतावनी देकर छोड़ दिया जाता है, अथवा प्रोबेशन के तहत किसी संस्था या अभिभावकों के अधीन रखा जाता है, अथवा विशेष कल्याण-गृहों में भेज दिया जाता है, अथवा विचारण (ट्रायल) के बाद जुर्माना लगाया जाता है या मुकदमे से पूर्णतः बरी कर दिया जाता है। किन्तु प्रायः एक-तिहाई से ज़्यादा मामले लंबित रहे हैं।

पूर्व में किशोर न्याय अधिनियम 1986 में 16 वर्ष से कम उम्र के पुरुष तथा 18 वर्ष से कम उम्र की स्त्री को 'किशोर' माना गया था किन्तु किशोर न्याय अधिनियम 2000 में बाल की परिभाषा में स्त्री-पुरुष दोनों की उम्र 18 वर्ष कर दी गयी। भारतीय दण्ड विधान के तहत सभी अपराधों में बालक-बालिकाओं (18 वर्ष से कम) के द्वारा किए गये अपराध 1997-2000 में 0.5 प्रतिशत मात्र थे किन्तु 2001 में यह बढ़कर 0.9 प्रतिशत हो गया तथा 2002 में 1 प्रतिशत हो गया तथा 2019 में काफी ज़्यादा और बढ़ गया। इसे अगली तालिका 1 में देखा जा सकता है :

**तालिका 1: 1992-2019 के दौरान बाल-अपराधों की संख्या**

| वर्ष | बाल-अपराधों की संख्या |
|---|---|
| 1992 | 11,100 |
| 1996 | 10,024 |
| 2001 | 16,509 |
| 2002 | 18,560 |
| 2019 | 1,48,185 |

**स्रोतः एन.सी.आर.बी.**

उपर्युक्त तालिका 1 से स्पष्ट होता है कि इक्कीसवीं सदी में बाल अपराध काफ़ी बढ़े हैं जिनके मुख्य कारण उपभोक्तावादी संस्कृति, सिनेमा, टी.वी. पर दिखाए जाने वाले दृश्यों का प्रभाव, पारिवारिक समायोजन में कमी, ग़रीबी, शैक्षिक वातावरण दूषित होना, तथा समाज में आपराधिक प्रवृत्ति का बढ़ना है। किन्तु यह भी उल्लेखनीय है कि किशोर न्याय अधिनियम का पूर्णरूपेण संशोधन 2000 में किया गया, जिसमें 'बाल' की परिभाषा में बालकों की पूर्व निर्धारित उम्र 16 को बढ़ाकर 18 वर्ष कर दिया गया । इसलिए भी 16 से अधिक किन्तु 18 वर्ष से कम उम्र के बालकों/ बालिकाओं द्वारा किए जाने वाले अपराध भी इस श्रेणी में जोड़ दिए गए। 2019 में दर्ज़ कुल बाल अपराध के मामलों (1.48 लाख) में 26,192 मामले पोक्सो अधिनियम (2012) के तहत दर्ज़ थे (यानी 31.2 प्रतिशत) जिनमें बलात्कार हुए थे, और 26,192 में से 24,672 मामलों में अभियुक्त पीड़ित व्यक्तियों, लड़कियों/लड़कों से परिचित थे (यानी 94 प्रतिशत से अधिक)। इस प्रकार स्पष्ट है कि वयस्क बलात्कारों की तरह बाल बलात्कार के मामलों में भी ज़्यादातर अभियुक्त पीड़िता के परिचित (पड़ोसी, परिवार के या रिश्तेदार या सहपाठी/सहकर्मी आदि) थे। यह सामाजिक-नैतिक पतन का सूचक है। बच्चों पर अत्यधिक चोट पहुँचाने के मामलों में भी काफी वृद्धि हुई। मगर यह भी सच है कि 1992 से 2019 के दौरान भारत की आबादी भी काफी बढ़ी है। 2024 में यह 143 करोड़ से अधिक हो गयी और 2025 में 146 करोड़ से अधिक (अनुमानित) हो गयी।

यह भी स्पष्ट है कि कर्नाटक, केरल, ओडिशा, पंजाब, उत्तराखंड, असम, जम्मू-कश्मीर, त्रिपुरा, पश्चिम बंगाल, मणिपुर, मिजोरम, मेघालय, नागालैंड, तथा संघ शासित क्षेत्रों (दिल्ली को छोड़कर) में बाल अपराध बहुत कम दर्ज़ हैं, अर्थात् बच्चों की सुरक्षा की दृष्टि से ये क्षेत्र ज़्यादा उपयुक्त हैं। उत्तर प्रदेश में 2019 में सबसे ज़्यादा बाल अपराध दर्ज़ हुए (7,444); उसके बाद महाराष्ट्र (6,402) और मध्य प्रदेश (6,053) में बाल अपराध दर्ज़ हुए। बड़े शहरों में सबसे ज़्यादा बाल अपराध मुम्बई में दर्ज़ हुए।

यद्यपि किशोर न्याय अधिनियम 2000 की धारा 14 के अनुसार किसी भी मामले का निष्पादन चार माह में कर दिया जाना है, मगर बिहार में बच्चों से

जुड़े अपराधों के क़रीब पन्द्रह हज़ार मामले कई वर्षों से लम्बित हैं। वहाँ कई पर्यवेक्षक गृह, विशेष आश्रय गृह, बालगृह, और उत्तर-रक्षा गृह किराये के भवनों में चल रहे हैं। 31 मई 2019 को मुजफ़्फ़रपुर के बालिका आश्रयगृह (जो ब्रजेश ठाकुर के मकान में किराये पर चलता था) से कई शोषित लड़कियाँ भाग गयी और उन्होंने ब्रजेश ठाकुर, तथा समाज कल्याण मंत्री मंजू वर्मा के पति, और अन्य व्यक्तियों (अधिकारियों सहित) पर बलात्कार का आरोप लगाया था और पुलिस ने उनके विरुद्ध प्राथमिकी दर्ज़ करके गिरफ़्तार भी किया था। यह मामला सर्वोच्च न्यायालय के निर्देश पर सी.बी.आई. को सौंपा गया था। इसमें समाज कल्याण मंत्री (मंजू वर्मा) को इस्तीफ़ा देना पड़ा था। तथाकथित पत्रकार ब्रजेश ठाकुर की सत्ता में अच्छी पकड़ थी, तथा वह पत्रकारों को एक्रिडिटेशन देने वाली समिति में भी शामिल था। टाटा इन्स्टीट्यूट ऑव सोशल साइन्सेज (मुम्बई) ने मई 2018 में भारत के 2,874 बालगृहों/बालिका आश्रयगृहों का 'सामाजिक अंकेक्षण' किया था, और उनमें से सिर्फ़ 54 संस्थाओं का कार्य संतोषजनक पाया था। मुजफ़्फ़रपुर के बालिका आश्रय गृह की 41 लड़कियों की मेडिकल जाँच में 34 के बलात्कार के आरोपों (ज़बरन नशीली चीज़ें खिला करके और प्रताड़ित करके) की पुष्टि हुई। उसी प्रकार देवरिया (उत्तर प्रदेश) के बालिका आश्रय-गृह में 26 लड़कियों का बलात्कार हुआ था। किन्तु, असंवेदनशील न्यायिक दंडाधिकारी उनके मामलों की सुनवाई प्राथमिकता देकर रोज़ नही करते, तथा उन्हें बाल-मनोविज्ञान एवं लैंगिक संवेदना का प्रशिक्षण भी नहीं मिलता है। विलंबित न्याय, न्याय नहीं होता।

उपर्युक्त तथ्यों एवं आंकड़ों से ज्ञात होता है कि भारत के अधिकतर बच्चों को सहभागिता का अधिकार सही मायने में नहीं प्राप्त है तथा किशोर न्याय अधिनियम 2015, तथा पोक्सो अधिनियम (2012) जैसे बच्चों के पक्षधर कानूनों का क्रियान्वयन सही मायने में नहीं किया जा रहा है, जिसके कारण अबोध बच्चे वयस्क होने के पूर्व अपराधी बनने के लिए अभिशप्त हैं, और दूसरी ओर अबोध बच्चों पर ग़म्भीर अपराध बढ़ते जा रहे हैं। इसलिए इस बात पर ज़ोर देने की ज़रूरत है कि बच्चों को अभिव्यक्ति की आज़ादी, विवेक एवं धर्म का सम्मान करने, तथा अभियुक्त बच्चों को दण्डित करने की बज़ाय

पुनर्वासीय आधार पर सुधार लाने की दृष्टि से मामले सुलझाने की व्यवस्था होनी चाहिए।

दिल्ली में एक अध्ययन के दौरान पाया गया कि विद्यालय जाने के पूर्व काम करने वाली बालिकाओं का प्रतिशत 13.3 था, जबकि प्राथमिक विद्यालय के दौरान काम करने वाली बालिकाओं का प्रतिशत 8.1 था, और माध्यमिक विद्यालय में पढ़ाई करते समय काम पर जाने वाली बालिकाओं का प्रतिशत 11.4 था, तथा पूरे बचपन के दौरान काम पर नहीं जाने वाली बालिकाओं का प्रतिशत 15.9 था।

तालिका 2 के अवलोकन से स्पष्ट होता है कि विद्यालय जाने वाले बच्चों की संख्या तथा प्रतिशत में वृद्धि होती रही है। दूसरे, 1951-61 के दौरान बाल श्रमिकों की कुल संख्या में वृद्धि हुई मगर प्रतिशत हिस्सा में कमी हुई किन्तु 1961-71 के दौरान बाल श्रमिकों की संख्या में कमी हुई और प्रतिशत हिस्सा में भी कमी हुई। पुनः 1971-81, तथा 1981-91 के दौरान पूर्णकालिक बाल श्रमिकों की संख्या में वृद्धि हुई यद्यपि प्रतिशत हिस्सा में कमी आयी। किन्तु यहाँ यह तथ्य विशेष रूप से उल्लेखनीय है कि 1981 में पूर्णकालिक बाल श्रमिकों की संख्या 1 करोड़ 11 लाख 95 हजार 544 के अलावा सीमांत बाल श्रमिकों की संख्या 24 लाख 45 हजार 329 थी अर्थात् पूर्णकालिक और अंशकालिक बाल मज़दूरों की संख्या जोड़ने पर कुल 1.364 करोड़ बाल मज़दूर थे तथा उनका प्रतिशत (6.1 प्रतिशत+1.3 प्रतिशत) 7.4 था जो 1971 के बाल मज़दूर के प्रतिशत से अधिक था। इसी प्रकार 1991 में पूर्णकालिक बाल मज़दूरों की संख्या 1 करोड़ 26 लाख 62 हजार 191 के अतिरिक्त सीमांत बाल मज़दूरों की संख्या 1 करोड़ 4 लाख 98 हजार 822 जोड़ने पर कुल बाल मज़दूर 2.316 करोड़ हो गए, तथा उनका प्रतिशत बढ़कर (5.9 प्रतिशत+4.9 प्रतिशत) 10.8 हो गया। अर्थात् 1991 में बाल मज़दूरों की संख्या तथा प्रतिशत हिस्सा दोनों में वृद्धि हो गयी। 2001 में भारत में बाल मज़दूरों की संख्या घटकर 1.27 करोड़ हो गई, और पुनः 2011 में यह घटकर 1.01 करोड़ हो गयी (तब सभी बच्चों की संख्या का 3.9 प्रतिशत)। अर्थात् 2001 से 2011 के दौरान बाल मज़दूरों की संख्या में 26 लाख की कमी हुई। मगर एक ओर ग्रामीण क्षेत्रों में बाल श्रमिकों की संख्या में कमी

आई-1.13 करोड़ से घटकर 81 लाख (5.9 प्रतिशत से घटकर 4.3 प्रतिशत), मगर दूसरी ओर शहरी क्षेत्रों में बाल मज़दूरों की संख्या में वृद्धि हो गई-13 लाख (2.1 प्रतिशत) से 20 लाख (2.9 प्रतिशत)। इसका तात्पर्य यह है कि शहरी मध्य वर्ग ज़्यादातर बच्चों से काम कराता है जो सस्ता पड़ता है। यह शिक्षित शहरी मध्य वर्ग की ग़लत और प्रतिगामी मानसिकता का सूचक है।

फिर, प्रो. डी.पी. चौधरी उन बच्चों को 'कहीं नहीं' की श्रेणी में रखते हैं जो न तो विद्यालय जाते हैं और न कहीं काम करते हैं। इनकी संख्या में 1951-81 के दौरान वृद्धि हुई, तथा 1991 में कुछ कमी हुई और 1951-91 के दौरान इनके प्रतिशत हिस्सा में कमी (57.4 प्रतिशत से 34.8 प्रतिशत) हुई, जो मुख्यत: विद्यालय जाने वाले बच्चों की संख्या तथा प्रतिशत हिस्से में वृद्धि के कारण है। 2011 में भारत में 4.27 करोड़ बच्चे विद्यालयों से बाहर थे। मगर 2019 में 96 प्रतिशत बच्चे प्राथमिक विद्यालयों में पढ़ने जा रहे थे। 2023 में 26.52 करोड़ बच्चे प्राथमिक विद्यालयों में नामांकित थे (97 प्रतिशत) मगर नियमित रूप से विद्यालय जाने वाले बच्चों की संख्या काफी कम है।

**तालिका 2: भारत में 5 से 14 वर्ष के बच्चों की वास्तविक स्थिति (1951-2011) (संख्या करोड़ में)**

| जनगणना वर्ष | विद्यालय जाने वाले बच्चे | | कामकाजी बच्चे (बाल-श्रमिक) | | 'कहीं नहीं' बच्चे | | कुल बच्चे |
|---|---|---|---|---|---|---|---|
| | सं. (करोड़) | प्रतिशत | सं. (करोड़) | प्रतिशत | सं. (करोड़) | प्रतिशत | सं. (करोड़) |
| 1951 | 2.352 | 27.2 | 1.338 | 15.5 | 4.971 | 57.4 | 8.66 |
| 1961 | 3.459 | 30.4 | 1.446 | 12.7 | 6.491 | 57.0 | 11.39 |
| 1971 | 5.069 | 33.6 | 1.075 | 7.1 | 8.933 | 59.2 | 15.07 |
| 1981 | 7.886 | 43.3 | 1.119* | 6.1 | 8.954 | 49.2 | 17.95 |
| 1991 | 11.623 | 54.4 | 1.266** | 5.9 | 7.440 | 34.8 | 20.33 |
| 2001 | 16.77 | 60.60 | 1.27 | 5.0 | 7.28 | 20.8 | 25.32 |
| 2011 | 20.26 | 80.0 | 1.01 | 3.9 | 4.05 | 16.0 | 25.32 |

नोट: *इसके अतिरिक्त उस वर्ष सीमांत बाल-मज़दूर 24.45 लाख (1.3 प्रतिशत) पाये गये।

**इसके अतिरिक्त उस वर्ष सीमांत बाल-मज़दूर 1.049 करोड (4.9 प्रतिशत) पाये गये।

भारतीय जनगणना (2011) के अनुसार तब भारत में 14 वर्ष के नीचे के 1.01 करोड़ बाल मज़दूर थे किन्तु अलेक्स जॉर्ज एवं समीत पांडा (2015) के अनुसार भारत में 18 वर्ष के नीचे के बाल मज़दूरों की संख्या (मुख्य तथा अंशकालिक) 2.38 करोड़ है जिसमें से 1.01 करोड़ 14 वर्ष से कम उम्र के हैं तथा 1.37 करोड़ बाल मज़दूर 15 से 17 वर्ष के हैं। 18 वर्ष तक के कार्यरत बच्चे कुल कार्यबल के 5 प्रतिशत हैं, 14 वर्ष तक के बाल श्रमिक कुल कार्यबल के 2.1 प्रतिशत हैं, 15 से 18 वर्ष के बाल श्रमिक कुल कार्यबल के 2.83 प्रतिशत हैं।

इसके बाद हम ग्रामीण क्षेत्र तथा शहरी क्षेत्र में बालक श्रमिकों और बालिका श्रमिकों की स्थिति अगली तालिका 3 से जान सकते हैं।

तालिका 3 के अवलोकन से स्पष्ट होता है कि 1961-91 के दौरान ग्रामीण क्षेत्रों में कुल बालक श्रमिकों की संख्या एवं प्रतिशत हिस्सा में कमी की प्रवृत्ति रही है। ग्रामीण क्षेत्र में कुल बालक श्रमिकों का प्रतिशत हिस्सा 1961-81 के दौरान 16.6 प्रतिशत से घटकर 9.1 प्रतिशत हो गया किन्तु 1991 में यह प्रतिशत हिस्सा थोड़ा-सा बढ़कर 9.6 प्रतिशत हो गया। दूसरे, ग्रामीण क्षेत्र में कुल बालिका श्रमिकों की संख्या तथा प्रतिशत हिस्सा 1961-71 के दौरान कम हुआ किन्तु 1971-81 में बालिका श्रमिकों की संख्या तथा प्रतिशत हिस्सा में वृद्धि हो गयी। पुनः 1981-91 के दौरान ग्रामीण क्षेत्र में बालिका श्रमिकों की संख्या में वृद्धि हुई किन्तु प्रतिशत हिस्सा थोड़ा-सा घटा-5.1 से घटकर 5 प्रतिशत। तीसरे, शहरी क्षेत्र में बालक श्रमिकों की संख्या 1961-91 के दौरान बढ़ती गयी किन्तु शहरी बालक श्रमिकों का प्रतिशत हिस्सा 5.4 प्रतिशत से घटकर 3.1 प्रतिशत हो गया। चौथे, शहरी क्षेत्र में 1961-71 के दौरान बालिका श्रमिकों की संख्या तथा उनका प्रतिशत हिस्सा कम हुआ-2.4 प्रतिशत से 1.2 प्रतिशत किन्तु 1971-81 के दौरान उनकी

संख्या तथा प्रतिशत हिस्सा में वृद्धि हुई। फिर 1981-91 के दौरान उनकी संख्या में वृद्धि हुई किन्तु प्रतिशत हिस्सा वही रहा।

सो प्रो. डी. पी. चौधरी ने पाया है कि अधिकांश राज्यों (मध्य प्रदेश को छोड़कर) के ग्रामीण क्षेत्रों में बाल श्रमिकों का नियोजन घट रहा है जबकि शहरी क्षेत्र में बढ़ रहा है। किन्तु 'कहीं नहीं' श्रेणी के बच्चों की संख्या कामकाजी बच्चों की संख्या की चौगुनी या उससे भी अधिक है। उनके अनुसार अन्तरराष्ट्रीय स्तर पर व्यापारीय कार्यों में बढ़ते बाल श्रम की बात भारत के सन्दर्भ में सही नहीं है। यद्यपि भारत के शहरी क्षेत्रों में विनिर्माण कार्यों में लगे बाल मज़दूरों की संख्या में वृद्धि चिन्ताजनक है मगर इस तथ्य से ज़्यादा महत्त्वपूर्ण तथ्य यह है कि भारत के कुल बाल श्रमिकों का 78 प्रतिशत (1991) कृषि कार्यों में लगा हुआ था। उनके आकलन में 2001 में कुल पूर्णकालिक बाल श्रमिक 1.10 करोड़ थे जिनमें से 77 प्रतिशत कृषि में, 20 प्रतिशत व्यापारीय क्षेत्र में, तथा शेष 3 प्रतिशत अन्य सेवाओं में लगे हुए थे। ग्रामीण क्षेत्रों में 2001 में 78 प्रतिशत और 2011 में 71 प्रतिशत बाल श्रमिक कृषि कार्यों में लगे हुए थे। 'क्राई' (चाइल्ड राइट्स एंड यू) के द्वारा जनगणना आँकड़ों की विवेचना से निम्नलिखित प्रवृत्तियाँ ध्यातव्य हैं:

(क) 2001-2011 के दौरान बाल मज़दूर 2.2 प्रतिशत प्रति वर्ष की दर से भारत में घटे।

(ख) 2001-2011 के दौरान शहरी क्षेत्रों में बाल मज़दूरों की संख्या में 53 प्रतिशत की वृद्धि हुई। यह ग्रामीण क्षेत्र से शहरी क्षेत्र में प्रव्रजन (माइग्रेशन), तथा बच्चों को ठेकेदारों द्वारा काम कराने के लिए शहरों में लाने का सूचक है।

(ग) इस दौरान 10-14 वर्ष के आयु समूह के कामकाज़ी बच्चों की संख्या में समग्रता में कमी हुई मगर 5-9 वर्ष के आयु समूह के कामकाजी बच्चों की संख्या में 37 प्रतिशत वृद्धि हुई।

(घ) 5-9 वर्ष के बाल मज़दूरों की शहरी क्षेत्र में 2001-11 के दौरान 154 प्रतिशत वृद्धि हुई जबकि उसी आयु समूह के बालिका श्रमिकों की शहरी क्षेत्र में 240 प्रतिशत वृद्धि हुई।

(ङ) 50 प्रतिशत से अधिक बाल श्रमिक 5 राज्यों में हैं: मध्य प्रदेश, उत्तर प्रदेश, बिहार, महाराष्ट्र, एवं राजस्थान। उत्तर प्रदेश में 2001-2011

**तालिका 3: भारत के ग्रामीण और शहरी क्षेत्रों में मुख्य बालक तथा बालिका (5-14 वर्ष) श्रमिक**

| जनगणना वर्ष | ग्रामीण क्षेत्र (सं. करोड़ में) | | | | शहरी क्षेत्र (सं. करोड़ में) | | | | कुल बाल श्रमिक (ग्रामीण+शहरी) (बालक+बालिका) (करोड़ में) |
|---|---|---|---|---|---|---|---|---|---|
| | कुल बालक श्रमिक | बालक श्रमिक (प्रतिशत) | कुल बालिका श्रमिक | बालिका श्रमिक (प्रतिशत) | कुल बालक श्रमिक | बालक श्रमिक (प्रतिशत) | कुल बालिका श्रमिक | बालिका श्रमिक (प्रतिशत) | |
| 1961 | 0.8124 | 16.6 | 0.5546 | 12.3 | 0.0565 | 5.4 | 0.0232 | 2.4 | 1.447 |
| 1971 | 0.7284 | 11.4 | 0.2693 | 4.6 | 0.0607 | 4.1 | 0.0167 | 1.2 | 1.075 |
| 1981 | 0.6698 | 9.1 | 0.3505 | 5.1 | 0.0739 | 3.6 | 0.0252 | 1.3 | 1.117 |
| 1991 | 0.739 | 9.6 | 0.3999 | 5.0 | 0.0928 | 3.1 | 0 0337 | 1.3 | 1.266 |
| 2001 | (शहरी+ ग्रामीण) 0.6804 | 8.8 | (शहरी+ ग्रामीण) 0.5866 | 8.5 | अनु. | - | अनु. | - | 1.27 |
| 2011 | (शहरी+ ग्रामीण) 0.56 | 2.2 | 0.45 (शहरी+ ग्रामीण) | 1.7 | अनु. | - | अनु. | अनु. | 1.01 |

के दौरान बाल श्रमिकों की संख्या 19.28 लाख से बढ़कर 21.77 लाख हो गयी (13 प्रतिशत वृद्धि) जबकि बिहार में इस दौरान बाल श्रमिकों की संख्या 11.18 लाख से घटकर 10.89 लाख (-2.59 प्रतिशत), राजस्थान में 12.63 लाख से घटकर 8.48 लाख (-33 प्रतिशत), महाराष्ट्र में 7.64 लाख से घटकर 7.28 लाख (-5 प्रतिशत), मध्य प्रदेश में 10.65 लाख से घटकर 7 लाख (-34 प्रतिशत) हो गयी। अर्थात् मध्य प्रदेश और राजस्थान में बाल श्रमिकों में काफी कमी आई (एक तिहाई) जबकि बिहार और महाराष्ट्र में मामूली कमी आई। किन्तु दूसरी ओर उत्तर प्रदेश में इसमें 13 प्रतिशत वृद्धि हो गयी।

(च) सभी राज्यों/संघ शासित क्षेत्रों में से 11 राज्यों में 2001-2011 के दौरान बाल श्रमिकों की संख्या में वृद्धि हुई जिनमें केरल (74 प्रतिशत), उत्तराखण्ड (17 प्रतिशत), हिमाचल प्रदेश (17 प्रतिशत), और उत्तर प्रदेश (13 प्रतिशत) प्रमुख हैं। यह विरोधाभासी तथ्य है कि पूर्ण साक्षर केरल राज्य में सबसे ज़्यादा बाल श्रमिक 2001-11 के दौरान बढ़े!

(छ) केवल 13 राज्यों/संघ शासित क्षेत्रों में राष्ट्रीय औसत (2001-11 के दौरान बाल श्रमिकों की संख्या में 20 प्रतिशत कमी) से अधिक कमी (बाल श्रमिकों की संख्या में) दर्ज़ की गयी।

(ज) अन्तरराष्ट्रीय श्रम संगठन (2016) के अनुसार विश्व में 15.2 करोड़ बाल मज़दूर हैं जिनमें से 2.38 करोड़ भारत में हैं।

2001 एवं 2011 में भारत में मुख्य बाल मज़दूरों की शैक्षिक स्थिति तालिका 4 में तथा राज्यवार मुख्य बाल श्रमिकों की संख्या एवं उनकी शैक्षिक स्थिति (2011) तालिका 5 में आगे दी गयी है।

**तालिका 4: मुख्य बाल मज़दूरों (5-14 वर्ष) का शिक्षा स्तर**

| क्रमांक | शिक्षा स्तर | 2001 जनगणना में संख्या (लाख में) | 2011 जनगणना में संख्या (लाख में) |
|---|---|---|---|
| 1. | निरक्षर | 30 लाख (52.4 प्रतिशत) | 15 लाख (34.7 प्रतिशत) |
| 2. | साक्षर | 28 लाख (47.6 प्रतिशत) | 28 लाख (65.3 प्रतिशत) |

| | | | |
|---|---|---|---|
| 3. | मैट्रिक से कम 26 लाख (44.8 प्रतिशत) | 27 लाख (61.3 प्रतिशत) | |
| 4. | मैट्रिक या उससे ऊपर | 1.64 लाख (2.8 प्रतिशत) | 1.73 लाख (4.0 प्रतिशत) |
| 5. | कुल मुख्य बाल श्रमिक | 58 लाख (100 प्रतिशत) | 44 लाख (100 प्रतिशत) |

नोट: यहाँ सीमान्त बाल श्रमिकों के आँकड़ें शामिल नहीं है।

तालिका 4 से स्पष्ट है कि 2001 में 52.4 प्रतिशत मुख्य बाल श्रमिक निरक्षर थे जो 2011 में घटकर 34.7 प्रतिशत हो गया और 2001-2011 के दौरान साक्षर मुख्य बाल श्रमिकों का प्रतिशत 47.6 प्रतिशत से बढ़कर 65.3 प्रतिशत हो गया। दूसरे, इसी दौरान मैट्रिक से कम शिक्षित मुख्य बालश्रमिकों का प्रतिशत 44.8 प्रतिशत से बढ़कर 61.3 प्रतिशत हो गया। तीसरे, इस दौरान मैट्रिक या ऊपर के मुख्य बाल श्रमिकों का प्रतिशत 2.8 प्रतिशत से बढ़कर 4 प्रतिशत हो गया। साक्षरता/शिक्षा में वृद्धि मुख्यत: 'सर्व शिक्षा अभियान' (अब समग्र शिक्षा अभियान) के कारण हुई। मगर निम्नलिखित कारणों से अभी भी 14 वर्ष तक के तमाम बच्चे विद्यालय से बाहर हैं:

(क) घर से विद्यालय दूर होना;

(ख) शिक्षिकाओं की कम नियुक्ति/पदस्थापन;

(ग) विद्यालय भवन आकर्षक न होना;

(घ) पीने के पानी की सुविधा न होना;

(ङ) बालिकाओं के लिए अलग शौचालय न होना;

(च) शिक्षकों का अभाव अथवा उनकी अनधिकृत अनुपस्थिति;

(छ) विद्यालय की अवधि का लचीला न होना;

(ज) शिक्षा की गुणवत्ता ख़राब होना; एवं

(झ) शिक्षा की नियोजनशीलता कम होना।

**तालिका 5: भारत के प्रमुख राज्यों में मुख्य बाल श्रमिकों की संख्या एवं शैक्षिक स्थिति (2011)**

| राज्य | संख्या (लाख में) | निरक्षर (प्रतिशत) | साक्षर (प्रतिशत) |
|---|---|---|---|
| हिमाचल प्रदेश | 0.15 | 22.4 | 77.6 |
| आन्ध्र प्रदेश | 2.255 | 36.0 | 64.0 |
| बिहार | 4.515 | 45.3 | 54.7 |
| गुजरात | 2.50 | 23.9 | 76.1 |
| हरियाणा | 0.53 | 35.7 | 64.3 |
| कर्नाटक | 2.49 | 30.0 | 70.0 |
| केरल | 0.22 | 17.8 | 82.2 |
| मध्यप्रदेश | 2.86 | 38.3 | 61.7 |
| महाराष्ट्र | 4.96 | 26.2 | 73.8 |
| ओडिशा | 0.92 | 32.9 | 67.1 |
| पंजाब | 0.90 | 36.0 | 64.0 |
| राजस्थान | 2.52 | 40.8 | 59.2 |
| तमिलनाडु | 1.51 | 18.7 | 81.3 |
| उत्तर प्रदेश | 8.96 | 37.3 | 62.7 |
| पश्चिम बंगाल | 2.34 | 29.3 | 70.7 |
| तेलंगाना | 1.79 | 39.8 | 60.2 |
| झारखंड | 0.90 | 40.6 | 59.4 |
| छत्तीसगढ़ | 0.63 | 35.0 | 65.0 |
| जम्मू-कश्मीर | 0.255 | 44.0 | 56.0 |
| उत्तराखण्ड | 0.28 | 27.1 | 72.9 |
| असम | 0.99 | 39.7 | 60.3 |

भारत में घरों में काम करने वाले बाल मज़दूरों (जिनमें स्वनियोजित एवं दूसरे के अधीन नियोजित शामिल हैं) की स्थिति सुधारने के लिए कोई सम्यक्

नीति नहीं है। कारखाना अधिनियम (1948) के तहत घर में रहकर एजेंटों द्वारा दिए गये कच्चे माल के आधार पर 'पीस रेट' पर काम करने वाले मज़दूरों को कारखाना मज़दूर नहीं माना जाता है। उन्हें 'घरैया' कहा जाता है जैसे घर पर रहकर बीड़ी बनाना। दूसरी ओर न्यूनतम मज़दूरी अधिनियम (1948) के तहत बहुत सारे व्यवसायों को शामिल नहीं किया गया है, जिसके कारण भी मज़दूरों को न्यूनतम मज़दूरी, भविष्य निधि, चिकित्सा, अवकाश, क्षतिपूर्ति, बीमा, उपदान आदि सुविधाएँ नहीं मिल पातीं। दुर्भाग्यवश बीड़ी, अगरबत्ती, खिलौने, पापड़ आदि का निर्माण अधिकांशत: बच्चे घरों पर ही करते हैं। यह भी सर्वविदित है कि 'पीस रेट' कार्यों में वयस्क मज़दूरों को भी बहुत कम मज़दूरी दी जाती है जिसके फलस्वरूप वयस्क माँ-बाप मज़बूरन अपने बच्चों को भी इन कार्यों में लगाते हैं। यह भी पाया गया है कि कुछ माँ-बाप अपनी जगह अपने बच्चों को काम करने के लिए भेज देते हैं और यदि ये बच्चे काम के दौरान घायल हो जाते हैं अथवा मौत के शिकार हो जाते हैं, तो उनके परिवारों को मुआवज़ा भी नहीं मिलता है। अनिल अवाचट ने एक अध्ययन के दौरान पाया था कि इचालंकरंजी (महाराष्ट्र) में एक पावरलूम फैक्ट्री में 13 वर्ष की एक बच्ची घायल हो गई, और अन्ततः उसका एक हाथ काटना पड़ा। किन्तु उसे मुआवज़ा नहीं मिला क्योंकि उस कारखाने के मालिक ने कहा कि वह लड़की 'मस्टर रौल' पर नहीं है, इसलिए मुआवज़ा देने का प्रश्न ही नहीं उठता।

भारत के विभिन्न क्षेत्रों में बीसवीं सदी के अंतिम दशक में विभिन्न ख़तरनाक व्यवसायों में बच्चे कार्य कर रहे थे जो उनके स्वास्थ्य के लिए हानिकारक था। उसकी एक झलक तालिका 6 एवं तालिका 7 से मिलती है। अब इक्कीसवीं सदी में इनमें काफी सुधार हुआ है मगर यह समस्या पूरी तरह हल नहीं हुई है।

यह अत्यन्त आश्चर्यजनक है कि समूचे विश्व के बच्चों के कुपोषण, अशिक्षा एवं रोकी जाने वाली बीमारियों को ख़त्म करने के लिए जितने धन की आवश्यकता है, उससे अधिक धनराशि पाश्चात्य देशों द्वारा शराब (बियर) और सिगरेट पर प्रतिवर्ष ख़र्च की जाती है। युनिसेफ के प्रतिवेदन 'द स्टेट ऑव वर्ल्ड्स चिल्ड्रेन' के अनुसार बचपन की बीमारियों में बाल-कुपोषण एवं

बाल मृत्यु दर कम करने, तथा स्वच्छता एवं स्वच्छ जल उपलब्ध कराने, सभी बच्चों को बुनियादी शिक्षा देने और परिवार कल्याण सुविधाएँ सर्वत्र उपलब्ध कराने के लिए मात्र 25 बिलियन डॉलर की अतिरिक्त धनराशि की आवश्यकता है जबकि यूरोप में प्रतिवर्ष 50 बिलियन डॉलर से अधिक राशि सिर्फ़ सिगरेट पर ख़र्च की जाती है, और संयुक्त राज्य अमरीका में प्रतिवर्ष 31 बिलियन डॉलर की धनराशि शराब (बियर) पर ख़र्च की जाती है। अब (2026 में) यह ख़र्च कई गुना बढ़ गया है। 1990 में युनिसेफ ने अन्दाज़ लगाया था कि सभी बच्चों के स्वास्थ्य, शिक्षा, पोषाहार, स्वच्छ जल और सफाई के लिए 20 बिलियन डॉलर की आवश्यकता थी।

**तालिका 6: भारत के कुछ प्रमुख व्यवसायों एवं प्रक्रियाओं में नियोजित बाल श्रमिक**

| क्रमांक | व्यवसाय/ प्रक्रिया | स्थान का नाम | कुल मज़दूरों की संख्या | बाल श्रमिकों की संख्या | कुल श्रमिकों में बाल श्रमिकों का प्रतिशत |
|---|---|---|---|---|---|
| 1. | माचिस उद्योग | शिवकाशी (तमिलनाडु) | अनुपलब्ध | 45,000 | अनुपलब्ध |
| 2. | दरी-कालीन बुनाई | मिर्जापुर-भदोही (उत्तर प्रदेश) | 2,00,000 | 1,50,000 | 75 प्रतिशत |
| 3. | कालीन बुनाई | जम्मू-कश्मीर | 4,00,000 | 1,00,000 | 25 प्रतिशत |
| 4. | ज़री उद्योग | बनारस, लखनऊ आदि (उत्तर प्रदेश), दिल्ली | अनुपलब्ध | 3,00,000 | अनुपलब्ध |
| 5. | बीड़ी उद्योग | भारत | 32,75,000 | 3,27,500 | 10 प्रतिशत |

| | | | | | |
|---|---|---|---|---|---|
| 6. | काँच उद्योग | फ़िरोज़ाबाद (उत्तर प्रदेश) | 2,00,000 | 50,000 | 25 प्रतिशत |
| 7. | पीतल बर्तन उद्योग | मुरादाबाद (उत्तर प्रदेश) | 1,50,000 | 45,000 | 30 प्रतिशत |
| 8. | ताला उद्योग | अलीगढ़ (उत्तर प्रदेश) | 90,000 | 10,000 | 11.1 प्रतिशत |
| 9. | चीनी मिट्टी बर्तन उद्योग | खुर्जा (उत्तर प्रदेश) | 20,000 | 5,000 | 25 प्रतिशत |
| 10. | रेशम उद्योग | बनारस (उत्तर प्रदेश) | 11,900 | 4,409 | 37 प्रतिशत |
| 11. | वस्त्र उद्योग | बनारस (उत्तर प्रदेश) | 3,512 | 1,100 | 31.5 प्रतिशत |
| 12. | चाकू-निर्माण | रामपुर (उत्तर प्रदेश) | अनुपलब्ध | 3,000 | अनुपलब्ध |
| 13. | हस्तशिल्प | जम्मू-कश्मीर | 90,000 | 26,478 | 2 9 . 4 2 प्रतिशत |
| 14. | रेशम बुनाई | भागलपुर, आदि (बिहार) | अनुपलब्ध | 10,000 | अनुपलब्ध |
| 15. | चिमनी भट्ठा उद्योग | पश्चिम बंगाल | अनुपलब्ध | 35,000 | अनुपलब्ध |
| 16. | स्लेट पेन्सिल | मंदसौर (मध्यप्रदेश) | 12,000 | 1,000 | 8.3 प्रतिशत |
| 17. | स्लेट-निर्माण | मड़कापुर (आन्ध्र प्रदेश) | 15,000 | 3,750 | 25 प्रतिशत |
| 18. | हीरा-कटाई उद्योग | सूरत (गुजरात) | 1,00,000 | 15,000 | 15 प्रतिशत |
| 19. | एगेट कटाई | काम्बे (गुजरात) | 30,000 | अनुपलब्ध | अनुपलब्ध |

| | | | | | |
|---|---|---|---|---|---|
| 20. | कीमती पत्थर पालिश | जयपुर (राजस्थान) | 60,000 | 13,600 | 22.6 प्रतिशत |
| 21. | पॉवरलूम | भिवंडी (महाराष्ट्र) | 3,00,000 | 15,000 | 5 प्रतिशत |
| 22. | सूती वस्त्र | तिरुपपुर (तमिलनाडु) | 30,000 | 8,000 | 27 प्रतिशत |
| 23. | कालीन-बुनाई | राजस्थान | 30,000 | 12,000 | 40 प्रतिशत |
| 24. | सर्कस उद्योग | 40 बड़े सर्कस | अनुपलब्ध | अनुपलब्ध | कुल श्रमिकों का 12 प्रतिशत |
| 25. | हथकरघा एवं हस्तशिल्प उद्योग | जम्मू-कश्मीर | 1,16,000 | 28,348 | 25 प्रतिशत |

स्रोत: नीरा बुर्रा, 'बार्न टू वर्क'

इसके अलावा कुछ अन्य शहरों में अन्य कार्यों में लगे बाल श्रमिकों की संख्या तालिका 7 में दर्शायी गयी है:

**तालिका 7: विभिन्न क्षेत्रों में अन्य कार्यों में लगे बाल मज़दूर**

| क्रमांक | उद्योग/व्यवसाय | स्थान का नाम | बालश्रमिकों की संख्या |
|---|---|---|---|
| 1. | हैंडलूम | | |
| | (क) | त्रिवेन्द्रम् | 10,000 |
| | (ख) | त्रिपुरा | 8,000 |
| | (ग) | भिवंडी | 15,000 |
| 2. | नारियल रेशा | केरल | 20,000 |

| | | | |
|---|---|---|---|
| 3. | फिश-फ्रीजिंग (मछली प्रशोधन) | क्यूलोन (केरल) | 20,000 |
| 4. | काँच की खान | मेघालय | 28,000 |
| 5. | पत्थर-खुदाई | केरल | 20,000 |
| 6. | लकड़ी की नक्काशी | सहारनपुर (उत्तर प्रदेश) | 10,000 |
| 7. | बीड़ी | | |
| | (क) | सम्बलपुर | 54,000 |
| | (ख) | तिरुचिरापल्ली | 7,000 |
| | (ग) | त्रिचूर (कर्नाटक) | 7,000 |
| | (घ) | बिहार, उत्तर प्रदेश, आन्ध्र प्रदेश | 2,00,000 |
| 8. | कालीन उद्योग | जयपुर | 30,000 |
| 9. | पटाखा आतिशबाजी उद्योग | भावनगर (गुजरात) | 13,000 |

स्रोतः वी.वी. गिरि राष्ट्रीय श्रम संस्थान, गाजियाबाद (उत्तर प्रदेश)

इसके अलावा अन्य स्थानों पर भी काफी संख्या में बाल श्रमिक कार्य करते हैं किन्तु उनका पूरा एवं सही सर्वेक्षण नहीं हो सका है। उदाहरणार्थ, मार्च 2005 में दिल्ली में करीब 300 बाल श्रमिक ज़री उद्योग से निकाले गए, और मई-जून 2005 में मुम्बई में 500 बाल श्रमिक ज़री उद्योग से निकाले गये जिनमें अधिकतर बिहार के बाल श्रमिक थे। सर्कस में भी बहुत सारे बच्चे-बच्चियाँ काम करते थे किन्तु बाद में इसे ख़तरनाक कार्य घोषित कर दिया गया। 'बचपन बचाओ आन्दोलन' ने सर्कस से लगभग 100 बच्चों को निकाला था। ऐसा पाया गया है कि जब कोई हादसा होता है, तब मालूम होता है कि वहाँ बच्चे कार्यरत थे। उदाहरणार्थ, सितम्बर 2005 में पटना के खुशरूपुर में पटाखे की आड़ में देसी बम तक बनाने वाले एक कारखाने में क़रीब 60 लोगों की मौत हुई, जिसमें 30 बच्चे थे। उक्त कारखाने का लाइसेंस कई वर्षों से नवीकृत नहीं था मगर पुलिस/श्रम विभाग के अधिकारियों ने कभी जाँचकर उसके खिलाफ़ कार्रवाई नहीं की। इस प्रकार कारखाने के मालिक

के साथ-साथ वे भी दोषी थे। मई 2024 में गाज़ियाबाद (उत्तर प्रदेश) में 57 बँधुआ बाल मज़दूर निकाले गये थे और जनवरी मार्च, 2023 में 200 बाल मज़दूर दिल्ली के कई कारखानों से निकाले गये थे।

अविकसित देशों में रोज़ाना हज़ारों बच्चे (5 वर्ष से कम उम्र के) रोकी जा सकने वाली बीमारियों से मौत के मुँह में चले जाते हैं, जिसमें से क़रीब 60 प्रतिशत मौतों को, जो अधिकांशतः निमोनिया, डायरिया, खसरा आदि से होती हैं, रोका जा सकता है। हालाँकि 90 प्रतिशत (2019) प्रतिरक्षण का लक्ष्य प्राप्त कर लिया गया है जिससे विश्व में प्रतिवर्ष क़रीब 30 लाख बच्चे बचा लिये जाते हैं। यदि सभी जगहों पर शत-प्रतिशत प्रतिरक्षण कार्य पूरा हो जाए, तो उससे भी अधिक बच्चों को बचाया जा सकेगा। अफ़सोस की बात है कि सभी देशों द्वारा क़रीब 2.7 ट्रिलियन डॉलर की धनराशि (2025) सेना पर प्रतिवर्ष ख़र्च की जाती है। यदि इसका एक-चौथाई भाग बच्चों के स्वास्थ्य, शिक्षा, पोषाहार, स्वच्छ जल आदि के लिए ख़र्च की जाती, तो सहस्त्राब्दी विकास लक्ष्यों को 2015 तक प्राप्त किया जा सकता था। इस प्रकार स्पष्ट है कि अधिकतर देशों द्वारा शान्तिपूर्वक विकास कार्यों (जिनमें बच्चों का विकास प्रमुख है) में राशि ख़र्च करने की बजाय युद्ध के निमित्त सेना और हथियारों पर ख़र्च किया जाता है, और इसके लिए सिर्फ़ विकासशील देश ही ज़िम्मेदार नहीं हैं बल्कि संयुक्त राज्य अमरीका, फ्रांस, जर्मनी, रूस, और ब्रिटेन जैसे पाँच सबसे बड़े हथियार निर्यातक देश ज़्यादा ज़िम्मेदार हैं। अब चीन भी काफी मात्रा में हथियार निर्यात करता है।

यह सर्वविदित है कि बच्चों का शोषण इसलिए भी होता है कि वे कम उम्र के होने के नाते, तथा असंगठित होने के नाते शोषण के विरुद्ध प्रतिरोध नहीं कर पाते। इसीलिए बच्चों के सशक्तीकरण की दिशा में विशेष श्रमिक यूनियन का गठन होना चाहिए, ऐसा कुछ लोगों का मानना है। दैनिक 'जनसत्ता' में 4 दिसम्बर, 1993 को एक ख़बर छपी थी कि बाल श्रमिक यूनियन ने उच्चतम न्यायालय में एक 'विशेष अनुमति याचिका' दायर की थी जिसमें बच्चों को श्रमिक संघ (ट्रेड यूनियन) बनाने का अधिकार देने की अपील की गयी थी। उक्त बाल श्रमिक यूनियन ने निबन्धन के लिए श्रमिक संघ निबन्धक (रजिस्ट्रार) के पास अर्ज़ी दी थी किन्तु रजिस्ट्रार ने श्रमिक संघ अधिनियम की

धारा 21 का सहारा लेते हुए निबन्धन करने की अर्ज़ी नामंज़ूर कर दी क्योंकि बच्चे मज़दूर यूनियन के सदस्य नहीं हो सकते। उक्त आदेश के खिलाफ़ उक्त यूनियन ने दिल्ली उच्च न्यायालय में याचिका दायर की थी। उच्च न्यायालय ने यह कहते हुए वह अपील ख़ारिज़ कर दी थी कि बच्चों को आपस में समझौता करने की समझ नहीं होती, इसलिए उन्हें यूनियन बनाने का अधिकार नहीं दिया जा सकता। किन्तु उक्त यूनियन ने उच्चतम न्यायालय में दायर अपील में संयुक्त राष्ट्र संघ द्वारा 1989 में पारित 'बच्चों के अधिकार सम्बन्धी समझौते' (1989) की ओर न्यायालय का ध्यान खींचा जिसमें बच्चों को संगठन बनाने का अधिकार दिया गया है। मगर उनकी अपील नहीं मानी गयी।

बच्चों की यूनियन बनाने के बिन्दु पर मतभेद है। 'बटरफ्लाइज' नामक स्वयंसेवी संस्था का कहना है कि बच्चों को श्रमिक संघ बनाने का अधिकार दिया जाना चाहिए। इस मत के पक्ष में वह निम्नलिखित दलीलें देती है:

(1) बाल श्रम की समस्याओं को सिर्फ़ 'बच्चों के मुद्दे' के रूप में नहीं देखा जाना चाहिए बल्कि परिवार, समुदाय, और जाति के मुद्दे के रूप में भी देखा जाना चाहिए क्योंकि अधिकांश बाल श्रमिक अनुसूचित जाति/जनजाति, पिछड़े, और अल्पसंख्यक समुदायों के होते हैं।

(2) बाल श्रम के प्रति सिर्फ़ बाल-केन्द्रित दृष्टिकोण, इन परिवारों एवं समुदायों की हैसियत, तथा सामाजिक, आर्थिक एवं राजनीतिक स्थितियों पर ध्यान नहीं देता।

(3) बच्चों के स्कूल नहीं जाने का कारण ग़रीबी मात्र नहीं है। 'बटरफ्लाइज' नामक स्वयंसेवी संस्था द्वारा किए गये सर्वेक्षण में पाए गये अशिक्षित बच्चों के माँ-बाप अपने बच्चों को विद्यालय भेजना चाहते हैं किन्तु जन्म प्रमाण-पत्र के अभाव, बच्चों के गन्दे होने, आदि के कारण विद्यालय उनकी भर्ती नहीं करता।

(4) शिक्षा व्यवस्था में एकरूपता होनी चाहिए, तथा उसमें सामाजिक रूप से उपयोगी उत्पादक कार्य भी शामिल हों जिससे शारीरिक एवं मानसिक दोनों कार्यों को महत्त्व मिले, अर्थात् शिक्षा व्यवस्था यह दिखाए कि बच्चों को भविष्य में उत्पादक रोज़गार दिलाने के रूप में शिक्षा उपयोगी है।

दूसरी ओर बच्चों के संगठित होने के विरुद्ध निम्नलिखित दलीलें दी जाती हैं–

(क) बच्चे अपने जीवन से सम्बन्धित मुद्दों पर विचार करने और निर्णय लेने में परिपक्व नहीं होते।

(ख) श्रमिक संघ बनाकर बालश्रम को वैधानिकता दी जाती है, और उसका संस्थाकरण किया जाता है जो न्यायोचित नहीं है।

किन्तु यह भी सच है कि हमारा समाज बच्चों से वयस्कों का कार्य लेता है, और यहाँ तक कि ख़तरनाक व्यवसायों/प्रक्रियाओं में रोज़ाना लम्बी कार्यावधि तक कम भुगतान पर उनसे कार्य लिया जाता है, तब हम उन्हें अल्पायु तथा अपरिपक्व नहीं समझते। दूसरे, बहुत से बाल श्रमिक अपने परिवार के एकमात्र कमाऊ सदस्य होते हैं, इसलिए परिवार के अच्छे-बुरे का निर्णय वही लेते हैं। इसलिए बच्चों को संगठित करने में कोई नुकसान नहीं है लेकिन भारतवर्ष में अधिकांश श्रमिक संघ मुख्य राजनीतिक दलों से जुड़े हुए हैं, इसलिए सम्भव है कि बाल श्रमिक का मुद्दा सही परिप्रेक्ष्य में न रखकर उसका राजनीतीकरण हो। अतः बेहतर होगा कि स्वयंसेवी संस्थाओं, परिवारों और सरकार के शिक्षा विभाग, कल्याण विभाग, एवं श्रम विभाग का दायित्व हो कि वे बच्चों के सशक्तीकरण के लिए उन्हें संगठित करने में अहम भूमिका अदा करें यानी बच्चों के प्रमुख अधिकार यथा बचपन का अधिकार, शिक्षा, स्वास्थ्य, एवं मनोरंजन का अधिकार, शोषण एवं अत्याचार के विरुद्ध सुरक्षा का अधिकार आदि के लिए बच्चों को संगठित किया जाए। जैसा कि संयुक्त राष्ट्र संघ के 'बच्चों के अधिकार सम्बन्धी समझौता' (1989) के अनुच्छेद 15 में बच्चों को संगठन बनाने का अधिकार दिया गया है। किन्तु अफ़सोस है कि अपने देश में बच्चों, ख़ासकर बाल श्रमिकों, के अधिकारों को राष्ट्रीय एजेण्डा में शामिल नहीं किया गया है। फिर भी कुछ स्वयंसेवी संस्थाओं की पहल से तथा उच्चतम न्यायालय के हस्तक्षेप के कारण बाल श्रमिकों का शोषण मिटाने हेतु समाज और राज्य की चौखट पर सुगबुगाहट होती रही है जो निकट भविष्य में जनान्दोलन का रूप अवश्य लेगी, तथा सभी राजनीतिक दलों द्वारा स्वेच्छा या मज़बूरी में बच्चों का मुद्दा अपने दलों के चुनाव घोषणा-पत्रों में प्राथमिकता के आधार पर शामिल करना होगा। मगर दुर्भाग्य है कि किसी राजनीतिक दल ने अभी तक बाल श्रम-उन्मूलन को अपने राजनीतिक एजेण्डा

में प्राथमिकता नहीं दी है जो उनकी संकीर्णता, तथा कारखाना के मालिकों, व्यवसायियों आदि के प्रति परोक्षतः पक्षधरता का सूचक है।

यह अत्यन्त दु:खद तथ्य है कि उ.प्र. के निठारी (नोयडा) में 2006-2007 में 19 बालिकाओं का बलात्कार एवं हत्या एक गिरोह द्वारा समय-समय पर की गई, और उनका मांस भक्षण भी किया गया। उसमें मुख्य अभियुक्त को मौत की सजा सुनाई गयी। मगर उच्च न्यायालय, इलाहाबाद ने उन्हें बरी कर दिया। बाद में अपील में सुप्रीम कोर्ट ने भी उन्हें बरी कर दिया (2025 में), तो फिर उन बच्चों को किसने मारा? दिल्ली में 15 मई, 2000 को ग़ायब बच्चों की संख्या 11,000 पुलिस थानों में दर्ज़ की गयी थी जिनमें से 2,000 बच्चे पिछले छः माह में ग़ायब हुए थे। दिल्ली में प्रतिवर्ष 6,000 बच्चे ग़ायब होते हैं। 2008-09 में दिल्ली में सिर्फ़ 368 ग़ायब बच्चों को तलाशा जा सका-बाकी लापता थे, पुलिस काग़ज़ात में। भारत के अन्य भागों की बदतर स्थिति का एक मोटा अन्दाज़ इससे लगाया जा सकता है। मगर आशा की किरण भी 2020 में दिखाई दी जब दिल्ली की एक महिला पुलिसकर्मी श्रीमती सीमा ढाका (हवलदार) ने 76 ग़ायब बच्चों को 3 माह में ही ख़ोज निकाला जिनमें से 56 बच्चों की उम्र 14 वर्ष से कम थी। उसको पुलिस आयुक्त, दिल्ली ने बिना बारी की प्रोन्नति (सहायक उप-निरीक्षक के पद पर) भी दी। दिल्ली पुलिस ने 2019 में कुल 5,412 ग़ायब बच्चों में से 3,336 बच्चों को खोज निकाला (62 प्रतिशत), और अक्टूबर 2020 तक 3,507 ग़ायब बच्चों में से 2,629 बच्चों को खोज निकाला। 2021 में दिल्ली में 4798 ग़ायब बच्चों के बारे में पुलिस थाने में प्राथमिकी दर्ज़ की गयी थी। उनमें से 1541 को पुलिस ने ढूँढ़ लिया। उनमें 33 बच्चियों का यौन-शोषण हुआ था। 2021 में पूरे भारत में 77,535 बच्चे गायब हुए थे जिनमें से 59,544 बच्चियाँ थी (70 प्रतिशत)। इन बच्चों में से 57 प्रतिशत ढूँढ़ लिये गये। इसी प्रकार अन्य राज्यों की पुलिस को भी सतर्क और सक्रिय होना चाहिए।

इसी प्रकार रमेश घोलप (भा.प्र.से.) का कार्य भी सराहनीय रहा है। उन्होंने 2015 में बेरमो अनुमंडल (उप-जिला) (जिला बोकारो, झारखण्ड) में सुमित नामक एक नौ वर्षीय बाल श्रमिक को मुक्त कराया। तब से 2020 तक उन्होंने 35 विभिन्न क्षेत्रों/जिलों के बाल मज़दूरों को निजी प्रयास से मुक्त कराया।

उन्होंने 5 बाल मज़दूरों को मुक्त कराकर सरकारी आवासीय विद्यालय में भर्ती कराया, तथा उनके आधार कार्ड, राशन कार्ड आदि दस्तावेज़ भी बनवाये। एक अनाथ बच्ची सपना कुमारी (11 वर्ष) को अपने अभिभावकत्व में उन्होंने संरक्षण भी दिया। उसे विद्यालय में कपड़ा, भोजन, आवास आदि दिये जाते हैं। रमेश घोलप और अन्य अधिकारियों ने उसे पोशाक, बस्ता, लेखन-सामग्री, जूते-मोजे आदि भी दिये। 'सरकार आपके द्वार' योजना के तहत ये अधिकारी ग्राम पंचायतों की बैठकों में भाग लेते हैं, और सरकार की विकास एवं कल्याण की योजनाओं से जनता को अवगत कराते हैं, तथा आसानी से उन्हें सुविधाएँ उपलब्ध भी कराते हैं। युनिसेफ की 'स्टेट ऑव वर्ल्ड्स चिल्ड्रेन रिपोर्ट' 2019 के अनुसार दुनिया के 5 वर्ष तक के बच्चों की स्थिति निम्नलिखित तथ्यों के कारण दयनीय है :

(क) तीन में से 2 बच्चों को स्वास्थ्य एवं विकास के लिए आवश्यक भोजन (विविध पोषक तत्वों वाले) नहीं मिलता।

(ख) एक तिहाई बच्चे कुपोषित हैं। यह उनके नाटापन, वजन की कमी या मोटापा में झलकता है।

(ग) आधे बच्चे, विटामिन, तथा अन्य पौष्टिक तत्वों की कमी के कारण, 'छिपी भुखमरी' (हिडेन हंगर) के शिकार हैं। ऐसे बच्चों की संख्या 34 करोड़ है।

(घ) अल्प पोषाहार से विश्व में 20 करोड़ बच्चे (5 वर्ष के नीचे) नाटापन या ऊँचाई के हिसाब से कम वजन के शिकार हैं। इनमें से 14.9 करोड़ बच्चे नाटापन, 4.95 करोड़ बच्चे ऊँचाई के हिसाब से कम वजन और 4 करोड़ बच्चे मोटापा के शिकार हैं।

(ङ) 2000-2016 के दौरान मोटापाग्रस्त 5 से 18 वर्ष के बच्चों की संख्या 10 प्रतिशत से बढ़कर 20 प्रतिशत हो गयी।

(च) वैसे अफ्रीका को छोड़कर अन्य सभी महाद्वीपों में नाटे बच्चों की संख्या में पहले से कमी आयी है जबकि मोटापाग्रस्त बच्चों की संख्या सभी महाद्वीपों में (अफ्रीका सहित) बढ़ गयी है।

(छ) विश्व में केवल 40 प्रतिशत बच्चे (6 माह की उम्र तक) ही पूर्णतः स्तनपान करते हैं। स्तनपान कराने से विश्व में 8.20 लाख बच्चों का जीवन हर

वर्ष बचाया जा सकता है। मगर दूसरी ओर 2008-13 के दौरान स्तन के दूध की विकल्प खाद्य सामग्री (डिब्बाबन्द दूध का चूर्ण) की बिक्री विश्व में 41 प्रतिशत बढ़ गई, तथा चीन, ब्राजील, एवं तुर्की में यह 72 प्रतिशत बढ़ गयी।

(ज) 6 से 23 माह के 44 प्रतिशत बच्चों को फल, सब्जी आदि नहीं खिलाया जाता, और 59 प्रतिशत बच्चों को अंडा, दूध, मांस आदि नहीं खिलाया जाता।

चूँकि बच्चों को उस नाज़ुक उम्र में पोषाहार की ज़रूरत सबसे ज़्यादा होती है, इसलिए उसकी कमी उनको सबसे ज़्यादा हानि पहुँचाती है। इसलिए बच्चों और किशोरों को पौष्टिक, क्रय करने योग्य सस्ती तथा टिकाऊ खूराक मिलनी चाहिए। अत: बच्चों के पोषाहार को प्राथमिकता देने के लिए निम्नलिखित उपायों को राष्ट्रीय एजेंडा में शामिल करना होगा (युनिसेफ 2019):

(1) पौष्टिक भोजन की माँग करने के लिए परिवारों, बच्चों और किशारों को सशक्त बनाना-माँग के अनुसार खाद्य उत्पादकों को आपूर्ति करनी होगी सस्ते, सुरुचिपूर्ण, सुलभ, एवं पौष्टिक खाद्य पदार्थों की। इससे उपभोक्ताओं को स्वस्थ खूराकों के लिए शिक्षित किया जा सकेगा, और उनकी सांस्कृतिक एवं सामाजिक महत्वाकांक्षाए भी पूरी होंगी।

(2) खाद्य पदार्थों के उत्पादकों और आपूर्तिकर्त्ताओं को ऐसे भिन्न-भिन्न खाद्य पदार्थ उपलब्ध कराने होंगे जो वर्तमान और भविष्य के मद्देनज़र टिकाऊ और सुरक्षित भी हों।

(3) बच्चों के लिए स्वस्थ खाद्य पर्यावरण तैयार करना-सही लेबल के साथ पैकेट में सुरक्षित खाद्य की आपूर्ति हो।

(4) सुविधाओं की प्रणालियों को बड़े पैमाने पर संघटित करना-जैसे, स्वास्थ्य, जल एवं स्वच्छता, शिक्षा, एवं सामाजिक सुरक्षा व्यवस्था।

(5) कार्रवाई को दिशा-निर्देश देने तथा प्रगति को ट्रैक करने के लिए नियमित रूप से सही एवं गुणवत्तापूर्ण आँकड़े एवं साक्ष्य इकट्ठा करना, विश्लेषण करना और उपयोग करना। इसमें आँकड़ों की साझेदारी और पारदर्शिता भी सुनिश्चित की जाय।

यह भी उल्लेखनीय है कि बच्चों और वयस्कों के लिये विदेशी तथा देशी कम्पनियों द्वारा विभिन्न खाद्य सामग्रियों में आवश्यकता से अधिक नमक,

चीनी, वसा, कैफीन आदि मिलायी जाती है जो अस्वास्थ्यकर होती है। इसके फलस्वरूप मधुमेह, रक्तचाप, मोटापा, हृदय-रोग, चर्म रोग, कैंसर जैसी घातक बीमारियाँ तेजी से बढ़ रही हैं।

इस प्रकार दीर्घकालिक जनहित, राष्ट्रहित एवं समाजहित के परिप्रेक्ष्य में सभी बच्चों, ख़ासकर बाल मज़दूरों, के हित में बहुआयामी दृष्टिकोण अपनाया जा सकता है। इससे उनका सर्वांगीण विकास हो सकेगा और आगे चलकर वे सचेत नागरिक, उत्पादनशील व्यक्ति और नेक इंसान बनेंगे।

# 4

# बाल मज़दूरी: विधान एवं संविधान

हम सभी अपने इर्द-गिर्द गाँवों से लेकर शहरों तक, असंगठित दुकानों, ढाबों एवं प्रतिष्ठानों से लेकर कुछ संगठित कारखानों तक में लम्बे अरसे से बाल श्रमिकों को काम करते देखते हैं। बीसवीं सदी के शुरू में प्रथम विश्वयुद्ध (1914-1918) के बाद श्रमिकों के हितों की रक्षा के लिए एक अन्तरराष्ट्रीय संगठन की आवश्यकता महसूस की गयी थी क्योंकि प्रथम विश्वयुद्ध (1914-18) की विभीषिका से जो जान-माल की क्षति हुई थी, उसने ऐसे संगठन की स्थापना करने के लिए विश्व के तमाम नेताओं को विवश कर दिया था। सो सन् 1919 में अन्तरराष्ट्रीय श्रम संगठन की स्थापना हुई जिसमें बच्चों के नियोजन को विनियमित करने का प्रावधान किया गया अर्थात् 12 वर्ष से अधिक उम्र वाले बच्चों को ही काम करने का सुझाव इस संगठन ने दिया। इसके पश्चात् भारत में 'रॉयल कमीशन ऑन लेबर इन इण्डिया' का गठन सन् 1929 में हुआ, जिसने अपनी रिपोर्ट 1931 में पूरी की, जिसमें बच्चों के काम की दशाओं का दु:खद वर्णन किया गया था। ग़ौरतलब बात यह थी कि बच्चों से उनके नियोजक मनमाने ढंग से लम्बी अवधि तक काम लेते थे अर्थात् काम के अधिकतम घण्टे निर्धारित नहीं थे। सब कुछ मालिक की मर्ज़ी पर निर्भर करता था। यहाँ तक कि बेग़ार, बँधुआ और गुलामी की हद तक बच्चे काम करते थे, और जिन्हें किसी न किसी बहाने से शारीरिक रूप से दण्डित भी किया जाता था। कुछ क्षेत्रों में बच्चों के माँ-बाप अपने बच्चों को नियोजकों के अधीन गिरवी के रूप में रख देते थे। इसमें सूदखोरों, ज़मींदारों, और कारख़ाना मालिकों की तिकड़ी अपना स्वार्थ सिद्ध करती थी। उक्त कमीशन के शब्दों

में, "कई शहरों में बड़ी संख्या में तरुण बच्चों का नियोजन दीर्घ अवधि तक के लिए होता है और अनुशासन कड़ा होता है। निस्सन्देह, ऐसा विश्वास का कारण है कि शारीरिक दण्ड तथा निन्दनीय प्रकार के अन्य दण्ड भी कभी-कभी छोटे बच्चों को दिए जाते हैं। इन स्थानों पर 5 वर्ष के बच्चे भी बिना भोजन, मध्याह्न अवकाश या साप्ताहिक छुट्टी के काम करते मिल जाते हैं-वे दो आना की मज़दूरी पर 10-12 घण्टे रोज़ाना काम करते हैं।"

उल्लेखनीय है कि 1931 (26-31 मार्च) में भारतीय राष्ट्रीय कांग्रेस के कराची सत्र (जिसकी अध्यक्षता सरदार वल्लभभाई पटेल ने की थी) में कामगारों के हितों की रक्षा के लिए संकल्प पारित किया गया था जिसमें निम्नलिखित बिन्दु बाल श्रम के सन्दर्भ में महत्त्वपूर्ण हैं:

(क) दासता एवं उसकी सीमान्त दशाओं से श्रमिक को मुक्त किया जाएगा।

(ख) महिला कामगारों की सुरक्षा तथा मातृत्व अवकाश का विशेष प्रावधान हो।

(ग) विद्यालय जाने की उम्र के बच्चों को खानों और कारख़ानों में नियोजित नहीं किया जाना चाहिए।

(घ) अपने हितों की रक्षा के लिए श्रमिकों को संघ बनाने का अधिकार होगा जिससे वे समुचित तन्त्र की मध्यस्थता के ज़रिये अपने विवाद सुलझायेंगे।

(ङ) निःशुल्क प्राथमिक शिक्षा सभी बच्चों के लिए होगी।

(च) जीवन-निर्वाह हेतु मज़दूरी (सभी औद्योगिक मज़दूरों के लिए), काम के सीमित घंटे, कार्य करने की स्वस्थ दशाएं हों, तथा बुढ़ापा, बीमारी, और बेरोज़गारी के विरुद्ध संरक्षण होगा।

इन बिन्दुओं को श्रम उप-समिति ने भारतीय राष्ट्रीय कांग्रेस को समर्पित अपनी रिपोर्ट में 1940 में निम्न रूप में शामिल किया' :

(1) बच्चों की कार्य एवं जीवन दशाओं (काम के घण्टे सहित) का विनियमन किया जाएगा।

(2) शिक्षा-व्यवस्था से सह-सम्बन्ध स्थापित कर बच्चों के नियोजन की न्यूनतम उम्र धीरे-धीरे 15 वर्ष की जाए।

(3) काम के घण्टे एक दिन में 9 तथा सप्ताह में 48 तक सीमित हों।

(4) मज़दूरी निर्धारण की ऐसी युक्ति निकाली जाए जिससे मज़दूर जीवन-निर्वाह मज़दूरी (लिविंग वेज) और न्यूनतम मज़दूरी प्राप्त कर सकें।

यह विशेष रूप से उल्लेखनीय है कि बीसवीं सदी के प्रारम्भ में भारतीय राष्ट्रीय कांग्रेस के अध्यक्ष की हैसियत से प्रसिद्ध राजनेता गोपाल कृष्ण गोखले (महात्मा गांधी के गुरु) ने तत्कालीन ब्रिटिश शासन से मुफ़्त एवं अनिवार्य शिक्षा देने की अपील की थी, जिससे सभी बच्चों को पढ़ाई का अवसर मिले, तथा उन्हें मज़बूरी में मज़दूरी नहीं करनी पड़े।

रॉयल कमीशन की अनुशंसा के आलोक में 1933 में चिल्ड्रेन (प्लेजिंग ऑव लेबर) ऐक्ट बना, जिसमें यह प्रावधान किया गया था कि यदि किसी बच्चे के माँ-बाप अपने बच्चे को किसी नियोजक के यहाँ नियोजन हेतु बन्धपत्र भरते हैं, तो उसे अवैध माना जाएगा। दरअसल बाल श्रमिक विरोधी कानून की सही शुरुआत् इस बाल अधिनियम (1933) से होती है। हालांकि उसके पूर्व कारख़ाना अधिनियम (1881) पारित हुआ था जिसमें 7 वर्ष के नीचे के बच्चों को कारख़ाने में काम करने की मनाही थी, और एक ही दिन में दो कारख़ाने में काम करने, एवं एक दिन में 9 घण्टे से अधिक काम लेने की भी मनाही थी। इसमें पहली बार एक माह में चार दिन का अवकाश देने का भी प्रावधान था किन्तु यह कानून सिर्फ़ उन कारख़ानों में लागू होता था जिनमें 100 या उससे अधिक कामगार कार्य करते थे। उसके बाद बहुत सारे कानून राष्ट्रीय और प्रान्तीय स्तर पर बनाए गए, जो बाल मज़दूरी को विनियमित करने अथवा कोई प्रक्रिया प्रतिषिद्ध करने अथवा सुरक्षा प्रदान करने से सम्बन्धित थे। किन्तु विभिन्न कानूनों में बाल श्रमिकों की उम्र, सेवाशर्तों, एवं सुरक्षा का निर्धारण अलग-अलग किया गया। अगली तालिका 1 के अवलोकन से इसे आसानी से समझा जा सकता है।

## तालिका 1: विभिन्न कानूनों के तहत बाल श्रमिकों की उम्र, सेवा शर्तें एवं सुरक्षा

| क्रमांक | अधिनियम/अन्तरराष्ट्रीय श्रम सम्मेलन | बाल श्रमिक की उम्र | सेवा शर्तें एवं सुरक्षा | |
|---|---|---|---|---|
| 1 | 2 | 3 | 4 | |
| 1. | कारखाना अधिनियम 1881 | 7 वर्ष से कम | (1) | एक ही दिन में दो कारखानों में काम करने की मनाही। |
| | | | (2) | काम के अधिकतम 9 घण्टे। इससे अधिक समय तक एक दिन में काम करने की मनाही। |
| | | | (3) | एक माह में कम-से-कम 4 अवकाश दिवस। |
| | | | (4) | 100 या उससे अधिक कामगार वाले कारखानों में यह अधिनियम लागू। |
| 2. | कारखाना (संशोधन) अधिनियम 1891 | 9 वर्ष | (1) | एक दिन में अधिकतम 7 घण्टे काम करना। |
| | | | (2) | रात में 8.00 बजे से सुबह 5.00 बजे तक बच्चों को काम करने की मनाही। |
| 3. | खान अधिनियम 1901 | 12 वर्ष | (1) | खानों में 12 वर्ष से कम उम्र वाले बच्चों से काम करने की मनाही। |
| 4. | कारखाना (संशोधन) अधिनियम 1911 | 9 वर्ष | (1) | रात के 7.00 बजे से सुबह साढ़े पाँच बजे तक बच्चों से काम कराने की मनाही। |
| | | | (2) | कुछ ख़तरनाक प्रक्रियाओं में काम करने की मनाही। |
| | | | (3) | उम्र और सक्षमता प्रमाण-पत्र होना आवश्यक। |

| | | | | |
|---|---|---|---|---|
| 5. | कारखाना (संशोधन) अधिनियम 1922 | 15 वर्ष | (1) | अवयस्कों के काम के अधिकतम घण्टे (छः), बीच में आधे घण्टे का अवकाश, यदि साढ़े पाँच घण्टे से अधिक समय के लिए काम लिया जाए। |
| | | | (2) | 20 या उससे अधिक कामगारों को रखने वाले अथवा मशीन से चलने वाले कारखानों पर लागू। |
| | | | (3) | कुछ प्रक्रियाओं में 18 वर्ष से कम उम्र के बच्चों और महिलाओं के नियोजन की मनाही। |
| | | | (4) | मेडिकल सर्टीफिकेट तथा उम्र प्रमाण-पत्र आवश्यक । |
| 6. | भारतीय खान अधिनियम 1923 | 13 वर्ष | (1) | खानों में बच्चों के काम करने की मनाही। |
| 7. | खान (संशोधन) अधिनियम 1926 | | (1) | माँ-बाप एवं अभिभावकों पर जुर्माना यदि वे अपने बच्चों को दो अलग-अलग कारखानों में एक ही दिन में काम करने के लिए भेजते हैं। |
| 8. | भारतीय बन्दरगाह (संशोधन) अधिनियम-1931 | 12 वर्ष | (1) | बच्चों के काम करने की मनाही। |
| 9. | चाय जिला अप्रवासी अधिनियम 1932 | | (1) | ऐसे बालक चाय के जिलों यथा असम आदि में नियोजन या प्रव्रजन नहीं कर सकते जब तक उनके साथ उनके मां-बाप या अन्य वयस्क न हों, जिन पर ये बच्चे निर्भर होते हैं। |

| 10. | बाल (श्रमिक बन्धक) अधिनियम 1933 (चिल्ड्रेन प्लेजिंग ऑव लेबर ऐक्ट) | 15 वर्ष | (1) | अपने बच्चों को दूसरे के यहाँ बन्धक के रूप में रखने और नियोजकों से अग्रिम लेकर बन्धपत्र लिखने की मनाही। |
|---|---|---|---|---|
| | | | (2) | यह प्रथा अमृतसर, अहमदाबाद के कालीन और बीड़ी उद्योगों में प्रचलित थी जिसे रॉयल कमीशन (1931) की अनुशंसा के आलोक में दण्डनीय बनाया गया। |
| 11. | कारखाना (संशोधन) अधिनियम 1934 | 12 वर्ष | (1) | 12 से 15 वर्ष के बच्चों का नियोजन सामान्यत: प्रतिबन्धित। |
| | | | (2) | 12 से 15 वर्ष के बच्चों के एक दिन में अधिकतम काम के 5 घण्टे। |
| | | | (3) | 15-17 वर्ष के बच्चों के नियोजन पर कुछ प्रतिबन्ध। |
| 12. | खान (संशोधन) अधिनियम 1935 | 15 वर्ष | (1) | 15 वर्ष के अन्दर के बच्चों के खान में नियोजन की मनाही। |
| | | | (2) | 15-17 वर्ष के बच्चों को ज़मीन के अन्दर सक्षम चिकित्सक द्वारा दिए गये शारीरिक सक्षमता प्रमाण-पत्र के आधार पर ही कार्य करने की अनुमति। |
| | | | (3) | ज़मीन के ऊपर के कार्यों में अधिकतम कार्य के घण्टे 10 एक दिन में, और एक सप्ताह में 54 घण्टे। |
| | | | (4) | ज़मीन के अन्दर काम के अधिकतम घण्टे 9 एक दिन में। |

| | | | | |
|---|---|---|---|---|
| 13. | बाल नियोजन अधिनियम 1938 | 14 वर्ष | (1) | रेल से सवारियों की दुलाई तथा बन्दरगाहों पर सामानों के हथालन हेतु न्यूनतम उम्र 14 वर्ष। |
| | | | (2) | 14 वर्ष से कम उम्र के बच्चों को बीड़ी बनाने, कालीन बुनने, सीमेंट विनिर्माण, कपड़े की छपाई, रंगाई एवं बुनाई, माचिस बनाने, अभ्रक काटने, तथा चमड़ा कार्य पर रोक। |
| | | | (3) | उम्र प्रमाण-पत्र आवश्यक। |
| | | | (4) | बाल श्रमिक (प्रतिषेध एवं विनियमन) अधिनियम 1986 द्वारा इसे निरस्त कर दिया गया। |
| | | | (5) | इसमें 'बाल' को परिभाषित नहीं किया गया तथा 11 वर्ष से ऊपर तथा 17 वर्ष के नीचे के बच्चों को काम करने की अनुमति दी गयी। |
| 14. | न्यूनतम मज़दूरी अधिनियम 1948 | 14 वर्ष | (1) | वयस्कों, किशोरों, एवं बच्चों के लिए अलग-अलग मज़दूरी तय करने की शक्ति सरकार को। |
| 15. | कारखाना अधिनियम 1948 | 14 वर्ष | (1) | 15 से 18 वर्ष के बीच के अवयस्कों को घातक मशीनों पर बिना प्रशिक्षण एवं पर्यवेक्षण के काम कराने की मनाही। |
| | | | (2) | सर्जन जाँच करे कि 15 से 18 वर्ष के किशोर को उसके स्वास्थ्य के लिए घातक काम में न लगाया गया हो। |
| | | | (3) | एक दिन की साप्ताहिक छुट्टी ज़रूरी। |

| | | | | |
|---|---|---|---|---|
| | | | (4) | रात 7 बजे से सुबह 6 बजे तक 17 वर्ष से कम उम्र वालों को काम करने की मनाही। |
| | | | (5) | जिस किशोर के पास सक्षमता प्रमाण-पत्र नहीं होगा, वह बाल श्रमिक माना जाएगा। |
| | | | (6) | बाल श्रमिकों को अधिकतम 4 घण्टे का कार्य। |
| | | | (7) | बाल श्रमिकों की पंजी संधारित करना ज़रूरी है। |
| 16. | बाल नियोजन (संशोधन) अधिनियम 1949 | 14 वर्ष | (1) | 14 वर्ष से कम बच्चों का नियोजन नहीं। |
| 17. | भारतीय संविधान (26 जनवरी 1950 से लागू) | 14 वर्ष | (1) | मूलाधिकार (खण्ड तीन) की धारा-24 के अनुसार 14 वर्ष से कम उम्र के बच्चों को कारखाना, खान या खतरनाक नियोजनों में काम करने की मनाही। |
| | | | (2) | नीति निर्देशक सिद्धान्त (खंड 4) की धारा-39 के अनुसार बच्चों की नाजुक उम्र के दुरुपयोग की मनाही, तथा आर्थिक तंगी के कारण बच्चों को ऐसे व्यवसाय अपनाने की बाध्यता न हो जो उनकी उम्र के अनुरूप न हो। बच्चों को स्वस्थ, मुक्त एवं गरिमापूर्ण ढंग से विकसित होने के लिए उचित अवसर एवं सुविधाएँ मिलें, जिससे उनके नैतिक एवं भौतिक शोषण को रोका जा सके। |

| | | | | |
|---|---|---|---|---|
| | | | (3) | खण्ड चार (नीति निर्देशक सिद्धान्त) की धारा 45 के अनुसार सरकार 10 वर्ष के भीतर 14 वर्ष के बच्चों के लिए निःशुल्क एवं अनिवार्य प्राथमिक शिक्षा की व्यवस्था करने की कोशिश करेगी। |
| 18. | बाल नियोजन (संशोधन) अधिनियम 1951 | 14 वर्ष | (1) | 15-17 वर्ष के बच्चों को रात में रेलवे एवं बन्दरगाह पर काम करने की मनाही। |
| | | | (2) | 17 साल से कम उम्र के बाल श्रमिकों के बारे में पंजी संधारण करना ज़रूरी। |
| 19. | बागान श्रमिक अधिनियम, 1951 | 14 वर्ष | (1) | 7 बजे रात्रि से प्रातः 6 बजे तक महिला एवं बाल श्रमिक को काम करने की मनाही। |
| | | | (2) | सक्षमता प्रमाण पत्र एवं टोकेन ज़रूरी। |
| | | | (3) | सप्ताह में अधिकतम काम के घण्टे 27, तथा एक दिन की छुट्टी। |
| | | | (4) | उल्लंघन करने पर 3 माह की कैद या 500 रुपये जुर्माना या दोनों। |
| 20. | खान अधिनियम 1952 | 18 वर्ष | (1) | खान में काम करने के लिए 18 वर्ष की उम्र होना आवश्यक है किन्तु एप्रेन्टिस व ट्रेनिंग के लिए 16 वर्ष होने पर अनुमति दी जा सकेगी |
| | | | (2) | सर्जन से शारीरिक सक्षमता का प्रमाण-पत्र ज़रूरी |
| | | | (3) | उल्लंघन करने पर 500 रुपये तक का जुर्माना और दुबारा करने पर जुर्माना दुगुना हो जाएगा। |

| | | | | |
|---|---|---|---|---|
| 21. | बिहार दुकान एवं प्रतिष्ठान अधिनियम 1953 (अन्य राज्यों में समान कानून) | 12 वर्ष | (1) | धारा 13 के अनुसार 12 वर्ष के नीचे के बच्चों को दुकानों या प्रतिष्ठानों में काम करने पर रोक है, तथा 12 से 18 वर्ष के बच्चों को रात के 10 बजे से सुबह 7 बजे तक काम करने की मनाही है। |
| | | | (2) | 14 वर्ष तक के बच्चे से दिन में अधिकतम 5 घण्टे एवं सप्ताह में 30 घण्टे तक ही काम लिया जा सकता है, तथा एक दिन में दो प्रतिष्ठानों में काम करने पर रोक है। |
| | | | (3) | इसके अलावा 240 दिन से अधिक काम करने वाले बालक को अगले साल प्रत्येक 15 दिन पर एक दिन की दर से सालाना छुट्टी मिलेगी। |
| 22. | कारखाना (संशोधन अधिनियम 1954 | | (1) | 17 वर्ष तक के बच्चों को रात के 10 बजे से सुबह 7 बजे तक काम करने की मनाही। |
| 23. | व्यापारिक जहाजरानी अधिनियम 1958 | 14 वर्ष | (1) | 14 वर्ष से कम उम्र के बच्चे को काम करने की मनाही। |
| 24. | मोटर परिवहन कामगार अधिनियम 1961 | 14 वर्ष | (1) | 14 से 18 वर्ष के अवयस्कों को सर्जन का सक्षमता प्रमाण-पत्र ज़रूरी। |
| | | | (2) | अधिकतम काम के 6 घण्टे जिसमें आधे घण्टे का विश्राम शामिल। |
| | | | (3) | रात के 10 बजे से सुबह 6 बजे तक काम करने की मनाही। |
| | | | (4) | उल्लंघन होने पर 3 माह की कैद या 500 रुपये का जुर्माना या दोनों। |

| | | | | |
|---|---|---|---|---|
| 25. | अप्रेन्टिस अधिनियम 1961 | 14 वर्ष | (1) | अवयस्क के लिए उसके अभिभावक द्वारा नियोजक के साथ अनुबन्ध ज़रूरी। |
| | | | (2) | शारीरिक एवं शैक्षिक सक्षमता प्रमाण-पत्र ज़रूरी। |
| | | | (3) | रात में 10 बजे से प्रात: 6 बजे नक काम करने की मनाही। |
| | | | (4) | उल्लंघन करने पर 500 रूपये तक जुर्माना। |
| 26. | बीड़ी एवं सिगार कामगार (नियोजन की शर्तें) अधिनियम 1966 | 14 वर्ष | (1) | 14-18 वर्ष के बच्चों को रात के 7 बजे से सुबह 6 बजे तक काम करने की मनाही। |
| | | | (2) | पानी, क्रेच, (पलना), चिकित्सा, शौचालय, कैंटीन आदि की परिसर में सुविधाएँ होना ज़रूरी। |
| | | | (3) | किशोर श्रमिक के लिए प्रत्येक 15 दिन के लिए एक दिन का वार्षिक अवकाश मज़दूरी सहित । |
| | | | (4) | सप्ताह में एक दिन की छुट्टी। |
| | | | (5) | निजी घरों में स्वनियोजित व्यक्तियों पर यह लागू नहीं। |
| | | | (6) | उल्लंघन करने पर 250 रुपये का जुर्माना। |
| | | | (7) | दुबारा उल्लंघन करने पर 6 माह तक की कैद या 500 रुपये तक का जुर्माना या दोनों। |

| | | | | |
|---|---|---|---|---|
| 27. | बाल नियोजन (संशोधन) अधिनियम 1978 | 15 वर्ष | (1) | 15 वर्ष से कम उम्र के बच्चों को रेलवे परिसरों में कोयला चुनने, राख का गड्ढा साफ करने, निर्माण कार्यों, खान-पान के प्रतिष्ठान,तथा रेलवे लाइन के पास अथवा दो रेलवे लाइनों के बीच काम करने की मनाही। |
| 28. | ख़तरनाक मशीन (विनियमन) अधिनियम 1983 | 14 वर्ष | (1) | 14 वर्ष तक के बच्चों को काम करने की मनाही। |
| 29. | बाल श्रमिक (प्रतिषेध एवं विनियमन) अधिनियम 1986 | 14 वर्ष | (1) | कई व्यवसायों यथा रेलवे में यात्री, माल व डाक ढोने की मनाही, रेलवे परिसर में कोयला चुनने, राख का गड्ढा साफ करने, निर्माण कार्य, रेलवे परिसर में खान-पान प्रतिष्ठान में बाल श्रमिकों के नियोजन में मनाही, रेलवे स्टेशन के निर्माण अथवा दो लाइनों के बीच निर्माण कार्य आदि में मनाही, तथा तमाम प्रक्रियाओं यथा-बीड़ी बनाना, कालीन बुनना, सीमेंट निर्माण कार्य, कपड़े की छपाई-रंगाई एवं बुनाई, माचिस, विस्फोटक पदार्थ यथा पटाखा का निर्माण कार्य, अभ्रक की कटाई और तोड़ाई, लौह-निर्माण, साबुन-निर्माण, चमड़े का कार्य एवं उनकी सफाई, भवन एवं निर्माण उद्योग आदि ख़तरनाक कार्यों में बाल श्रमिकों को कार्य करने की मनाही। |
| | | | (2) | अधिकतम काम के घण्टे दिन में 6 घण्टे, तथा बीच में आधे घण्टे का विश्राम। |
| | | | (3) | रात में 7 बजे से सुबह 8 बजे तक काम करने की मनाही। |

| | | | (4) | लगातार 3 घण्टे से अधिक काम करने की मनाही, एवं प्रत्येक सप्ताह में एक दिन का अवकाश। |
|---|---|---|---|---|
| | | | (5) | बाल श्रमिकों के नियोजन के बारे में पंजी का विधिवत् संधारण और बाल श्रमिकों की उम्र के बारे में विवाद होने पर सक्षम चिकित्सक द्वारा प्रमाण-पत्र दिया जाना आवश्यक। सक्षम सरकार (केन्द्र एवं राज्य) को कारखानों में सफाई, स्वास्थ्य, सावधानी एवं सुविधाओं के बारे में नियम बनाने का अधिकार। |
| | | | (6) | इन प्रावधानों का उल्लंघन करने पर कम-से-कम तीन माह और अधिक से अधिक एक वर्ष की कैद एवं कम- से-कम 10 हज़ार रुपये तथा अधिक से अधिक 20 हजार रुपये का जुर्माना अथवा दोनों। किन्तु दुबारा उल्लंघन करने पर कम-से-कम छः माह और अधिकतम दो वर्ष की कैद। |
| 30. | बाल एवं किशोर श्रम (संशोधन) अधिनियम 2016 | | (1) | 14 वर्ष के नीचे के बच्चों के किसी भी प्रकार के नियोजन पर पूरी रोक। |
| | | | (2) | बच्चों की उम्र को बच्चों के निःशुल्क एवं अनिवार्य शिक्षा के अधिकार अधिनियम 2009 से जोड़ना जिससे प्रत्येक बच्चा 14 वर्ष की उम्र तक विद्यालय में शिक्षा पाये। |

| | | | | |
|---|---|---|---|---|
| | | | (3) | किशोरों को ख़तरनाक व्यवसायों एवं प्रक्रियाओं में नहीं नियोजित करना-ग़ैर-ख़तरनाक कार्य करने की छूट। |
| | | | (4) | पहले की तुलना में ज़्यादा कठोर दंड (नियोजकों को)। |
| 31. | अन्तरराष्ट्रीय श्रम संगठन का सम्मेलन सं. 5 (1919) | 14 वर्ष | (1) | यह औद्योगिक क्षेत्र (सार्वजनिक एवं निजी) में 14 वर्ष से कम उम्र के बच्चे के नियोजन का निषेध करता है। |
| | | | (2) | इसका अनुमोदन भारत द्वारा 9 सितम्बर, 1955 को किया गया। |
| 32. | अन्तरराष्ट्रीय श्रम संगठन का सम्मेलन सं. 6 (1919) | 14 वर्ष | (1) | किसी निजी या सार्वजनिक औद्योगिक कार्य प्रतिष्ठान में रात में तरुणों के काम करने पर रोक। |
| 33. | अन्तरराष्ट्रीय श्रम संगठन का सम्मेलन सं. 10 (1921) | 14 वर्ष | (1) | यह कृषि कार्यों (सार्वजनिक/निजी) में 14 वर्ष तक के बच्चों के नियोजन का निषेध करता है। |
| | | | (2) | विद्यालय के घण्टों के बाद कार्य करने की छूट दी गयी। |
| | | | (3) | भारत ने इसका अनुमोदन नहीं किया। |
| 34. | अन्तरराष्ट्रीय श्रम संगठन का सम्मेलन सं. 15 (1921) | 18 वर्ष | (1) | बन्दरगाहों में 18 वर्ष से कम उम्र के बच्चे को ट्रिमर/स्टोकर के रूप में काम करने पर रोक। |

| | | | | |
|---|---|---|---|---|
| | | | (2) | भारत में समुद्र तट के व्यापार में फिट होने पर 16 वर्ष से कम उम्र के बच्चे को ट्रिमर स्टोकर की नियुक्ति की छूट। |
| | | | (3) | भारत ने 20.11.1922 को इसका अनुमोदन किया। |
| 35. | अन्तरराष्ट्रीय श्रम संगठन का सम्मेलन सं. 16 (1921) | 18 वर्ष | (1) | 18 वर्ष से कम उम्र के व्यक्ति को फिट होने पर जलयान में नियुक्ति मान्य। |
| | | | (2) | भारत ने इसका अनुमोदन 20.11.1922 को कर दिया। |
| 36. | अन्तरराष्ट्रीय श्रम संगठन का सम्मेलन सं. 33 (1932) | 14 वर्ष | (1) | ग़ैर-औद्योगिक क्षेत्र में 14 वर्ष से कम उम्र के बच्चों के नियोजन पर रोक। |
| | | | (2) | किसी राष्ट्रीय कानून/विनियमन के तहत यदि 14 वर्ष से अधिक उम्र के बच्चे को विद्यालय में पढ़ना अनिवार्य हो, तो उसका भी ग़ैर-औद्योगिक क्षेत्र में नियोजन हो। |
| | | | (3) | भारत ने इसका अनुमोदन नहीं किया। |
| 37. | अन्तरराष्ट्रीय श्रम संगठन का सम्मेलन सं. 59 (1937) | 15 वर्ष | (1) | 15 वर्ष से कम उम्र के बच्चे का नियोजन औद्योगिक क्षेत्र में (निजी, सार्वजनिक दोनों) निषिद्ध। |

| | | | | |
|---|---|---|---|---|
| | | | (2) | भारत ने इसका अनुमोदन नहीं किया। |
| 38. | अन्तरराष्ट्रीय श्रम संगठन का सम्मेलन सं. 60 (1937) | 15 वर्ष | (1) | गैर-औद्योगिक क्षेत्र में 15 वर्ष से कम उम्र के बच्चों का नियोजन निषिद्ध। |
| | | | (2) | यदि किसी राष्ट्रीय कानून विनियमन के तहत 15 वर्ष से अधिक उम्र के बच्चे को विद्यालय में पढ़ना अनिवार्य हो, तो उसका नियोजन भी निषिद्ध। |
| | | | (3) | भारत ने इसका अनुमोदन नहीं किया। |
| 39. | अन्तरराष्ट्रीय श्रम संगठन का सम्मेलन सं. 123 (1965) | 16 वर्ष | (1) | 16 वर्ष से कम उम्र के बच्चों का ज़मीन के नीचे, खान में काम करने पर रोक। |
| | | | (2) | इसका अनुमोदन भारत द्वारा 20.3.1975 को किया गया। |
| 40. | अन्तरराष्ट्रीय श्रम संगठन का सम्मेलन सं. 138 (1973) | 15 वर्ष | (1) | यह बाल श्रम को ख़त्म करने से सम्बन्धित है। |
| | | | (2) | बच्चे की अनिवार्य शिक्षा प्राप्त करने की उम्र (सामान्यतः 15 वर्ष) में किसी नियोजन पर रोक। |
| | | | (3) | विकासशील देशों के लिए शुरू में 14 वर्ष तक के बच्चों के नियोजन पर रोक। |

| | | | | |
|---|---|---|---|---|
| | | | (4) | यह सभी क्षेत्रों के कार्यों पर बच्चों के नियोजन पर रोक लगाता है, चाहे वह भुगतान के लिए हो या बिना भुगतान के। |
| | | | (5) | यह विकासशील देशों को शुरू नें कुछ कार्यों की शाखाओं में ही रोक की छूट देता है मगर खान-खदान, विनिर्माण, निर्माण, विद्युत, गैस, जल, स्वच्छता, सेवा, परिवहन, भण्डारण, संचार, बागान, तथा अन्य कृषि कार्य (पारिवारिक कृषि को छोड़कर) का निषेध करता है। |
| | | | (6) | जोखिमपूर्ण कार्य के लिए न्यूनतम उम्र 18 वर्ष निर्धारित की गयी है। |
| | | | (7) | नियोजन के प्रकार/कार्य आदि का निर्धारण राष्ट्रीय कानूनों द्वारा किया जाता है। |
| | | | (8) | भारत ने इसका अनुमोदन नहीं किया है। श्रम समवर्ती सूची में होने के कारण संघ और राज्य दोनों सरकारों के द्वारा इस पर कानून बनाए जाते हैं, इसीलिए कानूनों की संख्या, प्रावधानों की विविधता एवं भिन्नता भी बहुत अधिक है। |
| 41. | अन्तरराष्ट्रीय श्रम संगठन का सम्मेलन सं. 79 (1966) | 14 वर्ष | (1) | रात के 8 बजे से सुबह 8 बजे के बीच 14 वर्ष से कम उम्र के बच्चे या 14 वर्ष के ऊपर वाले बच्चे अनिवार्य शिक्षा व्यवस्था के अधीन ग़ैर-औद्योगिक नियोजन में कार्य नहीं कर सकेंगे। |
| | | | (2) | भारत ने इसका अनुमोदन नहीं किया है। |

| | | | | |
|---|---|---|---|---|
| 42. | अन्तरराष्ट्रीय श्रम संगठन का सम्मेलन सं. 124 (1965) | 21 वर्ष | (1) | 21 वर्ष से कम उम्र के व्यक्ति के लिए जमीन के नीचे खान में नियोजन हेतु पूरी एवं सावधिक चिकित्सा जाँच ज़रूरी। |
| | | | (2) | भारत ने इसका अनुमोदन नहीं किया है। |

इस तालिका के अवलोकन से स्पष्ट होता है कि विभिन्न कानूनों में बाल श्रमिकों की उम्र भिन्न-भिन्न निर्धारित रही है, यानी किस उम्र के बच्चों को बाल श्रमिक माना जाए, इस पर मतभेद रहा है और यह मतभेद इन कानूनों में झलकता है। जहाँ एक ओर कारख़ाना अधिनियम (1881) में 7 वर्ष से कम उम्र के काम करने वाले बच्चों को 'बाल श्रमिक' माना गया है, वहीं दूसरी ओर खान अधिनियम (1952) में 18 वर्ष से कम उम्र वाले बच्चों को 'बाल श्रमिक' माना गया है। किन्तु अधिकांश कानूनों में 14 वर्ष से कम उम्र वाले बच्चों को बाल श्रमिक माना गया है। उदाहरणार्थ, बाल-नियोजन अधिनियम 1938, कारख़ाना अधिनियम 1948, बाल नियोजन (संशोधन) अधिनियम 1949, बाल नियोजन (संशोधन) अधिनियम 1951, भारतीय बंदरगाह अधिनियम 1931, मोटर परिवहन श्रमिक अधिनियम 1961, अप्रेन्टिस अधिनियम 1961, बीड़ी एवं सिगार (नियोजन की शर्तें) अधिनियम 1966, ख़तरनाक मशीन (विनियमन) अधिनियम 1983, बाल श्रम (प्रतिषेध एवं विनियमन) अधिनियम 1986 आदि में 14 वर्ष से कम उम्र के काम करने वाले बच्चों को बाल श्रमिक माना गया है। इसके अलावा इस तालिका के अवलोकन से यह भी स्पष्ट होता है कि धीरे-धीरे बाल श्रमिक की परिभाषा में काम करने वाले बच्चों की उम्र सीमा बढ़ती गयी है। उदाहरण के तौर पर, कारख़ाना अधिनियम 1881 में यह आयु सीमा 7 वर्ष थी जो बाद में कारख़ाना (संशोधन) अधिनियम 1891 में 9 वर्ष निर्धारित की गयी। इसके पश्चात् खान अधिनियम 1901 में इसे बढ़ाकर 12 वर्ष किया गया। फिर भारतीय खान अधिनियम 1923 के द्वारा

इसे 13 वर्ष किया गया। भारतीय बन्दरगाह (संशोधन) अधिनियम 1931 तथा कारख़ाना (संशोधन) अधिनियम 1934 में इसे 12 वर्ष किया गया। दूसरी ओर कारख़ाना (संशोधन) अधिनियम 1922 के अनुसार यह उम्र सीमा 15 वर्ष रखी गयी। बाल (श्रमिक बन्धक) अधिनियम 1933 में 15 वर्ष, खान (संशोधन) अधिनियम 1935 में 15 वर्ष, व्यापारिक जहाजरानी अधिनियम-1958 में 15 वर्ष, तथा बाल नियोजन (संशोधन) अधिनियम 1978 में 15 वर्ष निर्धारित की गयी। यदि हम ज़्यादा मान्य उम्र सीमा भारतीय समाज के परिप्रेक्ष्य में बनाना चाहें, तो कह सकते हैं कि 14 वर्ष की उम्र सीमा ज़्यादा मान्य है क्योंकि भारतीय संविधान के मौलिक अधिकार (खण्ड 3 के अनुच्छेद 24) के अनुसार यह उम्र सीमा 14 वर्ष निर्धारित की गयी है। उसी प्रकार राज्य के नीति-निर्देशक सिद्धान्तों के तहत (अनुच्छेद-39 एवं 45 में) बच्चों की उम्र सीमा 14 वर्ष रखी गयी है। इतना ही नहीं, राष्ट्रीय बाल नीति के 1974 के प्रस्ताव में भी 14 वर्ष की उम्र सीमा को दर्शाया गया था, जिसमें पुनः यह निर्णय लिया गया था कि 14 वर्ष की उम्र तक के बच्चों को मुफ़्त एवं अनिवार्य शिक्षा दी जाएगी, उनके लिए स्वास्थ्य एवं पोषाहार सम्बन्धी सेवाएँ तथा कार्यक्रम शुरू किए जायेंगे, औपचारिक शिक्षा प्राप्त करने में अक्षम बच्चों के लिए वैकल्पिक शिक्षा मुहैया कराई जाएगी, तथा उपेक्षा, क्रूरता एवं शोषण के विरुद्ध बच्चों की सुरक्षा के उपाय किए जायेंगे। इसके अलावा यह भी संकल्प दुहराया गया कि 14 वर्ष तक के बच्चों को ख़तरनाक व्यवसायों/प्रक्रियाओं अथवा भारी कार्यों में लगाने की अनुमति नहीं दी जाएगी। बाल श्रमिकों पर गुरुपदास्वामी समिति ने अपना प्रतिवेदन दिसम्बर 1979 में सरकार को सौंप दिया था। गुरुपदास्वामी समिति ने 'बाल श्रमिक' तथा 'बाल श्रमिक शोषण' में भेद करने पर ज़ोर डाला था क्योंकि यद्यपि ये दोनों समस्याएँ हैं किन्तु उनका स्वरूप, व्यापकता, एवं गहराई अलग-अलग है। समिति के शब्दों में, "बाल श्रमिक उस समय पूर्ण बुराई बन जाता है जब उसे अपनी सारी क्षमता से अधिक काम करने पड़ते हैं, जब उसके नियोजन के घण्टे उसकी शिक्षा, मनोरंजन तथा विश्राम में बाधा डालते हैं, जब उसकी मज़दूरी उसके द्वारा किए गये कार्यों की मात्रा के अनुरूप न हो, और जब जिस व्यवसाय में वह लगा हुआ हो, वह उसके स्वास्थ्य और सुरक्षा के लिए घातक हो।"

इस प्रकार गुरुपदास्वामी समिति की अनुशंसाओं के आलोक में स्वतन्त्र रूप से एक नया कानून बनाया गया जिसे हम बाल श्रम (प्रतिषेध एवं विनियमन) अधिनियम 1986 के रूप में जानते हैं। यह कानून 23 दिसम्बर, 1986 से समूचे भारत देश में प्रवृत्त हुआ। इस अधिनियम के भाग-3 को छोड़कर अन्य सारे प्रावधान तत्काल प्रभाव से लागू कर दिए गये और भाग-3 उस तारीख़ से लागू समझा गया, जब केन्द्र सरकार ने गजट (राजपत्र) में अधिसूचना ज़ारी की, और विभिन्न राज्यों में तथा विभिन्न प्रतिष्ठानों की श्रेणियों के लिए भिन्न-भिन्न तारीख़ नियत की गयी। इस कानून के तहत केन्द्र सरकार अपने नियन्त्रणाधीन प्रतिष्ठानों यथा रेलवे प्रशासन या बन्दरगाह या खान या तेल क्षेत्र के सम्बन्ध में सक्षम 'समुचित सरकार' है, तथा अन्य मामले में राज्य सरकार 'समुचित सरकार' है। इस कानून का वास्तविक कार्यान्वयन बाल श्रमिक नियमावली बनाए बिना नहीं किया जा सकता, क्योंकि इस अधिनियम के भाग-3 में ही बच्चों के काम की स्थिति, यथा काम के घण्टे, काम की प्रकृति, अवकाश, स्वास्थ्य एवं सुरक्षा, तथा उम्र के बारे में प्रावधान है। वहीं बाल श्रमिकों के सम्बन्ध में पंजी का संधारण, मशीनों के पास बाड़ लगाने तथा अन्य चीज़ें भी वर्णित हैं। बिहार सरकार ने 1996 में बाल श्रम नियमावली का निर्माण किया था। बाल श्रम (प्रतिषेध एवं विनियमन) अधिनियम 1986 के अनुसार अधिकतम काम के घण्टे वही होंगे जो ऐसे प्रतिष्ठानों के लिए सरकार द्वारा प्रस्तावित किए जायें। इसके अलावा धारा-7 में यह भी प्रावधान रहा है-एक दिन में किसी बाल श्रमिक से अधिक-से-अधिक 6 घण्टे काम लिया जा सकता है, और उसी में विश्राम के लिए समय भी शामिल है। इसके अलावा किसी भी बच्चे से रात के 7 बजे से सुबह के 8 बजे के बीच काम कराने की मनाही है, तथा वह उक्त 6 घण्टे के अलावा अधिकाल (ओवर टाइम) कार्य नहीं कर सकता। इसके अलावा किसी बच्चे से किसी प्रतिष्ठान में ऐसे दिन काम करने की अपेक्षा नहीं की जाएगी या सहमति नहीं दी जाएगी, जिस दिन वह पहले से किसी अन्य प्रतिष्ठान में काम करता हो। यह प्रावधान बाध्यकारी (मैनडेटरी) है, अर्थात् इसका अनुपालन करना किसी उद्योग या प्रतिष्ठान या नियोजक के लिए आवश्यक है। अन्यथा कोई भी पीड़ित व्यक्ति उच्च न्यायालय में याचिका दायर कर सकता है। धारा-8 में प्रावधान है

कि प्रत्येक बालश्रमिक को सप्ताह में कम-से-कम एक दिन का अवकाश मिलेगा, और उस छुट्टी की सूचना का प्रदर्शन प्रतिष्ठान में दृष्टिगोचर स्थान पर किया जाएगा। इसी प्रकार धारा-9 में प्रावधान किया गया है कि यदि किसी प्रतिष्ठान में कोई बाल श्रमिक रखा जाता है तो उसके नियोजन होने के तीन दिनों के अन्दर नियोजक को सम्बन्धित निरीक्षक को सूचना देनी होगी जिसमें उस प्रतिष्ठान का नाम और पता, प्रबन्धन करने वाले व्यक्ति का नाम और पता, व्यवसाय या प्रक्रिया की प्रकृति, आदि की सूचना भेजनी होगी। इसके अलावा धारा-10 में प्रावधान है कि यदि बाल श्रमिक की उम्र के सम्बन्ध में निरीक्षक तथा प्रतिष्ठान के मालिक के बीच कोई विवाद उत्पन्न हो जाय, तो निरीक्षक द्वारा उसे प्राधिकृत चिकित्सा पदाधिकारी के पास भेज दिया जाएगा। धारा-11 में प्रत्येक नियोजक को बाल श्रमिक का नाम, उम्र, काम करने के घण्टे, विश्राम का समय, काम की प्रकृति आदि से सम्बन्धित रजिस्टर संधारित करना होगा। धारा-13 में बाल श्रमिकों के स्वास्थ्य और सुरक्षा के बारे में कई प्रकार के विषयों यथा काम के स्थल पर सफ़ाई और असुरक्षा से मुक्ति, कूड़ा-करकट एवं अवरोधों का निपटारा, रोशनदान और उचित तापमान, धूल और धुआँ, कृत्रिम नमीकरण, रोशनी, पीने का पानी, शौचालय, मूत्रालय, थूकदान, मशीनरी पर बाड़ लगाना, मशीनों के गतिमान होने पर उस पर या उसके नज़दीक काम, ख़तरनाक मशीनों पर बालकों का नियोजन, ख़तरनाक मशीनों पर बालकों का अनुदेशन, प्रशिक्षण एवं पर्यवेक्षण, बिजली काटने के तरीक़े, स्वचालित मशीनें, नयी फर्श, मशीनों की शुरुआत, सीढ़ियों और छत पर पहुँचने के साधन, गड्ढे, चौबच्चे, फर्श में प्रवेश आदि, अत्यधिक वजन, आँखों की सुरक्षा, विस्फोटक एवं ज्वलनशील गैस, धुआँ आदि लगने की स्थिति में सावधानियाँ, भवन का अनुरक्षण, भवनों तथा मशीनों की सुरक्षा, आदि पर सरकार नियम बना सकती है। अर्थात् बाल श्रम (प्रतिषेध एवं विनियमन) नियमावली में इन विषयों पर स्पष्ट रूप से सुरक्षा एवं स्वास्थ्य सम्बन्धी प्रावधान बनाने का अधिकार केन्द्र एवं राज्य सरकार को अपने-अपने क्षेत्र में है। इस अधिनियम की धारा-14 में इन प्रावधानों का उल्लंघन करने वाले नियोजकों को सजा देने का भी प्रावधान है। धारा-14(1) के अनुसार पहली बार धारा-3 के उपबन्धों का उल्लंघन करने पर किसी बाल श्रमिक के

नियोजक को कम-से-कम तीन माह और अधिक-से-अधिक एक वर्ष की कैद की सजा होगी या कम-से-कम 10 हजार रुपये और अधिक-से-अधिक 20 हज़ार रुपये का ज़ुर्माना किया जा सकेगा, अथवा दोनों सजा दी जा सकेगी। धारा 14(2) में यह भी प्रावधान है कि यदि उक्त दण्डित नियोजक द्वारा दुबारा उल्लंघन किया जाता है, तो कैद की सजा कम-से-कम 6 माह और अधिक-से-अधिक 2 वर्ष तक होगी। इतना ही नहीं, नियोजक द्वारा धारा 9 के तहत अपेक्षित सूचना नहीं देने, धारा-11 में रजिस्टर का संधारण नहीं करने, या छुट्टी प्रविष्ट करने, अथवा अधिनियम की धारा 9 और 14 के सारांश को नोटिस के रूप में प्रकाशित नहीं करने, तथा अन्य प्रावधानों के उल्लंघन करने पर उसे एक माह की साधारण कैद या दस हज़ार रूपये तक का ज़ुर्माना अथवा दोनों दण्ड दिये जा सकते हैं। इसके अलावा एक महत्त्वपूर्ण प्रावधान यह है कि यदि कोई व्यक्ति कारख़ाना अधिनियम 1948 की धारा-67, खान अधिनियम 1952 की धारा-10, व्यापारिक जहाजरानी अधिनियम 1958 की धारा-109, अथवा मोटर परिवहन कामगार अधिनियम-1961 की धारा-21 का उल्लंघन करता है, तो उसे इस अधिनियम की धारा-14 की उपधारा-1 एवं 2 में उपबन्धित सजा भुगतनी पड़ेगी। (जो उन सम्बन्धित कानूनों में वर्णित सजा से अधिक है)। इस प्रकार स्पष्ट है कि पूर्व में बने कारख़ाना अधिनियम, खान अधिनियम, व्यापारिक जहाजरानी अधिनियम, मोटर परिवहन कामगार अधिनियम आदि के उल्लंघन करने पर दी जाने वाली सजा से ज़्यादा कठोर सजा का प्रावधान बाल श्रम अधिनियम 1986 में किया गया।

इन कानूनों का एक सकारात्मक पक्ष यह भी है कि कोई व्यक्ति, पुलिस अधिकारी या निरीक्षक इस अधिनियम के अधीन अपराध किए जाने पर सक्षम न्यायालय में मुकदमा दायर कर सकता है किन्तु महानगर मजिस्ट्रेट या प्रथम श्रेणी के मजिस्ट्रेट के न्यायालय के नीचे के न्यायिक दण्डाधिकारी इसके अधीन विचारण (ट्रायल) नहीं कर सकेंगे।

**ख़ामियाँ :** फिर भी 1986 के बाल श्रम अधिनियम में कई खामियाँ रही हैं जो निम्नलिखित हैं:

(1) इस अधिनियम की धारा-2 की उपधारा X में 'कर्मशाला' की परिभाषा में वह परिसर शामिल नहीं किया गया है, जिस परिसर पर कारख़ाना

अधिनियम 1948 की धारा-67 का प्रावधान लागू होता है। इसका नाज़ायज़ फ़ायदा कारख़ाना मालिक उठाता है। अतः बेहतर होगा कि इस अंश को हटा दिया जाए।

(2) धारा-2 (उपधारा-5) 'परिवार' की परिभाषा में मालिक के सम्बन्ध में, वह व्यक्ति, उसकी पत्नी या पति, उसके बच्चे, भाई और बहनें शामिल हैं, अर्थात् उस कर्मशाला में यह लागू नहीं होगा जो मालिक द्वारा अपने परिवार के बालकों द्वारा संचालित किया जाता है। यह तथ्य प्रकाश में आया है कि कुछ लोग इसका नाज़ायज़ फ़ायदा उठा रहे हैं जो अपने घरों में स्थित व्यवसायों में बाल श्रमिकों को नियोजित करते हैं किन्तु जाँच के समय वे उन्हें अपने परिवार के सदस्य बताकर कानून के फन्दे से मुक्त हो जाते हैं। वास्तव में, कोई ख़तरनाक कार्य घर पर करने से वह 'सुरक्षित' नहीं हो जाता।

(3) धारा-3 में यह प्रावधान है कि वैसी कर्मशालाओं पर यह लागू नहीं होगा जिसमें कोई प्रक्रिया मालिक द्वारा अपने परिवार के सदस्यों की मदद से की जाती है, तथा ऐसे विद्यालय पर भी लागू नहीं होगा जो सरकार द्वारा स्थापित किया गया हो, अथवा सरकार से सहायता या मान्यता प्राप्त हो। उस आड़ में बहुत से निजी विद्यालय, जो सरकार से सहायता प्राप्त कर रहे हैं अथवा येन-केन-प्रकारेण मान्यता प्राप्त कर लिये हैं, वे बाल श्रमिक रखे हुए हैं, और उन पर यह प्रावधान लागू नहीं होने के कारण उनके विरुद्ध कानूनी कार्रवाई नहीं की जा सकती है। इस प्रकार किसी तरह की छूट या अपवाद का दुरुपयोग किया जाता है।

(4) इसके अलावा धारा-2 में वर्णित 'औद्योगिक प्रक्रिया' की जगह कारखाना अधिनियम 1948 की धारा-2 में वर्णित 'कोई भी उत्पादन प्रक्रिया' होना चाहिए क्योंकि 'उत्पादन प्रक्रिया' शब्द ज़्यादा व्यापक है और उसमें ग़ैर-औद्योगिक उत्पादन प्रक्रियाएँ भी शामिल होती हैं।

(5) यह भी पाया गया है कि इस अधिनियम की धारा-14 (चौदह) में कैद अथवा ज़ुर्माना का प्रावधान होने से कुछ नियोजक ज़ुर्माना देने को तैयार हो जाते हैं क्योंकि उन जैसे अमीर व्यक्तियों के लिए 20 हज़ार रूपये तक की राशि ज़्यादा मायने नहीं रखती। बेहतर होगा कि इसमें संशोधन कर यह प्रावधान कर दिया जाए कि कैद की सजा, ज़ुर्माना के अतिरिक्त, एवं साथ-

साथ हो तथा यह भी प्रावधान भी होना चाहिए कि ज़ुर्माना का भुगतान कोर्ट द्वारा निर्धारित अवधि में नहीं होने पर उसकी वसूली पब्लिक डिमाण्ड रिकवरी ऐक्ट के प्रावधानों के तहत होनी चाहिए।

(6) अधिनियम की धारा-7 में एक उपधारा जोड़ देनी चाहिए जिसमें इसका स्पष्ट उल्लेख हो कि पीस रेट मज़दूरी पर बच्चों से काम नहीं कराया जा सकेगा अर्थात् नियोजकों द्वारा बाल श्रमिकों को डेली टाइम रेट के अनुसार सरकार द्वारा वयस्कों के लिए निर्धारित न्यूनतम मज़दूरी देनी होगी, एवं कुल काम के घण्टे 6 से अधिक न हों, तथा नियोजक का यह दायित्व हो कि बाल श्रमिकों के लिए कम से कम दो घण्टे तक प्रतिदिन शिक्षा देने की व्यवस्था अपने ख़र्च पर करे। इससे नियोजक बाल श्रमिकों को नहीं रखेंगे।

(7) जहाँ तक ख़तरनाक व्यवसायों एवं प्रक्रियाओं का सवाल है, यह दुर्भाग्यवश अद्यतन नहीं है और ऐसे बहुत से व्यवसाय एवं प्रक्रियाएँ छूट गयी हैं जो काफ़ी ख़तरनाक हैं।

(8) इसके अलावा बाल श्रम (प्रतिषेध एवं विनियमन) अधिनियम 1986 के प्रावधान के उल्लंघन को संज्ञेय अपराध घोषित कर देना चाहिए अर्थात् ऐसे मामले पुलिस थाने में दर्ज़ किए जा सकेंगे, तथा पुलिस बिना वारंट के उल्लंघन करने वाले को गिरफ़्तार कर सकेगी।

(9) इसके अलावा यह भी बेहतर होगा कि तालिका में दिए गये अन्य सभी कानूनों, जो किसी न किसी रूप में बाल श्रमिकों से सम्बन्धित हैं, में यह संशोधन किया जाना चाहिए कि उनके प्रावधानों का उल्लंघन करने वालों के लिए उतनी ही अवधि की कैद तथा उतनी ही राशि का ज़ुर्माना होगा, जितने का प्रावधान बाल श्रम (प्रतिषेध एवं विनियमन) अधिनियम 1986 में किया गया है।

(10) बेहतर यह भी होगा कि चूँकि बाल श्रमिकों को प्रायः एक राज्य से दूसरे राज्य में दलालों और (नियोजकों के) अभिकर्त्ताओं द्वारा बहला-फुसलाकर ले जाया जाता है, अतः यह नियोजक की ज़िम्मेवारी हो कि यदि उसमें ग़ैर-ख़तरनाक प्रक्रिया में भी बाल श्रमिकों को दूसरे राज्यों से लाकर नियोजित किया है, तो उसमें अन्तर-राज्य श्रम प्रव्रजन (माइग्रेशन)

अधिनियम के तहत उसके माँ-बाप/अभिभावकों की लिखित सहमति या अनुमोदन आवश्यक हो, तथा मज़दूरी की दर, सुविधाएँ आदि वर्णित हों, एवं यह भी प्रावधान हो कि साल में कम-से-कम एक बार नियोजक अपने भाड़े पर उन बच्चों को उनके मूल निवास पर भिजवाएँ।

(11) इसी प्रकार अनुसूची भाग 'ख' में 'कालीन-बुनाई' को ख़तरनाक प्रक्रिया के रूप में शामिल किया गया है किन्तु कुछ बच्चे कालीन-बुनाई से भिन्न अन्य कार्य भी करते हैं। अतः कालीन-बुनाई के स्थान पर 'कालीन उत्पादन-प्रक्रिया' शब्द जोड़ दिया जाना चाहिए। सिर्फ़ कालीन-बुनाई की प्रारम्भिक तथा आनुषंगिक प्रक्रियाएँ लिखना पर्याप्त नहीं है।

(12) ऐसे सभी कानूनों की समीक्षा करके संशोधन होना चाहिए जिसमें 14 वर्ष के नीचे के बच्चों से काम कराने का प्रावधान है। इसी तरह न्यूनतम मज़दूरी अधिनियम 1948 की धारा-3(3) को हटा दिया जाना चाहिए जिसमें यह प्रावधान है कि वयस्क, किशोर, बालक तथा एप्रेन्टिस के लिए भिन्न-भिन्न मज़दूरी की दरें तय की जा सकती हैं।

(13) इस कानून में कुछ कार्यों या प्रक्रियाओं को विनियमित मात्र करना पर्याप्त नहीं है क्योंकि जो भी कार्य बच्चों की पढ़ाई, खेलकूद या बचपन की ख़ुशी छीन लेते हैं, वे ख़तरनाक हैं। इस प्रकार यह कानून सर्वांगीण नहीं है।

(14) विवाद की स्थिति में बाल मज़दूर की उम्र चिकित्सकों की टीम द्वारा पारदर्शी तरीक़े से प्रमाणित की जानी चाहिए, किन्तु आज के भ्रष्टाचार के माहौल में नियोजक द्वारा चिकित्सक को मिला लेना कठिन नहीं है। फिर श्रम निरीक्षक की भी मिलीभगत की प्रबल सम्भावना है। अशिक्षा, तथा जन्म निबन्धन न कराने की प्रवृत्ति से यह समस्या और जटिल बन जाती है।

(15) प्रतिष्ठान और व्यवसायी की परिभाषा सीमित है। प्रतिष्ठान में सभी कार्यस्थलों को शामिल किया जाना चाहिए, और व्यवसायी में सभी प्रकार के ठेकेदार/उपठेकेदार को भी शामिल किया जाना चाहिए।

(16) निरीक्षण अधिकारियों की कमी, शिथिलता, और अज्ञानता का भी लाभ बाल श्रम के नियोजकों को मिलता है। अतः इस पक्ष को सुदृढ़ कर दायित्व निर्धारण भी हो।

यदि इन प्रस्तावित संशोधनों पर सम्यक् ध्यान दिया जाए, तो बाल श्रमिकों के हितों की बेहतर रक्षा होने की सम्भावना है।

जहाँ तक भारतीय संविधान का सवाल है, उसमें भी बाल श्रम पर रोक है। हमारे मौलिक अधिकारों सम्बन्धी खण्ड 3 में अनुच्छेद-24 में यह प्रावधान किया गया है-"14 वर्ष से कम उम्र के किसी बच्चे को किसी कारख़ाने या खदान या अन्य किसी ख़तरनाक रोज़गार में नियोजित नहीं किया जाएगा।" यह प्रावधान राज्य पर बाध्यकारी है अर्थात् इसका उल्लंघन होने पर उच्च न्यायालय या उच्चतम न्यायालय में चुनौती दी जा सकती है। इसी प्रकार संविधान की धारा-23 में मानवों के यातायात तथा बेगार श्रम पर रोक है, तथा इसे कानूनन दण्डनीय बनाया गया है। किन्तु अनुच्छेद 24 में 'ख़तरनाक' शब्द को परिभाषित नहीं किया गया है। इससे यह भी ध्वनित होता है कि ग़ैर-ख़तरनाक व्यवसायों/कार्यों में बच्चे काम कर सकते हैं, तो फिर वे अनुच्छेद 45 के तहत मुफ़्त एवं अनिवार्य शिक्षा कैसे पा सकेंगे?

इसके अलावा अनुच्छेद 39 (ई) में यह प्रावधान है कि राज्य ऐसी व्यवस्था करेगा जिससे पुरुष और स्त्री मज़दूरों के स्वास्थ्य एवं शक्ति, तथा बच्चों की नाज़ुक उम्र का दुरुपयोग न हो, और भारत के नागरिक आर्थिक ज़रूरत से मज़बूर होकर ऐसा कार्य (पेशा) न करें जो उनकी उम्र या ताकत के प्रतिकूल हो।

इसी प्रकार अनुच्छेद-39 (एफ) में प्रावधान है कि राज्य ऐसी सुविधाओं एवं अवसरों की व्यवस्था करेगा जिससे बच्चे स्वतन्त्रता एवं सम्मान के साथ, तथा स्वस्थ तरीक़े से विकसित हों, तथा उनका बचपन एवं जवानी शोषण व नैतिक तथा भौतिक परित्याग से सुरक्षित हो।

इसके अलावा अनुच्छेद-41 के अनुसार राज्य अपनी आर्थिक क्षमता एवं विकास की सीमाओं के अन्दर बेरोज़गारी, वृद्धावस्था, बीमारी, अपंगता, तथा अन्य अपूर्ण ज़रूरतों के मामले में काम करने, शिक्षा पाने, तथा सरकारी सहायता पाने हेतु प्रभावकारी प्रावधान करेगा। इसके अतिरिक्त अनुच्छेद 45 में प्रावधान है कि राज्य भारतीय संविधान लागू होने के दस वर्षों के अन्दर 14 वर्ष की उम्र तक के बच्चों को मुफ़्त एवं अनिवार्य शिक्षा देने की 'कोशिश'

करेगा। यह 'कोशिश' शब्द 2010 तक बच्चों को मुफ़्त एवं अनिवार्य शिक्षा नहीं दिला सका।

इसी प्रकार संविधान के अनुच्छेद-47 के अनुसार राज्य नागरिकों के पोषाहार तथा जीवन-स्तर उठाने, तथा जन-स्वास्थ्य के सुधार को अपने प्राथमिक कर्त्तव्यों में शामिल करेगा, तथा उन नशीले पेयों एवं दवाओं के उपभोग (सिर्फ़ चिकित्सा के लिए उपभोग को छोड़कर) पर रोक लगाएगा जो स्वास्थ्य के लिए हानिकारक हों।

यह सर्वविदित है कि अनुच्छेद-39, 41, 45 तथा 47 मौलिक अधिकारों के तहत नहीं हैं अर्थात् इन्हें लागू करने के लिए सरकार बाध्य नहीं है किन्तु उच्चतम न्यायालय ने के.पी. उन्नीकृष्णन बनाम आंध्र प्रदेश के मामले में यह निर्णय दिया है कि संविधान की धारा-45 की हैसियत मौलिक अधिकार की है। ख़ैर, अब संविधान में 86वें संशोधन के ज़रिये धारा 21 ए जोड़कर बच्चों को निःशुल्क एवं अनिवार्य शिक्षा का अधिकार अधिनियम, 2009 बनाया गया है और 1 अप्रैल, 2010 से बच्चों का निःशुल्क एवं अनिवार्य शिक्षा का अधिकार अधिनियम पूरे भारत में लागू हो गया है अर्थात् 14 वर्ष तक की उम्र के सभी बच्चों को मुफ़्त एवं अनिवार्य शिक्षा (प्रारंभिक) का मौलिक अधिकार मिल गया है।

बाल श्रम (प्रतिषेध एवं विनियमन) संशोधन अधिनियम 2016 (जो 1 सितम्बर 2016 से लागू है में निम्नलिखित नयी कानूनी विशेषताएँ शामिल की गयी हैं:

(1) 14 वर्ष से नीचे के बच्चों के नियोजन पर पूरी रोक-पहली बार किसी भी व्यवसाय एवं प्रक्रिया में 14 वर्ष तक के बच्चों से काम कराने पर पूरा प्रतिबन्ध लगाया गया है। इससे बच्चे बचपन से वंचित नहीं होंगे।

(2) पहली बार बच्चे की उम्र को बच्चों के निःशुल्क एवं अनिवार्य शिक्षा के अधिकार अधिनियम, 2009 (जो 1 अप्रैल 2010 से लागू है) से जोड़ा गया है। इसका उद्‌देश्य यह है कि सभी बच्चे 14 वर्ष तक निःशुल्क एवं अनिवार्य शिक्षा विद्यालयों में ग्रहण करें।

(3) पहली बार स्पष्ट प्रावधान किया गया है कि किशोरों (14वर्ष से ऊपर और 18 वर्ष से नीचे) को किसी ख़तरनाक व्यवसाय या औद्योगिक प्रक्रिया

में नियोजित नहीं किया जाय। इससे किशोरों का स्वास्थ्य सुरक्षित रहेगा। किन्तु उन्हें ग़ैर-ख़तरनाक नियोजनों में कार्य करने की छूट रहेगी।

(4) पहले की अपेक्षा नये कानून में नियोजकों पर ज़्यादा ज़ुर्माना एवं सजा का प्रावधान है: (क) पहली बार उल्लंघन करने पर न्यूनतम ज़ुर्माना 20,000 रूपये और अधिकतम ज़ुर्माना 50,000 रूपये, या/और न्यूनतम 1 वर्ष की सजा तथा अधिकतम 3 वर्ष की सजा। (ख) दूसरी बार या आगे भी उल्लंघन करने पर न्यूनतम 1 वर्ष की सजा तथा अधिकतम 3 वर्ष की सजा। (ग) किशोरों से ख़तरनाक व्यवसायों और औद्योगिक प्रक्रियाओं में काम कराने पर पहले के कानून (1986 अधिनियम) में

**तालिका 2: 1986 बाल श्रम अधिनियम तथा 2016 बाल श्रम संशोधन अधिनियम की तुलना**

| उम्र | उल्लंघन का समय | 1986 अधिनियम में प्रावधान | 2016 संशोधन अधिनियम में प्रावधान |
|---|---|---|---|
| (क) 14 वर्ष तक के बच्चों के नियोजन पर | 1. पहली बार उल्लंघन होने पर ज़ुर्माना<br>2. पहली बार उल्लंघन होने पर सजा<br>3. दूसरी बार उल्लंघन होने पर सजा | 1. (क) न्यूनतम ज़ुर्माना रु. 10,000/-<br>(ख) अधिकतम ज़ुर्माना रु. 20,000/-<br>2. (क) न्यूनतम सजा 3 माह<br>(ख) अधिकतम सजा 2 वर्ष<br>3. (क) न्यूनतम सजा 6 माह<br>(ख) अधिकतम सजा 2 वर्ष | 1. (क) न्यूनतम ज़ुर्माना -रु. 20,000/-<br>(ख) अधिकतम ज़ुर्माना रु. 50,000/-<br>2. (क) न्यूनतम-1 वर्ष की सजा<br>(ख) अधिकतम-3 वर्ष की सजा<br>3. (क) न्यूनतम-1 वर्ष की सजा<br>(ख) अधिकतम-3 वर्ष सजा |
| (ख) किशोरों (14 वर्ष से ऊपर, 18 से कम) | कभी भी उल्लंघन होने पर ज़ुर्माना/सजा | पूर्व में ऐसी श्रेणी नहीं थी | उपर्युक्त ज़ुर्माना एवं सजा (पहली बार, दूसरी बार या आगे) |

कोई जुर्माना या सजा का प्रावधान नहीं था मगर नये कानून (2016 संशोधन अधिनियम) के अनुसार किशोर से ख़तरनाक व्यवसायों या औद्योगिक प्रक्रियाओं में काम कराने पर न्यूनतम 20,000 रू0 जुर्माना और अधिकतम 50,000 रूपये का जुर्माना या/और न्यूनतम एक साल की सजा तथा अधिकतम 3 वर्ष की सजा का प्रावधान पहली बार, और दूसरी बार (या आगे) उल्लंघन करने पर है। पुराने और नये कानूनों में जुर्माना तथा सजा की तुलना अगली तालिका 2 में की गयी है :

(5) यह अपराध नियोजकों के लिए संज्ञेय माना गया है किन्तु माँ-बाप/अभिभावक के लिए असंज्ञेय है- माँ-बाप/अभिभावक द्वारा पहली बार उल्लंघन करने पर कोई दंड देय नहीं है किन्तु दूसरी बार या आगे उल्लंघन करने पर रू0 10,000 तक ज़ुर्माना हो सकता है।

(6) बाल तथा किशोर श्रम पुनर्वास निधि का प्रावधान बाल श्रम संशोधन अधिनियम 2016 में (निकाले गये बाल श्रमिकों/किशोरों के लिए) किया गया है जबकि बाल श्रम अधिनियम 1986 में ऐसा प्रावधान नहीं था।

(7) बाल श्रम संशोधन अधिनियम 2016 में इस कानून को लागू करने के लिए आवश्यक अधिकार एवं कर्तव्य जिला मजिस्ट्रेट में निहित हैं जो अपने किसी अधीनस्थ अधिकारी को ये शक्तियाँ प्रत्यायोजित कर सकता है। इसमें सावधिक निरीक्षण एवं अनुश्रवण का भी प्रावधान है।

(8) बाल श्रम (प्रतिषेध एवं विनियमन) संशोधन अधिनियम 2016 के तहत बनी केन्द्रीय नियमावली में निम्नलिखित प्रावधान भी किये गये हैं:

(क) पहली बार बाल श्रम रोकने, निकालने, पुनर्वास करने तथा दूसरे मंत्रालयों की योजनाओं में प्रावधानित संरक्षणात्मक कानूनों को परस्पर मिलाने का प्रावधान किया गया है।

(ख) 'सहायता' की परिभाषा को काफी प्रतिबन्धित किया गया है-सिर्फ़ सीमित घंटों के लिए 'सहायता' अनुमान्य है, किन्तु रात में 'सहायता' देना अनुमान्य नहीं है।

(ग) 'परिवार' की परिभाषा में माँ-बाप और बच्चों के सगे भाई-बहन ही शामिल हैं।

(घ) कोई बच्चा तभी 'सहायता' कर सकता है जब पारिवारिक उद्यम (इंटरप्राइज) पर बच्चे के परिवार का स्वामित्व हो।

(ङ) कलाकारों की कार्य दशाओं का विनियमन किया गया है जिससे उन्हें सुरक्षा एवं संरक्षण मिले।

(च) पुनर्वास निधि के पुनर्गठन का विस्तृत प्रावधान है।

(छ) जिला मजिस्ट्रेट के दायित्वों का प्रावधान तथा प्रत्येक जिले में कार्यबल के गठन का प्रावधान है।

(ज) तकनीकी परामर्शदात्री समिति के द्वारा ख़तरनाक व्यवसायों और औद्योगिक प्रक्रियाओं की अनुसूची को पुनरीक्षित करने का प्रावधान है। नये संशोधन अधिनियम में सभी व्यवसायों और औद्योगिक प्रक्रियाओं को तीन श्रेणियों में बाँटा गया है: खान, ज्वलनशील पदार्थ या विस्फोटक, और ख़तरनाक प्रक्रियाएँ (जो कारख़ाना अधिनियम 1948 की धारा-2 के क्लॉज में वर्णित हैं।) अनुसूची के भाग 'ए' में नौ तरह की ख़तरनाक प्रक्रियाएँ एवं व्यवसाय हैं जिनमें किशोरों का नियोजन, तथा 14 वर्ष से कम उम्र के बच्चों द्वारा 'सहायता' देना प्रतिषिद्ध है: खानें एवं कायेला खदानें (4), ज्वलनशील पदार्थ एवं विस्फोटक (4), ख़तरनाक प्रक्रियाएं (17), ख़तरनाक रसायनों के हथालन तथा प्रसंस्करण वाली प्रक्रियाएँ (ख़तरनाक रसायन का विनिर्माण, भंडारण तथा आयात (संशोधन) नियमावली 2000 की अनुसूची में सूचीबद्ध), कसाईघरों और बधशालाओं में काम, विकिरण पदार्थों तथा उनसे सम्बद्ध प्रक्रियाओं के संसर्ग (एक्सपोजर) वाला कार्य, पुराने जहाज तोड़ना, नमक का खनन आदि, एवं ख़तरनाक प्रक्रियाएँ (भवन एवं अन्य सन्निर्माण कामगार केन्द्रीय नियमावली 1998 के तहत)। अनुसूची के अन्य भाग में बच्चों को अपने परिवार या पारिवारिक उद्यम में काम करना प्रतिषिद्ध है (भाग 'ए' के अलावा)- 16 व्यवसाय एवं 59 औद्योगिक प्रक्रियाएँ।

मगर यह भी ध्यातव्य है कि मात्र कानून बना देना पर्याप्त नहीं है, यद्यपि यह आवश्यक कदम है। बाल मज़दूरी की बहुआयामी समस्या के निदान के

लिए बहुआयामी कदम उठाने आवश्यक हैं जो पारदर्शी हों, तथा विभिन्न सन्दर्भों में व्यावहारिक और कारगर हों। फिर भी जैसे एक हज़ार मील की यात्रा के लिए पहला कदम उठाना ज़रूरी होता है, वैसे ही बाल श्रम संशोधन अधिनियम 2016 इस दिशा में पहला ज़रूरी कदम है।

इसके अलावा यह भी उल्लेखनीय है कि यद्यपि संविधान में नीति निर्देशक सिद्धान्त बाध्यकारी नहीं हैं मगर बढ़ती शिक्षा, जागरूकता, एवं जन दबाव के कारण राजनीतिक दलों को इन कल्याणकारी कार्यों पर प्राथमिकता देनी ही होगी, भले समय कुछ ज़्यादा लगे। फिर अन्तरराष्ट्रीय श्रम संगठन का सम्मेलन सं. 138 (1973) यह रेखांकित करता है कि मानव विकास (भौतिक, जैविक, मानसिक, भावनात्मक आदि), तथा नियोजन में प्रवेश की उम्र में सह-सम्बन्ध है। इसलिए यह अनिवार्य विद्यालयीय शिक्षा पूरी होने तक नियोजन करने के विरुद्ध है। इसके अतिरिक्त यह मानता है कि काम करने की न्यूनतम उम्र धीरे-धीरे बढ़नी चाहिए, बच्चों के शारीरिक-मानसिक विकास को ध्यान में रखकर। मगर अभी तक भारत ने इसका अनुमोदन नहीं किया है जिससे बच्चों के सभी हितों का ख़्याल नहीं रखा जा सका है।

ज्ञातव्य है कि अन्तरराष्ट्रीय श्रम संगठन ने सामान्यत: बच्चों और विशेषत: बाल मज़दूरों के हित में 18 सम्मेलनों की कुल 16 अनुशंसाओं को स्वीकार कर लिया है जिनमें से मुख्य निम्नलिखित हैं:

(क) बच्चों के नियोजन हेतु न्यूनतम उम्र (अन्तरराष्ट्रीय श्रम संगठन सम्मेलन सं. 138)।

(ख) बच्चों की चिकित्सीय जाँच (अन्तरराष्ट्रीय श्रम संगठन सम्मेलन संख्या 124)।

(ग) रात में बच्चों के काम करने पर रोक (अन्तरराष्ट्रीय श्रम संगठन सम्मेलन संख्या 79)।

(घ) बाल श्रम के बदतर रूपों की समाप्ति (अन्तरराष्ट्रीय श्रम संगठन सम्मेलन सं. 182)।

मगर व्यवहार में अधिकतर विकासशील देशों यथा दक्षिण एशिया और उप-सहारा अफ्रीका के देशों में इन अनुशंसाओं का सकारात्मक कार्यान्वयन नहीं हुआ जो बच्चों के सर्वांगीण विकास के लिए उचित नहीं है।

5

# बाल मज़दूरी क्यों : सैद्धान्तिक एवं व्यावहारिक पक्ष

बाल श्रमिकों के बारे में कई प्रकार के अध्ययन भिन्न-भिन्न दृष्टिकोणों एवं सिद्धान्तों के आलोक में किए गये हैं और इसी के फलस्वरूप उनके निष्कर्ष भी भिन्न-भिन्न रहे हैं। ज़ाहिर है किसी भी चीज़ को देखने का नज़रिया भिन्न-भिन्न हो सकता है। यदि वह नज़रिया सिर्फ़ एक प्रकट पक्ष को देखता है और छिपे हुए पक्षों को खोलने में असमर्थ होता है, तो उसका शोध भी एकपक्षीय होता है। सबसे पहले हम सैद्धान्तिक पक्ष की चर्चा करेंगे। बाल श्रम पर मुख्यतः पाँच सिद्धान्त प्रचलन में हैं-(1) नव-पुरातनवादी (नियो क्लासिकल थियरी), (2) समाजीकरण का सिद्धान्त (सोसलाइजेशन थियरी), (3) क्षेत्रीय द्वैधता (सेक्टोरल डुअलिज्म) अथवा श्रम-बाज़ार के विखंडन का सिद्धांत (सेगमेन्टेशन ऑव लेबर मार्केट), (4) मार्क्सवादी सिद्धान्त एवं (5) अशिक्षा-जनित बाल श्रम का सिद्धांत।

**(1) नव-पुरातनवादी सिद्धांत :** (नियो-क्लासिकल थियरी) इस सिद्धांत का प्रयोग करने वाले टी.डल्ब्यू.शूट्ज, आर. विलिस, जी.एक्स. बेकर, एवं एच.जी. ल्युस आदि हैं। इस सिद्धान्त का मानना है कि किसी परिवार के द्वारा बाल श्रम की आपूर्ति उसकी वर्तमान आय (करेन्ट इनकम) को बढ़ाने के लिए की जाती है। यह माना जाता है कि भविष्य में उन बच्चों की, पढ़ने के बाद, जो कमाई होगी, वह बाल श्रमिक के रूप में की गयी कमाई से अधिक नहीं होगी अर्थात् उक्त परिवार के समक्ष दो विकल्प होते हैं-एक तो वह अपने बच्चे को किसी काम पर रखकर परिवार की आमदनी का स्रोत बढ़ाए; अथवा दूसरा कि वह अपने बच्चे को विद्यालय में पढ़ाने के लिए उस पर ख़र्च

करे। इन दो विकल्पों में से वह परिवार तात्कालिक दृष्टि से विवेकपूर्ण ढंग से निर्णय लेकर प्रथम विकल्प को चुनता है, और इसलिए वह परिवार अपने बच्चे को श्रम बाज़ार में भेजकर उससे अतिरिक्त आय प्राप्त करता है। सो बेकर और ल्युस, शूट्ज, तथा विलिस बच्चों को महज उपभोग और निवेश की सामग्री मानते हैं। उनके अनुसार बच्चे में समय और आय में निवेश करना होता है, इसलिए अन्य सामग्रियों एवं सेवाओं की अपेक्षा उनकी उपयोगिता अधिक होती है, तथा वह सन्तानोत्पत्ति का निर्धारक होता है। इस प्रकार इन सिद्धान्तकारों के अनुसार भारत जैसे तृतीय विश्व के विकासशील देशों में बाल श्रमिकों के माँ-बाप विद्यालय का ख़र्च, तथा समय एवं आय में निवेश करने की बजाय वर्तमान आय को अधिक-से-अधिक बढ़ाने के लिए विवेकपूर्ण निर्णय लेते हैं। दूसरे, वे बच्चों की 'जीवन प्रत्याशा' ('लाइफ एक्सपेक्टेन्सी') के आलोक में भी भविष्य की आय की अपेक्षा वर्तमान आय को अधिक-से-अधिक बढ़ाना चाहते हैं। जे.डी. कासारदा, टी.पी. शूट्ज, डेव बेन्जो, एम.टी. कैन, डी. सी. काल्डवेल आदि ने तीसरी दुनिया के देशों में अपने अध्ययन के दौरान श्रम-शक्ति के एक अंश के रूप में बाल श्रम और उच्च सन्तानोत्पत्ति-दर में सकारात्मक सम्बन्ध पाया किन्तु प्रो.जी.पी. मिश्रा एवं पी.एन. पाण्डेय ने इस सिद्धान्त की आलोचना करते हुए लिखा है कि यह सिद्धान्त उत्पादन एवं वितरण की सामाजिक एवं आर्थिक संरचनाओं को समझने में असमर्थ होता है जिनके अन्दर बाल श्रमिकों के परिवारों का पुनरुत्पादन होता है, और वे लोग श्रम बाजार में मज़दूरी पर काम करने के लिए बाल श्रमिकों की आपूर्ति करने के लिए अभिशप्त एवं मज़बूर होते हैं।

**(2) समाजीकरण का सिद्धान्त :** जी. रोजर्स एवं जी. स्टैंडिंग के अनुसार बाल नियोजन न केवल आर्थिक प्रक्रियाओं को दर्शाता है बल्कि बच्चों के प्रति आदर्शात्मक रुख़ों, बच्चों के लिए सांस्कृतिक रूप से निर्धारित नियम एवं कार्य, बच्चों की गतिविधियों को परखने वाले मूल्यों, और समाजीकरण की प्रक्रियाओं के स्वरूप पर भी निर्भर करता है। इसी प्रक्रिया को ई. सील्डक्रोट तथा पी. मेयर भी मानते हैं कि कृषि समाज से सम्बन्धित सामाजिक संस्थाएँ तथा सामाजिक-सांस्कृतिक ढाँचे इन्हीं प्रक्रियाओं को जन्म देते हैं जिनके द्वारा बाल श्रमिक का इस्तेमाल परिवारोन्मुखी सामाजिक तथा संस्थात्मक व्यवस्था

के एक आन्तरिक अंग के रूप में समाजीकृत किया जाता है। यह सिद्धान्त यह भी मानता है कि बच्चों की उँगलियाँ मुलायम होती हैं, अत: वे हथकरघे पर कालीन-दरी आदि आसानी से और तेज गति से बुन लेते हैं। अत: उन्हें पारिवारिक पेशों के हुनर सीखने चाहिए। किन्तु यह सिद्धान्त उन ऐतिहासिक, सामाजिक एवं आर्थिक प्रक्रियाओं पर प्रकाश नहीं डालता जो किसी ख़ास उत्पादन-प्रणाली तथा वितरण-व्यवस्था के अनुरूप होती हैं, तथा जिनके कारण अविकसित देशों में बाल श्रमिकों की पीढ़ी-दर-पीढ़ी बढ़ती रहती है। वास्तव में, यह सिद्धांत समाज की जटिल व्यवस्था को गहराई एवं व्यापकता में नहीं देखता जहाँ बाल श्रम माँग या आपूर्ति के कारकों पर निर्भर करता है। ऐसे सिद्धान्तकार अपने बच्चों को शोषण वाली उत्पादन-प्रक्रियाओं/ पेशों में क्यों समाजीकृत नहीं करते? वे राजनीतिक व्यवस्था और उत्पादन प्रणाली की बाध्यताओं का विश्लेषण भी नहीं करते। वास्तव में, एक ही समुदाय-समाज में एक ही आर्थिक स्थिति वाले विभिन्न परिवारों के बच्चों का समाजीकरण भिन्न-भिन्न होता है।

**(3) क्षेत्रीय द्वैधता या श्रम-बाजार के विखण्डन का सिद्धान्त :** इस सिद्धान्त के विद्वानों यथा सी. केर, डी.एम. गोर्डन, तथा आर.सी. एडवर्ड्स का मानना है कि अविकसित देशों में संगठित एवं असंगठित क्षेत्रों का सह-अस्तित्व होता है, और पूँजीवादी उत्पादन-सम्बन्धों के उदय एवं विकास के कारण श्रम-बाज़ार उप-बाज़ारों में विखण्डित होता है क्योंकि वहाँ किसानों में विभेदीकरण (डिफरेन्सिएशन) होता है, तथा सीमान्त एवं लघु किसानों तथा दस्तकारों का सर्वहाराकरण होता है। श्रम-बाज़ार का विखण्डन विकासशील अर्थव्यवस्था की आधारभूत विशेषता मानी जाती है जो पूँजीवादी विकास के संक्रमण के दौर से गुजरती है जिसमें पूँजीवादी उत्पादन-सम्बन्ध किसी सामाजिक-आर्थिक सन्दर्भ में किसी विशेष भाग में विकसित होता है। ऐसी स्थिति में कुछ किस्म के पूर्व-पूँजीवादी उत्पादन-सम्बन्धों का भी अस्तित्व होता है, और वे रोज़गार एवं मज़दूरी की ऐसी स्थितियाँ पैदा करते हैं जिनमें अधिकांश परिवारों को अपने पारिवारिक श्रम एवं बाल श्रम की, जीवन-निर्वाह (दो जून की रोटी के लिए) हेतु, आपूर्ति करनी होती है। इस सिद्धान्त में यह भी माना जाता है कि विकासशील देशों की आर्थिक व्यवस्था अधिकांशत:

असंगठित है, अतः वे लोग अपने पारिवारिक श्रम एवं बाल श्रम की आपूर्ति भुगतान पर अथवा बिना भुगतान के करते हैं। किन्तु ये विद्वान इस बात की विवेचना नहीं करते कि श्रम बाजार, वास्तव में, विखण्डित क्यों हो जाता है? फिर वे समान आर्थिक स्तर के विभिन्न परिवारों के बच्चों की विकास अवस्था (बाल श्रम या शिक्षा पाना) को नहीं देख पाते। इस प्रकार समूची राजनैतिक व्यवस्था एवं उत्पादन-प्रणाली को व्यापकता एवं गहराई में नहीं देखा जाता।

**(4) मार्क्सवादी सिद्धांत :** कार्ल मार्क्स ने एक ऐतिहासिक और द्वंद्वात्मक भौतिकवादी दृष्टिकोण से श्रम और पूँजी की विस्तृत विवेचना की है। अपने महत्त्वपूर्ण ग्रन्थ 'पूँजी' में उन्होंने दिखाया है कि विकासशील 'संगठित' पूँजी अपने साथ सापेक्ष अतिरेक जनसंख्या की तीन श्रेणियाँ मौज़ूद रखती हैं-'गतिशील' (फ्लोटिंग), 'प्रच्छन्न' (लेटेन्ट), तथा 'अवरुद्ध' (स्टैगनेन्ट) जनसंख्या। उनके अनुसार 'गतिशील' जनसंख्या का तात्पर्य उन मज़दूरों से है जो ग्रामीण एवं शहरी क्षेत्रों के बीच भ्रमण करके आकस्मिक कार्य करते हैं। 'प्रच्छन्न' जनसंख्या की श्रेणी में वे लोग आते हैं जो अपने छिपे हुए अस्तित्व की वज़ह से आसानी से कृषि क्षेत्र से अलग किए जाते हैं। 'अवरुद्ध' जनसंख्या की श्रेणी में वे मज़दूर आते हैं जो घरेलू उद्योगों से सम्बन्धित होते हैं, तथा मैनुफैक्चरिंग (विनिर्माण) उद्योगों में असंगठित क्षेत्र के बड़े हिस्से होते हैं। इस प्रकार मार्क्स के अनुसार यह तथाकथित असंगठित या अनौपचारिक क्षेत्र सापेक्ष अतिरेक श्रम (गतिशील, प्रच्छन्न, और अवरुद्ध) के भण्डार के सिवाय और कुछ नहीं है। मार्क्स ने जिस श्रमिक-प्रक्रिया की विवेचना की है, उसमें तीन तत्त्व शामिल हैं-(क) मनुष्य की व्यक्तिगत गतिविधि, (ख) उन कार्यों का विषय-कच्चा माल, (ग) श्रम के उपकरण। मार्क्स के अनुसार श्रम का स्वरूप वैसे-वैसे बदलता है जैसे-जैसे वह उत्पादन के भिन्न रूपों-सहयोग, मैनुफैक्चर, एवं फैक्टरी (मशीन द्वारा उत्पादन)-से गुजरता है। अनौपचारिक या असंगठित क्षेत्र में उत्पादन का मैनुफैक्चरिंग (विनिर्माण) रूप घर के स्तर पर होता है, जो औद्योगिक पूँजी से जुड़ी हुई वाणिज्यिक पूँजी के नियन्त्रण में होता है। इसके फलस्वरूप इस क्षेत्र में जहाँ घरेलू या कुटीर उद्योग होता है, अधिकांश परिवार अपने पारिवारिक एवं बाल

श्रम का, भुगतान या बिना भुगतान वाले काम के लिए, श्रम-बाजार में आपूर्ति करते हैं। दूसरे शब्दों में, अभी तक वहाँ पर औद्योगिक पूँजी ने सामान्यीकृत सामग्री उत्पादन की ओर उन्मुख सामाजिक उत्पादन के समूचे क्षेत्र पर कब्ज़ा नहीं किया है। अर्थात् श्रम, उत्पादन के साधनों से पूर्णतः अलग नहीं हुआ है, बल्कि वह वाणिज्यिक पूँजी के अधीन है जो औद्योगिक पूँजी से मिली हुई है। बाद में मार्क्सवादी सिद्धान्त का प्रयोग लेनिन ने रूस में किया, और पाया कि मैनुफैक्चर (विनिर्माण) के तहत वाणिज्यिक पूँजी, औद्योगिक पूँजी से मिली हुई थी जो विभिन्न रूपों में-दूसरे व्यक्ति की कर्मशाला में किराए के लिए काम करने से लेकर दूसरे मालिक के लिए अपने घर पर काम करने, तथा कच्चे माल के क्रय अथवा उत्पादन की बिक्री पर निर्भरता आदि तक-मौज़ूद था। लेनिन ने यह भी पाया कि उसके साथ-साथ मैनुफैक्चर (विनिर्माण) के अधीन बहुत सारे अर्द्धस्वतन्त्र उत्पादक भी थे। यह सिद्धान्त काफ़ी उपयोगी है मगर यहाँ अशिक्षा और बाल मज़दूरी के सह-सम्बन्ध पर ध्यान नहीं दिया गया है अर्थात् कैसे विभिन्न विकसित तथा विकासशील देशों में मुफ़्त एवं अनिवार्य विद्यालयीय शिक्षा के कारण बाल श्रम ख़त्म हो गया।

**(5) अशिक्षा-जनित बाल-श्रम का सिद्धान्त :** प्रसिद्ध राजनीति शास्त्री मायरन वीनर का मानना है कि अशिक्षा के कारण ग़रीबी पैदा होती है, और उसके फलस्वरूप परिवार में बाल श्रम होता है। उनके अनुसार, आधुनिक विकसित राष्ट्र-राज्य में नियोजकों को छूट नहीं है कि वे बच्चों को नियोजित करें, तथा माँ-बापों को छूट नहीं है कि अपने बच्चों को विद्यालयों से बाहर रखें: "शिक्षा आधुनिक राष्ट्र-राज्य का वैधिक कर्त्तव्य है, न कि अधिकार: माँ-बाप के लिए आवश्यक है कि वे अपने बच्चों को विद्यालय भेजें, बच्चों को विद्यालय में हाज़िर होना ज़रूरी है और राज्य अनिवार्य शिक्षा लागू करने के लिए बाध्य है। अनिवार्य प्राथमिक शिक्षा नीतिगत उपकरण होता है जिसके द्वारा राज्य प्रभावकारी तरीक़े से श्रम बल से बच्चों को हटाता है, उनकी रक्षा माँ-बापों, और भावी नियोजकों दोनों से करता है।" मगर भारत के राष्ट्र-राज्य ने लम्बे अरसे तक ऐसा नहीं किया। यहाँ न तो प्राथमिक शिक्षा अनिवार्य की गयी और न बाल श्रम पूर्णतः अवैध करार दिया गया जिसके

फलस्वरूप 6 से 14 वर्ष की उम्र के कुल बच्चों की काफी संख्या विद्यालयों से बाहर थी। ऐसे बच्चे कुटीर उद्योगों, चाय की दुकानों, होटल-रेस्तराँ में थे या घरेलू नौकर, बाल-वेश्या, भिखारी, रद्दी चुनने वाले, बँधुआ मज़दूर, चरवाहा, खेतिहर मज़दूर आदि के रूप में भारत के कोने-कोने में फैले हुए थे। सो 'काम' को कैसे परिभाषित किया जाता है-भुगतान या बिना भुगतान के नियोजन-इस दृष्टि से (वीनर के अनुसार) भारत में बीसवीं सदी के अंतिम दशक में 1.36 करोड़ से 4.44 करोड़ तक या उससे अधिक बाल मज़दूर थे। दूसरे, वीनर मानते हैं कि यद्यपि कुटीर उद्योग-धन्धों में कार्य की परिस्थितियाँ कारखानों से भी ज़्यादा बदतर हैं, फिर भी वहाँ नियोजित बच्चों को राजनेता, अधिकारी, बुद्धिजीवी आदि बाल-मज़दूर नहीं मानते। तीसरे, उनके अनुसार कई विकासशील देश ऐसे हैं जिनकी आर्थिक स्थिति (प्रति व्यक्ति आय, ग़रीबी आदि) भारत से बेहतर नहीं है, मगर उन्होंने बच्चों के नामांकन तथा जनशिक्षा के मामले में भारत से बहुत ज़्यादा अच्छी उपलब्धि हासिल की है जैसे बोत्स्वाना, कैमरून, एक्वेटोरियल गीनिया, गैबन, गाम्बिया, घाना, आइवरी कोस्ट, लेसोथो, लीबिया, मैडागास्कर, मॉरिशस, रेयुनियन, रवांडा, स्वाजीलैण्ड, जाम्बिया एवं जिम्बाब्वे। इसी प्रकार चीन, ताइवान, एवं दक्षिण कोरिया ने भी काफी पहले अनिवार्य एवं सर्वव्यापी शिक्षा-व्यवस्था कायम कर ली। दूसरी ओर भारत समूचे विश्व में सबसे ज़्यादा निरक्षरों वाला देश रहा है। चौथे, विकसित देशों में औद्योगिक क्रान्ति के पूर्व जनशिक्षा अभियान बड़े पैमाने पर चलाया गया था। वहाँ ग़रीबी का प्रतिशत अधिक होने के बावजूद जर्मनी की नगरपालिकाओं में 1524 में, मासाचुसेट्स में 1647 में, स्कॉटलैण्ड, आस्ट्रिया, एवं स्वीडेन में अठारहवीं शताब्दी के उत्तरार्द्ध और उन्नीसवीं शताब्दी के पूर्वार्द्ध में, जापान में 1872 में, तथा दक्षिण कोरिया, एवं ताइवान में द्वितीय विश्व युद्ध के बाद अनिवार्य शिक्षा लागू की गयी। मगर भारतीय राज्य, 2009 के पूर्व तक, अनिवार्य शिक्षा के प्रति उदासीन था, और बाल श्रम के सभी रूपों को ख़त्म करने में ढुलमुल नीति अपनाता रहा है। मायरन वीनर के अनुसार, भारत में इसके लिए निम्न प्रति व्यक्ति आय और ख़राब आर्थिक स्थिति प्रासंगिक कारक नहीं हैं, बल्कि राज्य तन्त्र का

ग़लत विश्वास ज़िम्मेदार है, जिसका समर्थन भारत के अधिकतर शिक्षक, सामाजिक कार्यकर्त्ता, श्रमिक संघ, शोधकर्त्ता, तथा मध्य वर्ग के सदस्य करते रहे हैं। इसका समर्थन सरकार के भीतर तथा बाहर वाले दोनों लोग करते हैं, आस्थावान हिन्दू, तथा पन्थ-निरपेक्ष लोग भी करते हैं, और वामपन्थी, केन्द्रपन्थी तथा दक्षिणपन्थी सभी करते हैं।

सो वीनर ऐसे भारतीयों के निम्नलिखित कुतर्कों, मिथकों या भ्रान्तियों का पर्दाफ़ाश करते हैं-

(क) प्राथमिक विद्यालय ग़रीबों के बच्चों को काम करने लिए उचित शिक्षा नहीं देते।

(ख) ग़रीबों के बच्चों को काम करना चाहिए (न कि विद्यालय जाना) जिससे वे नौकरी या अच्छा व्यवसाय हासिल कर सकें।

(ग) ग़रीबों की शिक्षा से बेरोज़गारी बढ़ेगी।

(घ) ग़रीबों की शिक्षा से सामाजिक-राजनीतिक अव्यवस्था पैदा होगी।

(ङ) निम्न वर्गों के बच्चे मानसिक की बजाय शारीरिक कार्य करना सीखें-श्रम बल में पहले प्रवेश करने से हुनर जल्दी सीखे जा सकेंगे।

(च) विद्यालयों से छीजन (ड्रॉप आउट) तथा बाल श्रम ग़रीबी के परिणाम हैं, न कि कारण।

(छ) माँ-बाप-न कि राज्य-बच्चों के अन्तिम अभिभावक हैं।

सो उपर्युक्त भ्रान्तियों के कारण भारत के नीतिनिर्धारकों ने जनशिक्षा को भारत के आधुनिकीकरण के लिए ज़रूरी नहीं माना बल्कि अभिजनवादी सरकारी विद्यालयों, सरकारी सहायता प्राप्त निजी विद्यालयों, तथा उच्च शिक्षा में ज़्यादा निवेश भारत ने किया, जिससे वे पश्चिमी देशों के बराबर का शिक्षित वर्ग तैयार कर सकें, और वे आधुनिक अर्थव्यवस्था सँभाल सकें। वीनर के शब्दों में, "भारत की स्थिति इन गहन विश्वासों पर टिकी है कि लोगों में विभाजन है: पहले, वे जो दिमाग से काम करते हैं, और शासन करते हैं; दूसरे, वे जो हाथ से काम करते हैं और शासित होते हैं, तथा शिक्षा इस विश्वास को सुदृढ़ करे, न कि इसे तोड़े। ये विश्वास उन धार्मिक विचारों और प्रस्थापनाओं से घनिष्ठ रूप से बँधे हैं जो भारत की सोपान-क्रमिक जाति-

व्यवस्था पर आधारित हैं।" उनका यह भी मानना है कि विश्व के अधिकांश भागों में धार्मिक संस्थाओं एवं विचारों (जिनमें पन्थनिरपेक्ष विचार शामिल हैं) ने जनशिक्षा के फैलाव तथा उसमें राज्य के हस्तक्षेप के लिए महत्त्वपूर्ण भूमिका अदा की है, मगर भारत में हिन्दू धर्म तथा इस्लाम ने जनशिक्षा के लिए सामाजिक व्यक्ति के रूप में काम नहीं किया। बल्कि भारत में पन्थनिरपेक्ष ताकतों ने भी समता के लिए शिक्षा के प्रसार की सार्थक भूमिका नहीं निभायी, बल्कि 'भारत में शिक्षा, सामाजिक वर्ग के अनुसार बच्चों को अलग-थलग करके मुख्यत: विभिन्नीकरण का उपकरण बनी है'। इस प्रकार उनके अनुसार शिक्षा-व्यवस्था का नियन्त्रण करने वाले लोग बच्चों के कम नामांकन तथा निम्न वर्गों में बड़े पैमाने पर छीजन (ड्रॉप आउट) के प्रति उदासीन हैं। इसके फलस्वरूप समूचे विश्व में भारत में सबसे ज़्यादा संख्या में बाल मज़दूर हैं, विद्यालय में उपस्थिति में सबसे कम दर है, और अधिकतर विकासशील देशों से कम साक्षरता दर है। बाद में भारत ने बच्चों को नि:शुल्क एवं अनिवार्य शिक्षा अधिनियम (2009) बनाया जो 1 अप्रैल 2010 से पूरे देश में लागू कर दिया गया।

उपर्युक्त विवेचन से स्पष्ट है कि विभिन्न सिद्धान्त विभिन्न कारकों पर विशेष ज़ोर देते हैं किन्तु भारत तथा अन्य विकासशील देशों में बाल श्रम स्थानीय परिस्थितियों, पारिवारिक परिस्थितियों, तथा राज्य की नीतियों के कारण पैदा होते हैं। फिर भी यहाँ मार्क्सवादी एवं अशिक्षा-जनित बाल श्रम सिद्धान्त ज़्यादा सार्थक प्रतीत होते हैं।

## व्यावहारिक पक्ष : बाल श्रम क्यों?

विभिन्न स्वयंसेवी संस्थाओं, शासन-प्रशासन, शोधकर्त्ताओं, अर्थशास्त्रियों, समाजशास्त्रियों आदि ने बाल श्रम के विभिन्न कारणों का उल्लेख विभिन्न दृष्टिकोणों से किया है। कुछ ने तर्कों के आधार पर, कुछ ने तथ्यों के आधार पर, कुछ ने विचारधाराओं के आधार पर, और कुछ ने अपनी व्यावहारिक प्रतिबद्धता के आधार पर बाल श्रम की वज़हें बताई हैं। फिर भी एक समेकित विवेचना के लिए निम्नलिखित कारण भिन्न-भिन्न सन्दर्भों में मौज़ूद हो सकते हैं–

**तालिका 1: भारत में बाल श्रम के कारण**

| क्र. सं. | आपूर्ति पक्ष (नियोजित) | क्र. सं. | माँग पक्ष (नियोजक) |
|---|---|---|---|
| 1. | निर्धनता | 1. | उत्पादकों द्वारा अग्रिम, ऋण आदि आसानी से देना |
| 2. | अशिक्षा एवं अज्ञानता (माँ-बाप एवं बच्चे की) | 2. | ठेकेदारों/एजेन्टों/बिचौलियों द्वारा झूठे प्रलोभन देना |
| 3. | बृहत् परिवार | 3. | उत्पादकों द्वारा उत्पादन खर्च में कमी लाने हेतु सस्ती मज़दूरी दर पर बाल श्रमिकों का नियोजन करना |
| 4. | परिवार में किसी कमाने वाले वयस्क का न होना | 4. | बालकों के असंगठित होने से बाल श्रमिकों में प्रतिरोध एवं यूनियन का अभाव होने से उन्हें प्राथमिकता |
| 5. | गाँव/मुहल्ले में सामन्तों/ ज़मींदारों, ठेकेदारों एवं मालिकों द्वारा उत्पीड़न एवं सामाजिक वंचना | 5. | बाल श्रमिकों की मुलायम उँगलियों द्वारा तेजी से कार्य करना तथा वयस्कों की अपेक्षा ज़्यादा फुर्त होना |
| 6. | परिवार का नकारात्मक रवैया एवं दुर्व्यवहार (शराबी माँ-बाप एवं अभिभावक, परिवार के सदस्यों द्वारा पिटाई, सौतेली माँ का दुर्व्यवहार), एवं परिवार का टूटन | 6. | बच्चों से ज़्यादा घण्टे तक काम कराना आसान |
| 7. | बिना ख़र्च हुनर की प्राप्ति, प्रशिक्षण/ अप्रेन्टिस | 7. | कुछ असंगठित क्षेत्रों (कालीन-बुनाई, बीड़ी- निर्माण, अभ्रक कटाई) में बाल श्रमिकों की उत्पादकता वयस्कों से अधिक होना |
| 8. | बालक का मुक्त विचार एवं रहन-सहन की शैली | 8. | बाल मज़दूरों से निर्धारित काम के अतिरिक्त कार्य (घरेलू, बाज़ार से सामान लाना, गन्दगी की सफाई आदि) कराना आसान होना |

| | | | |
|---|---|---|---|
| 9. | शैक्षिक विफलता (ड्रॉप आउट) | 9. | बाल मज़दूरों को हटाना आसान होना |
| 10. | श्रम कानूनों का समुचित कार्यान्वयन नहीं होना (शासन-प्रशासन की अक्षमता) | 10. | श्रम विभाग/पुलिस आदि की अक्षमता या मिली भगत के कारण बाल मज़दूरों को रखने में नियोजक को कानून का डर न होना |
| 11. | वयस्कों को कम मज़दूरी मिलना (शासन-प्रशासन की अक्षमता)-अतिरिक्त आय बच्चों के ज़रिए | | |
| 12. | विविध आपदाएँ (बाढ़, सूखा, भूकम्प, तूफान, दंगे, महामारी आदि) | | |
| 13. | बेरोज़गारी (पुरुष एवं महिला दोनों की) | | |
| 14. | अनिवार्य शिक्षा का न होना | | |
| 15. | बूढ़ों को सामाजिक सुरक्षा, पेंशन आदि की सुविधा न होना | | |
| 16. | भूमि सुधार की विफलता | | |

## विशिष्ट अध्ययन (केस स्टडीज):

यह आवश्यक नहीं कि ये विभिन्न कारण सभी दशाओं में एक साथ मौज़ूद हों। विभिन्न समय और स्थान में कोई एक या अधिक कारण प्रबल हो सकता है, तथा अन्य कारण गौण हो सकते हैं। इसलिए विशिष्ट, स्थानीय, एवं लघु (माइक्रो) स्तरों पर किए गये कुछ विशिष्ट अध्ययनों का संक्षिप्त विवरण देना ज़्यादा प्रासंगिक प्रतीत होता है।

### (1) कालीन उद्योग, मिर्जापुर (उत्तर प्रदेश)

प्रो. जी.पी. मिश्रा एवं पी.एन. पाण्डेय ने तत्कालीन योजना आयोग, भारत सरकार, द्वारा प्रायोजित एक प्रोजेक्ट के तहत मिर्जापुर (उत्तर प्रदेश) में

कालीन उद्योग में लगे बाल श्रमिकों का गहन अध्ययन बीसवीं सदी के अंतिम दशक में किया था। उन दोनों ने मिर्जापुर के 492 घरों का रैण्डम सैम्पल लिया था जिसमें प्रत्येक घर से कम-से-कम एक बच्चा उद्योग-क्षेत्र में मज़दूरी के लिए काम करता था। उन्होंने पाया कि 3,005 की जनसंख्या में से 1,556 मज़दूर हैं। इस प्रकार पूरी आबादी में श्रम-शक्ति का हिस्सा 52 प्रतिशत है। मज़दूरों के व्यावसायिक पैटर्न के अध्ययन में उन्होंने पाया कि 71 प्रतिशत मज़दूर मैनुफैक्चरिंग (विनिर्माण), प्रसंस्करण, मरम्मत आदि कार्यों में लगे हुए हैं। 11 प्रतिशत कृषि मज़दूर, 7 प्रतिशत किसान, 1.7 प्रतिशत खनन आदि, 4 प्रतिशत निर्माण कार्य, 1.7 प्रतिशत व्यापार एवं वाणिज्य, शेष अन्य व्यवसायों में लगे हुए हैं।

दूसरे, उन्होंने यह भी पाया कि कुल 492 घरों में कुल 1,631 बच्चे थे, जिनमें 1,122 बालक एवं 509 बालिकाएँ थीं, जो 14 वर्ष से कम उम्र के थे और इस प्रकार बच्चों की संख्या कुल जनसंख्या का 54 प्रतिशत थी। वहाँ कुल 608 बाल श्रमिक पाए गये जिनमें 576 बालक एवं 32 बालिकाएँ थीं। इस प्रकार बाल श्रमिक का प्रतिशत बच्चों की कुल संख्या का 52 प्रतिशत था। इस अध्ययन से यह भी सिद्ध हो गया कि यह कहना सही नहीं है कि सभी जगह कम मज़दूरी वाले कार्यों में बालिका श्रमिकों की संख्या अधिक होती है।

तीसरे, उन्होंने अपने अध्ययन में इस बात की भी खोज़बीन की कि कोई परिवार अपने बच्चों को कालीन उद्योग में काम करने के लिए क्यों भेजता है? उन्होंने पाया (जैसा कि तालिका संख्या-2 से स्पष्ट है) कि क़रीब 97 प्रतिशत बाल श्रमिक अपने परिवार के जीवन-निर्वाह हेतु पारिवारिक आय के पूरक के रूप में मज़दूरी पर काम करने गये थे।

चौथे, प्रो. जी.पी. मिश्रा एवं पी.एन. पाण्डेय ने अपने अध्ययन में यह भी पाया कि 1990 के दशक में एक बालक औसतन 240 रुपये एक माह में मज़दूरी के रूप में कमा पाता था, और कुल 608 बाल श्रमिकों द्वारा कमाई की गयी कुल मज़दूरी सभी परिवारों की सभी स्रोतों से प्राप्त मासिक आय का 26 प्रतिशत होती थी।

पाँचवें, उन्होंने यह भी पाया कि पारिवारिक आय जितनी कम होगी, परिवार में कुल बच्चों की संख्या के विरुद्ध बाल श्रमिकों का अनुपात उतना ही अधिक होगा। अर्थात् बाल श्रमिकों की आपूर्ति और पारिवारिक आय में विपरीत सम्बन्ध है।

छठे, उन्होंने यह भी पाया कि परिवार के मुखिया की शैक्षिक योग्यता भी बाल श्रमिक की आपूर्ति में एक महत्त्वपूर्ण कारक होती है। जैसा कि तालिका संख्या-3 में दिखाया गया है कि 492 घरों में से 375 लोग यानी 76 प्रतिशत से अधिक परिवारों के मुखिया अशिक्षित रहे हैं, और उनके 72 प्रतिशत बच्चे भी अशिक्षित हैं, तथा कुल बाल श्रमिकों के 76 प्रतिशत अशिक्षित हैं। माध्यमिक शिक्षा और उससे अधिक शिक्षा प्राप्त परिवार के मुखियों की संख्या एवं अनुपात बहुत कम हैं अर्थात् शैक्षिक स्तर एवं बाल श्रमिक की आपूर्ति में गहरा नकारात्मक सम्बन्ध है।

**तालिका 2: कालीन उद्योग मिर्जापुर में बाल श्रम के कारण**

| क्र. सं. | कारण | बाल श्रमिकों की संख्या | प्रतिशत |
|---|---|---|---|
| 1. | अन्य कमाने वाले सदस्य का ना होना | 3 | 0.49 |
| 2. | पूरक आय की ज़रूरत | 589 | 96.88 |
| 3. | शराबी माँ-बाप का होना | – | – |
| 4. | अपंग माँ-बाप का होना | – | – |
| 5. | हुनर की प्राप्ति | 10 | 1.64 |
| 6. | अन्य | 6 | 0.99 |
| | योग | 608 | 100.00 |

स्रोत: जी.पी. मिश्रा एवं पी.एन. पाण्डेय, (1995)

### तालिका 3: मिर्जापुर में बाल श्रम परिवारों के मुखियों की शैक्षिक स्थिति

| क्र. सं. | पारिवारिक मुखियों का शैक्षिक स्तर | पारिवारिक मुखियों की संख्या | चौदह वर्ष से नीचे के बच्चों की संख्या | बाल श्रमिकों की संख्या | बाल श्रमिकों का प्रतिशत (कुल बच्चों में) |
|---|---|---|---|---|---|
| 1. | अशिक्षित | 375 | 1,170 | 460 | 39.32 |
| 2. | प्राथमिक शिक्षा या उसके नीचे | 97 | 385 | 123 | 31.95 |
| 3. | प्राथमिक शिक्षा से ऊपर और माध्यमिक शिक्षा तक | 16 | 58 | 19 | 32.76 |
| 4. | माध्यमिक शिक्षा से ऊपर | 14 | 18 | 6 | 33.33 |
| 5. | सभी स्तर | 492 | 1,632 | 608 | 37.28 |

स्रोत: जी.पी. मिश्रा एवं पी.एन. पाण्डेय, 'सप्लाई ऑव चाइल्ड लेबर: एन इन्वेस्टीगेशन'

सातवें, उन्होंने यह भी पाया कि मिर्जापुर के कालीन उद्योग में बाल श्रमिकों की आपूर्ति करने वाले परिवारों का पीढ़ी-दर-पीढ़ी पुनरुत्पादन हो रहा है। कुल परिवारों में 58 प्रतिशत अपने दादा के व्यवसायों में, 57 प्रतिशत अपने पिता के व्यवसायों में, और 27 प्रतिशत अपनी माताओं के व्यवसायों में लगे हैं। इसके अलावा सबसे ज़्यादा दर्दनाक तथ्य यह है कि कुल परिवारों के मुखियों में 87 प्रतिशत ने स्वयं बाल श्रमिक के रूप में काम किया था। यह तथ्य कालीन उद्योग की उत्पादन-पद्धति के स्वरूप के अनुरूप सामाजिक-आर्थिक प्रक्रियाओं को सम्यक् रूप से व्यक्त करता है। निम्नांकित तालिका 4 से यह स्थिति ज़्यादा स्पष्ट होती है-

**तालिका 4: मिर्जापुर में बाल श्रम परिवारों की व्यावसायिक गतिशीलता**

| क्र. सं. | विवरण | संख्या | प्रतिशत |
|---|---|---|---|
| 1. | कुल परिवारों की संख्या | 492 | 100 |
| 2. | दादा का पेशा करने वाले परिवार के मुखियों की संख्या | 285 | 57.93 |
| 3. | पिता का पेशा करने वाले परिवार के मुखियों की संख्या | 282 | 56.91 |
| 4. | माँ का पेशा करने वाले परिवार के मुखियों की संख्या | 133 | 27.07 |
| 5. | बैरो परिवार के मुखिया जो स्वयं बाल श्रमिक के रूप में काम कर चुके हैं | 426 | 86.59 |

स्रोत: जी.पी. मिश्रा एवं पी.एन. पाण्डेय, (1995)

एक अन्य अध्ययन (शमशाद खान) के अनुसार मिर्जापुर-भदोही क्षेत्र में क़रीब 2 लाख बाल श्रमिक कालीन उद्योग में कार्यरत थे जो पूरे देश द्वारा निर्यात किए जाने वाले कालीनों का 80 प्रतिशत निर्यात करता है। हाथ से बुने कालीनों की विदेशों में माँग बढ़ने के कारण कालीन-पट्टी का विस्तार सोनभद्र, गाज़ीपुर, बनारस, भदोही, जौनपुर, और इलाहाबाद जिलों में भी हो गया है जहाँ बिहार और झारखंड के (सहरसा, कटिहार, पूर्णिया, मधुबनी, दरभंगा, राँची, पलामू, गढ़वा, छपरा, रोहतास, गोपालगंज जिलों से), तथा उत्तर प्रदेश के बुन्देलखण्ड क्षेत्र से ज़्यादा बाल श्रमिक आते हैं। कालीन उद्योग में तीन तरह के बाल श्रमिक काम करते हैं–(क) पारिवारिक बाल मज़दूर, (ख) स्थानीय बाल मज़दूर, (ग) बाहर से आए बाल मज़दूर।

उक्त लेखक ने बिहार के सहरसा जिले के नौहट्टा ब्लॉक से बाहर जाने वाले बाल मज़दूरों का अध्ययन किया था और पाया था कि वहाँ से चार प्रकार के दलाल या एजेंट बाल श्रमिकों को मिर्जापुर-भदोही ले जाते हैं–

(1) करघा के मालिक कालीन-पट्टी क्षेत्र से ख़ुद आते हैं और बच्चों के माँ-बाप को धार्मिक त्यौहारों, शादी-ब्याह आदि में आर्थिक मदद करते हैं, तथा अग्रिम राशि भी देते हैं। वे बाल मज़दूरों के साथ उनके एक अभिभावक को भी ले जाते हैं जिससे रास्ते में पुलिस/श्रमविभाग परेशान न करे।

(2) ऐसे दलाल, जिनका करघा नहीं होता, वे भी कालीन-पट्टी के होते हैं। बच्चों की मज़दूरी में से अग्रिम, कमीशन, भाड़ा आदि की कटौती कर ली जाती है।

(3) स्थानीय बड़े एजेंट जो कालीन-पट्टी जाकर करघा मालिकों से सम्पर्क स्थापित करते हैं। स्थानीय होने के नाते बच्चों के माँ-बाप इन पर विश्वास करते हैं। प्राय: अपनी जाति के बीच काम करने वाले ये एजेंट भी अग्रिम देते हैं।

(4) स्थानीय छोटे एजेंट बच्चों के माँ-बाप को समझा-बुझाकर बच्चों के साथ कालीन-पट्टी तक ले जाते हैं, और करघा-मालिकों के नाम-पता की सूचना उनके माँ-बाप को देते हैं, और उन्हें वापस लाने का आश्वासन भी देते हैं।

कुल 116 बाल श्रमिकों में से 8 स्वयं उनके माँ-बाप द्वारा, 9 रिश्तेदारों द्वारा, 76 प्रथम श्रेणी के दलालों द्वारा, और 23 अन्य तीनों श्रेणियों के दलालों द्वारा कालीन उद्योग में लाए गये थे जिनमें से 6 एक वर्ष से कम, 14 दो वर्ष तक, 38 तीन वर्ष तक, और 58 चार वर्ष तक वहाँ काम करते रहे। यह भी पाया गया कि वे कार्य-स्थल पर ही रहते हैं; सुबह नित्यकर्म को छोड़कर वे बाहर नहीं जा सकते। उन्हें थोड़ा और कम पौष्टिक भोजन दिया जाता है, तथा उनसे 12 से 14 घण्टे तक रोज़ाना काम लिया जाता है। वहाँ का परिवेश स्वास्थ्य के लिए हानिकारक होता है, तथा मालिकों का व्यवहार अमानवीय होता है। फिर भी उत्तर प्रदेश का श्रम विभाग सक्रिय कार्रवाई नहीं करता। बिहार से कई बार जाँच दल वहाँ गया मगर स्थानीय श्रम एवं पुलिस कर्मियों द्वारा अपेक्षित सहयोग छापेमारी में नहीं मिला, और पहले ही सूचना लीक हो गयी। सो विफलता मिली।

### (2) काँच उद्योग, फ़िरोज़ाबाद (उत्तर प्रदेश)

जिस तरह से आगरा का ताजमहल दुनिया के सात आश्चर्यों में से एक होने के नाते विश्व-प्रसिद्ध है, उसी तरह फ़िरोज़ाबाद भी काँच की चूड़ियाँ बनाने के लिए विश्व-प्रसिद्ध है। यह अलग बात है कि फ़िरोज़ाबाद में 289 निबन्धित चूड़ी बनाने के कारखाने स्थित हैं, और उनमें से क़रीब दो-तिहाई बन्द पड़े हैं लेकिन दूसरी ओर बहुत सारी अनिबन्धित इकाइयाँ हैं जो सरकार को टैक्स दिए बिना मुनाफ़ा कमा रही हैं। दिलीप अवस्थी के अनुसार बोगस इकाइयों के मालिक अपने कोटे का कोयला चोर बाज़ारी में बेच कर 10 लाख रुपये की सालाना आमदनी कमा सकते हैं (इण्डिया टुडे, 31 दिसम्बर, 1986)। इन इकाइयों में लगभग 50 हज़ार बाल श्रमिक काम करते हैं, तथा कुल श्रमिकों की संख्या दो लाख है। ये बाल श्रमिक 800 डिग्री सेल्सियस तक के तापमान वाली भट्ठियों में काम करते हैं। यहाँ के चूड़ी उद्योगों के मालिकों का मानना है कि यदि बच्चों को चूड़ी उद्योग में काम पर नहीं रखा जाए, तो इनका उत्पादन लगभग एक-चौथाई कम हो जाएगा। बाल श्रमिकों को काम पर रखे जाने के कारणों के बारे में एक नियोजक ने कहा, "बच्चों के बिना काँच उद्योग नहीं चल सकता। वे वयस्कों से ज़्यादा तेज गति से दौड़ते हैं, और इसलिए उत्पादन बढ़ जाता है।" ।

नियोजकों के अनुसार बाल श्रमिकों को रखने का दूसरा कारण बच्चों की ग़रीबी है, और यदि वे बच्चों के माँ-बाप के कहने पर इन बच्चों को काम पर नहीं रखें, तो वे लोग भूखों मर जायेंगे! तीसरा कारण बाल श्रमिकों के माँ-बाप द्वारा नियोजकों से लिया गया ऋण एवं अग्रिम चुकाने के लिए बच्चों से काम कराया जाना है। चौथा कारण बच्चों को कम मज़दूरी पर रखा जाना है जिससे नियोजकों को काफी लाभ होता है। उन्हें अधिकांशतः 'पीस रेट' पर भुगतान किया जाता है और यदि बच्चों से निर्माण-प्रक्रिया के दौरान चूड़ियाँ टूट जाती हैं, तो उनकी मज़दूरी से कटौती कर ली जाती है। ऐसे में कभी-कभी उन्हें समूचे दिन की मज़दूरी भी खोनी पड़ती है। किन्तु सबसे आश्चर्यजनक तथ्य यह है कि उत्तर प्रदेश सरकार ने काँच की चूड़ियों के मज़दूरों के लिए अलग से कोई न्यूनतम मज़दूरी तय नहीं की है। जबकि राज्य सरकार को यह अधिकार है कि किसी उत्पादन-प्रक्रिया को न्यूनतम मज़दूरी अधिनियम की अनुसूची में

रखकर उसकी मज़दूरी राज्य न्यूनतम मज़दूरी परामर्शदात्री बोर्ड की अनुशंसा पर निर्धारित करे। कई वर्ष पहले त्रिपक्षीय न्यूनतम मज़दूरी परामर्शदात्री बोर्ड द्वारा अनुशंसित न्यूनतम मज़दूरी तय की गयी थी जिसके विरुद्ध वहाँ के चूड़ी उद्योगपतियों ने इलाहाबाद उच्च न्यायालय में मुकदमा दायर किया था जिसमें अवमानना वाद के कारण त्रिपक्षीय बोर्ड द्वारा अनुशंसित एवं सरकार द्वारा निर्धारित मज़दूरी की अधिसूचना वापस ले ली गयी थी किन्तु उत्तर प्रदेश सरकार ने उस आदेश के विरुद्ध उच्चतम न्यायालय में सम्भवतः अपील दायर नहीं की, और तब से बिना न्यूनतम मज़दूरी के वहाँ के सारे मज़दूर (बाल श्रमिक सहित) मालिकों की इच्छानुसार दी गयी मज़दूरी स्वीकार करने के लिए अभिशप्त हैं। नीरा बुर्रा ने उत्तर प्रदेश सरकार के श्रम विभाग की आलोचना करते हुए लिखा है कि श्रम विभाग की निष्क्रियता एवं मिलीभगत के कारण श्रम कानूनों का मखौल उड़ाया जा रहा है। यहाँ तक कि कारख़ाना अधिनियम 1948 की धारा-70 में 17 साल के नीचे के किशोरों तक को रात में काम करने की मनाही है किन्तु फ़िरोज़ाबाद के सभी चूड़ी उद्योगों में 7-8 वर्ष के बच्चे भी रात की पाली (नाइट शिफ्ट) में काम करते हैं। नीरा बुर्रा ने लिखा है कि श्रम विभाग (उत्तर प्रदेश) बाल श्रमिकों को निम्नलिखित आधारों पर सही ठहराता है:

(क) ग़रीबी की वज़ह से बाल श्रमिकों को काम करना पड़ता है।

(ख) ग़रीब परिवारों के बच्चे पारम्परिक शिक्षा ग्रहण करने में रुचि नहीं रखते।

(ग) काँच उद्योग में काम करना बच्चों का पुश्तैनी पेशा है।

(घ) बच्चों को कम उम्र में काम करना ज़रूरी है, जिससे वे भट्ठियों की अत्यधिक गर्मी सहने के लिए अपने को अभ्यस्त एवं अनुकूल बना लें।

(ङ) बाल श्रमिकों द्वारा किए गये अधिकांश कार्य ग़ैर-ख़तरनाक हैं।

श्रम विभाग (उत्तर प्रदेश) के उपर्युक्त बहाने मान्य नहीं हैं क्योंकि यद्यपि ग़रीबी और परिवार की आमदनी पर्याप्त नहीं होना बाल श्रमिकों के काम करने का कारण हो सकता है किन्तु इस आधार पर बाल श्रमिकों को काम करना ज़रूरी है, यह दलील देना कानूनन असंगत एवं नैतिक दृष्टि से अनुचित है। शोधकर्त्ता ने यह भी पाया कि चूँकि श्रमिकों को एक सप्ताह में 3-4 दिन

ही काम मिलता है और पूरे वर्ष में अधिक-से-अधिक 4-5 महीने ही काम करने को मिलता है, इसलिए वे अपने बच्चों को नहीं पढ़ा सकते हैं। यद्यपि बाल (श्रम बन्धक) अधिनियम 1933 में किसी माँ-बाप को अपने बच्चों को नियोजकों से अग्रिम एवं ऋण आदि लेकर उनके यहाँ बन्धक के रूप में रखने हेतु बन्ध-पत्र लिखने की मनाही है, फिर भी इस कुप्रथा के शिकार यहाँ के अधिकांश बाल श्रमिक परिवार हैं। दूसरे, बच्चों को कम उम्र में जलती भट्ठियों के पास काम करने के लिए अभ्यस्त करने की दलील भी अधिकारियों की कुण्ठित संवेदना का द्योतक है। क्या यह दलील देने वाले स्वयं अपने बच्चों को ऐसा काम करने देंगे? दुर्भाग्यपूर्ण स्थिति यह है कि रात की पालियों में बाल श्रमिकों से काम कराने को रोकने की बजाय श्रम विभाग (उत्तर प्रदेश) ने फ़िरोज़ाबाद चूड़ी उद्योग के आसपास होस्टल बनाने का सुझाव दिया था, जिससे वे रात्रि की पाली में अपने गाँव जाकर समय बर्बाद न करें, और जिससे भट्ठियाँ ठण्डी न होने पाएँ!

यह भी पाया गया है कि फ़िरोज़ाबाद में बहुत सारे वयस्क बेरोज़गार होकर दर-दर भटक रहे हैं किन्तु मालिकों द्वारा उन्हें काम नहीं दिया जाता। इसलिए नियोजकों द्वारा ग़रीब परिवारों पर रहम करके इनके बच्चों को काम पर रखने की दलील थोथी है।

### (3) पीतल बर्तन उद्योग, मुरादाबाद (उत्तर प्रदेश)

मुरादाबाद शहर मुख्यत: दो चीज़ों के लिए समूची दुनिया में प्रसिद्ध है। एक तो साम्प्रदायिक दंगे के लिए, और दूसरे पीतल के बर्तनों एवं कलात्मक वस्तुओं के लिए! क़रीब 1.50 लाख लोग इस उद्योग से सीधे जुड़े हुए हैं जिनमें क़रीब 40 हज़ार बाल श्रमिक हैं। हालाँकि बाल श्रमिकों की संख्या विभिन्न एजेन्सियों ने भिन्न-भिन्न आँकी है। उदाहरणार्थ-श्रमायुक्त, उत्तर प्रदेश के अनुसार 1988 में 2000, जिला उद्योग केन्द्र के अनुसार 5,000, इण्डस्ट्रियल डेवलपमेण्ट सर्विसेज रिपोर्ट 1983 के अनुसार 10,500, नेशनल इण्डस्ट्री डेवलपमेण्ट कारपोरेशन के अनुसार 7,566, डी.के. कुलश्रेष्ठ एवं एस.के. शर्मा (1980) के अनुसार 24,000, तथा नीरा बुर्रा (1988) के अनुसार 40,000 बाल श्रमिक मुरादाबाद में काम करते हैं। मुरादाबाद में पीतल उद्योग

का सालाना कारोबार 100 से 150 करोड़ रुपये के आसपास होता था, तथा 2024 में वहाँ पीतल उद्योग का वार्षिक कारोबार 15 हज़ार करोड़ रुपये हो गया। वहाँ अब कुल पाँच लाख कारीगर काम करते हैं (पूर्णकालिक एवं अंशकालिक) यहाँ से अमरीका, यूरोप, कनाडा, मध्य एशिया आदि के बड़े नगरों में निर्यात किया जाता है। करीब 3,500 पीतल सामानों के निर्यातक मुदाराबाद में हैं। वहाँ क़रीब 3,000 औद्योगिक इकाइयाँ निबन्धित हैं किन्तु इसके अलावा लगभग 6,000 इकाइयाँ बिना निबन्धन के चल रही हैं। कुल उत्पादन का लगभग 80 से 90 प्रतिशत निर्यात कर दिया जाता है। यदि हम वहाँ के उद्योगपतियों और श्रमिकों की सामाजिक पृष्ठभूमि की ओर दृष्टिपात करें, तो पाते हैं कि निर्यातकों में क़रीब 75 प्रतिशत हिन्दू उद्योगपति (मुख्यत: पंजाबी एवं स्थानीय बनिया), तथा 25 प्रतिशत मुस्लिम उद्योगपति हैं। दूसरी ओर बहुल-प्रक्रिया वाले उत्पादकों (ऐसे मैनुफैक्चरर्स जो कारीगर से उद्यमी बन गये हैं) में क़रीब 65 प्रतिशत मुस्लिम और क़रीब 35 प्रतिशत हिन्दू हैं। बड़े कारख़ानों और बहुल-प्रक्रिया वाली इकाइयों में ज़्यादातर हिन्दू मज़दूर हैं, जबकि छोटी इकाइयों में प्राय: सभी मज़दूर मुस्लिम हैं। मुरादाबाद की एक और विशेषता है कि छोटी इकाइयाँ पुराने शहर के केन्द्र में अवस्थित हैं, जो मुस्लिम बहुल क्षेत्र है। सम्भवत: वहाँ पर्दा-प्रथा होने के कारण हिन्दू मज़दूरों को काम पर नहीं रखा जाता है।

स्टील के बर्तनों के सस्ते होने के कारण, तथा पीतल के बर्तनों के कच्चे माल के महँगे होने के कारण घरेलू बाज़ार में पीतल के बर्तनों की माँग धीरे-धीरे घटती गयी परन्तु दूसरी ओर विदेशों में पीतल से बनी कलात्मक वस्तुओं की माँग बहुत तेजी से बढ़ी, तथा माँगों को पूरा करने हेतु मशीनी प्रौद्योगिकी का उपयोग हुआ, जिसके कारण प्राय: पारम्परिक हुनर वाले दस्तकारों तथा महिला मज़दूरों की माँग बिल्कुल घट गयी। लेकिन यह भी सच है कि उत्पादन-कार्य इतने बड़े पैमाने पर होने लगा कि अन्य प्रकार के श्रमिकों की माँग भी तेजी से बढ़ी जिसकी आपूर्ति, स्थानीय श्रमिकों के अलावा, विशेषकर बिहार और पूर्वी उत्तर प्रदेश के श्रमिकों ने की। एक अध्ययन के दौरान पाया गया कि बड़े कारख़ानों में बाल श्रमिक प्राय: नहीं हैं। सम्भवत: इसलिए कि वह संगठित रूप में है और कारख़ाना अधिनियम 1948 के तहत बाल

श्रमिकों को इन कारख़ानों में नियोजन पर रोक होने के कारण बड़े कारखानों के मालिक बाल श्रमिकों को नहीं रखते हैं। दूसरा कारण यह भी हो सकता है कि वहाँ जो नयी प्रौद्योगिकी की मशीनें लगाई गयी हैं, वे बच्चों की जानकारी और शारीरिक क्षमता से बाहर हैं। किन्तु दूसरी ओर बहुल-प्रक्रिया वाली इकाइयों जैसे-मोल्डिंग, वेल्डिंग, स्क्रैपिंग, एलेक्ट्रोप्लेटिंग, तथा पॉलिश आदि की प्रक्रियाओं में बाल श्रमिकों की भरमार है। लम्बे अरसे तक इसे ख़तरनाक नहीं घोषित किया गया था मगर अब इसे ख़तरनाक प्रक्रिया घोषित कर दिया गया है।

बाल श्रमिकों को कारखानों में लाने की ज़िम्मेदारी प्राय: दलालों को दी जाती है जो आसपास के गाँव के रहने वाले होते हैं, तथा बाल श्रमिकों को लाने के लिए उन्हें कमीशन दिया जाता है। कारख़ानों के मालिक और ठेकेदार बच्चों को इसलिए काम पर रखते हैं कि उन्हें नियन्त्रित करना आसान होता है। यहाँ तक कि यदि कोई बाल श्रमिक कोई नुकसान करता है, तो उसकी मज़दूरी में से उसे काट लिया जाता है। दूसरे, बाल श्रमिकों के माँ-बाप को अग्रिम ऋण दिया जाता है जो लगभग एक महीने की मज़दूरी के बराबर होता है। इसके कारण बच्चों को दिए गये काम को करना बाध्यकारी होता है। यदि वह कोई ढिलाई बरतता है, तो उसके गाँव-मौजे के बाल श्रमिकों की भी मज़दूरी काट ली जाती है। दूसरी ओर उसी शहर के बच्चों को काम पर रखने के लिए दलालों का सहारा नहीं लिया जाता है बल्कि उनके माँ-बाप को सीधे अग्रिम दे दिया जाता है। कुछ कारख़ानों के मालिक अपने घरों में इकाइयाँ चलाते हैं, और पूछने वालों को बताते हैं कि इनमें लगे हुए श्रमिक उनके परिवार के सदस्य हैं। इस प्रकार वे बाल श्रमिक (प्रतिषेध एवं विनियमन) अधिनियम 1986 की धारा-2 उपधारा-5 का नाज़ायज़ फ़ायदा उठाते थे जिसमें मालिक के सम्बन्ध में परिवार की परिभाषा के अन्तर्गत कोई व्यक्ति, उसकी पत्नी या पति, उसके बच्चे, भाई-बहन आते थे। अब बाल श्रम संशोधन अधिनियम 2016 में इसे सख्त कर दिया गया है। अध्ययन के दौरान पाया गया कि कम मज़दूरी के कारण नियोजकों को बाल श्रमिक सस्ते पड़ते हैं, तथा बिहार के मज़दूरों के बड़े पैमाने पर वहाँ आने पर वहाँ की मज़दूरी और सस्ती हो गयी। एक अन्य कारण यह भी पाया गया कि इस क्षेत्र

में श्रमिक संघ आन्दोलन का अभाव है। इसके अलावा यह भी पाया गया कि वहाँ के प्राय: सभी बाल श्रमिक अशिक्षित हैं। अशिक्षित होने के बारे में वहाँ के बाल श्रमिकों के अभिभावकों का यह भी कहना है कि सरकारी विद्यालयों में उनके बच्चों का प्रवेश नहीं होता है, और वे महँगे निजी विद्यालयों में अपने बच्चों को नहीं पढ़ा सकते। एक अभिभावक ने कहा कि कोई भी अपने बच्चों को इसलिए काम पर नहीं भेजता कि उसके ख़्याल से शिक्षा अप्रासंगिक है किन्तु यदि विद्यालय ही नज़दीक नहीं है तो बच्चों को काम पर भेजा जाता है। हफ़ीज भाई नमूनेवाला ने नीरा बुर्रा से कहा-"शिक्षित माँ-बाप अपने बच्चों को काम पर नहीं भेजते, सिर्फ़ अशिक्षित माँ-बाप ही अपने बच्चों को कम उम्र में काम पर भेजते हैं। यह एक दुश्चक्र है। यदि आप अशिक्षित हैं, तो आप यह भी नहीं समझ सकते कि आपके काम का परिणाम क्या है? आप सिर्फ़ आज की सोचते हैं। मिसाल के तौर पर, अशिक्षित व्यक्ति के लिए परिवार-कल्याण का महत्त्व समझना नामुमकिन है" किन्तु सवाल यह उठता है कि अशिक्षित माँ-बाप अपने बच्चों का बचपन बेचने या गिरवी रखने के लिए मज़बूर हैं, तो क्या उसमें शासन-प्रशासन को दखल नहीं देना चाहिए? बिल्कुल दख़ल देना चाहिए जैसा कि हफ़ीज भाई ने कहा, "बच्चों को शिक्षा दीजिए और उनकी आँखें अपने आप खुल जायेंगी।" अब बच्चों को नि:शुल्क एवं अनिवार्य शिक्षा का अधिकार अधिनियम 2009, 1 अप्रैल 2010 से लागू होने से यह समस्या अंशत: हल हो गयी। मगर अभी भी बाल श्रमिक वहाँ कार्यरत हैं।

## (4) ताला उद्योग, अलीगढ़ (उत्तर प्रदेश)

अलीगढ़ शहर जहाँ एक ओर साम्प्रदायिक दंगों के लिए कुख्यात है, वहीं दूसरी ओर ताला उद्योग के लिए विख्यात है। 2024 तक क़रीब 140 वर्षों से वहाँ पर ताला बनाने का काम बड़ी तादाद में 10,000 इकाइयों में (5,000 अनिबन्धित) किया जाता है। प्रत्यक्ष या परोक्ष रूप से वहाँ क़रीब एक लाख लोग ताला उद्योग में लगे हुए हैं। उसमें से क़रीब 10,000 बच्चे 14 वर्ष से कम उम्र के हैं। हालाँकि सरकारी आंकड़ों के अनुसार वहाँ क़रीब 5000 बाल श्रमिक हैं। वहाँ क़रीब 1,575 निबन्धित मैनुफैक्चरिंग इकाइयों में से मात्र 7 प्रतिशत मैनुफैक्चरर मुस्लिम हैं, और उस 7 प्रतिशत में से क़रीब एक-चौथाई

ताला बनाने में लगे हुए हैं। नीरा बुर्रा ने इस अध्ययन के दौरान यह भी पाया कि मुस्लिम-बहुल बस्तियों में शैक्षिक स्थिति दयनीय है तथा जो बच्चे स्कूल जाते भी हैं, उनकी हाज़िरी बहुत कम है और छीजन-दर (ड्रॉप आउट) अधिक है। लगभग 80 प्रतिशत मुस्लिम बच्चे बीच में ही अपनी पढ़ाई बन्द कर देते हैं। कुछ लोग जिनका कृषि से पूरे साल भर का जीवन-निर्वाह नहीं हो पाता है, वे भी अंशकालीन रूप में इस उद्योग में लगे हुए हैं। कोहली नामक अनुसूचित जाति के लोग प्रायः ढलाई के काम में लगे होते हैं जबकि मुस्लिम कारीगर प्रायः पॉलिश, लीवर, और कुंजी बनाने का काम करते हैं। आख़िरी एसेम्बलिंग का काम मुस्लिम शफी, माथुर और जाट लोग करते हैं, जबकि आपूर्तिकर्ता मुख्यतः बनिया समुदाय के होते हैं। 2024 में कुशल कारीगरों को 350 रुपये मज़दूरी और अर्धकुशल कारीगरों को 250-300 रुपये मज़दूरी रोज़ाना मिलती थी जो न्यूनतम मज़दूरी से कम है। बड़े कारख़ानों के मालिक हिन्दू हैं, और छोटे कारख़ानों के मालिक मुसलमान। जबकि मज़दूर मुख्यतः मुसलमान और अनुसूचित जाति दो समुदायों के हैं, और ऐसा देखा जाता है कि काम की वज़ह से इन दोनों में तनाव पैदा होता रहता है जिससे उनकी मज़दूरी भी प्रभावित होती है। सिविल लाइन्स क्षेत्र (अलीगढ़ मुस्लिम विश्वविद्यालय सहित) विकसित है जबकि कठपुला के पार पुराना शहर अविकसित है-वहीं ज़्यादातर ताला बनाने वाली इकाइयाँ स्थित हैं। हिन्दुओं और मुस्लिम ताला उद्योगपतियों के बीच आर्थिक स्पर्धा एवं विरोध के कारण कई बार दंगे हो चुके हैं। पुराने शहर में ज़्यादातर ताला निर्माता मुसलमान हैं किन्तु उपयुक्त बाज़ार न होने के कारण बनिया (हिन्दू) उनसे थोक में सस्ती दर पर ताले ख़रीद लेते हैं।

ताला उद्योग में प्रायः 'पीस रेट' पर मज़दूरी दी जाती है, तथा काम के घण्टे 10 से 20 घण्टे एक दिन में हैं जिसके आलोक में उसे कम मज़दूरी मिल पाती है। ऐसा पाया गया है कि वयस्कों को कम मज़दूरी दिए जाने के कारण वे लोग अपने बच्चों को पारिवारिक पेशे में लगाने के लिए मज़बूर हो जाते हैं। शुरू-शुरू में हुनर सिखाने के नाम पर लगभग एक वर्ष तक बच्चों को कुछ नहीं मिलता है। उन्हें साप्ताहिक छुट्टी भी नहीं मिलती, और इस क्षेत्र में ठेका मज़दूरी की प्रथा काफी प्रचलित है जिसके कारण उद्योगपतियों को

श्रमिकों के घायल होने पर उन्हें मुआवज़ा आदि नहीं देने की छूट मिल जाती है, यद्यपि श्रमिक क्षतिपूर्ति अधिनियम (वर्कमेन्स कम्पेनसेशन ऐक्ट) के तहत दुर्घटना होने पर, मृत या घायल होने पर, नियमानुसार मुआवज़ा दिया जाना है। हालाँकि ताला उद्योग में ख़तरनाक उत्पादन-प्रक्रिया होती है किन्तु इसे बाल श्रम (प्रतिषेध एवं विनियमन) अधिनियम 1986 के तहत लम्बे अरसे तक प्रतिषिद्ध नहीं किया गया था। अर्थात् इसे ख़तरनाक पेशा या प्रक्रिया नहीं माना गया था। जबकि पॉलिश करना, एलेक्ट्रोप्लेटिंग, तथा स्प्रे रँगाई आदि बच्चे के लिए ही नहीं अपितु सभी श्रमिकों के स्वास्थ्य के लिए घातक है। किन्तु अब इसे ख़तरनाक प्रक्रिया घोषित कर दी गयी है।

## (5) चीनी मिट्टी बर्तन उद्योग, खुर्जा (उत्तर प्रदेश)

उत्तर प्रदेश के बुलन्दशहर जिले में स्थित खुर्जा कस्बे में चीनी मिट्टी के बर्तनों एवं अन्य सामानों का निर्माण लगभग 600 वर्षों से किया जा रहा है और अधिकांश लोग इसे पुश्तैनी पेशा बनाए हुए हैं। वहाँ क़रीब 50,000 मज़दूर प्रत्यक्ष या परोक्ष रूप से 900 इकाइयों में (2024) इस कार्य में लगे हुए हैं। इसमें से क़रीब 5,000 बाल श्रमिक हैं (नीरा बुरी)। हालाँकि बहुत सारे मालिक उत्पाद कर (एक्साइज ड्यूटी) से बचने के लिए अपने सालाना कारोबार को कम दिखाते रहे हैं। एक अनुमान के मुताबिक क़रीब 250 करोड़ रुपये का सालाना कारोबार होता है। 1953 में डॉ. टी. एन. शर्मा को सरकार द्वारा जापान प्रशिक्षण के लिए भेजा गया था। उन्होंने लौटने पर स्थानीय कच्चे माल को बेहतर प्रौद्योगिकी के ज़रिए मात्रा और गुणवत्ता में अधिक उत्पादन प्रदर्शित किया। उसके बाद चीनी मिट्टी के बर्तन बनाने का काम आधुनिक तरीक़े से होने लगा। इसमें सरकार के पोटरी डेवलपमेण्ट सेन्टर, खुर्ज़ा की अहम भूमिका रही है। यहाँ क़रीब 900 इकाइयाँ हैं जिनमें से क़रीब आधी इकाइयों में काम नहीं होता, और उसके मालिक कोटे का कोयला लेकर उसकी चोर-बाज़ारी कर देते हैं। क़रीब 300 इकाइयाँ व्यापारियों द्वारा सीधे संचालित होती हैं। 25 इकाइयाँ पारम्परिक कुम्हारों द्वारा और 75 इकाइयाँ कुशल कारीगरों द्वारा चलाई जाती हैं। शेष 100 इकाइयाँ चीनी मिट्टी के बर्तन बनाने के लिए प्रशिक्षण लिये युवकों द्वारा शुरू की गयी लेकिन ये

लोग अब स्वयं अपने हाथों से कार्य नहीं करते। इस उद्योग के लिए कच्चा माल बाहर से आता है। उदाहरणार्थ, चीनी मिट्टी झारखण्ड के राजमहल क्षेत्र (साहेबगंज जिला), अहमदाबाद (गुजरात), चण्डिया (मध्य प्रदेश) तथा बीकानेर (राजस्थान) से आती है, तथा कोयला झारखण्ड और बंगाल की कोयला खदानों से मँगाया जाता है। जहाँ एक ओर स्वतन्त्र इकाइयाँ सीधे कोयला खदानों से कोयला उठाती हैं, वहीं दूसरी ओर छोटी इकाइयाँ पोटरी डेवलपमेण्ट सेन्टर से अपना कोटा लेती हैं।

यद्यपि सामान्यतः यहाँ 'पीस रेट' पर कार्य किया जाता है किन्तु कमोबेश कम मज़दूरी यहाँ प्रचलित है। रोज़ाना 100 रुपये चाक पर हाथ से काम करने वाले को और 500 रुपये बिजली वाले चाक पर काम के लिये। टी.पी. भट्टाचार्य के अनुसार मज़दूरी की कम दर खुर्ज़ा के इन बर्तन आदि बनाने वाले उद्योगपतियों के लिए सकारात्मक बात मानी जाती है। यहाँ भी बाल श्रमिकों के माँ-बाप को नियोजकों द्वारा अग्रिम देने की प्रथा प्रचलित है। यह भी पाया गया है कि बिहार के कुशल कारीगरों द्वारा कई छोटी इकाइयाँ शुरू की गयी हैं जो अपने परिवार के वयस्क तथा बाल श्रमिकों की मदद से बर्तन बनाते हैं। प्रायः सभी बाल श्रमिक अशिक्षित हैं और यदि कुछ पढ़े-लिखे हैं, तो उन्होंने प्राथमिक शिक्षा के स्तर तक पढ़कर पढ़ाई छोड़ दी। कारखानों के मालिकों द्वारा बिहार से आए मज़दूरों को अपने कारखाने में ही थोड़ी जगह रहने के लिए दे दी जाती है जिसके एवज़ में मालिक उनसे प्रतिमाह किराए के रूप में कुछ राशि कटौती भी करता है। फिर भी बिहारी मज़दूर उस शर्त पर मज़बूरी में काम करने के लिए तैयार होते हैं। यहाँ तक कि अपनी कृतज्ञता दर्शाने के लिए वे बिना भुगतान के ओवर टाइम (अधिकाल) कार्य करते हैं जबकि नियमानुसार ओवर टाइम के लिए निर्धारित मज़दूरी की दुगुनी दर मिलनी चाहिए। 8 घण्टे तक काम करने वाले बाल श्रमिकों को 150-200 रुपये की मज़दूरी एक माह में 1990 के दशक में मिलती थी। अब यह बढ़ी है (न्यूनतम 3000-5000 रुपये मासिक)। इसके अलावा ठेका मज़दूरी की प्रथा भी प्रचलित है। नियोजकों का मानना है कि ठेका मज़दूर माहवारी मज़दूरों की अपेक्षा ज़्यादा परिश्रम से काम करते हैं और ज़्यादा मात्रा में उत्पादन करते हैं। वहाँ ऐसी प्रथा प्रचलित है कि कुछ वयस्क मज़दूरों को मासिक वेतन या

अमानी पर लगाया जाता है जो ठेकेदार के कामों की देखभाल करते हैं और उसकी गुणवत्ता सुनिश्चित करते हैं। बड़े उद्योगों में 4-5 ठेकेदार होते हैं जो ठेका मज़दूरों को लाने का काम करते हैं। अध्ययन के दौरान यह पाया गया कि दस-बारह सालों से मज़दूरी करने वाले बाल श्रमिकों को लगभग उतनी ही मज़दूरी मिलती है, जितनी नये वयस्क मज़दूरों को। शायद इसका कारण यह है कि कम उम्र में कम मज़दूरी पर काम शुरू करने से बड़े होने पर भी वे लोग अपने मालिकों का विरोध नहीं करते और उनके अन्दर संघर्ष की क्षमता ख़त्म हो जाती है। कारख़ाना अधिनियम 1948 से बचने के लिए अधिकांश मालिक अपने कारख़ाने में मात्र 9 मज़दूरों को काम करते हुए काग़ज़ात में दिखाते हैं जिसके कारण चिकित्सा, राज्य कर्मचारी बीमा, भविष्य निधि आदि सुविधाओं से वे येन-केन-प्रकारेण छुटकारा पा लेते हैं। उत्तर प्रदेश के श्रम विभाग के द्वारा 1997 तक बाल श्रमिकों को रखने वाले एक भी मालिक के विरुद्ध अभियोजन दायर नहीं किया गया था। अभी भी कमोवेश वही स्थिति है।

## (6) जवाहरात (क़ीमती पत्थर) पॉलिश उद्योग, जयपुर

दुनिया भर में 'पिंक सिटी' (गुलाबी शहर) के नाम से मशहूर जयपुर जवाहरात (क़ीमती पत्थरों) की पॉलिश के लिए भी विश्व-प्रसिद्ध है। समूचे भारत में क़ीमती पत्थरों की रँगाई-कार्य का लगभग 95 प्रतिशत जयपुर में किया जाता है। क़ीमती पत्थरों के निर्यात में भारत लगभग 1,400 करोड़ रुपये का सालाना कारोबार करता है। 2027 तक कीमती पत्थरों (जेम्स) का कारोबार बढ़कर 120 बिलियन डॉलर हो जायेगा अर्थात् 2021 के कारोबार 80 बिलियन डॉलर का डेढ़ गुना सम्भावित है। प्रतिवर्ष इसकी वृद्धि दर 8 प्रतिशत है। एक अनुमान के मुताबिक जयपुर में क़रीब 1.5 लाख मज़दूर इस काम में लगे हुए हैं। इसमें 1,00,000 मुस्लिम तथा 50,000 हिन्दू मज़दूर हैं। गुरुपदास्वामी समिति ने अपनी रिपोर्ट में लिखा था कि वहाँ लगभग 10,000 बाल श्रमिक काम करते हैं। नीरा बुर्रा के अनुसार वहाँ करीब 13,000 बच्चे काम करते हैं। एक अनुमान के मुताबिक मारवाड़ी और गुजराती लोगों की संख्या कुल मज़दूरों की संख्या की मात्र 15 प्रतिशत है किन्तु ये बाज़ार का क़रीब 95 प्रतिशत हिस्सा नियन्त्रित करते हैं। ऐसे मारवाड़ी प्रायः शिक्षित होते हैं जबकि

गुजराती कामगार कम शिक्षित होते हैं। 1990 के दशक में एक मज़दूर को दिन भर में औसतन 20-25 रुपये या महीने में 650 रुपये की कमाई होती थी और अधिकांश मज़दूर प्रायः अशिक्षित थे। अब  औसतन 500 से 600 रुपये साधारण मज़दूर रोज़ाना कमाता है और कुशल मज़दूर 700-750 रुपये (2024) रोज़ाना कमाता है। अप्रेन्टिसशिप/प्रशिक्षण के नाम पर बाल श्रमिकों को उस्तादों, ठेकेदारों, निर्यातकों, तथा व्यापारियों द्वारा भर्ती किया जाता है, तथा उनसे क़रीब 10 घण्टे प्रतिदिन काम लिया जाता है, और शुरू में एक से डेढ़ साल तक बच्चों को मज़दूरी नहीं दी जाती है। बाल श्रमिकों को मज़दूरी वयस्कों से काफी कम दी जाती है जिसके फलस्वरूप सस्ता श्रम होने के कारण सभी निर्यातक और कुछ उस्ताद-ठेकेदार बच्चों को काम पर रखना चाहते हैं। कुछ नियोजकों का यह भी मानना है कि अधिकांश माँ-बाप अपने बच्चों को काम पर भेजकर स्वयं दारू पीने या जुआ खेलने में अपना समय बिताते हैं। किन्तु यह अधूरा सच है। जो लोग कठिन परिश्रम से स्वयं अपना कारोबार शुरू करते हैं, वे भी दलाल के चंगुल से नहीं बच पाते क्योंकि दलाल जानते हैं कि इन लोगों के पास देर तक माल रखने की क्षमता नहीं होती क्योंकि पहले ही कच्चे माल पर वे लोग ज़्यादा ख़र्च किए होते हैं, तथा परिवार के सदस्यों की मज़दूरी भी जोड़ ली जाए, तो निर्मित वस्तुओं की अपेक्षा कम दाम पर बिक्री होने से उन्हें घाटा ही होता है। यहाँ बाल श्रमिकों में 50 प्रतिशत अशिक्षित हैं। वहाँ के विद्यालयों के शिक्षकों का कहना है कि कोई बच्चा दिन भर काम और पढ़ाई साथ-साथ नहीं कर सकता। कारख़ाना अधिनियम के तहत मज़दूरों को दी जाने वाली सुविधाएँ भी नहीं दी जाती हैं। यद्यपि कुछ कारख़ानों में 40 मज़दूर तक नियोजित हैं किन्तु वे विभिन्न कमरों और बरामदों में अलग-अलग काम करते हैं, इसलिए वे कारख़ाने की परिभाषा में नहीं दिखाये जाते हैं जिसके अनुसार ऐसे ही कार्य परिसरों को कारख़ाना माना जाएगा जहाँ कम-से-कम 10 मज़दूर बिजली की सहायता से चलने वाली मशीनों से काम करते हों अथवा जिनमें कम-से-कम 20 मज़दूर काम करते हों और उनमें बिजली से चलने वाली मशीनों का उपयोग न होता हो। वहाँ के मज़दूरों की शिकायत है कि वहाँ के उद्योगपतियों की राजनीतिज्ञों

से साठ-गाँठ होने के कारण इस उद्योग को अभी तक कारख़ाना अधिनियम के तहत शामिल नहीं किया जा सका है जबकि विदेशी मुद्रा की काफी कमाई इस उद्योग से होती है।

## (7) माचिस-पटाखा उद्योग, शिवकाशी (तमिलनाडु)

समूची दुनिया में माचिस एवं पटाखे बनाने के लिए शिवकाशी काफी मशहूर है। सामाजिक कार्यकर्त्ता एस. कोठारी के अनुसार (इण्डिया टुडे, 15 जनवरी, 1983) माचिस उद्योग में शिवकाशी और कोबिल पट्टी के मात्र ग्यारह परिवार ग़ैर-मशीनी क्षेत्र के उत्पादन का 70 प्रतिशत निर्माण करते हैं और उनका उत्पादन मशीनी क्षेत्र के कुल उत्पादन से अधिक है। एक अनुमान के मुताबिक क़रीब 1100 पटाखे के कारख़ाने शिवकाशी जिले में हैं, और माचिस बनाने के 350 कारखाने हैं। सबसे महत्त्वपूर्ण तथ्य यह है कि माचिस और पटाखा उद्योग पर सिर्फ़ नादार समुदाय का पूरा वर्चस्व है। 1923 में वहाँ माचिस बनाने का पहला कारखाना खुला था। अब 100 वर्ष से अधिक समय से यह उद्योग बढ़ा है। माचिस, पटाखा और प्रिंटिंग कार्य एक साथ करीब दस लाख मज़दूरों को साल भर रोजग़ार देता है (2024 में)। मात्र 5 पटाखा मैनुफैक्चरर्स करोड़ों रुपये का सालाना उत्पादन करते हैं किन्तु सबसे अफ़सोसजनक बात यह है कि शिवकाशी माचिस उद्योग में क़रीब 80,000 बाल श्रमिक काम करते हैं जिनमें से क़रीब 90 प्रतिशत 14 वर्ष से कम उम्र की बालिकाएँ हैं। यह भी सचाई है कि बालक और बालिकाओं के बीच काम करने के क्षेत्र में लिंगभेद है। मद्रास इन्स्टीच्यूट ऑव डेवलपमेण्ट स्टडीज की 1985 की रिपोर्ट के अनुसार, "बालकों को उन कामों में लगाया जाता है जिनमें ज़्यादा कौशल की ज़रूरत होती है। दूसरी ओर बालिकाओं को श्रम-बाज़ार की अनिश्चितता पर, पीस-रेट पेशों के रूप में छोड़ दिया जाता है जिनमें बहुत कम मानसिक कौशल की ज़रूरत होती है और तदनुसार प्रतिस्पर्धा अधिक होती है।" उस अध्ययन में यह भी पाया गया था कि माचिस उद्योग में बालिकाओं की संख्या इसलिए अधिक है क्योंकि माचिस उद्योग में दी जाने वाली मज़दूरी कृषि मज़दूरी से काफी कम है, और ग़ैर-कृषि कार्यों की मज़दूरी से आधी से भी कम है। 1985 में एक बालिका श्रमिक को एक

दिन में 3-4 रुपये की कमाई होती थी। अब 300 से 500 रुपये प्रतिदिन की मज़दूरी है (2024) मगर 55 प्रतिशत से अधिक कार्यरत महिलाएँ पुरुषों से कम मज़दूरी पाती हैं। बहुत कम कारखानों में मज़दूरों को श्रम कानूनों के तहत सुविधाएँ मिलती हैं। पटाखा की इकाइयों में अक्सर विस्फोट से भीषण आग लगने की घटनाएँ होती हैं-फरवरी 2021 में एक पटाखा इकाई में विस्फोट होने से 20 मज़दूरों की मौत हो गयी। ऐसे अधिकतर मामलों में श्रमिक क्षतिपूर्ति अधिनियम के तहत मज़दूरों के परिवारों को मुआवज़ा नहीं मिलता। ज़ाहिर है कि इतनी कम मज़दूरी पर कोई वयस्क मज़दूर काम नहीं करता था किन्तु उसे बाल-श्रमिकों को, ख़ासकर बालिकाओं को, करना पड़ता था। दूसरा कारण यह भी है कि वहाँ अधिकांश बालिका श्रमिक अनुसूचित जातियों के परिवारों की हैं, जहाँ महिलाओं की गतिशीलता पर कोई रोक नहीं होती। इस प्रकार स्पष्ट है कि शिवकाशी के माचिस उद्योग जैसे भारत के तमाम उद्योगों में बालिकाओं को प्राय: कम मज़दूरी वाले और कम हुनर वाले अथवा अकुशल कार्यों में लगाया जाता है जिससे उनमें कौशल विकसित नहीं हो पाता।

## (8) बीड़ी उद्योग, निज़ामाबाद (तेलंगाना) एवं नॉर्थ आर्कोट (तमिलनाडु)

भारत सरकार के श्रम मन्त्रालय की वित्तीय सहायता से डॉ. रेखा पाण्डेय ने 1995-96 में तत्कालीन आन्ध्र प्रदेश, अब तेलंगाना भी, के बीड़ी उद्योग में बाल श्रमिकों का अध्ययन किया था जिसके मुख्य निष्कर्ष अग्रलिखित हैं:

पहला, भारत के सभी बाल श्रमिकों के 8.5 प्रतिशत बाल श्रमिक आन्ध्र प्रदेश और तेलंगाना में हैं जिनमें से 92 प्रतिशत ग्रामीण क्षेत्रों में हैं।

दूसरा, जिस कालखण्ड में काम कम मिलता है, उस समय बच्चे अतिरिक्त पारिवारिक आय हेतु काम करते हैं।

तीसरा, सबसे ज़्यादा बाल श्रमिक तेलंगाना क्षेत्र में हैं, उसके बाद रायलसीमा, और सबसे कम समुद्रतटीय क्षेत्र में।

चौथा, निम्न साक्षरता दर (86 प्रतिशत ग्रामीण बालक श्रमिक, तथा 94 प्रतिशत बालिका श्रमिक निरक्षर थे) तथा ऊँची छीजन (ड्रॉप आउट) दर बाल श्रम के परिणाम हैं।

पाँचवाँ, ठेका प्रथा बीड़ी बनाने में प्रचलित है, और ठेकेदार/निर्माता बीड़ी बनाने वाले पुराने परिवारों को प्राथमिकता देते हैं, जिसके कारण कई पीढ़ियाँ बीड़ी बनाती हैं।

छठा, ऐसे परिवारों के पास साल भर में क़रीब 9 माह तक वैकल्पिक नियोजन उपलब्ध नहीं रहता।

सातवाँ, बालक श्रमिक (8-11 वर्ष) लगभग दो से चार घण्टे रोज़ाना बीड़ी बनाते हैं,तथा विद्यालय भी जाते हैं जबकि लड़कियाँ इसमें चार घण्टे से अधिक काम करती हैं-वे या तो विद्यालय कभी नहीं गयी या उन्होंने बीच में पढ़ाई छोड़ दी।

आठवाँ, बीड़ी बनाने में लड़कियाँ ज़्यादा नियोजित होती हैं, तथा बीड़ी बनाने के अलावा वे घर के काम भी करती हैं।

नौवाँ, बीड़ी बनाने में लगे बाल मज़दूर नाना प्रकार की बीमारियों से ग्रस्त पाये गये हैं-दमा, श्वास रोग, कफ़, सिरदर्द एवं चक्कर, पीठ दर्द, जोड़ दर्द, आँखों में जलन, चमड़ी छिलना, बदरंग होना तथा चकत्ते पड़ना, टी.बी., एवं कैंसर। मगर सरकारी अस्पतालों में दवाएँ उपलब्ध नहीं थीं, तथा नियोजकों ने कोई चिकित्सा सुविधा उपलब्ध नहीं करायी।

दसवाँ, ग़रीबी रेखा के नीचे रहने वाले परिवारों की आर्थिक स्थिति सुधारना ज़रूरी है।

ग्यारहवाँ, जीवन की गुणवत्ता बढ़ाने के लिए शिक्षा एक माध्यम का काम कर सकती है, इस स्थापना पर बाल श्रम सम्बन्धी योजना आधारित हो।

बारहवाँ, बीड़ी मज़दूरी से बच्चों को निकालकर आवासीय विद्यालय की व्यवस्था की जानी चाहिए। इसके अलावा अनौपचारिक केन्द्रों-जो कामकाजी बच्चों को पढ़ाते हैं-को प्रोत्साहन देना चाहिए।

तेरहवाँ, विद्यालयों के पाठ्यक्रम रुचिकर एवं नयी पद्धतियों पर आधारित हों जिनमें सवाल करने, सोचने आदि का महत्त्व हो, तथा विद्यालय का समय आदि बदलने के लिए शिक्षक को छूट मिले। बच्चों को 'दोपहर का भोजन' प्रेरक का काम करता है।

चौदहवाँ, नियोजकों से कच्चा माल प्राप्त करके घर पर काम करने वालों को भी सभी वैधिक प्रावधानों (न्यूनतम मज़दूरी, चिकित्सा, भविष्य निधि,

उपदान आदि) मिलना चाहिए। सभी बीड़ी मज़दूरों का बीमा 25 से 50 हज़ार रुपये तक नियोजकों की ओर से कराया जाए।

पन्द्रहवाँ, श्रम विभाग के अधिकारी कानूनों को सख़्ती से लागू करें, तथा वे सामाजिक कार्यकर्त्ताओं से मिलकर बाल श्रम से निकाले गये बच्चों को विद्यालय में दाखिला दिलायें।

## नार्थ आर्कोटः

इसी प्रकार जी. करुणानिधि (एम.एस. युनिवर्सिटी, तिरुनेलवेली) ने 1995 में भारतीय सामाजिक विज्ञान शोध परिषद्, नयी दिल्ली, से वित्तीय सहायता प्राप्त करके नॉर्थ आर्कोट (तमिलनाडु) में बीड़ी उद्योग का अध्ययन किया था जिनके मुख्य निष्कर्ष निम्नलिखित हैं:

पहला, बालक एवं बालिका श्रम का अनुपात बीड़ी उद्योग (नॉर्थ आर्कोट) में क़रीब बराबर है। मगर उन्हें ठेकेदारों के अधीन गिरवी रख दिया जाता है, थोड़े से पैसों के लिए।

दूसरा, ज़्यादातर बालकों की उम्र बालिकाओं से 2 वर्ष अधिक है- बालिकाएँ 10-12 वर्ष के आयु-समूह में अधिक हैं। इसका पहला कारण है कि बालिकाएँ जल्दी तरुणावस्था को प्राप्त होती हैं और दूसरे, उन्हें ज़्यादा अनुशासनप्रिय पाया जाता है। सो लड़कियाँ जल्दी बीड़ी बनाने का कार्य शुरू करती हैं और विवाह होते ही छोड़ देती हैं जबकि बालक देर से यह कार्य शुरू करते हैं और ज़्यादा समय तक कार्य करते हैं।

तीसरा, बालक श्रमिक प्रायः आठवीं कक्षा तक पढ़ लेते हैं जबकि बालिकाएँ विद्यालय नहीं जातीं। फिर भी निरक्षर बालक भी काफी हैं।

चौथा, यद्यपि अनौपचारिक शिक्षा केन्द्र तथा रात्रि पाठशालाएँ इस क्षेत्र में रही हैं मगर नियोजक बच्चों से 7 बजे शाम के बाद भी काम कराते हैं, जिसके कारण अधिकतर बच्चे पढ़ नहीं पाते।

पाँचवाँ, ज़्यादातर बच्चे अनुसूचित जातियों तथा अन्य पिछड़े वर्गों से हैं। मगर वे हिन्दू-मुस्लिम दोनों समुदायों के हैं; एक भी ईसाई बच्चा बीड़ी नहीं बनाता।

छठा, बाल मज़दूरों के माँ-बाप को दिया जाने वाला अग्रिम/ऋण नियोजक द्वारा निर्धारित होता है। आधी मज़दूरी इस अग्रिम के विरुद्ध रोज़ाना समायोजित कर ली जाती है। एक हज़ार बीड़ी बाँधने पर 24.90 रूपये मिलते थे। बालक-बालिका की मज़दूरी में ख़ास अन्तर नहीं है। अब यह दर बढ़ी है।

सातवाँ, जिन बच्चों के माँ-बाप ने ठेकेदार/एजेंट से ऋण लिया है, उनकी रोज़ाना की मज़दूरी अन्य बाल श्रमिकों से कम है। वे पूरा ऋण समायोजित कराये बिना काम नहीं छोड़ सकते। मगर उनकी भुगतान की क्षमता मज़दूरी बढ़ाए बिना नहीं बढ़ पाती।

आठवाँ, छोटी-छोटी गलतियों पर भी नियोजक/ठेकेदार/एजेंट बच्चों की पिटाई करते हैं, गाली देते हैं, और बिना गर्दन उठाए लगातार काम कराते हैं।

नौवाँ, 94 प्रतिशत माँ-बाप नहीं चाहते कि अपने बच्चों को ठेकेदारों के यहाँ बन्धक बनायें मगर उनके अनुसार आर्थिक तंगी के कारण ऐसा करते हैं।

दसवाँ, सभी माँ-बाप मानते हैं कि औपचारिक शिक्षा की बज़ाय कम उम्र में काम सीखना ज़्यादा अच्छा है।

ग्यारहवाँ, बच्चों को क़रीब 10 घण्टे काम करना पड़ता है जिससे वे थक जाते हैं, उनका पूरा विकास नहीं होता, और उन्हें साँस की बीमारी भी हो जाती है।

जुलाई 2023 में पूरे भारत में 50 लाख बीड़ी मज़दूर निबन्धित थे जिनमें 36.25 लाख महिलायें थीं-इस प्रकार पूरे देश में बीड़ी मज़दूरों को न्यूनतम मज़दूरी से कम मज़दूरी मिलती है और उनमें तीन-चौथाई महिलाएँ कार्यरत हैं। उनके लिए चिकित्सा-स्वास्थ्य, बीमा, आवास, मनोरंजन आदि की सुविधाएँ नहीं हैं। तमिलनाडु सरकार ने इस बाबत कुछ कार्रवाई की है।

## (9) हीरा उद्योग, सूरत (गुजरात)

सूरत में हीरा कारोबार तीन लाख करोड़ रुपये साल भर में है। 2024 में भारत में हीरा कारोबार में कुल 13 लाख लोग नियोजित थे। मगर अमरीका, चीन, अरब आदि में अब हीरा की माँग कम होने से यह व्यवसाय प्रभावित है।

कांजीभाई देसाई समाज शिक्षण भवन ट्रस्ट (1997) द्वारा सूरत में हीरा उद्योग में किये गये अध्ययन के मुख्य निष्कर्ष निम्नलिखित हैं:

पहला, भारत विश्व के उन छह देशों में है जो हीरा प्रसंस्करण कार्य करते हैं (बेल्जियम, इजरायल, रूस, संयुक्त राज्य अमरीका एवं दक्षिण अफ्रीका) तथा गुजरात, भारत के कुल हीरा उद्योग का 70 प्रतिशत प्रसंस्करण करता है। तब सूरत में हीरा कटाई-घिसाई आदि में क़रीब 5 लाख लोग काम करते थे और उसमें से क़रीब 40 प्रतिशत-दो लाख बाल श्रमिक रहे हैं। 2024 में सूरत में हीरा कारोबार में 8 लाख लोग कार्यरत थे।

दूसरा, नमूने के 524 बाल श्रमिकों में से 98.7 प्रतिशत हिन्दू हैं, और 61 प्रतिशत उच्च जाति (पटेल) के हैं।

तीसरा, 76 प्रतिशत बाल मज़दूरों के परिवारों के मुखियों ने प्राथमिक शिक्षा पायी थी, 5 प्रतिशत ने माध्यमिक शिक्षा पायी थी, और क़रीब 19 प्रतिशत अशिक्षित थे।

चौथा, 94 प्रतिशत बालकों तथा 91 प्रतिशत बालिकाओं ने प्राथमिक शिक्षा या कम शिक्षा पायी थी। 3.5 प्रतिशत लड़कों और 6.7 प्रतिशत लड़कियों ने माध्यमिक शिक्षा पायी थीं।

पाँचवाँ, नमूने के 77 प्रतिशत परिवारों के सदस्यों ने पूर्व में बाल मज़दूर के रूप में काम किया था।

छठा, ज़्यादा मज़दूरी मिलने के कारण पढ़े माँ-बाप भी अपने बच्चों से हीरा घिसाई का काम कराते हैं।

सातवाँ, बच्चों की आयु 12-14 वर्ष के बीच थी। ज़्यादातर बच्चे सौराष्ट्र एवं उत्तरी गुजरात से आते हैं जहाँ प्राय: सूखा पड़ा रहता है।

आठवाँ, कार्य की परिस्थितियाँ असन्तोषजनक हैं जिसके कारण 50 प्रतिशत बच्चे बीमार हो जाते हैं, प्राय: सुबह 7 बजे से रात 8 बजे तक कार्य होता है, बीच में एक घण्टे का विश्राम होता है।

नौवाँ, 'पीस रेट' पर भुगतान होने के कारण बच्चे देर तक कार्य करते हैं। उन्हें काम लगातार नहीं मिलता, जिससे उनकी कमाई कम होती है। औसत मासिक आय 930 रुपये थी जिसमें से आधे से अधिक वे अपने घर भेजते थे।

दसवाँ, बच्चों को आँख में जलन, बदन दर्द, छाती दर्द, फेफड़े में समस्या (टी.बी. के लक्षण), चर्म रोग, बुखार, खाँसी आदि बीमारियाँ प्राय: होती हैं।

ग्यारहवाँ, बाल श्रम के मुख्य कारण परिवार का प्रवासन, सुखाड़, हीरा उद्योग में अच्छा वेतन आदि हैं।

बारहवाँ, कामगारों की कार्य के दौरान मृत्यु, चोट आदि के लिए मिलने वाली क्षतिपूर्ति से अधिकतर नियोजकों ने अज्ञानता जतायी-मात्र 6 प्रतिशत नियोजकों के यहाँ ऐसा प्रावधान लागू था। मात्र 8 प्रतिशत नियोजकों ने कैंटीन, चिकित्सा जाँच जैसी सुविधाएँ उपलब्ध कराई थीं, और ये बड़े उद्योगपति थे।

तेरहवाँ, 78.6 प्रतिशत उद्योगपतियों ने बच्चों को प्रशिक्षण दिया था। मगर प्रशिक्षण के दौरान कोई भुगतान नहीं किया। किसी ने इन बच्चों को अनौपचारिक शिक्षा की व्यवस्था नहीं की।

चौदहवाँ, अधिकतर माँ-बाप (78 प्रतिशत बालकों को और 63 प्रतिशत बालिकाओं को) विद्यालय भेजने के पक्ष में थे। 92 प्रतिशत माँ-बाप लड़कों के कमाने के पक्ष में थे जबकि 31 प्रतिशत लड़कियों के कमाने के पक्ष में थे। इससे स्पष्ट होता है कि अधिकतर माँ-बाप बच्चों की पढ़ाई और कमाई दोनों चाहते हैं।

पन्द्रहवाँ, अधिकतर माँ-बाप मानते हैं कि 15-18 वर्ष की आयु नये हुनर सीखने के लिए उपयुक्त होती है।

सोलहवाँ, 86 प्रतिशत बाल मज़दूर अधिक मज़दूरी के कारण अपने काम को ज़ारी रखना चाहते हैं।

सत्रहवाँ, अधिकतर हीरा उद्योग की इकाइयाँ कारख़ाना अधिनियम के तहत निबन्धित नहीं हैं। मात्र कुछ ही बम्बई दुकान एवं प्रतिष्ठान अधिनियम के तहत निबन्धित हैं। न तो नियोजक बाल श्रम को रोकते हैं और न बच्चों के माँ-बाप इसके विरुद्ध हैं। श्रम विभाग भी इसे रोकने में उदासीन रहता है। यह नि:संदेह दुखद है और भावी नागरिकों के भविष्य को अवरुद्ध करता है।

## (10) स्लेट उद्योग, मड़कापुर (आन्ध्र प्रदेश)

1992 में रत्ना नायडू एवं अन्य ने इसका अध्ययन किया था। स्लेट खानों में 30,000 मज़दूरों में से क़रीब 3,000 बाल मज़दूर थे और स्लेट निर्माता इकाइयों में कुल 6,000 मज़दूरों में से 1,000 बाल मज़दूर थे।

दूसरा, खान पट्टेधारी और मज़दूरों के बीच नियोजक-नियोजित का सीधा सम्बन्ध नहीं है बल्कि बीच में कई दलाल होते हैं।

तीसरा, काम के घण्टे अधिक थे; महिलाओं और बच्चों को 5 घण्टे की पाली के लिए पाँच रुपये 1992 में मिलते थे। अब यह दर बढ़ी है।

चौथा, कम मज़दूरी के कारण अधिकतर मज़दूर कर्ज़ में फँसे थे।

पाँचवाँ, अवैज्ञानिक रूप से खान में खुदाई के कारण कई मज़दूरों की मृत्यु हो जाती थी, मगर उन्हें श्रमिक क्षतिपूर्ति अधिनियम के तहत मुआवज़ा नहीं मिलता था।

छठा, बच्चों और महिलाओं को प्रायः अकुशल कार्यों यथा-एनामेल, प्लास्टिक, कम्पनी टैग लगाना, पैकेट बनाना आदि कार्यों में लगाया जाता था।

सातवाँ, यद्यपि स्लेट बनाने के कार्य में बच्चों का नियोजन वर्जित है, मगर स्लेट खान में काम करना वर्जित नहीं है। सो नियोजक और श्रम विभाग इसका नाज़ायज़ फ़ायदा उठाते हैं।

आठवाँ, आन्ध्र प्रदेश सरकार द्वारा न्यूनतम मज़दूरी दर (स्लेट के बाबत) लम्बे अरसे से पुनरीक्षित नहीं की गयी थी। इसके अलावा अन्य सुविधाएँ चिकित्सा, बीमा, भविष्य निधि आदि भी उपलब्ध नहीं थीं। लगभग यही स्थिति मध्य प्रदेश के मन्दसौर में स्लेट उद्योग में है।

जब से विद्यालयों में स्लेट की जगह कागज़ की कॉपियों पर बच्चे लिखने लगे, तब से स्लेट की माँग देश के भीतर कम हो गयी। मगर काग़ज़ के लिये पेड़ों की कटाई बहुत बढ़ गयी है। दूसरी ओर विदेशों में भवन-निर्माण सामग्री (फर्श बनाने, छत बनाने आदि) के रूप में इसकी माँग बढ़ गयी है। अब इसे ज़्यादा मजबूत बनाया जाता है।

## (11) चमड़ा उद्योग, आगरा/कानपुर (उ.प्र.), दुर्ग (म.प्र.), एवं टोंक (राजस्थान)

सन् 1995 में इन्स्टीट्यूट ऑव मैनपावर रिसर्च ने योजना आयोग के सौजन्य से आगरा, कानपुर, दुर्ग, एवं टोंक में असंगठित क्षेत्र के चमड़ा उद्योग का अध्ययन किया था, जिसके मुख्य निष्कर्ष निम्नलिखित थे:

पहला, 416 परिवारों में 75 प्रतिशत ग़रीब एवं वंचित थे; 87 प्रतिशत हिन्दू, 11 प्रतिशत मुस्लिम, तथा 0.7 प्रतिशत सिक्ख थे। अधिकतर परिवार कच्चे घरों में बिना शौचालय, स्नानागार या अलग रसोईघर के मकान में रहते थे।

दूसरा, 8 प्रतिशत श्वास रोग, तथा 24 प्रतिशत अन्य रोगों से ग्रस्त थे।

तीसरा, सामाजिक कलंक की वज़ह से नयी पीढ़ी यह काम छोड़ रही है।

चौथा, 38 प्रतिशत मज़दूर बालक-बालिका हैं। सभी प्रकार की प्रक्रियाओं में बच्चे काम करते रहे हैं।

पाँचवाँ, अधिकतर परिवार अशिक्षित थे। आय बढ़ने पर भी शिक्षा के प्रति ये लोग उदासीन थे। वयस्क मज़दूर अपने 6-7 वर्ष के बच्चों को भी किसी-न-किसी कार्य में लगा देते थे, और उन्हें विद्यालय नहीं भेजते थे।

छठा, प्रति परिवार की औसत मासिक आय 1,800-1,825 रूपये थी। अब यह सात-आठ गुना बढ़ी है। प्रत्येक परिवार में 5 या 5 से अधिक सदस्य थे।

उत्तर प्रदेश सरकार ने आयात शुल्क ख़त्म करके और निर्यात शुल्क 40 प्रतिशत से घटाकर 20 प्रतिशत करके चमड़ा उद्योग को जीवन दान दे दिया जिससे यह 15000 करोड़ रुपये का वार्षिक निर्यात करने में सक्षम हो गया। घरेलू बाजार मिलाकर कुल 30,000 करोड़ रुपये का यह कारोबार है। कानपुर-आगरा में चमड़ा उद्योग 150 वर्ष पुराना है। मगर यह भी सच है कि चमड़ा इकाइयाँ अपना अपशिष्ट नदियों में गिरा देती है जो पर्यावरण और स्वास्थ्य के लिए ख़तरनाक है। उत्तर प्रदेश में चमड़ा काम की 3500 इकाइयाँ है और 900 इकाइयाँ निर्यात के लिए निबन्धित हैं। मगर इस कारोबार में बाल श्रमिकों का नियोजन शोषणपूर्ण एवं अन्याय पूर्ण है। इस उद्योग में 95 प्रतिशत कारीगर-मज़दूर अस्थायी होते हैं जिन्हें श्रम कानूनों के तहत सुविधाएँ नहीं मिलती।

उपर्युक्त ग्यारह मुख्य पेशों में बाल श्रमिकों की स्थिति का अवलोकन करने से स्पष्ट होता है कि बाल श्रमिकों को कम मज़दूरी, काम के घण्टे अधिक होना, असंगठित होना, ग़रीबी, परिवार की अल्प आय को पूरक के रूप में बढ़ाना, तथा अशिक्षा आदि कारण अधिक-से-अधिक पेशों में हैं। कुछ लोगों का यह भी मानना है कि उन क्षेत्रों में बाल श्रमिक अधिक हैं, जहाँ

भूमि सुधार असफल हो चुका है। दूसरे, अधिकांश बाल श्रमिक अनुसूचित जाति एवं जनजाति, और अन्य वंचित पिछड़े वर्गों के हैं। हालाँकि बिहार के मिथिलांचल से बहुत सारे बाल श्रमिक दिल्ली, गाज़ियाबाद, सूरत, मुम्बई तथा अन्य महानगरों में कार्यरत देखे जाते हैं जो उच्च जाति के परिवारों के भी होते हैं। झारखण्ड के आदिवासी मज़दूर (बच्चे सहित) भारत के कई हिस्सों में ईंट-भट्ठा मज़दूर के रूप में मिलते हैं। पंजाब, हरियाणा, एवं पश्चिमी उत्तर प्रदेश में बिहार के वयस्क एवं बाल श्रमिक खेती के कार्यों में रोज़गार हेतु झुण्ड के झुण्ड जाते हैं। ग़रीबी, अशिक्षा और बाल श्रम की परस्पर तुलना करने पर यह पाया जाता है कि मिजोरम, लक्ष्यद्वीप और केरल प्रदेशों में साक्षरता दर सर्वाधिक है, इसलिए वहाँ बाल श्रमिकों का प्रतिशत सबसे कम है। दूसरी ओर जहाँ-जहाँ साक्षरता की दर कम है, वहाँ-वहाँ बाल श्रमिकों का प्रतिशत अधिक है। अर्थात् दोनों में ऋणात्मक सम्बन्ध है। 1981 में सबसे अधिक बाल श्रमिक का प्रतिशत आन्ध्र प्रदेश में था (9.7 प्रतिशत बालक एवं 7.29 प्रतिशत बालिका)। तब वहाँ साक्षरता की दर मात्र 29.9 प्रतिशत थी। इसी प्रकार तब कर्नाटक में बालक श्रमिक 8.28 प्रतिशत तथा बालिका श्रमिक 4.8 प्रतिशत थे जबकि वहाँ की साक्षरता दर तब 38 प्रतिशत थी। ओडिशा में तब बालक श्रमिक 7.4 प्रतिशत तथा बालिका श्रमिक 2.4 प्रतिशत थे जबकि वहाँ की साक्षरता दर मात्र 34 प्रतिशत थी। मध्य प्रदेश में तब बालक श्रमिक 7.4 प्रतिशत तथा बालिका श्रमिक 5.3 प्रतिशत थे, जबकि वहाँ साक्षरता दर 28 प्रतिशत थी। दूसरी ओर तब केरल में 1 प्रतिशत से कम बालक-बालिका श्रमिक थे, जबकि वहाँ तब 70 प्रतिशत से अधिक साक्षरता थी। 2011 में सबसे अधिक बाल श्रमिक उत्तर प्रदेश में (8.96 लाख) थे और वहाँ साक्षरता दर राष्ट्रीय औसत (74 प्रतिशत) से कम (69.7 प्रतिशत) थी। 2011 में बिहार में 4.51 लाख बाल श्रमिक थे और वहाँ भी साक्षरता दर कम थी (63.8 प्रतिशत), तथा आन्ध्र प्रदेश में 4.04 लाख बाल श्रमिक थे और वहाँ भी साक्षरता दर कम थी (67.6 प्रतिशत)। मगर महाराष्ट्र की स्थिति अलग है-वहाँ 2011 में 4.96 लाख बाल मज़दूर थे जबकि वहाँ तब साक्षरता दर ऊँची (82.9 प्रतिशत) थी। इसका प्रमुख कारण उत्तर प्रदेश, बिहार, ओडिशा, झारखण्ड, मध्य प्रदेश, छत्तीसगढ़ आदि क्षेत्रों से गये बाल

श्रमिकों का महाराष्ट्र में प्रवासन रहा है। अग्रांकित तालिका 5 के अवलोकन से स्थिति ज़्यादा स्पष्ट होगी-

**तालिका 5: भारत में राज्यवार बाल श्रमिकों की सहभागिता, साक्षरता एवं ग़रीबी**

| राज्य | श्रम सहभागिता अनुपात (1981) | | | | | | बाल श्रमिक (लाख में) |
|---|---|---|---|---|---|---|---|
| | बालक श्रमिक (%) | बालिका श्रमिक (प्रतिशत) | साक्षरता दर | | ग़रीबी का अनुपात (1983-84) | 2001 | 2011 |
| | | | 2011 (%) | 1981 (प्रतिशत) | | | |
| 1 | 2 | 3 | 4 | 5 | 6 | 7 | 8 |
| आन्ध्र प्रदेश | 9.70 | 7.29 | 67.6 | 29.9 | 36.4 | 13.63 | 4.04 |
| बिहार | 4.38 | 1.56 | 63.8 | 26.2 | 49.5 | 11.17 | 4.51 |
| गुजरात | 4.82 | 2.23 | 79.3 | 43.7 | 24.3 | 4.85 | 2.50 |
| हरियाणा | 3.93 | 1.11 | 76.6 | 36.1 | 15.6 | 2.53 | 0.53 |
| झारखण्ड | (बिहार में शामिल) | | 67.6 | अनुपलब्ध | बिहार में | 4.07 | 0.90 |
| छत्तीसगढ़ | (मध्यप्रदेश में शामिल) | | 71.0 | अनुपलब्ध | म.प्र. में | 3.64 | 0.96 |
| असम | जनगणना नहीं | | 73.1 | जनगणना नहीं | 41.0 | 3.51 | 0.99 |
| उत्तराखंड | (उ. प्रदेश में शामिल) | | 79.6 | अनुपलब्ध | उ.प्र. में | 0.70 | 0.28 |

| | | | | | | | |
|---|---|---|---|---|---|---|---|
| कर्नाटक | 8.28 | 4.83 | 75.6 | 38.5 | 35.00 | 8.22 | 2.49 |
| केरल | 0.79 | 0.79 | 99.0 | 70.4 | 26.8 | 0.26 | 0.21 |
| मध्य प्रदेश | 7.41 | 5.31 | 70.6 | 27.9 | 46.2 | 10.65 | 2.86 |
| महाराष्ट्र | 5.57 | 4.86 | 82.9 | 47.2 | 34.9 | 7.64 | 4.96 |
| ओडिशा | 7.40 | 2.40 | 73.4 | 34.2 | 42.8 | 3.77 | 0.92 |
| पंजाब | 5.34 | 0.25 | 76.6 | 40.9 | 13.8 | 1.77 | 0.90 |
| राजस्थान | 5.27 | 2.72 | 67.0 | 24.4 | 34.3 | 12.62 | 2.52 |
| तमिलनाडु | 5.68 | 4.57 | 80.3 | 46.8 | 39.6 | 4.18 | 1.51 |
| उत्तर प्रदेश | 4.26 | 0.88 | 69.7 | 27.2 | 45.3 | 19.27 | 8.96 |
| पश्चिम बंगल | 4.02 | 0.93 | 77.0 | 40.9 | 39.2 | 8.57 | 2.34 |
| भारत (सम्पूर्ण) | 5.46 | 2.95 | 74.0 | 36.2 | 27.4 | 126.66 | 101.0 |

स्रोत: 1981 एवं 2011 भारत की जनगणना; ग़रीबी अनुपात, इयर बुक 1986-87, स्वास्थ्य और परिवार कल्याण मंत्रालय, नयी दिल्ली।

उपर्युक्त तालिका को देखने से यह भी स्पष्ट होता है कि महाराष्ट्र, तमिलनाडु, पंजाब, कर्नाटक, गुजरात जैसे आर्थिक रूप से अपेक्षाकृत विकसित राज्यों में भी बाल श्रमिकों का श्रम सहभागिता अनुपात काफी अधिक है। यानी किसी राज्य के सिर्फ़ आर्थिक रूप से विकसित हो जाने से ही यह नहीं माना जा सकता कि वहाँ बाल श्रमिक की समस्या नहीं होगी। बाल श्रम का होना या न होना इस बात पर भी निर्भर करता है कि श्रम कानूनों का कार्यान्वयन कितनी कड़ाई से किया जा रहा है, और वहाँ पर बालिकाओं की शिक्षा के प्रति अभिभावकों का रुझान क्या है? इसके अलावा इस तालिका को देखने से यह भी स्पष्ट होता है कि 1981 में बालिका श्रमिकों का अनुपात केरल, पंजाब, उत्तर प्रदेश, और प. बंगाल में एक प्रतिशत से नीचे था, किन्तु इन राज्यों में बालिका श्रमिक कम होने के कारण भिन्न-भिन्न थे। जहाँ एक ओर पंजाब और प. बंगाल में बालिकाओं के प्रति समाज और परिवार का रुख़ सकारात्मक है, तथा प्राय: उनके साथ खान-पान, रहन-सहन, शिक्षा, खेल-कूद आदि में बालकों की तुलना में भेदभाव नहीं किया जाता, वहीं दूसरी

ओर केरल में बालिका श्रमिक कम होने का कारण साक्षरता की दर अधिक होना है। इसके विपरीत उत्तर प्रदेश में बालिका श्रमिक की संख्या इसलिए कम थी कि वहाँ बालिकाओं को घर से बाहर काम करने की पूरी आज़ादी नहीं होती है। यानी उत्तर प्रदेश जैसे पिछड़े राज्य में पुरुषवादी रुख़ एक अर्थ में कम बालिकाओं से बाहर काम कराने का कारण है जो कम-से-कम वहाँ की बालिकाओं के हित में था।

यह भी स्पष्ट है कि देश में तथा विभिन्न राज्यों में बाल श्रमिकों की संख्या घट रही है। भारत में 2001 में कुल 126.66 लाख बाल श्रमिक थे जबकि 2011 में यह संख्या घटकर 101 लाख हो गयी। फिर भी इतने अनुमानित बच्चों के अलावा और बच्चे कहीं न कहीं काम करते हैं क्योंकि 2011 की जनगणना में यह भी पाया गया था कि देश में 4 करोड़ बच्चे प्राथमिक विद्यालयों में पढ़ने नहीं जाते अर्थात् उन्होंने न विद्यालयों में दाख़िला लिये थे और न 'श्रमिक' के रूप में ही प्रतिवेदित थे। अर्थात् 'कहीं नहीं' बच्चे। 2011 की भारत की जनगणना के आँकड़ों से निम्नलिखित तथ्य उभरते हैं:

(क) ग्रामीण क्षेत्रों में बाल श्रमिकों की संख्या 2001 की अपेक्षा घटी है जबकि शहरी क्षेत्रों में बढ़ी है क्योंकि वहाँ छोटे-मोटे कामों के लिए उनकी माँग बढ़ी है, और काम की तलाश में गाँव के बच्चे शहरों की ओर पलायन कर रहे हैं। शहरों में 83.4 प्रतिशत बच्चे ग़ैर-कृषि कार्यों में लगे हैं।

(ख) ग्रामीण क्षेत्रों में अधिकतर बच्चे अंशकालिक कामों (विशेषकर कृषि एवं उससे सम्बद्ध कार्यों) में लगे हैं। गाँवों में 40 प्रतिशत बच्चे कृषि मज़दूर, 31.5 प्रतिशत खेतिहर, 4.6 प्रतिशत घरेलू उद्योग, तथा 23.8 प्रतिशत अन्य कार्यों में लगे हैं।

(ग) आजकल अधिकतर बाल मज़दूर साक्षर हैं-केरल में 82.2 प्रतिशत तथा तमिलनाडु में 81.3 प्रतिशत बाल मज़दूर साक्षर हैं। 60 प्रतिशत से ज़्यादा साक्षर बाल मज़दूर वाले राज्य हैं: उत्तर प्रदेश, मध्य प्रदेश, कर्नाटक, पश्चिम बंगाल, असम, ओडिशा, पंजाब, हरियाणा, छत्तीसगढ़, एवं तेलंगाना। इसका प्रमुख कारण सर्वशिक्षा अभियान (अब समग्र शिक्षा अभियान) के तहत नामांकन में वृद्धि, और प्रारम्भिक बालबाड़ी केन्द्र तथा आँगनबाड़ी केन्द्र हैं।

(घ) अधिक साक्षर बाल मज़दूर वाले प्रमुख जिले हैं: सूरत (78.2

प्रतिशत), अहमदाबाद (78.1 प्रतिशत), उत्तरी 24 परगना (पश्चिम बंगाल) (76 प्रतिशत), बंगलूरू (75.6 प्रतिशत), पुणे (75 प्रतिशत), नासिक (74 प्रतिशत), एवं ठाणे (71 प्रतिशत)। दूसरी ओर पटना (55 प्रतिशत), बरेली (उत्तर प्रदेश, 54 प्रतिशत), करनूल (आन्ध्र प्रदेश, 49 प्रतिशत) में अपेक्षाकृत साक्षर बाल मज़दूर कम हैं।

(ङ) उत्तर प्रदेश और बिहार में सबसे ज़्यादा बाल मज़दूर हैं-दोनों राज्यों में भारत के कुल बच्चों की संख्या के 30.8 प्रतिशत बच्चे हैं किन्तु इन दोनों राज्यों में भारत के कुल बाल श्रमिकों के 32.2 प्रतिशत बाल श्रमिक हैं। उत्तर प्रदेश, बिहार, राजस्थान, महाराष्ट्र, पश्चिम बंगाल, एवं गुजरात में भारत के कुल बच्चों की 62.89 प्रतिशत आबादी रहती है जबकि इनमें भारत के कुल बाल मज़दूरों के 64.7 प्रतिशत बाल मज़दूर हैं।

(च) 2011 में भारत में बाल मज़दूरों के 32 प्रमुख स्थलों पर कुल 8.9 प्रतिशत बाल मज़दूर पाये गये। अधिकतम प्रमुख स्थल हिमाचल (6 जिले), नागालैंड (5 जिले), राजस्थान (4 जिले), एवं छत्तीसगढ़ (4 जिले) में हैं। मणिपुर (2 जिले), मध्य प्रदेश (2 जिले), जम्मू-कश्मीर (2 जिले) तथा मिजोरम, झारखंड, ओडिशा, एवं कर्नाटक में एक-एक प्रमुख स्थल (जिला) है।

(छ) सभी सामाजिक समूहों में से सबसे ज़्यादा बाल मज़दूर अनुसूचित जनजातियों में पाये गये हैं-शहरों की अपेक्षा गाँवों में अधिक बाल श्रमिक कम मज़दूरी पर कार्यरत हैं। 2001-2011 के दौरान अनुसूचित जनजातियों में बाल श्रमिकों की संख्या में 3 प्रतिशत की गिरावट दर्ज़ की गयी। इस बाबत दूसरे स्थान पर अनुसूचित जातियाँ थीं किन्तु 2001-2011 के दौरान इन समूहों में भी बाल श्रमिकों में 5.3 प्रतिशत गिरावट दर्ज़ की गयी। ये बच्चे भी ज़्यादातर ग्रामीण क्षेत्रों में कार्यरत हैं।

(ज) लड़कियाँ ज़्यादातर अंशकालिक कार्यों में ग्रामीण क्षेत्रों में कार्यरत हैं, तथा वे प्राय: विद्यालयों में शिक्षा नहीं ग्रहण कर रही हैं।

(झ) पहचाने गये बाल मज़दूरों की संख्या नियोजकों के विरुद्ध दायर किये गये अभियोजनों की संख्या, और दंडित किये गये नियोजकों की संख्या में उत्तरोत्तर कमी होती जाती है।

(ञ) अपने प्रवासी परिवारों के साथ गये बाल श्रमिक शिक्षा से प्राय: वंचित हैं।

पूरे भारत में 38 करोड़ लोग अनौपचारिक असंगठित क्षेत्रों में काम करते हैं। ये 93 प्रतिशत (पूरे श्रम बल का) कामगार सामाजिक सुरक्षा सुविधाओं से वंचित हैं-लिखित नियोजन पत्र के बिना, अनियमित मज़दूरी, भुगतान वाली छुट्टी नहीं, स्वास्थ्य-चिकित्सा सुविधा नहीं, कार्यस्थल पर सुरक्षा व्यवस्था का अभाव आदि उल्लेखनीय है। 2022-23 में असंगठित क्षेत्र ने सकल घरेलू उत्पाद (जी.डी.पी.) में 30 प्रतिशत से अधिक योगदान दिया। इनके कामगारों/ मालिकों को बैंक से ऋण नहीं मिल पाता। नोटबन्दी के कारण असंगठित क्षेत्र की रीढ़ टूट गयी और करोड़ों लोग बेरोज़गार हो गये।

**भ्रान्तियाँ**–युनिसेफ ने अपने अध्ययन में यह पाया है कि बाल श्रमिकों के बारे में बहुत सारी भ्रान्तियाँ एवं मिथक हैं जो यथार्थ के धरातल पर सही नहीं हैं। बाल श्रमिक का मसला बहुत ही जटिल है। एक ओर कुछ स्वार्थी नियोजक, अर्थशास्त्री, एवं बौद्धिक समूह यह दुष्प्रचार करते रहते हैं कि हर हालत में मुक्त बाज़ार होना चाहिए जहाँ बाज़ार की शक्तियाँ स्वतन्त्र रूप से कार्य कर सकें। दूसरी ओर कुछ परम्परावादी दकियानूस लोग यह मानते हैं कि वंचित जातियों और ग़रीब लोगों के बच्चे अपने बचपन को गिरवी रखकर, शिक्षा से वंचित रहकर, बचपन में ही मज़दूरी करते रहे हैं, और इसलिए वे हुनर सीखने जैसी तरह-तरह की थोथी दलीलें देते हैं। किन्तु यह सचाई है कि कोई भी बालक कम उम्र में मज़दूरी करने से नैसर्गिक विकास नहीं कर सकेगा, तथा उसका कद, वजन, एवं शारीरिक तथा मानसिक शक्तियों का विकास समुचित ढंग से नहीं हो सकेगा।

युनिसेफ के अनुसार बाल श्रमिकों के बारे में चार तरह की भ्रांतियाँ हैं: (1) बाल-श्रम सिर्फ़ ग़रीब एवं अविकसित देशों में है; (2) बाल श्रम का उन्मूलन तब तक नहीं हो सकेगा जब तक कि ग़रीबी का उन्मूलन नहीं हो जाता; (3) बाल श्रम मुख्यत: निर्यात करने वाले उद्योगों में होता है; एवं (4) बाल श्रम के खिलाफ़ एक मात्र उपाय उपभोक्ताओं, और सरकारों द्वारा प्रतिबन्धों एवं बहिष्कारों के ज़रिए दबाव डालना है

जहाँ तक पहली भ्रान्ति का सवाल है कि बाल श्रमिक केवल तीसरी दुनिया के ग़रीब देशों में हैं, यह सही नहीं है क्योंकि प्रायः सभी देशों में बाल श्रमिक काम करते हैं किन्तु काम का स्वरूप निर्धारित करता है कि वे काम बच्चों के लिए नुकसानप्रद हैं या नहीं। उदाहरणार्थ, विकसित देशों में बच्चों के द्वारा विद्यालय जाने के पहले अख़बार बाँटना शोषणपूर्ण नहीं माना जाता यद्यपि उन बच्चों को वयस्कों की अपेक्षा कम मज़दूरी मिलती है। युनिसेफ के अनुसार जहाँ विकसित देशों में बच्चे प्रायः जेब ख़र्च के लिए काम करते हैं, वहीं दूसरी ओर अविकसित देशों में बच्चे अपने परिवारों के जीवन-निर्वाह के लिए मज़बूरी में काम करते हैं। इंग्लैण्ड में 11 वर्ष की उम्र के कुल बच्चों के 15-26 प्रतिशत बच्चे, तथा 15 वर्ष की उम्र वाले कुल बच्चों के 36 से 66 प्रतिशत बच्चे काम करते हैं किन्तु ये बच्चे प्रायः विद्यालय भी जाते हैं। वे पूर्णतः स्वस्थ होते हैं, अच्छे पहनावे पहनते हैं, तथा विपरीत परिस्थितियों में काम करने को बाध्य नहीं होते। प्रथम लेखक ने इंग्लैण्ड में अख़बार बाँटते खुशहाल बच्चों को देखा है जिसकी तुलना भारत के दयनीय बाल मज़दूरों से नहीं की जा सकती। विकसित देशों का यह भी कहना है कि उन्होंने ख़तरनाक व्यवसायों में बाल श्रमिकों का उन्मूलन कर दिया है, इसलिए वे अविकसित देशों को वैसा करने के लिए उपदेश देते हैं। किन्तु युनिसेफ का कहना है कि अभी भी कई विकसित देशों में भी ख़तरनाक व्यवसायों में बाल श्रमिक काम करते हैं। मिसाल के तौर पर, यूनान में जिप्सी एवं अलबानियाई समुदाय जैसे अल्पसंख्यकों और आप्रवासियों के बच्चों से ख़तरनाक उद्योगों में काम लिया जाता है। इसी तरह संयुक्त राज्य अमरीका में कृषि में काफ़ी बाल श्रमिक हैं, और वे प्रायः आप्रवासियों तथा अल्पसंख्यक समुदायों के हैं। वहाँ 1983 से 1990 के बीच बाल श्रम कानूनों के उल्लंघन में क़रीब 250 प्रतिशत की वृद्धि हुई थी। 1990 में मात्र 3 दिन के विशेष अभियान में संयुक्त राज्य अमरीका के श्रम विभाग ने 11,000 बच्चों को अवैध रूप से काम करते हुए पाया था। मगर अब वहाँ की स्थिति काफी सुधर गयी है।

जहाँ तक दूसरी भ्रान्ति का सवाल है, इस पर युनिसेफ का कहना है कि यद्यपि समाज के सबसे ग़रीब और वंचित लोग ही प्रायः बाल श्रमिक होते हैं, किन्तु इससे यह निष्कर्ष नहीं निकाला जाना चाहिए कि बाल श्रमिक

और ग़रीबी अलग नहीं की जा सकती। वास्तव में, जब किसी बाल श्रमिक को ख़तरनाक काम में लगाया जाता है, तो उससे नियोजक, ग्राहक या बाल श्रमिक के परिवार वाले लाभान्वित होते हैं किन्तु यदि बाल श्रमिक अपना काम लम्बे अरसे तक करता रहा, तो वह अकुशल एवं कम मज़दूरी वाले कार्यों के जाल में फँसा रहेगा यानी उसे बेहतर हुनर प्राप्त करने का मौका नहीं मिलेगा, तथा उसे बेहतर मज़दूरी वाला काम नहीं मिल सकेगा। यद्यपि यह सही है कि आर्थिक विकास, रोज़गार-सृजन, निवेश, बेहतर आय-वितरण, वैश्विक अर्थव्यवस्था में परिवर्तन, सरकारी बजट में ज़्यादा प्रावधान, एवं बाह्य सहायता के द्वारा ग़रीबी को कम किया जा सकता है किन्तु ग़रीबी उन्मूलन से बाल श्रम के उन्मूलन को नहीं जोड़ा जाना चाहिए। यानी ख़तरनाक व्यवसायों एवं उत्पादन-प्रक्रियाओं से बाल श्रम को प्राथमिकता के आधार पर पूर्ण रूप से हटाया जाना चाहिए। इसी के मद्देनजर बच्चों के अधिकार के समझौते (1989) को अधिकांश अविकसित देशों ने अनुमोदित किया है। उदाहरणार्थ, निर्गुट आन्दोलन के सभी देशों के श्रम मन्त्रियों ने 1996 में नयी दिल्ली में इस बात पर सहमति दी थी कि ख़तरनाक रोज़गारों में लगे बाल श्रम के सम्पूर्ण एवं वास्तविक उन्मूलन को तत्काल प्राथमिकता दी जाए। उसी प्रकार अगस्त 1996 में दक्षेश (दक्षिण एशियाई क्षेत्रीय सहयोग संघ)-यानी सार्क-की मन्त्री स्तरीय बैठक में बँधुआ मज़दूरी प्रथा को सन् 2000 तक एवं बाल श्रम की बुराई को सन् 2010 तक ख़त्म करने का निर्णय लिया गया था। मगर इसमें 2025 तक इन देशों को सफलता नहीं मिली। इस प्रकार स्पष्ट है कि यद्यपि तीसरी दुनिया की ग़रीबी को एक दशक के अन्दर ख़त्म नहीं किया जा सकता किन्तु ख़तरनाक एवं अन्य व्यवसायों में लगे बाल श्रम को निश्चित रूप से ख़त्म किया जा सकता है क्योंकि बचपन में पढ़ाई और खेल-कूद की जगह काम करने से बच्चों के समग्र व्यक्तित्व का विकास नहीं हो सकता, तथा वे आजीवन कई तरह की सक्षमताओं से और अच्छे रोज़गार पाने से वंचित हो जाते हैं। यह चिंता की बात है कि निर्गुट आन्दोलन तथा दक्षेस के संकल्पों को हम पूरा नहीं कर सके।

तीसरी भ्रान्ति कि बाल श्रम मुख्यतः निर्यातोन्मुखी उद्योगों में होता है, यह भी सही नहीं है। वास्तव में, करोड़ों बच्चे ग़ैर-निर्यात कार्यों में लगे हुए हैं, और

निर्यातोन्मुखी उद्योगों में मुश्किल से 5 प्रतिशत बाल श्रमिक हैं। वास्तव में, कृषि क्षेत्र में सबसे ज़्यादा बाल श्रमिक हैं किन्तु उनका निर्यात से ज़्यादा लेना-देना नहीं है। बांग्लादेश में 1995 में किए गये एक अध्ययन में यह पाया गया था कि निर्यात क्षेत्र से बाहर क़रीब 300 प्रकार के कार्यों में बाल श्रमिक लगे हुए थे, जैसे घरेलू नौकर, ईंट बनाना, पत्थर तोड़ना, दुकानों में काम करना, होटलों में काम करना, मोटर मरम्मत का काम करना, रद्दी बटोरना, आदि।

जहाँ तक चौथी भ्रान्ति का सवाल है यानी बाल श्रम-उन्मूलन का एकमात्र उपाय उपभोक्ताओं, और सरकारों द्वारा प्रतिबन्धों और बहिष्कारों के माध्यम से दबाव डालना है, यह भी सही नहीं है क्योंकि इसका अर्थ यह भी निकलता है कि सिर्फ़ पश्चिमी दबाव बाल श्रमिकों के विरुद्ध हैं, और अविकसित देशों के स्वयंसेवी संगठन, संचार माध्यम, एवं सरकारें इस समस्या को नज़रअन्दाज़ कर रही हैं, किन्तु यह पूरा सच नहीं है। अन्तरराष्ट्रीय श्रम संगठन के 'इन्टरनेशनल प्रोग्राम ऑन इलिमिनेशन ऑव चाइल्ड लेबर' की शुरुआत 1991 में 6 देशों के बच्चों को मदद करने के लिए हुई थी किन्तु अब यह कार्य ग़ैर-सरकारी संस्थाओं और सरकारों की मदद से दर्ज़नों देशों में हो रहा है। दूसरे, इस भ्रान्ति का एक अर्थ यह भी ध्वनित होता है कि व्यापारिक प्रतिबन्ध और उपभोक्ता बहिष्कार के ज़रिए वैश्विक समाज में तेजी से इस समस्या का निदान हो सकेगा। किन्तु जैसा कि ऊपर स्पष्ट किया गया है कि प्रतिबन्ध सिर्फ़ निर्यात उद्योगों पर लागू होते हैं, और निर्यात उद्योगों में काम करने वाले बच्चों की संख्या अपेक्षाकृत बहुत कम है, तथा व्यापारिक प्रतिबन्धों के दीर्घकालीन परिणाम अन्ततः बच्चों का ही अहित कर सकते हैं। उदाहरणार्थ, 1992 में संयुक्त राज्य अमरीका में एक विधेयक कांग्रेस में रखा गया था कि 15 वर्ष से कम उम्र के बच्चों द्वारा बनाए गये उत्पादों का आयात नहीं किया जाएगा। इसके डर मात्र से बांग्लादेश का वस्त्र उद्योग अत्यन्त प्रभावित हुआ क्योंकि उसके कुल वस्त्र उत्पादन का 60 प्रतिशत संयुक्त राज्य अमरीका में निर्यात किया जाता था। उसके रोक के डर मात्र से उन बाल श्रमिकों, जिनमें से अधिकांश लड़कियाँ थीं, को वस्त्र बनाने वाले कारखानों से निकाल दिया गया था। किन्तु बाद में एक अध्ययन में पाया गया था कि वहाँ से हटाए जाने के बाद उनमें से कुछ बाल श्रमिक ज़्यादा ख़तरनाक-पेशों, कम मज़दूरी

वाले व्यवसायों, और यहाँ तक कि मज़बूरी में वेश्यावृत्ति में संलग्न पाए गए! इसलिए कहीं भी व्यापारिक प्रतिबन्ध लगाने के पूर्व उसके दूरगामी प्रभावों का अध्ययन करना, एवं मानवता तथा नैतिकता की दृष्टि से समीचीन विकल्प तलाश करना आवश्यक है।

चूँकि बाल मज़दूरी में ग़रीबी, विषमता, शैक्षिक अवसरों की कमी, धीमी गति से जनसांख्यिकीय संक्रमण (डेमोग्राफिक ट्रान्जिशन), नकारात्मक परम्पराएं, एवं सांस्कृतिक अपेक्षाएं आदि विशेष कारक होते हैं, इसलिए अन्तरराष्ट्रीय श्रम संगठन के अनुसार बाल मज़दूरी के मूल कारणों को हल करने के लिए निम्नलिखित कदम उठाने आवश्यक हैं:

(क) स्थायी आर्थिक विकास;

(ख) सार्वभौमिक शिक्षा;

(ग) श्रम मानकों का सम्मान;

(घ) सामाजिक संरक्षण;

(ङ) बच्चों की ज़रूरतों और अधिकारों की मान्यता; तथा

(च) सम्मानजनक काम (डिसेंट वर्क)

वास्तव में, श्रम कानूनों को सख़्ती से लागू करने के लिए जिला प्रशासन तथा श्रम प्रशासन (राज्य स्तर, निदेशालय स्तर, एवं जिला स्तर) को काफ़ी सक्रिय होने की ज़रूरत है क्योंकि राष्ट्रीय बाल श्रमिक परियोजना (एन.सी.एल.पी.) के आँकड़ों के अनुसार भारत में 2012 में कुल 59,026 बाल श्रम निरीक्षण किये गये थे जिनमें से अन्ततः मात्र 435 मामलों में ही अदालत ने सजा दी। फरवरी 2019 में भारत सरकार ने संसद में उत्तर दिया था कि देश में 2015-18 के दौरान 10,826 बाल श्रम कानूनों के उल्लंघन के मामले दर्ज़ किये ये। उनमें से 6,032 मामलों (56 प्रतिशत) में अभियोजन ने कार्रवाई शुरु की, और मात्र 2,701 मामलों में (25 प्रतिशत) सजा सुनाई गयी। यद्यपि 2012 से (सजा के मामले में) 2015-18 के दौरान प्रगति हुई, मगर इससे स्पष्ट है कि इसमें 75 प्रतिशत अभियुक्त येन-केन-प्रकारेण बरी हो जाते हैं। 2015-18 में ओडिशा में पूरे देश के कुल 10,826 उल्लंघन के मामलों में से 4,516 (42 प्रतिशत) मामले दर्ज़ थे, उसके बाद उत्तर प्रदेश (1,416), तेलंगाना (747), पंजाब (898), तथा गुजरात (422) में उल्लंघन हुए थे।

अस्तु, सभी शासनिक-प्रशासनिक अधिकारियों द्वारा एक ओर श्रम कानूनों का सख़्त अनुपालन हो, और दूसरी ओर बच्चों के विकास, शिक्षा, स्वास्थ्य, संरक्षण एवं कल्याण की ठोस कार्रवाई सरज़मीन पर की जाये। एक बात और उल्लेखनीय है कि बच्चों को नि:शुल्क एवं अनिवार्य शिक्षा का अधिकार अधिनियम 2009 (जो 1 अप्रैल 2010 से लागू हुआ) के लागू होने से और आर्थिक विकास की गति तेज होने (ग़रीबी के प्रतिशत में काफी कमी आने से) से बाल मज़दूरों की संख्या में काफी कमी आयी मगर अभी तक बाल श्रम की समस्या पूरी तरह ख़त्म नहीं हुई है।

# 6

# बाल श्रम-शोषण के स्वरूप एवं परिणाम

विश्व के अन्य देशों की तरह भारत में भी बाल श्रमिक पहले खेतों के कामों में लगे रहते थे, और अभी भी लगे रहते हैं, किन्तु औद्योगीकरण एवं शहरीकरण की प्रक्रियाएँ बढ़ने के साथ-साथ विभिन्न औद्योगिक प्रक्रियाओं एवं व्यवसायों में बाल श्रमिकों को बड़े पैमाने पर नियोजित किया जाने लगा है। कुछ बाल श्रमिक काग़ज़ के चन्द टुकड़ों के लिए अपना बचपन धीरे-धीरे बेचते रहते हैं, तो कुछ के माँ-बाप अपने परिवार की आमदनी बढ़ाने तथा भूख मिटाने हेतु कुछ अतिरिक्त आय का जुगाड़ करने के नाम पर अपने मासूम बच्चों को अस्थायी एवं अलिखित रूप से मालिकों के यहाँ गिरवी तक रख देते हैं, और उसके बदले में उन मालिकों से वे कुछ रुपये अग्रिम ले लेते हैं, अथवा पुराने ऋण की किश्तवार भरपाई करने का समझौता कर लेते हैं। इसके अलावा कहीं-कहीं बिना किसी भुगतान के बच्चों से काम कराया जाता है, और उन बाल श्रमिकों के माँ-बाप इस ग़लतफ़हमी में रहते हैं कि उनका बच्चा हुनर सीख रहा है। झारखण्ड के गढ़वा जिले में कुछ वर्ष पूर्व हमारे भ्रमण के दौरान यह ज्ञात हुआ था कि वहाँ से कुछ बच्चे मिर्ज़ापुर में कालीन उद्योग में काम करते थे और उन्हें सिर्फ़ खाना मिलता था यानी (एक भी पैसा की) मज़दूरी नहीं दी जाती थी। बाल श्रमिकों के शोषण के स्वरूप और प्रक्रिया की विधिवत् जानकारी तालिका 1 के अवलोकन से हो जाती है। 12 जून को प्रति वर्ष पूरी दुनिया में 'अन्तरराष्ट्रीय बाल श्रम-विरोधी दिवस' मनाया जाता है, तथा 20 नवम्बर को 'विश्व बाल दिवस' मनाया जाता है। भारत में 14 नवम्बर को पंडित जवाहरलाल नेहरू के जन्म दिवस पर 'बाल दिवस' मनाया जाता है। संयुक्त राष्ट्र की महासभा ने वर्ष 2021 को 'अन्तरराष्ट्रीय बाल मज़दूर समापन

वर्ष' घोषित किया था। इसलिए यह सवाल ज़्यादा महत्वपूर्ण है। मगर 2025 तक पूरे विश्व में बाल मज़दूरी समाप्त करने का लक्ष्य पूरा नहीं हुआ यद्यपि 2024 में अन्तरराष्ट्रीय बाल श्रम दिवस का विषय 'बाल श्रम की समाप्ति' पुनः रखा गया था। 2025 में इसका विषय था–'प्रगति स्पष्ट है, मगर और अधिक करना है : हम प्रयास की गति बढ़ायें।'

इस तालिका 1 के अवलोकन से यह स्पष्ट होता है कि मालिकों द्वारा बाल श्रमिकों का शोषण भिन्न-भिन्न तरीक़े से किया जाता है। बाल श्रमिकों के कार्य करने की स्वतन्त्रता प्रायः कम रहती है। जो माँ-बाप मालिकों से ऋण लिये रहते हैं, उसे साधने (पटाने) के लिए बच्चों को बिना पारिश्रमिक पाये कार्य करना पड़ता है, और उसके साथ ही उलाहना और प्रताड़ना भी सहनी पड़ती है। इतना ही नहीं, बाल श्रमिकों को विभिन्न कानूनों के तहत निर्धारित कार्यावधि से काफी अधिक घण्टे काम करने पड़ते हैं। विश्व के तमाम अविकसित देशों में प्रत्येक चार बच्चे में से एक बच्चा बाल श्रमिक, तथा 10 से 14 वर्ष की उम्र के अविकसित देशों के क़रीब 25 करोड़ बच्चों में से क़रीब 16 करोड़ बाल श्रमिक (2024 में) हैं, तथा उनमें से 7.3 करोड़ ख़तरनाक कार्यों में सप्ताह में 6 दिन या उससे अधिक कार्य करते हैं, तथा क़रीब 50 प्रतिशत रोज़ाना 9 घण्टे या उससे अधिक कार्य करते हैं। अफ्रीका महाद्वीप में करीब 20 प्रतिशत बच्चे मज़दूरी करते हैं और एशिया-प्रशान्त में 7.4 प्रतिशत बच्चे मज़दूरी करते हैं। विश्व भर में हर तीसरा बाल मज़दूर निरक्षर है। विश्व में 48 प्रतिशत बाल मज़दूर 5-11 वर्ष के, 28 प्रतिशत बाल मज़दूर 12-14 वर्ष के, तथा 24 प्रतिशत बाल मज़दूर 15-17 वर्ष के हैं। वे मुख्यतः कृषि कार्यों में (71 प्रतिशत) लगे हैं, और सेवा क्षेत्र में 17 प्रतिशत तथा उद्योग क्षेत्र में 12 प्रतिशत लगे हैं। विश्व में कुल 15.2 करोड़ बाल श्रमिकों में से 6.4 करोड़ लड़कियाँ, और 8.8 करोड़ लड़के हैं। विश्व के कुल बाल श्रमिकों के अधिसंख्य (78 लाख) भारत में रहते हैं (2023)।

## तालिका 1: बाल श्रमिकों के शोषण के स्वरूप एवं प्रकार

| क्र. स. | आधार | शोषण के स्वरूप एवं प्रकार | | |
|---|---|---|---|---|
| 1 | 2 | 3 | 4 | 5 |
| 1. | पारिश्रमिक | कम मज़दूरी का भुगतान | कोई भुगतान नहीं | पारिवारिक ऋण/अग्रिम का किश्तवार समायोजन (सटोबटो) |
| 2. | कार्यावधि | पूर्णकालिक | अंशकालिक | निर्धारित कार्यावधि से काफी अधिक |
| 3. | स्वतन्त्रता | पूरी स्वतन्त्रता | सीमित स्वतन्त्रता (आधा बँधुआ) | कोई स्वतन्त्रता नहीं (बँधुआ) |
| 4. | उत्पादन कार्य-परिसर | घर से अलग मालिक का कार्य-परिसर | मालिक के घर में उत्पादन-कार्य करना | मज़दूरों द्वारा अपने घर/सम्बन्धियों के घर पर काम करना (घरैया) |
| 5. | नियोजन | निजी मालिक के अधीन | पारिवारिक नियोजन | ठेकेदार/एजेंट के अधीन |
| 6. | सेक्टर (उत्पादन-क्षेत्र) में संख्या | प्राथमिक (कृषि) में सर्वाधिक बाल श्रमिक | द्वितीयक क्षेत्र (मैनुफैक्चरिंग एवं औद्योगिक)–न्यूनतम संख्या | तृतीयक (घरेलू नौकर, होटल, दुकान, गैरेज आदि में सेवाएँ)–मध्यम संख्या |
| 7. | संगठनात्मकता | असंगठित क्षेत्र में सबसे अधिक | संगठित क्षेत्र में कम | अर्ध संगठित क्षेत्र में संगठित से अधिक |

| 8. | कार्य का जोखिम | ग़ैर-जोखिमपूर्ण | अति जोख़िमपूर्ण | कम जोख़िमपूर्ण |
|---|---|---|---|---|
| 9. | मज़दूरी भुगतान-पद्धति | टाइम-रेट (मासिक/सप्ताहिक/दैनिक) | पीस-रेट (मात्रा/संख्या) | पीस रेट कार्य पर मासिक भुगतान (हीरा कार्य) |
| 10. | कार्य के अतिरिक्त शोषण | शारीरिक | मानसिक | यौन |

इसके अलावा यह भी पाया गया है:

(1) प्राय: संगठित क्षेत्रों में बाल श्रमिक नहीं के बराबर हैं किन्तु असंगठित एवं अनौपचारिक क्षेत्रों के व्यवसायों एवं औद्योगिक प्रक्रियाओं में बाल श्रमिकों की संख्या बहुत अधिक है।

(2) भारत में संख्या में सबसे अधिक बाल श्रमिक कृषि क्षेत्र में हैं, किन्तु बाल श्रमिकों का सबसे ज़्यादा शोषण विनिर्माण (मैनुफैक्चरिंग) एवं औद्योगिक उत्पादन-क्षेत्रों में किया जाता है, जहाँ उत्पादन प्रकिया प्राय: जोख़िमपूर्ण एवं ख़तरनाक होती है, यानी बच्चों को 800 से 1,200 डिग्री सेल्सियस के तापमान वाली भट्ठियों पर ताला बनाने, काँच की चूड़ियाँ बनाने, चीनी मिट्टी के बर्तन बनाने, पीतल के बर्तन बनाने, स्लेट बनाने आदि का कार्य करना पड़ता है।

(3) भारत में बच्चे प्राय: लघु उद्योगों, घरेलू कार्यों, कृषि आदि क्षेत्र में ज़्यादा कार्यरत हैं, न कि बड़े कारख़ानों में जैसा कि 19वीं सदी के ब्रिटेन एवं संयुक्त राज्य अमेरिका में था। भारत में कुल बाल श्रमिकों के 80 प्रतिशत ग्रामीण क्षेत्रों में एवं मात्र 20 प्रतिशत शहरी क्षेत्रों में कार्यरत हैं।

(4) भारत में 2001 में बाल श्रम कुल श्रम-शक्ति का मात्र 5.2 प्रतिशत था जबकि बांग्लादेश में 19.5 प्रतिशत, ब्राजील में 18.8 प्रतिशत, तुर्की में 27.3 प्रतिशत, थाईलैण्ड में 20.9 प्रतिशत, पाकिस्तान में 16.6 प्रतिशत, इण्डोनेशिया में 12.4 प्रतिशत,

मेक्सिको में 11.5 प्रतिशत, श्रीलंका में 4.9 प्रतिशत, मिस्र में 8.2 प्रतिशत था। मगर अब भारत में यह 1 प्रतिशत से कम है। कैलाश सत्यार्थी फाउंडेशन के अनुसार 2023 में भारत में 78 लाख बाल मज़दूर थे। इस प्रकार बाल मज़दूरी अविकास की एक अन्तरराष्ट्रीय परिघटना है।

(5) बालकों की कुल बाल श्रमिकों की संख्या में 55 प्रतिशत एवं बालिकाओं की 45 प्रतिशत भागीदारी है।

इसके बाद हम यौन शोषण, घुमन्तू बाल-मज़दूरों, शारीरिक शोषण, तथा फुटपाथी बच्चों के शोषण पर विशेष प्रकाश डालना चाहेंगे।

## (1) यौन शोषण

यह अत्यन्त हृदयविदारक किन्तु सत्य है कि बालक और बालिका श्रमिकों का यौन-शोषण मालिकों, ठेकेदारों, एजेंटों, सहकर्मियों, अपराधियों आदि द्वारा किया जाता है। इसका उद्‌देश्य यह भी होता है कि बच्चों में इतना डर पैदा कर दिया जाए कि वे शोषण के विरुद्ध आवाज़ तक नहीं उठा सकें। इसके कारण बच्चों का 'अपसमायोजन' (मैल-एडजस्टमेन्ट) हो जाता है। कई समाजशास्त्रियों का मानना है कि बालकों और अभिभावकों के बीच असामान्य सम्बन्ध, माँ द्वारा उपेक्षा, बहुत बड़ा (संयुक्त) परिवार, अथवा टूटा हुआ परिवार, नैतिक शिक्षा का अभाव, चरित्र की जटिलता, गलाकाट प्रतियोगिता, तथा ग़रीबी के कारण बच्चों का मानसिक विकास मन्द पड़ जाता है। यह सर्वविदित है कि बहुतेरे बाल श्रमिक प्रायः परिवार की आर्थिक कठिनाइयों के कारण काम करने जाते हैं। ऐसे में उनका सामना यौन-शोषकों के साथ पड़ने के कारण मानसिक एवं शारीरिक रूप से वे घोर अत्याचार के शिकार होते हैं।

यह कहने की आवश्यकता नहीं कि बलात्कार की शिकार महिलाओं में से अधिकांश ग़रीब घरों की तथा काम करने वाली महिलाएँ/बालिकाएँ होती हैं। घरेलू नौकर के रूप में काम करने वाली बालिकाओं/महिलाओं का यौन-शोषण प्रायः अप्रतिवेदित रहता है। 2024 में भारत के पूर्व प्रधानमंत्री श्री देवगौड़ा के पौत्र प्रज्ज्वल रेवन्ना ने महिला घरेलू कर्मियों का कई बार बलात्कार किया। इस बाबत 2024 में प्राथमिकी दर्ज़ होने के बाद उसे

गिरफ़्तार भी किया गया। वह लम्बे अरसे तक उन्हें ब्लैकमेल करके यौन-शोषण करता रहा। बाद में पुलिस केस दर्ज़ होने के बाद उसे अगस्त 2025 में आजीवन कारावास की सजा हुई। उसे 11.50 लाख रुपये का जुर्माना भी हुआ जिसमें से 11.25 लाख रुपये पीड़ित महिला को दिया गया।

दिल्ली के लालबत्ती क्षेत्र के रूप में मशहूर जी.बी. रोड (श्रद्धानन्द मार्ग) नयी लड़कियों को वेश्या बनाने का एक बहुत बड़ा केन्द्र है, जहाँ न केवल भारत देश के कोने-कोने से लड़कियाँ ख़रीदकर, काम दिलाने का बहाना बनाकर, आपराधिक षड्यन्त्रों में फाँसकर, शादी का प्रलोभन देकर या सुख-सुविधा का सब्ज़बाग दिखाकर वेश्यावृत्ति के जाल में फाँसी जाती हैं, बल्कि पड़ोसी देश यथा-नेपाल, बांग्लादेश आदि से भगाई गयी लड़कियों को भी वेश्या बनाया जाता है। इसके अलावा एक रिपोर्ट के मुताबिक जी.बी. रोड (दिल्ली) में रोज़ाना क़रीब 50 युवतियाँ दिन भर अपनी देह बेचती हैं, तथा शाग को पूर्वी दिल्ली की सीमापुरी की झुग्गी-झोंपड़ियों में वापस लौट जाती हैं। उनमें से अधिकांश बांग्लादेश से भगाई हुई लड़कियाँ हैं, तथा सभी बहुत कम उम्र में ही माँ बन गयी हैं जिसकी वज़ह से देह-व्यापार में लिप्त रहना उनकी मज़बूरी हो गयी है। इस ख़बर में यह तथ्य भी प्रकाश में आया है कि बलात्कार एवं वेश्यावृत्ति के मामलों में पुलिस की सहभागिता होती है। उदाहरणार्थ, 11 वर्षीय फ़रीदा नाम की लड़की के साथ पाँच पुलिसकर्मियों एवं दो अन्य लोगों ने सामूहिक बलात्कार किया था जिनमें से एक बलात्कारी व्यक्ति सीमापुरी के एक ब्लॉक में प्रधान था। लगातार बलात्कार के कारण फ़रीदा अन्ततः वेश्या बन गयी। इसी प्रकार झारखण्ड के बोकारो, धनबाद, हज़ारीबाग, राँची (छोटा नागपुर क्षेत्र) से ईंट भट्ठा, कोयला, सड़क-भवन निर्माण कार्यों के ठेकेदार, भुखमरी एवं ग़रीबी से त्रस्त आदिवासी-दलित परिवारों की महिला श्रमिकों (रेजा) को उनके परिवार वालों की सहमति से बाहर ले जाते हैं। धनरोपनी (बरसात के समय जब वे महिलाएं वापस लौटती हैं, तो उनकी कोख में उन ठेकेदारों/एजेन्टों आदि के अवैध बच्चे पल रहे होते हैं। ये ठेकेदार उनके परिवार वालों को शुरू में ही कुछ रुपये अग्रिम दिए रहते हैं, तथा उनके दबंग होने के कारण ठेकेदार के विरोध में वे कोई कार्रवाई नहीं कर पाते। किन्तु समाज उन महिलाओं को दोषी मानकर बहिष्कृत कर देता है। फिर वे कोठों

पर जाने को मज़बूर होती हैं। कभी-कभी एक ठेकेदार से दूसरे ठेकेदार को बेच देने और फिर कोठे पर पहुँचने की बात भी प्रकाश में आई है।

यौन-शोषण के और भी कई रूप एवं तरीक़े हैं। खाड़ी के देशों के अमीरों द्वारा भारत की मासूम ग़रीब बच्चियों को ख़रीद लिया जाता है, और विदेश ले जाकर न सिर्फ़ उनका यौन-शोषण किया जाता है बल्कि मज़दूर के रूप में भी रखा जाता है क्योंकि वहाँ मज़दूरी की दर बहुत ज़्यादा है। ऐसे में उससे बचने के लिए बड़े-बड़े अमीर-सेठ कई लड़कियों से विवाह कर लेते हैं। इसके अलावा हर साल विश्व में क़रीब बीस लाख लोग (महिलाएँ एवं बच्चे मुख्यत:) दास के रूप में बेचे जाते हैं (राष्ट्रीय सहारा, 15 जुलाई, 2007)।

यौन-शोषण के रूप में यह भी एक परिपाटी है कि अधिक उम्र वाले पुरुष कम उम्र की लड़कियों के साथ बेमेल विवाह करते हैं क्योंकि लड़की के माँ-बाप दहेज देने में असमर्थ होते हैं। ज़्यादा उम्र के पुरुष विवाह के लिए लड़की के माँ-बाप को कुछ धनराशि उपलब्ध करा देते हैं। ऐसे परिवार प्राय: मजदूर-वर्ग के होते हैं जो अपनी लड़कियों को बुज़ुर्गों के साथ ब्याह देते हैं। ब्रिटेन के मोरी रेन्डम सैम्पल सर्वे में 1994 में पाया गया था कि 2,000 लोगों में से 206 लोगों ने स्वीकार किया था कि बचपन में उनका यौन-शोषण किया गया था। इसी प्रकार 1985 में टाटा इन्स्टीट्यूट ऑव सोशल साइंसेज, मुम्बई द्वारा एक अध्ययन किया गया था जिसमें पाया गया था कि 20-24 वर्ष के मध्यमवर्गीय परिवारों की प्रत्येक तीन लड़कियों में से एक लड़की का यौन-शोषण होता है। यह बात भी प्रकाश में आई थी कि बचपन में यौन-शोषण, लड़की के चाचा, चचेरे भाई, सौतेले पिता/भाई के साथ-साथ सगे भाइयों, पिताओं आदि ने भी किया था। विभिन्न अध्ययनों के दौरान यह भी पाया गया है कि यौन-शोषण के साथ-साथ बच्चों का शारीरिक शोषण भी किया जाता है-यानी उनकी पिटाई भी की जाती है। यौन-शोषणों के परिणामस्वरूप यौन-निष्क्रियता, नपुंसकता, मानसिक अवसाद (डिप्रेशन), आत्महत्या की प्रवृत्ति, अपराध-भाव, एकान्त में रहने का भाव, तनावग्रस्त सम्बन्ध, भावनात्मक घुटन आदि दुष्परिणाम होते हैं। एड्स जैसी गम्भीर बीमारियों के प्रकाश में आने से इस बात का अन्दाज़ लगाया जा सकता है कि असुरक्षित यौन-सम्बन्ध के

कारण तमाम वेश्याएँ (बाल-वेश्याओं सहित) इस रोग की शिकार हैं जो पूरे समाज के लिए प्राणघातक हैं।

राष्ट्रीय अपराध रिकॉर्ड्स ब्यूरो के अनुसार 2015 में भारत में सभी बच्चों पर किये गये अपराधों में से 35 प्रतिशत लड़कियों पर किये गये यौन अपराध थे जो 2018 में बढ़कर 50 प्रतिशत हो गये। 2019 में भारत में रोज़ाना 88 बलात्कार के मामले दर्ज़ किये गये, और साल में कुल 32,033 मामले दर्ज़ किये गये जिनमें से 11 प्रतिशत दलितों से संबन्धित हैं। भारत में 10 दलित महिलाओं का रोज़ाना बलात्कार होता है। 2019 में 6,000 बलात्कार के मामले राजस्थान में तथा 3,065 मामले उत्तर प्रदेश में दर्ज़ किये गये। उत्तर प्रदेश में कुल बलात्कारों में से 19 प्रतिशत तथा राजस्थान में कुल में से 9 प्रतिशत दलित महिलाओं के थे। 2010-2019 के दौरान भारत में 3.13 लाख बलात्कार के मामले दर्ज़ किये गये थे। इस दौरान लड़कियों और महिलाओं के बलात्कार का ख़तरा 44 प्रतिशत बढ़ गया। 2012 में दिल्ली में निर्भया का सामूहिक बलात्कार कांड हुआ था और उसके चार अपराधियों को 2020 में फाँसी की सजा दी गयी। 2012 में 'पोक्सो' कानून (यौन अपराधों से बच्चों का संरक्षण) बना जिसमें 12 वर्ष से कम उम्र की बालिका से बलात्कार करने पर मृत्युदंड की सजा का भी प्रावधान है। 2019 में भारत में बलात्कार के मामलों में सजा पाने का प्रतिशत मात्र 27.8 था अर्थात् अधिकतम अभियुक्त बरी हो जाते हैं। दरअसल 94 प्रतिशत बलात्कार परिचितों द्वारा किये जाते हैं (2019)। महानगरों में दिल्ली में सबसे ज़्यादा बलात्कार के मामले दर्ज़ किये जाते हैं (1,253 मामले 2019 में)।

इतना ही नहीं, यदि हम सभी बलात्कार के मामलों में से बच्चियों के साथ किए गये बलात्कारों पर नज़र डालें, तो हम पाएँगे कि यह अनुपात पिछले कुछ वर्षों में बढ़ा है। मसलन 1990-94 के वर्षों में 10 वर्ष के नीचे की बालिकाओं और 10 से 16 वर्ष की बालिकाओं के साथ बलात्कार के मामले क्रमश: 84 प्रतिशत एवं 55 प्रतिशत बढ़े, तथा 2019 में 81 प्रतिशत बलात्कार 16 वर्ष के नीचे की बालिकाओं के साथ किये गये थे जो तालिका संख्या 2 से स्पष्ट है:

**तालिका 2 : भारत में बालिका-बलात्कार की स्थिति**

| वर्ष | 10 वर्ष के नीचे की बालिकाओं के साथ बलात्कार के मामले | 10-16 वर्ष की बालिकाओं के साथ बलात्कार के मामले | कुल बलात्कार के मामलों में बालिका बलात्कार के मामलों का प्रतिशत |
|---|---|---|---|
| 1 | 2 | 3 | 4 |
| 1990 | 394 | 2,105 | 24.8 |
| 1991 | 1,099 | 2,630 | 35.8 |
| 1992 | 532 | 2,581 | 26.5 |
| 1993 | 634 | 2,759 | 27.8 |
| 1994 | 727 | 3,259 | 30.2 |
| 2019 | अनुपलब्ध | 26,192 | 81.0 |

स्रोत: क्राइम इन इण्डिया (1994) एवं 2019

हाल के वर्षों में अर्थात् इक्कीसवीं सदी के दो दशकों में बच्चियों के विरुद्ध कई प्रकार के अपराध बढ़ रहे हैं जिसे हम अगली तालिका 3 में देख सकते हैं:

**तालिका 3 : भारत मं इक्कीसवीं सदी में बच्चियों के विरुद्ध अपराध**

| अपराध | 2001 | 2002 | 2019 |
|---|---|---|---|
| बलात्कार | 2,113 | 2,532 | 26,192 |
| भ्रूणहत्या | 55 | 84 | 139 |
| अवयस्क बच्चियों की दलाली | 138 | 124 | 3,189 |
| वेश्यावृत्ति हेतु बच्चियों का क्रय | 6 | 9 | 8 |
| वेश्यावृत्ति हेतु बच्चियों की बिक्री | 8 | 9 | 26 |
| योग | 2,320 | 2,754 | 29,554 |

उपर्युक्त तालिका 3 से स्पष्ट है कि बच्चियों का या तो सीधे यौन-शोषण बढ़ रहा है अथवा अन्य (परोक्ष) तरीक़ों से उनका शोषण लैंगिक आधार पर हो रहा है। यह भी उल्लेखनीय है कि भ्रूणहत्या के अधिकतर मामले दर्ज़ नहीं होते और वे मादा भ्रूणहत्या ही प्राय: होते हैं। इसके अलावा यह भी

महत्त्वपूर्ण है कि ये भ्रूणहत्याएँ महानगरों में ज़्यादा होती हैं। वैसे गुजरात, पंजाब, और हरियाणा जैसे विकसित राज्यों के गाँवों में भी यह प्रवृत्ति बढ़ी है। गर्भ-धारण-पूर्व एवं प्रसव-पूर्व लिंग परीक्षण तकनीक अधिनियम बनने के बावजूद भ्रूण का लिंग परीक्षण करके मादा भ्रूणों की हत्या कर दी जाती है। एक अनुमान के अनुसार भारत में 5 लाख मादा भ्रूणों की हत्या प्रति वर्ष की जाती है। अवयस्क बच्चियों की सबसे ज़्यादा दलाली महाराष्ट्र में हुई जहाँ 2002 में 34 मामले दर्ज़ हुए थे। यह भी विशेष रूप से उल्लेखनीय है कि कुछ लड़कियाँ उपभोक्तावादी संस्कृति, महत्त्वाकांक्षा, तथा अतिरेक यौनेच्छा के कारण 'कालगर्ल' बनती हैं (जो प्राय: उच्च वर्ग, उच्च मध्य वर्ग की होती हैं), जबकि दूसरी ओर एड्स के बढ़ते प्रसार के कारण अवयस्क लड़कियाँ बलात्कार की शिकार ज़्यादा हो रही हैं अथवा कोठों पर वेश्यावृत्ति करने को मज़बूर हो जाती हैं। एक अनुमान के मुताबिक दक्षिण तथा दक्षिण-पूर्व एशिया में क़रीब दस लाख लड़कियाँ (16 वर्ष से कम) वेश्यालयों में रहने को अभिशप्त हैं। सरकारी आँकड़ों के अनुसार भारत के बड़े नगरों यथा-कोलकाता, बंगलुरू, दिल्ली, हैदराबाद, चेन्नई, मुम्बई आदि में 1991 में 25,000 लड़कियाँ वेश्यावृत्ति में लगी थीं। किन्तु राष्ट्रीय महिला आयोग ने 1997 में अनुमान लगाया था कि अकेले मुम्बई में 10,000 लड़कियाँ (10-16 वर्ष की) अपने घरों पर देह-व्यापार करती हैं। महाराष्ट्र सरकार ने अगस्त 2005 में 'डान्स बार' पर यह कहकर रोक लगा दी थी कि उनमें देह-व्यापार होता है। इस काम में क़रीब 75,000 महिलाएं लगी थीं। मगर बाद में सर्वोच्च न्यायालय के आदेश से डान्स बार से पूर्ण प्रतिबन्ध हटा लिया गया। आज के भूमण्डलीकरण, उदारीकरण और निजीकरण के युग में वेश्याओं को 'यौनकर्मी' (सेक्स वर्कर) कहा जाता है, इस प्रकार उन्हें कामगार की मान्यता देने की प्रवृत्ति बढ़ी है, भले वह नैतिकता की क़ीमत पर हो। दूसरी ओर यह भी सही है कि समाज के जो ठेकेदार इसे अनैतिक करार देते हैं, उन्हीं में से तमाम इस काम को अंज़ाम भी देते हैं ('मंडी' फिल्म)।

एक ख़ास मामले में पाया गया कि मैसूर में 1993 में मदइया नामक व्यक्ति ने अपनी दो बेटियों को दो-दो सौ रुपये में बेच दिया था क्योंकि वह उनका भरण-पोषण नहीं कर सकता था। इसी प्रकार एक भूमिहीन किसान

ने अपने बच्चों का पालन-पोषण तथा विवाह आदि करने में असमर्थता के कारण अपनी बेटी को बेच दिया था। इसी तरह बासवइया ने भी अपनी दो लड़कियों को 325 रुपये में बेच दिया था। उनमें से अधिकांश बच्चे कोदागू, हासन, चिकमगलूर, शिमोगा, मंगलोर के अमीरों के हाथ बेचे गये थे। उनमें से कुछ लड़कियाँ मुम्बई के वेश्यागृहों में पहुँच गयी। मैसूर जिले के हंसूर अनुमण्डल के 16 बच्चों को उसी साल बेचा गया था जिनमें से 13 लड़कियाँ थीं। बेचने वाले अधिकांश परिवार आदिवासी हैं। उनका कहना है कि वन संरक्षण अधिनियम 1980 लागू होने के बाद जंगल के लघु वन-पदार्थों पर से इनका अधिकार छिन गया, और ग़रीबी के कारण वे अपने परिवार का भरण-पोषण करने में असमर्थ रहे हैं, तथा उनको सरकार से भी कोई ज़मीन नहीं दी गयी। इसलिए मज़बूरन उन्हें दलालों का शिकार होना पड़ता है जो मुखिया के सम्पर्क में रहते हैं और उन्हें अच्छी-ख़ासी राशि देकर पटा लेते हैं। उसके बाद मुखिया इन अभिभावकों को अपने बच्चे बेचने के लिए मना लेता है। कहीं-कहीं आदिवासी मुखिया भी ख़ुद दलाली करता है। उत्तराखंड के जौनसार क्षेत्र में बच्चियों और महिलाओं का यौन-शोषण काफी होता है। कई आदिवासी समुदायों में यह कुरीति दीर्घकाल से चली आ रही है जिसका मुख्य कारण ग़रीबी है।

इसी प्रकार हिमाचल प्रदेश के दूर-दराज़ इलाकों में भी लड़कियाँ बेचने के मामले प्रकाश में आए हैं। क़रीब छह हज़ार फीट की ऊंचाई पर बसे गाँव शिलाई में कई लड़कियों को 1999 में बेच दिया गया था क्योंकि उनके माँ-बाप उनका भरण-पोषण करने में असमर्थ थे, और जब भुगतान में दिक्कत हुई, तो यह मामला पुलिस के पास प्रतिवेदित हुआ और दोषियों को गिरफ़्तार किया गया था। बताया जाता है कि जब से वहाँ चूना पत्थर ले जाने वाले ठेकेदार आए, तब से लड़कियों का यौन-शोषण एवं बिक्री शुरू हुई। बिहार के लोकगायक एवं नाटककार भिखारी ठाकुर ने 'बेटी बेचवा' नाटक में इस दर्दनाक कथा को बख़ूबी दिखाया है।

## (2) शारीरिक शोषण

जब कालीन उद्योग के मालिक यह दलील देते हैं कि बच्चों की उँगलियाँ कोमल होती हैं, तथा वे फ़ुर्तीले होते हैं, और इसीलिए कालीन उद्योग में बच्चों

का काम करना ज़रूरी है, तो वे यह भूल जाते हैं कि बच्चों का शरीर ऐसे कठिन एवं जोख़िम वाले कार्यों को करने के लिए पुष्ट नहीं होता। सिर पर बोझा ढोने, ज्वलनशील भट्ठियों के निकट काम करने, कोई चीज़ खींचने के लिए अन्तिम दम तक ज़ोर लगाने, गन्दे व बदबूदार कार्यों को करने, आदि की वज़ह से बाल श्रमिकों की ज़िन्दगी अनुमानित आयु (जीवन प्रत्याशा) की एक-तिहाई हो जाती है। मेघालय में खानों एवं खदानों में बच्चों को भेजने की प्राथमिकता इसलिए दी जाती है क्योंकि उनमें वयस्क नहीं घुस सकते, और जब वे बड़े हो जाते हैं, तो उनकी छँटनी कर दी जाती है। दिसम्बर 2018 में मेघालय राज्य के ईस्ट जैन्तिया हिल्स जिले में अवैध कोयला खदान में 6 खान मज़दूर अन्दर फँसकर मर गये; उसी दिसम्बर (13) 2018 में मेघालय की अन्य अवैध कोयला खानों में 15 मज़दूर दुर्घटना में मारे गये। इसी प्रकार राजस्थान की खानों एवं खदानों में 5 से 14 वर्ष की आयु वर्ग के तमाम बच्चे काम करते हैं जो वहाँ की पूरी श्रम-शक्ति का 4.5 प्रतिशत हैं। फिर भी कुछ व्यावसायिक प्रक्रियाओं में ऐसे विस्फोटक पदार्थ या धातुएं होती हैं जिनमें प्राय: भीषण दुर्घटनाएँ होती हैं। इतना ही नहीं, काम के अलावा कार्य की दशाओं एवं परिवेशों की वज़ह से भी कतिपय ख़तरे उत्पन्न होते हैं। हस्तकरघों पर बुनाई करते समय झुके रहने की वज़ह से बच्चों के पैरों और पीठों में नुक्स (डिफार्मिटी) पैदा हो जाते हैं, तथा घुटनों में पानी का जमाव हो जाता है। इसके साथ-साथ कार्यस्थलों पर प्रकाश की समुचित व्यवस्था न होने, रोशनदान व खिड़कियों का अभाव होने, फ़र्श के गन्दा होने, धुलाई-सफाई की व्यवस्था न होने आदि की वज़ह से शारीरिक और मानसिक जोख़िम बढ़ जाते हैं। उदाहरणार्थ, जयपुर के जवाहरात पॉलिश करने के उद्योग में बच्चों को झुग्गी- झोपड़ियों जैसी दशाओं में काम करना पड़ता है, जहाँ प्राय: अन्धकार रहता है। इसी प्रकार सूरत (गुजरात) में हीरा-कटाई मज़दूर कम प्रकाश वाले कमरों में काम करते हैं जिसके कारण मज़दूरों की नेत्र-ज्योति पर कुप्रभाव पड़ता है। किन्तु आश्चर्य है कि समुचित प्रकाश की व्यवस्था करने की बज़ाय बच्चों की आँखों की थकावट होने पर उनकी बेरहमी से छँटनी कर दी जाती है।

इसी प्रकार होटलों में जूठे बर्तनों की सफ़ाई, मोटर गैरेजों में काम करते समय, तथा अन्य कार्यों में बच्चों को समुचित साधन भी उपलब्ध नहीं होते।

इसलिए बाल मज़दूर इन कार्यों को करते समय कालिख तथा अन्य गन्दगियों के शिकार हो जाते हैं। यद्यपि होटलों में मज़दूरों को वेतन के अलावा मुफ़्त भोजन मिलना चाहिए, किन्तु हमेशा एवं सब जगह ऐसा नहीं होता। सचाई यह है कि बचे-खुचे या जूठे भोजन खाने पर भी उसकी कटौती उनके वेतन से की जाती है जबकि उन्हें भरपेट साफ़-सुथरा भोजन नहीं मिलता। यद्यपि उनके काम के घण्टे अधिक होते हैं और उन्हें अहले सुबह सफ़ाई करके चूल्हा जलाना पड़ता है, फिर भी उन्हें सोने एवं पहनने के कपड़े आदि की समुचित सुविधा नहीं दी जाती।

इमारतों के निर्माण-कार्य में लगे हुए बाल श्रमिकों को भी अपने सिर पर ईंट, मसाला आदि ढोना पड़ता है तथा ऊपर चढ़ने के लिए सीढ़ी, जूते, दस्ताने आदि की समुचित व्यवस्था नहीं होती, जिसके कारण प्राय: घातक दुर्घटनाएँ होती रहती हैं जिसके लिए उन्हें कुछ भी मुआवज़ा नहीं मिलता। इसके अतिरिक्त यद्यपि कारखाना अधिनियम के तहत यह प्रावधान है कि जहाँ 30 से अधिक महिलाएँ कार्य करती हैं, वहाँ उनके शिशुओं की देख-रेख के लिए क्रेच (पालना) की भी व्यवस्था होनी चाहिए, किन्तु दुर्भाग्यवश अधिकांश जगहों पर ये सुविधाएँ उपलब्ध नहीं हैं। इसके फलस्वरूप कामकाजी महिलाएँ अपने रोते-सिसकते बच्चों की चीख-पुकार सुनकर भी मज़बूरन अपने काम में लगी रहती हैं। उन्हें बच्चों को समय पर दूध या पानी पिलाने की भी छुट्टी नहीं मिलती।

## (3) फुटपाथी बच्चों का शोषण

मज़बूरी में या कभी-कभी बाहरी दुनिया की तड़क-भड़क और उपभोक्तावादी संस्कृति के प्रलोभनों में फँसकर बच्चे अपना घर छोड़कर काम की तलाश में शहरों में जाते हैं। किसी तरह उन्हें छोटा-मोटा काम मिल जाता है, अथवा वे कोई छोटे-मोटे काम (पान या मूँगफली, रूमाल, कंघी बेचना) स्वयं करने लगते हैं जिनमें पूँजी की ख़ास ज़रूरत नहीं पड़ती। एक अनुमान के अनुसार बंगलौर, मुम्बई, कोलकाता, दिल्ली, हैदराबाद, कानपुर, चेन्नई आदि शहरों में कुली की तरह बोझा ढोना, बूट पॉलिश करना, रद्दी चुनना, अख़बार बेचना, दैनिक इस्तेमाल की चीज़ें बेचना, चौराहों पर गाड़ी साफ़ करना, खिलौने

बेचना आदि। किन्तु उन्हें रहने के लिए बहुत बड़ी समस्या का सामना करना पड़ता है क्योंकि महानगरों में किराए के मकान/झोपड़ियाँ बहुत महँगी होती हैं, और बच्चे इतना मकान भाड़ा देने में अक्षम होते हैं। इसके फलस्वरूप ऐसे बाल श्रमिकों को रोज़ाना अपना काम निपटाने के बाद फुटपाथों, प्रमुख सार्वजनिक स्थलों, रेलवे स्टेशनों, बस स्टैण्डों, नुक्कड़ों आदि पर रात गुजारनी पड़ती है। अधिकांश शहरों में ऐसे कामकाजी बच्चों के लिए रैन-बसेरे नहीं होते हैं। इन बच्चों में स्वच्छन्दता की भावना पैदा होती है जिसके कारण वे नशा, यौन-शोषण, तथा अपराध आदि की बुरी संगत में पड़ जाते हैं। संयुक्त राज्य अमरीका में एक अध्ययन के दौरान पाया गया कि 12 से 14 साल की उम्र के बच्चों में, जो माँ-बाप के साथ रहते थे, सिर्फ़ 8.4 प्रतिशत बच्चे ही वासना-ग्रस्त पाए गये जबकि सिर्फ़ माँ या सिर्फ़ बाप के साथ रहने वाले लगभग 20 प्रतिशत बच्चों में यह पाया गया। दूसरे, माँ-बाप के साथ नहीं रहने वाले 32 प्रतिशत बच्चे नशे की हालत में गाड़ी चलाने की आदत वाले पाए गये जबकि माँ-बाप के साथ रहने वाले सिर्फ़ 19.6 प्रतिशत बच्चों में यह आदत पाई गयी। इसी प्रकार ख़ुदकुशी (आत्महत्या) की कोशिश करने वाले 16.7 प्रतिशत ऐसे बच्चे थे जो माँ-बाप के साथ नहीं रहते थे जबकि माँ-बाप के साथ रहने वाले मात्र 2.8 प्रतिशत बच्चों में ही यह प्रवृत्ति पाई गयी। इसके अलावा माँ-बाप के साथ नहीं रहने वाले 11.4 प्रतिशत बच्चों में धूम्रपान की आदत पाई गयी जबकि माँ-बाप के साथ रहने वाले मात्र 4.7 प्रतिशत बच्चों में यह आदत पाई गयी।

इतना ही नहीं, इन फुटपाथी बच्चों को कुछ अपराधी गिरोहों द्वारा अपने अपराधों के लिए इस्तेमाल भी किया जाता है। यदि ये उससे इन्कार करते हैं, तो उनका अंग-भंग कर दिया जाता है, और उन्हें भीख माँगने के लिए मज़बूर कर दिया जाता है। कुछ गिरोह और माफ़िया-तन्त्र इस हद तक अमानवीय कार्य करते हैं कि वे बच्चों की हत्या कर उनके अंगों का अवैध व्यापार करते हैं। मानवाधिकारों के लिए संघर्ष कर रही एक अन्तरराष्ट्रीय संस्था ने अपनी रिपोर्ट में कहा है कि अपराधी गिरोहों द्वारा बच्चों के अंगों (गुर्दा सहित) को बेचने के अलावा कइयों से गुलामों की तरह काम लिया जाता है, कइयों को वेश्यावृत्ति में झोंक दिया जाता है, तथा कइयों को झूठे मुकदमे में फँसाकर

जेलों में बन्द रहने के लिए मज़बूर कर दिया जाता है। उक्त संस्था ने लातीनी अमरीका के देशों में बच्चों के अंगों का अवैध व्यापार होने के पक्के सबूत प्राप्त कर लिये थे। कोलम्बिया में एक बच्ची का अपहरण करके उसकी आँखें निकाल ली गईं; और उसके बाद उसे उसके माँ-बाप को सौंप दिया गया। उक्त संस्था ने यह भी पाया कि बच्चों के पालन-पोषण आदि के नाम पर शुरू किए गये कुछ केन्द्र भी इस अवैध व्यापार में शामिल हैं क्योंकि वहाँ से कुछ लोग बच्चों को गोद लेकर लापता हो जाते हैं। उदाहरणार्थ, ग्वाटेमाला में बच्चों का अवैध व्यापार करने वालों में वरिष्ठ आव्रजन अधिकारी और सामाजिक संस्थाएँ भी शामिल पाई गयीं। उक्त संस्था ने यह भी पाया कि ब्राजील के क़रीब एक करोड़ बच्चे फुटपाथ पर रहने के लिए अभिशप्त हैं, और वहाँ 1989 से 1992 के बीच माफ़िया गिरोहों ने 4,611 बेघर एवं बेसहारा लोगों की हत्या कर दी थी। इसी प्रकार हैती देश में भी अपराधी बेघर बच्चों को रात में भगाकर ले जाते हैं, और बाद में उनकी हत्या कर दी जाती है।

दूसरा पक्ष यह भी है कि ग़रीब बच्चों को खेल या राजसी शौक के लिए भी इस्तेमाल किया जाता है। मैसाचुसेट्स के मानवाधिकार संघ के अध्यक्ष अब्देल मोमेन ने यह तथ्य उज़ागर किया था कि एक बार फारस की खाड़ी के देशों में ऊँट की दौड़ के लिए 25 बच्चे बेच दिए गये थे जिनमें से एकमात्र 4 साल का था! इन बच्चों को ऊँट की पीठ पर रस्सी से बाँध दिया जाता है, और उनके चिल्लाने पर ऊँट तेजी से भागता है। इस दौड़ में प्राय: बच्चे नीचे गिर जाते हैं, और ऊँटों द्वारा कुचल दिए जाते हैं। यह अमानवीयता की पराकाष्ठा है!

फुटपाथ पर रहने वाले कामकाजी बच्चों के बारे में विभिन्न अध्ययनों में अग्रलिखित तथ्य रेखांकित किए गये हैं:

(1) ये बच्चे प्राय: घर से भागे हुए या भगाए हुए होते हैं।

(2) ये बच्चे परिवार से बिछुड़े हुए, या अनाथ या जन्मते ही फेंके गये होते हैं।

(3) ये बच्चे ग़रीबी, कुपोषण, एवं अशिक्षा के शिकार होते हैं।

(4) ये बच्चे शारीरिक, यौन, या भावनात्मक शोषण के शिकार होते हैं।

(5) ये बच्चे प्राय: असंगठित एवं अनौपचारिक क्षेत्र में काम करते हैं।

(6) ये बच्चे प्राय: अकुशल कार्य करते हैं।

(7) ये बच्चे सरकारी ज़मीन का अतिक्रमण कर अपना सामान या सेवा बेचते हैं जिसके कारण उन्हें नगरपालिका/नगर निगम, पुलिस तथा अन्य सरकारी विभागों द्वारा हटाया जाता है, और वे फिर वहाँ बस जाते हैं। इस कुचक्र में अधिकारियों-कर्मचारियों को रिश्वत भी देनी पड़ती है।

(8) ऐसे कुछ बच्चे ग़लत संगति में पड़कर जुआ, नशीली दवाओं, शराब, काला धन्धा, और वेश्यावृत्ति के दलाल एजेन्ट के रूप में भी काम करते हैं।

(9) फुटपाथों, गलियों, नुक्कड़ों आदि पर कुछ असामाजिक तत्त्वों के अप्रत्यक्ष नियन्त्रण/दादागीरी के कारण उन्हें 'हफ़्ता' या दूसरे नाम पर रिश्वत देनी पड़ती है।

(10) इन बच्चों की खुली ज़िन्दगी होने के कारण पुलिस-प्रशासन की कुदृष्टि उन पर ज़्यादा पड़ती है, और सन्देह की सुई प्राय: उन पर घूमने से उन्हें आपराधिक मामलों में भी फँसा दिया जाता है।

(11) ये बच्चे प्राय: बड़े शहरों में ज़्यादा रहते हैं और यद्यपि भारत की 37 प्रतिशत (2024) आबादी ही शहरी है किन्तु कम शहरीकृत राज्यों में कस्बाई जनसंख्या काफी अधिक है अर्थात् ऐसे अधिकांश शहर अनियोजित होने तथा 'गतिशील' लोगों के अव्यवस्थित आगमन से बेतरतीब बढ़े हुए 'बहुत बड़े गाँव' मात्र हैं।

(12) चेन्नई में 20वीं सदी के अन्त में पाया गया कि 87.2 प्रतिशत फुटपाथी बच्चे धूप, वर्षा, और सर्दी सीधे झेलते थे; 89 प्रतिशत शौचालय की सुविधा से वंचित थे और इसमें से 31 प्रतिशत कामकाजी बच्चे थे। उसमें 22 प्रतिशत कुली, 10 प्रतिशत होटल मज़दूर, 9.6 प्रतिशत रद्दी चुनने, 8 प्रतिशत रिक्शा चलाने, 7 प्रतिशत फूल बेचने, और 0.3 प्रतिशत देह बेचने का काम करते थे। उसमें 65 प्रतिशत बालक एवं 35 प्रतिशत बालिकाएँ थीं। 23 प्रतिशत बच्चे 5 वर्ष से नीचे, 23 प्रतिशत बच्चे 6-10 वर्ष के बीच, 30.8 प्रतिशत बच्चे 11-15 वर्ष के बीच, और 23 प्रतिशत बच्चे 16 वर्ष के ऊपर के हैं। उनमें 81 प्रतिशत अनुसूचित जाति के, 2 प्रतिशत अनुसूचित जनजाति के, और 17 प्रतिशत अन्य जातियों के थे। इसमें 84 प्रतिशत ग़रीबी के कारण, 4

प्रतिशत माँ-बाप की मृत्यु के कारण, 9 प्रतिशत बेरोज़गारी के कारण, और 3 प्रतिशत अन्य कारणों से फुटपाथ पर रहने को मज़बूर थे।

(13) इन बच्चों में स्वतन्त्रता की भावना, स्वच्छन्दता, मौलिकता, उद्यमशीलता एवं जिजीविषा का स्वरूप एवं परिणाम प्रायः अधिक होता है, तथा कठिन परिस्थितियों में रहने एवं काम करने के कारण इनका अनुभव ज़्यादा यथार्थवादी एवं दुनियादारी से पूर्ण होता है।

एक अन्य अध्ययन में पाया गया कि मुम्बई में 2,169 फुटपाथी बच्चों में से 71 प्रतिशत कोई न कोई काम करते थे जिनमें क़रीब आधे से अधिक स्वनियोजित थे। उनमें से 478 बच्चे 10 से 12 घण्टे काम करते पाए गए, और 313 बच्चे 7-9 घण्टे काम करते पाए गए। कम अवधि तक काम करने वाले बच्चे अंशकालिक काम (यथा रद्दी चुनना या घरेलू काम करना) भी करते थे।

दिल्ली की वंचित बच्चियों का भी एक अध्ययन किया गया था, जिसमें पाया गया था कि 20 में से 15 लड़कियाँ उन परिवारों की थीं जिनकी मासिक आय 100 रुपये से कम थी, तथा उनमें से 14 घर से बाहर निकलकर अख़बार बेचने, घरेलू नौकरी, निर्माण कार्य, तथा रद्दी चुनने, और एक भीख माँगने का काम कर रही थीं। सिर्फ़ चार बालिकाएँ अपने घरों के कार्यों तक सीमित थीं। उनमें से अधिकांश ने 8 वर्ष की उम्र में ही काम करना शुरू कर दिया था। 20 में से 18 अशिक्षित थीं, और 2 बालिकाएँ सिर्फ़ कक्षा तीन तक पढ़ी थीं। इनकी शादी की औसत उम्र 12 है। 20 में से 14 लड़कियाँ राजस्थान, 2 उत्तर प्रदेश, 2 केरल, 1 तमिलनाडु, और 1 प. बंगाल से आए हुए परिवारों की थीं। अधिकांश परिवारों के मुखिया शराब की लत वाले पाए गए। बच्चों की तुलना में इन बच्चियों के साथ खान-पान, शिक्षा, तथा काम में काफी भेदभाव बरता जाता है। इन परिवारों के बालक अपनी कमाई के लिए परिवार के प्रति प्रायः ज़िम्मेवार नहीं होते, और शहरी जीवन के मुताबिक फैशन वाले कपड़े आदि पहनते हैं जबकि लड़कियों को पारम्परिक कपड़े पहनने पड़ते हैं। ये लड़कियाँ प्रायः अपनी झुग्गी-झोपड़ियों अथवा माँ-बाप के कार्यस्थल के नज़दीक ही काम करती हैं, जिससे उन पर निगरानी रखी जा सके। इनका जीवन तंग, भीड़-भाड़ वाले, और गन्दे परिवेश में बीतता है।

29 जुलाई, 1999 को भारत की संसद में यह सवाल उठाया गया था कि कुछ गिरोहों द्वारा बच्चों को अपंग बनाने के लिए उनके अंग-भंग कर दिए जाते हैं, तथा उनसे भीख मँगवाई जाती है। तत्कालीन उपमन्त्री, गृह मन्त्रालय, श्री रामलाल राही ने लोकसभा में स्वीकार किया था कि दिल्ली में उस वर्ष ऐसा एक मामला पुलिस थाने में दर्ज़ हुआ था, और उसमें कोई गिरफ़्तारी नहीं हो सकी थी। बहस के दौरान कुछ सांसदों ने स्पष्ट रूप से कहा था कि ऐसे गिरोह मुंबई, इलाहाबाद आदि शहरों में भी सक्रिय हैं।

## (4) प्रवासी या घुमन्तू बाल-मज़दूर

प्राय: ऐसा देखा जाता है कि पिछड़े क्षेत्रों से विकसित क्षेत्रों में काम करने हेतु वयस्क और बाल-मज़दूर जाते रहते हैं। मज़दूरों की आवाजाही के कारण मुख्यत: स्थानीय खेती में काम उपलब्ध नहीं होने, खेती का पिछड़ापन, ग़ैर कृषि कार्यों यथा-व्यवसायों एवं नौकरियों का अभाव, आदि हैं। दूसरे स्थानों पर मज़दूर को काम की तलाश में जाना पड़ता है और इस घुमन्तू मज़दूर की ख़ास प्रवृत्तियाँ निम्नलिखित हैं:

(1) एक प्रदेश के ग्रामीण क्षेत्र से दूसरे प्रदेश के ग्रामीण क्षेत्र में जाना (ग्रामीण से ग्रामीण): बिहार, पूर्वी उत्तर प्रदेश, झारखण्ड, मध्य प्रदेश के मज़दूरों का कृषि कार्यों, यथा रोपनी, बुआई, कटाई, मड़ाई आदि के मौसम में पंजाब, हरियाणा, पश्चिमी उत्तर प्रदेश, पश्चिम बंगाल आदि क्षेत्रों में; इसे 'अन्तर-राज्यीय प्रवासन' कहते हैं।

(2) एक ही प्रदेश के अन्दर पिछड़े जिलों से विकसित जिलों में मज़दूर काम करने जाते हैं जिन्हें अन्तर-जिला ग्रामीण माइग्रेशन (प्रवासन) कहा जा सकता है। उदाहरणार्थ, उत्तर बिहार के कुछ जिलों के मज़दूर सासाराम, आरा, बक्सर, नालन्दा, पटना आदि जिलों में सघन खेती का काम करने जाते हैं।

(3) पिछड़े ग्रामीण क्षेत्रों से विकसित शहरों/कस्बों में मज़दूर काम करने के लिए जाते हैं। उदाहरणार्थ, उत्तर बिहार के ग्रामीण क्षेत्रों के मज़दूर मिर्जापुर, भदोही, बनारस आदि में कालीन बुनाई करने, खुर्ज़ा (उत्तर प्रदेश) में चीनी मिट्टी के बर्तन बनाने, अलीगढ़ में ताला उद्योग, फ़िरोज़ाबाद में चूड़ी उद्योग आदि में काम करने जाते हैं।

(4) पिछड़े शहरों/कस्बों से भी मज़दूर विकसित शहरों में नौकरी, व्यवसाय आदि करने जाते हैं।

यह सर्वविदित है कि बिहार के पिछड़े क्षेत्रों, ख़ासकर सहरसा, सुपौल, अररिया, मधुबनी, दरभंगा, समस्तीपुर, कटिहार, किशनगंज, पूर्णियाँ आदि जिलों से प्रति वर्ष बड़ी तादाद में बाल मज़दूर दूसरे राज्यों में काम करने जाते हैं। यहाँ तक कि नियोजक या उनके एजेन्ट बस, ट्रक आदि में इन बाल मज़दूरों को बैठाकर अपने कार्य-स्थल पर ले जाते हैं। कुछ क्षेत्रों यथा सहरसा से दिल्ली आदि के लिए सीधी बस सेवा इसी उद्देश्य से उपलब्ध कराई गयी है। बिहार की 'मानवी' नामक स्वयंसेवी संस्था द्वारा वर्ष 1993-94 में घुमन्तू बाल मज़दूरों का एक पायलट सर्वेक्षण दरभंगा जिला के कुशेश्वर स्थान नामक ब्लॉक एवं सहरसा जिला के दो ब्लॉकों (महिषी एवं नौहट्टा) में किया गया था। ज्ञातव्य है कि यह बाढ़ग्रस्त क्षेत्र है। तब इस क्षेत्र में जनसंख्या का घनत्व अधिक यानी 754 व्यक्ति प्रति वर्ग किलोमीटर था जबकि तब बिहार राज्य का जनसंख्या घनत्व 497 व्यक्ति प्रति वर्ग किलोमीटर था। इस अध्ययन में निम्नलिखित तथ्य पाए गए:

(1) कुशेश्वर स्थान में कुल 109 गाँवों में से मात्र 69 गाँवों में प्राथमिक विद्यालय थे। यानी 40 गाँवों में एक भी प्राथमिक विद्यालय नहीं था। 6 से 11 वर्ष के आयु वर्ग के बच्चों को जोड़ने पर प्रति विद्यालय में 545 बच्चों का औसत आता है जो एक प्राथमिक विद्यालय की क्षमता से 5 गुणा अधिक भार होता है। इसके अलावा उस ब्लॉक में 109 में से 62 गाँवों के लोग नदी का पानी पीते थे, और मात्र 102 हैण्ड पम्प पूरे ब्लॉक में थे, तथा मात्र 6 गाँवों में विद्युतीकरण हुआ था। अधिकांश गाँवों में कच्ची सड़कें भी नहीं थीं। (अब इसमें काफी बदलाव हुआ है)।

(2) महिषी-नौहट्टा में भी लगभग वही स्थिति थी और वहाँ 6 से 11 वर्ष की उम्र के सभी बच्चों को जोड़ने पर एक विद्यालय में क़रीब 400 बच्चों का औसत आता है। किन्तु इस क्षेत्र में प्रत्येक गाँव में एक-एक विद्यालय है।

(3) कुल 758 बाल मज़दूरों में से 2.5 बाल मज़दूर प्रति 1,000 की जनसंख्या पर कुशेश्वर स्थान ब्लॉक में पाए गए, और यह दर महिषी-नौहट्टा में 2 बाल-मज़दूर प्रति 1,000 की जनसंख्या पर पाई गयी।

(4) सामान्यत: यह प्रवृत्ति पाई गयी कि शुरू में अगर बाल मज़दूर किसी वयस्क के साथ काम की तलाश में बाहर जाते हैं, और वहाँ कुछ समय तक काम करने के बाद वे वापस आते हैं, तो दुबारा जाते समय अपने साथ अन्य बाल मज़दूरों को ले जाते हैं। नियोजक और बाल मज़दूरों के बीच की कड़ी के रूप में पिता, रिश्तेदार, मित्र, एजेन्ट/ठेकेदार आदि होते हैं या स्वतन्त्र रूप से उनका गमन होता है। इस अध्ययन में पाया गया कि 11 प्रतिशत बाल मज़दूर अपने पिता के साथ, 5.5 प्रतिशत अपने रिश्तेदारों के साथ, 21 प्रतिशत दोस्तों के साथ, 37.7 प्रतिशत एजेन्टों/ठेकेदारों के साथ, और 24.6 प्रतिशत स्वतन्त्र रूप से बाहर काम करने के लिए गये थे।

(5) उम्र के लिहाज़ से 10 वर्ष से कम उम्र के बाल मज़दूर 34 प्रतिशत, तथा 10 वर्ष से 14 वर्ष के बाल मज़दूर 66 प्रतिशत पाए गये।

(6) अध्ययन में माँ-बाप की अज्ञानता और बच्चों की निरक्षरता बड़े पैमाने पर पाई गयी। क़रीब 75 प्रतिशत बच्चे पूर्णत: निरक्षर पाए गए। इसके अलावा साक्षर बच्चों में से क़रीब एक-चौथाई बाल मज़दूर सिर्फ़ कक्षा 5 तक पढ़े थे, और उनमें से क़रीब तीन-चौथाई ने कक्षा 5 के बाद पढ़ाई छोड़ दी थी। यह दर्शाता है कि उस क्षेत्र के ग़रीब परिवार किस तरह ग़रीबी के कारण हाशिये पर चले जाते हैं।

(7) यदि इन बाल मज़दूरों की सामाजिक पृष्ठभूमि पर दृष्टि डालें, तो पाते हैं कि 56.86 प्रतिशत बाल मज़दूर अनुसूचित जाति, 36.28 प्रतिशत अन्य पिछड़ी जाति, 3.17 प्रतिशत ऊँची जाति, एवं 3.69 प्रतिशत मुस्लिम समुदाय के परिवारों से हैं। इससे यह स्पष्ट है कि आधे से अधिक दलित जातियों के, तथा क़रीब 1/3 से अधिक पिछड़े वर्गों के बच्चे मज़दूरी करने बाहर जाते हैं।

(8) एक अन्य महत्त्वपूर्ण तथ्य यह भी पाया गया कि इन बाल मज़दूरों के 78-79 प्रतिशत (598) परिवार भूमिहीन पाए गए, तथा शेष 160 परिवारों (21.11 प्रतिशत) में 108 परिवारों के पास 0.50 एकड़ से कम भूमि, 39 परिवारों के पास 0.50 से लेकर एक एकड़ तक, 10 परिवारों के पास एक से ढाई एकड़ तक, और मात्र 3 परिवारों के पास ढाई एकड़ से अधिक ज़मीन पाई गयी।

(9) कुशेश्वर स्थान में 51 रुपये मासिक औसत पारिवारिक आमदनी पाई गयी किन्तु यदि पिता भी घुमन्तू मज़दूर था, तो उस मामले में औसत पारिवारिक आमदनी 707.20 रुपये पाई गयी। महिषी-नौहट्टा क्षेत्र में औसत पारिवारिक आय 12,134 रुपये मासिक पाई गयी किन्तु जिन परिवारों में पिता घुमन्तू मज़दूर था, उसकी पारिवारिक आय 626.57 रुपये पाई गयी।

(10) यह भी पाया गया कि महिषी-नौहट्टा क्षेत्र के अधिकांश बाल मज़दूर उत्तर प्रदेश के दरी-कालीन बुनाई उद्योग में लगे पाए गये जिनमें वयस्क मज़दूरों की माँग प्राय: नहीं है।

(11) अध्ययन में यह भी पाया गया कि कुल घुमन्तू बाल मज़दूरों में से कृषि एवं उससे सम्बन्धित कार्यों में 5.67 प्रतिशत, आकस्मिक प्रकृति के शारीरिक श्रम वाले कार्यों में 21.77 प्रतिशत, घरेलू मज़दूर, दुकानों, होटलों, गैरेजों आदि में नौकरी करने वाले 24.45 प्रतिशत, औद्योगिक इकाइयों में 44.1 प्रतिशत, फेरी, तथा अन्य छोटे व्यवसायों में 2.1 प्रतिशत, तथा पारम्परिक पेशों में (बाल काटना, दर्जीगीरी, बढ़ईगीरी में) 1.18 प्रतिशत बाल मज़दूर काम करते पाए गए। इस प्रकार स्पष्ट है कि वहाँ ग़ैर-कृषि कार्य में अधिकाधिक बाल-मज़दूर कार्यरत थे।

(12) ग्रामीण रोज़गारों में क़रीब 5 प्रतिशत बाल मज़दूर पाए गए। उसमें ख़ासकर मछली पालन में ज़्यादा आकर्षण पाया गया।

(13) इस अध्ययन में सबसे कम मज़दूरी-जानवर चराने के लिए 20/- रूपये प्रति माह पाई गयी। ये बाल मज़दूर बगल के गाँवों के व्यक्तियों के यहाँ काम करते हैं। दूसरी तरफ़ अधिकतम मज़दूरी 700/- रुपये प्रति माह पंजाब के होशियारपुर जिले में कृषि-फार्म में काम करने वाले बाल मज़दूरों को मिलती थी। किन्तु बाल मज़दूरों की औसत मासिक मज़दूरी 227/- रुपये पाई गयी। कालीन बुनाई में 300/- से 500/- रूपये प्रति माह मज़दूरी पाई गई, और क़रीब 85 प्रतिशत बाल मज़दूरों की मज़दूरी 300/- रूपये मासिक से कम पाई गई, और यह भी पाया गया कि बाल मज़दूरों को साल भर में 8 से 9 महीने तक ही नियमित रूप से काम मिलता था।

(14) जहाँ तक काम के घण्टे का सवाल है, क़रीब 3 प्रतिशत बाल मज़दूरों को 8 घण्टे से कम, 70.5 प्रतिशत मज़दूरों को 8 से 10 घण्टे, 25

प्रतिशत मज़दूरों को 12 से 16 घण्टे, और 3.5 प्रतिशत मज़दूरों को 16 से अधिक घन्टे काम करना पड़ता है। कालीन बुनाई, होटल, चाय दुकान आदि में काम के घण्टे सबसे अधिक पाए गए।

(15) 758 बाल मज़दूरों में से 504 बाल मज़दूर विभिन्न बीमारियों से ग्रस्त पाए गये जिनमें सबसे ज़्यादा 219 बाल मज़दूर टी.बी. से, 146 दमा से, शेष अन्य बीमारियों से ग्रस्त पाए गए। जहाँ तक काम के लिए बाहर जाने वाली जगहों का सवाल है, प्रखण्ड (ब्लॉक) के अन्तर्गत 42, प्रखण्ड से बाहर परन्तु जिला के अन्तर्गत 97, जिला से बाहर किन्तु राज्य के अन्दर 29 बाल मज़दूर काम करने गए, और राज्य के बाहर 590 (77.84 प्रतिशत) बाल मज़दूर काम करने गए। इसमें से क़रीब दो-तिहाई बच्चे उत्तर प्रदेश, दिल्ली, हरियाणा, पंजाब आदि राज्यों में काम करने गये जो अपेक्षाकृत विकसित राज्य हैं।

इस प्रकार स्पष्ट है कि उत्तर बिहार के इस मिथिला क्षेत्र में पिछड़ापन होने के नाते बाल मज़दूरों को दूसरे राज्यों में काम करने के लिए जाने का सिलसिला बना रहता है; जिनमें नियोजकों के एजेन्ट/ठेकेदार के अतिरिक्त स्थानीय एजेन्ट भी बीच की कड़ी का काम करते हैं। यद्यपि अधिकांश बाल मज़दूर अनुसूचित जाति एवं अत्यन्त पिछड़ी जातियों के परिवारों के हैं किन्तु बाल मज़दूरों तथा अन्य मज़दूरों को भेजने के काम में लगे एजेन्ट/ठेकेदार अधिकांशत: (13 ठेकेदारों में से 12) राजपूत, ब्राह्मण, यादव आदि जातियों के (प्रत्येक के 4-4) हैं। सिर्फ़ एक ठेकेदार अनुसूचित जाति का पाया गया। सहरसा भ्रमण के दौरान हमें ज्ञात हुआ कि सहरसा जैसे छोटे स्थान से दिल्ली के लिए सीधी निजी बस सेवा उपलब्ध है जिसमें वहाँ के वयस्क एवं बाल मज़दूर बैठकर दिल्ली सहित दूसरे स्थानों पर काम के लिए जाते हैं। जाँच से बचने के लिए बाल मज़दूरों के परिवार या रिश्ते के किसी व्यक्ति को भी साथ ले लिया जाता है। मगर पिछले दो दशकों में परिवर्तन अवश्य हुआ है यद्यपि वह पर्याप्त नहीं है।

## बाल श्रम के गम्भीर दुष्परिणाम

जैसा कि पूर्व में संक्षेप में चर्चा की जा चुकी है, बाल श्रमिकों को जोख़िमपूर्ण एवं ख़तरनाक उद्योगों एवं उत्पादन-प्रक्रियाओं में लगे रहने के कारण नाना

प्रकार की बीमारियों का शिकार होना पड़ता है। हालाँकि कुछ विचारकों का यह मानना है कि सभी तरह के कार्य बच्चों के लिए ख़तरनाक नहीं होते, अथवा बच्चों के लिए कई काम लाभप्रद हो सकते हैं, अथवा कामकाजी बच्चे, न काम करने वाले बच्चों की अपेक्षा ज़्यादा तन्दुरुस्त होते हैं क्योंकि वे अपनी कमाई से अपने भोजन का जुगाड़ कर लेते हैं। किन्तु दूसरी तरफ़ यह भी सच है कि अधिकांश बाल श्रमिकों के स्वास्थ्य पर बुरा प्रभाव काम की प्रकृति एवं परिस्थितियों के कारण होता है। इसके अलावा बच्चों का शरीर इतना हृष्ट-पुष्ट नहीं होता कि वे भारी बोझा उठा सकें या जलती भट्ठियों की आँच सह सकें। आगे तालिका 4 के अवलोकन से स्पष्ट होगा कि भिन्न-भिन्न उद्योगों/व्यवसायों एवं उत्पादन-प्रक्रियाओं में काम करने से बच्चों में कौन-कौन सी बीमारियाँ पैदा होती हैं।

इसके अलावा परिवेशगत अव्यवस्था के कारण भी बाल श्रमिकों के स्वास्थ्य पर प्रतिकूल प्रभाव पड़ता है। यद्यपि बाल श्रम (प्रतिषेध एवं विनियमन) अधिनियम 1986 की धारा-19 के तहत केन्द्र और राज्य सरकार को किसी प्रतिष्ठान या व्यवसाय में काम करने वाले बच्चों के स्वास्थ्य एवं सुरक्षा के लिए नियमावली बनाने का अधिकार रहा है यानी-कार्य-स्थल, सफाई, रद्दी के निष्पादन, रोशनदान एवं तापमान, धूल एवं धुआँ, कृत्रिम नमी, प्रकाश, पीने का पानी, शौचालय एवं मूत्रालय, थूकदान, मशीनों की घेराबन्दी, ख़तरनाक मशीनों में लगे बच्चों का प्रशिक्षण एवं पर्यवेक्षण, बिजली काटने की पद्धति, स्वचालित मशीनों, सीढ़ी तथा अन्यत्र पहुँचने के साधन की व्यवस्था, गड्ढे, तथा अत्यधिक भार के बारे में, आँखों की सुरक्षा, ज्वलनशील गैस एवं धुओं से सुरक्षा, आग से सावधानी, भवन का रख-रखाव आदि पर नियम बनाने का अधिकार था। किन्तु अधिकांश राज्यों में बाल श्रमिक नियमावली ससमय बनी ही नहीं और जिन राज्यों में बनी भी थी (जबकि अधिनियम 1986 में ही पारित हो गया था), वहाँ भी उन नियमों का कड़ाई से पालन नहीं किया गया जिसके फलस्वरूप बाल श्रमिकों के स्वास्थ्य पर दुष्प्रभाव पड़ता रहा है। उदाहरणार्थ, पर्याप्त सुविधाएँ न होना, काम के घण्टे अधिक होना तथा बच्चों का शरीर कोमल होने के कारण क़ीमती पत्थर पॉलिश, हीरा-जवाहरात की कटाई, कालीन-बुनाई, ज़री आदि कार्यों में लगे बाल श्रमिकों की आँखें

ख़राब हो जाती हैं। इसके अलावा जिन व्यवसायों, यथा बीड़ी, अगरबत्ती आदि में 'पीस रेट' पर भुगतान किया जाता है, वहाँ कम मज़दूरी दर होने के चलते बाल श्रमिक अधिक-से-अधिक उत्पादन के लिए अपना जी-जान लगा देते हैं जिसका कुप्रभाव उनके स्वास्थ्य पर पड़ता है।

इसके अलावा यह भी देखा गया है कि यदि बाल श्रमिकों द्वारा किया गया कार्य ग़ैर-ख़तरनाक कोटि का है, तो भी वयस्कों की अपेक्षा बच्चों का शोषण अधिक किया जाता है। घरेलू नौकरों, छोटे-छोटे होटलों या ढाबों आदि में काम करने वाले बच्चों को नियोजकों द्वारा काफी प्रताड़ित किया जाता है, और उनसे इतने गन्दे कार्य कराए जाते हैं कि उनके कोमल हाथों की उँगलियों और चमड़ी पर बुरा असर पड़ता है। इतना ही नहीं, इन नादान बच्चों को असामाजिक तत्त्व भी तरह-तरह से प्रताड़ित करते हैं और ख़ासकर उनका यौन-शोषण करके उन बाल श्रमिकों को एड्स जैसी गम्भीर बीमारियाँ दे देते हैं। मुरादाबाद के पीतल उद्योग में पॉलिश करने वाले बच्चों की मृत्यु जल्दी होती है। जैसा कि एक कामगार ने सूचित किया था- 'मैं क्या कहूँ, हर परिवार के एक या दो किशोर या जवान बेटे अपनी जान गँवा चुके हैं। अब हम लोगों ने इसे स्वीकार करना शुरू कर दिया है।' मुरादाबाद में यह भी पाया गया कि टी.बी. रोग से ग्रस्त अधिकांश मरीज़ों में पीतल उद्योग में लगे मज़दूर ही होते हैं। उत्तर प्रदेश के दो सबसे ज़्यादा टी.बी. रोगग्रस्त शहरों में से मुरादाबाद एक है। वहाँ के चिकित्सकों ने यह भी बताया था कि टी.बी. की बीमारी का लक्षण पहचान लिये जाने के बाद भी वे मरीज़ मज़दूर पुनः उन चिकित्सकों के पास नहीं आते जो उन्हें पहले यह सलाह दिए होते हैं कि वे मज़दूर अपना व्यवसाय बदल दें, तथा अपनी ख़ुराक में सुधार करें क्योंकि वे मज़दूर ये दोनों सलाह मानने में असमर्थ होते हैं। यही वज़ह है कि वहाँ लगे मज़दूरों में बुढ़ापा जल्दी आता है, और कइयों की मृत्यु 30-40 वर्ष में हो जाती है। इसी प्रकार चीनी मिट्टी का बर्तन बनाने वाले खुर्ज़ा के मज़दूरों में टी.बी. और दमा की बीमारी ज़्यादा पाई जाती है। खुर्ज़ा सरकारी अस्पताल में 300 टी.बी. मरीजों में से 70 प्रतिशत चीनी मिट्टी के बर्तन बनाने वाले मज़दूर रहे हैं। इसके अलावा ग़ैर-सरकारी अस्पतालों में इलाज कराने वाले क़रीब 700 ऐसे मरीज़ हैं तथा मिट्टी बर्तन उद्योग में लगे हर 10 बाल श्रमिकों में से कम-से-कम एक को पुलमोनरी टी.बी. की बीमारी होती है।

इसके अलावा शोर करने वाली मशीनों पर काम करने वाले बच्चे प्राय: बहरे हो जाते हैं, और धूल की वज़ह से उन्हें नज़ला भी हो जाता है। मिट्टी बर्तन बनाने में सिलिका का बड़े पैमाने पर उपयोग किया जाता है जो स्वास्थ्य के लिए नुकसानदायक है।

अलीगढ़ में ताला उद्योग में लगे बाल श्रमिकों में, ख़ासकर पॉलिश करने वालों में, सीने की बीमारी, ख़ासकर टी.बी., अक्सर हो जाती है। इसी प्रकार ताला उद्योग में एलेक्ट्रोप्लेटिंग तार से जुड़े व्यक्तियों को ख़तरनाक रसायनों के साथ काम करना पड़ता है जिसकी दुर्गन्ध से सिरदर्द हो जाता है। यद्यपि ताला उद्योग में पॉलिश और एलेक्ट्रोप्लेटिंग इकाई में लगे मज़दूरों में निमोनिया की बीमारी ज़्यादा होती है, फिर भी उनकी चिकित्सा की समुचित व्यवस्था नहीं है। धूल के कणों की वज़ह से फेफड़े कमज़ोर हो जाते हैं जिससे मनुष्य की कार्य करने की क्षमता घट जाती है। किन्तु दुर्भाग्यवश न तो नियोजकों की ओर से और न सरकार की ओर से इन बीमारियों की गहन एवं नियमित चिकित्सा की सुविधा उपलब्ध है।

चूड़ी उद्योग में लगे बच्चों को उन भट्ठियों पर काम करना पड़ता है जिसका तापमान 1,800 डिग्री सेल्सियस तक पहुँच जाता है। इसके अलावा वहाँ बहुत तेज शोरगुल होता है। अत्यधिक गर्मी, मशीनों की आवाज़, एवं धूल के कारण अधिकांश मज़दूर टी.बी. के शिकार हो जाते हैं, और उनकी ज़िन्दगी 10-15 वर्ष कम हो जाती है (तालिका 4)। इसका नतीज़ा यह होता है कि फ़िरोज़ाबाद चूड़ी उद्योग में लगे अधिकांश मज़दूर 35-40 वर्ष तक की उम्र के होते ही काम करने लायक नहीं रह जाते, तथा उन्हें भूख से मरने से बचने के लिए अपने बच्चों के काम पर निर्भर रहना पड़ता है। इस प्रकार बाल श्रम का अनन्त सिलसिला एवं दुश्चक्र चलता रहता है।

**तालिका 4: विभिन्न ख़तरनाक कार्यों से उत्पन्न होने वाली बीमारियाँ**

| क्र. सं. | व्यवसाय/प्रक्रिया | पैदा होने वाली बीमारियाँ एवं ख़तरे |
|---|---|---|
| 1. | शीशा सम्बन्धी कार्य | दमा, जलन, नेत्रदोष, तपेदिक, श्वास नली शोथ |
| 2. | ईंट-भट्टा | सिलिकोसिस, ऐंठन |

| | | |
|---|---|---|
| 3. | पीतल बर्तन निर्माण | अपंगता, तपेदिक, जलन, कै, श्वास सम्बन्धी रोग, जल्दी मृत्यु |
| 4. | बीड़ी उद्योग | टी.बी., श्वासनली-शोथ |
| 5. | हस्तकरघा एवं पॉवरलूम | दमा, टी.बी., (तपेदिक) श्वासनली शोथ, रीढ़ की हड्डी की बीमारी, जलन, नेत्र-दोष |
| 6. | ज़री एवं कढ़ाई | नेत्र-दोष |
| 7. | रूबी एवं हीरा कटाई | नेत्र-दोष |
| 8. | रद्दी चुनना | चर्मरोग, संक्रामक रोग, टेटनस, दमा, श्वासनली-शोथ, तपेदिक, सिलिकोसिस, सर्दी एवं खाँसी |
| 9. | माचिस/पटाखा उद्योग | दुर्घटना, तुरन्त मृत्यु |
| 10. | कृषि उद्योग | चर्मरोग, कीटनाशक दवाइयों एवं मशीनों का दुष्प्रभाव, स्नायु सम्बन्धी बीमारी, उत्तेजना, ऐंठन, कैंसर |
| 11. | स्लेट उद्योग | सिलिकोसिस, श्वास रोग |
| 12. | चूड़ी उद्योग | ताप आघात, चर्म रोग, साँस-दोष, कंजक्टिवाइटिस (नेत्र रोग) |
| 13. | मिट्टी बर्तन निर्माण | दमा, श्वासनली-शोथ, टी.बी., सिलिकोसिस, सर्दी, खाँसी |
| 14. | पत्थर एवं स्लेट खनन | सिलिकोसिस |
| 15. | गुब्बारा उद्योग | निमोनिया, साँस रोग, दिल का दौरा, दमा |
| 16. | कालीन उद्योग | बिसिनोसिस, दमा, टी.बी. |
| 17. | ताला उद्योग | टी.बी., दमा, दुर्घटना |

इस प्रकार स्पष्ट है कि बाल मज़दूरों में ख़तरनाक व्यवसायों एवं उत्पादन प्रक्रियाओं में काम करने से दर्ज़नों गम्भीर बीमारियाँ पैदा हो जाती हैं मगर उनके इलाज की व्यवस्था नियोजकों या शासन-प्रशासन द्वारा मुहैया नहीं की जाती, और वे निजी अस्पतालों में महँगा इलाज कराने में सक्षम नहीं होते। इसका परिणाम अन्ततः मौत के रूप में होता है।

# 7

# परिवार, लोक समाज, एवं सरकार के सरोकार

बाल श्रम एक ऐसी जटिल समस्या है जिस का समाज के सिर्फ़ एक तबके द्धारा हल नहीं खोजा जा सकता है बल्कि जिस परिवार में बच्चे जन्म लेते हैं, वहाँ से लेकर उस देश की सरकार, और सम्पूर्ण समाज के दृष्टिकोण पर निर्भर करता है कि वह बाल श्रम को ज़ारी रखना चाहता है अथवा उसका उन्मूलन करना चाहता है। यहाँ मूलतः दो पहलुओं पर विचार करना है: (क) अब तक क्या हुआ?, तथा (ख) आगे क्या करना है?

## अब तक क्या हुआ?

जैसा कि पूर्व में वर्णित किया जा चुका है, बाल श्रम का एक प्रमुख कारण ग़रीबी है। ग़रीबी बाल श्रम पैदा करती है और बाल श्रम की वज़ह से निरक्षरता बढ़ती है, और निरक्षरता से बाल श्रम में अपेक्षित हुनर एवं ज़्यादा मज़दूरी न होने की वज़ह से ग़रीबी आती है। इस प्रकार ग़रीबी, बाल श्रम, कम मज़दूरी, और अशिक्षा का दुश्चक्र चलता रहता है। फिर भी ग़रीबी का उन्मूलन किया जा सकता है बशर्ते राजनीतिक- प्रशासनिक इच्छाशक्ति, तथा उसे कार्यान्वित करने के लिए प्रतिबद्ध एवं सक्रिय प्रशासन हो। भारत सरकार के द्धारा एक राष्ट्रीय कार्य योजना बनाई गयी थी, उसमें बच्चों के प्रति वचनबद्धता 1992 में पुनः दुहराई गयी थी, और सन् 2000 तक निम्नलिखित लक्ष्य निर्धारित किये गये थे।

(अ) संजीवन: (1) शिशु मृत्यु दर को प्रति हज़ार जीवित जन्मों के अनुपात में 60 से भी कम कर देना, (2) सन् 2000 तक 5 वर्ष से कम आयु

के बच्चों में प्रति हज़ार जन्मों के अनुपात में होने वाली मृत्यु को 70 से कम करना, (3) माताओं की मृत्यु दर को आधा कम कर देना।

(ब) स्वास्थ्य: (1) सन् 2000 तक पोलियो का उन्मूलन; (2) सन् 1995 तक नवजात बच्चों एवं प्रसूताओं को होने वाले टेटनस का पूर्णतः उन्मूलन; (3) सन् 1995 में टीकाकरण के पूर्व के स्तर की तुलना में खसरे से होने वाली मृत्यु में 95 प्रतिशत की कमी लाना, तथा खसरा होने के मामलों में 90 प्रतिशत कमी लाना; (4) नवजात शिशुओं के टीकाकरण को 100 प्रतिशत आच्छादन के उच्चतम स्तर को हासिल करना तथा बरक़रार रखना; (5) 5 वर्ष से कम आयु के बच्चों में दस्त की बीमारी से होने वाली मौतों को 50 प्रतिशत कम करना; (6) सन् 2000 तक 5 वर्ष से कम आयु के बच्चों में श्वासनलिका के जटिल संक्रमण से होने वाली मौतों को वर्तमान स्तर से 40 प्रतिशत तक कम कर देना।

(स) पोषाहार: सन् 1995 से 2000 तक 5 वर्ष से कम आयु के बच्चों में गम्भीर और सामान्य कुपोषण को आधा कम करना।

(द) शिक्षा: प्राथमिक शिक्षा सबको उपलब्ध कराना, और इस सन्दर्भ में बालिकाओं पर विशेष ध्यान देना, साथ-साथ महिलाओं की साक्षरता के लिए चलाए जा रहे कार्यक्रमों को गतिशीलता देना।

(य) पेयजल और स्वच्छता: समूची आबादी को सुरक्षित पेय जल उपलब्ध कराना, तथा मल-निबटान के लिए स्वच्छतापूर्ण उपाय उपलब्ध कराना।

(र) कठिन परिस्थितियों में बच्चे: कठिन परिस्थितियों में रहने वाले बच्चों को और ज़्यादा उन्नत सुरक्षा प्रदान करना।

(ल) बालिका: लिंगभेद को दूर करना, बालिकाओं के स्तर को उन्नत बनाना, तथा समान अवसर उपलब्ध कराना जिससे वे अपनी पूरी क्षमता अर्जित करके अपना बहुआयामी विकास करने का यथोचित अवसर पा सकें।

(व) पर्यावरण: पर्यावरण की सुरक्षा और संरक्षण करना ताकि यह बच्चे के स्वास्थ्य तथा बेहतरी के लिए प्रेरक सिद्ध हो।

(श) जन-सहभागिता: बच्चों के प्रति लोगों में जागृति तथा जन-सहभागिता का भाव पैदा करना।

उपर्युक्त लक्ष्य निश्चित रूप से महत्त्वपूर्ण थे किन्तु अफ़सोस है कि निर्धारित अवधि बीत जाने के बावजूद अधिकांश क्षेत्रों में उपलब्धि सन्तोषजनक नहीं है। 1980-89 में ग़रीबी रेखा के नीचे रहने वालों का प्रतिशत शहरों में 29 और देहातों में 33 था, और 2019 में भारत में 22 प्रतिशत लोग ग़रीबी रेखा के नीचे रह रहे थे। इसके अलावा यह तथ्य कम महत्त्वपूर्ण नहीं है कि सकल घरेलू उत्पाद का मात्र 1.3 प्रतिशत स्वास्थ्य पर, और मात्र 4 प्रतिशत तक शिक्षा पर ख़र्च किया गया, जबकि दूसरी ओर सेना पर क़रीब 15 प्रतिशत ख़र्च किया गया। ज्ञातव्य है कि भारत की स्वास्थ्य नीति 2017 में स्वास्थ्य पर किया जाने वाला ख़र्च 2.5 प्रतिशत (सकल घरेलू उत्पाद का) तक बढ़ाने का जिक्र है। शिक्षा पर सकल घरेलू उत्पाद का 6 प्रतिशत ख़र्च करने की बात कोठारी आयोग (1966) तथा चतुर्थ विश्व महिला सम्मेलन (बीजिंग) में कही गयी थी। भारत में प्रतिरक्षण के तमाम प्रयासों के बावजूद 2017 में 2.9 करोड़ गर्भवती महिलाओं को ही टेटनस के प्रतिरक्षण का टीका दिया जा सका। 2015-16 में भारत में 79 प्रतिशत प्रसव अस्पतालों आदि (संस्थागत) में हुए। 2023-24 में 96 प्रतिशत प्रसव संस्थागत हुए। केरल, तमिलनाडु, सिक्किम, महाराष्ट्र, पंजाब में संस्थागत प्रसव 99 प्रतिशत से अधिक था। जननी सुरक्षा योजना 2005 से लागू है जिसमें संस्थागत प्रसव में ग्रामीण गर्भवती माँ को 1400 रुपये और शहरी गर्भवती माँ को 1000 रुपये मिलते हैं। 'आशा' कार्यकर्त्ता को 300 रुपये प्रति संस्थागत प्रसव दिया जाता है। नवजात शिशु को मुफ़्त टीका भी लगाया जाता है। प्रसव के सात दिनों के अन्दर प्रसवोत्तर जाँच भी करायी जाती है। यह नवजात शिशु और माँ दोनों के लिए हितकर है। बच्चों का समग्र प्रतिरक्षण (इन्द्रधनुष) 93.5 प्रतिशत है (2023-24)। प्रतिवर्ष 2.7 करोड़ बच्चों का प्रतिरक्षण लक्षित होता है। सच है कि स्वास्थ्य की सुविधाएँ उपलब्ध कराने से जन्म दर और मृत्यु दर में कमी आई है, तथा लोगों की औसत उम्र भी बढ़ी है। भारत में 2020 में औसत जीवन प्रत्याशा 69 वर्ष थी तथा महिलाओं की 70 वर्ष और पुरुषों की 67 वर्ष थी। तब पूरे विश्व में औसत जीवन प्रत्याशा 70 वर्ष पुरुषों की और 72 वर्ष महिलाओं की थी। केरल में महिलाओं की जीवन प्रत्याशा 78 वर्ष और पुरुषों की 72 वर्ष, तथा राज्य कुल औसतन 75 वर्ष थी। अभी भी पूरे देश

की मात्र 70 प्रतिशत आबादी को ही स्वास्थ्य सुविधा उपलब्ध है। आयुष्मान भारत के तहत 35 करोड़ (2024 तक) व्यक्तियों का निबन्धन हुआ है, जिसमें प्रत्येक परिवार को पाँच लाख रुपये तक मुफ़्त इलाज प्रतिवर्ष हो सकता है। 2024 तक आठ करोड़ लोग मुफ़्त इलाज करा चुके थे। इसमें माँ-बच्चों का भी इलाज शामिल है। 2 अक्टूबर 2019 को पूरी आबादी को स्वच्छता (शौचालय आदि) सुलभ हो गई, और भारत 'खुला शौच मुक्त' देश हो गया। कुछ अध्ययनों में 83 प्रतिशत 'खुला शौच मुक्त' (ओ.डी.एफ.) पाया गया। सरकारी सूत्रों के अनुसार अभी 93 प्रतिशत लोगों को स्वच्छ पेयजल मिल पा रहा है। मगर इसकी गुणवत्ता संतोषजनक नहीं है। वैश्विक जल गुणवत्ता सूचकांक (ग्लोबल वाटर क्वालिटी इंडेक्स) 2024 के अनुसार इसमें 122 देशों में भारत का स्थान 120वाँ है और भारत में 70 प्रतिशत जल दूषित पाया गया है। इसके अनुसार 2030 तक क़रीब 40 प्रतिशत आबादी पेयजल की सुविधा से वंचित हो जायेगी और स्वच्छ पेयजल के अभाव में 2 लाख लोग प्रति वर्ष मौत के शिकार होंगे।

'डाउन टू अर्थ' के अनुसार भारत में 16.3 करोड़ लोगों को स्वच्छ पेयजल उपलब्ध नहीं हैं, इथियोपिया में 6 करोड़ लोग, और नाइजीरिया में 5.9 करोड़ लोग स्वच्छ पेयजल से वंचित हैं। पूरे विश्व में 84.4 करोड़ लोग (2018) स्वच्छ पेयजल से वंचित है। जल जीवन मिशन के तहत (2024 में) भारत में 93 प्रतिशत व्यक्तियों को स्वच्छ पीने को पानी का स्रोत उपलब्ध कराया गया है किन्तु 'नल का जल' 49 प्रतिशत लोग तक ही सुलभ है। स्वच्छ जल न पीने से 80 प्रतिशत वयस्कों/ बच्चों में दस्त की बीमारी तेजी से होती है। जल-जनित बीमारियों के इलाज के लिए भारत प्रति वर्ष 60 करोड़ डॉलर ख़र्च करता है; इसमें सूखा-ग्रस्त तथा बाढ़-ग्रस्त इलाकों में होने वाला प्रभाव भी शामिल है (जो भारत की एक-तिहाई आबादी को प्रतिवर्ष प्रभावित करता है)। इसके अलावा भारत के 780 जिलों में से दो-तिहाई जिलों में भूजल का स्तर नीचे गिर गया है (युनिसेफ)।

उपर्युक्त आँकड़ों से यह निष्कर्ष निकलता है कि सरकार के स्वास्थ्य, शिक्षा, कल्याण, एवं विकास के विभिन्न कार्यक्रम पूर्णतः सफल नहीं हुए हैं जिसके निम्नलिखित कारण हैं :

(क) शासन-प्रशासन की इच्छाशक्ति में कमी।

(ख) सरकारी तन्त्र एवं ग़ैर-सरकारी संस्थाओं/समूहों के बीच परस्पर अविश्वास के कारण तालमेल न होना।

(ग) विभिन्न सरकारी विभागों/मन्त्रालयों में समुचित समन्वय की कमी।

(घ) आम जनता में जागृति एवं सरोकार की कमी।

(ङ) व्यावहारिक एवं प्रभावी वैकल्पिक शिक्षा (अधिकारों की जानकारी) का अभाव।

(च) बच्चियों एवं महिलाओं के साथ भेदभाव।

(छ) चिकित्सा एवं शिक्षा की बुनियादी सुविधाओं का अभाव।

1991 से देश में नयी आर्थिक नीति के तहत 'उदारीकरण' का दौर शुरू हुआ, और इसका इतना ज़ोरदार प्रचार-प्रसार हुआ कि कभी-कभी ऐसा प्रतीत होता है कि मानो हर बीमारी का इलाज उदारीकरण है-मसलन, कृषि के पिछड़ेपन, उद्योगों की अक्षमता, बेरोज़गारी, ग़रीबी आदि का एकमात्र जादुई निदान 'उदारीकरण' माना जाता है। लेकिन क्या यह सच है कि उदारीकरण से पूँजी निवेश बढ़ा? क्या रोज़गार की दर में वृद्धि हुई? क्या विदेशी व्यापार घाटा कम हुआ? क्या रुपये के अन्तरराष्ट्रीय मूल्य में वृद्धि हुई? क्या अधिकतर को रोज़गार मिला? वास्तव में, इसका परिणाम मिश्रित है: सकल घरेलू उत्पाद की दर बढ़ी मगर रोज़गार नहीं बढ़े-अर्थात् 'रोजगार विहीन आर्थिक विकास' (जॉबलेस ग्रोथ)!

यद्यपि अशिक्षा, ग़रीबी और बाल श्रम में सकारात्मक सम्बन्ध है, फिर भी यह अत्यन्त चिन्ताजनक है कि भारत में शिक्षा में उल्लेखनीय प्रगति नहीं हुई है, ख़ासकर प्राथमिक शिक्षा पर उतनी प्रगति नहीं हुई, जितनी अपेक्षित थी। भारत विकासशील देशों में न केवल सबसे ज़्यादा आबादी वाला देश (146 करोड़) है (चीन दूसरा), बल्कि तकनीकी मानव-शक्ति एवं प्राकृतिक संसाधनों की दृष्टि से भी कई देशों से ज़्यादा सम्पदा-सम्पन्न है। यदि हम विभिन्न देशों द्वारा शिक्षा पर किए गये ख़र्च की तुलना करें, तो एक ग़ैर-सरकारी आँकड़े के अनुसार भारत अपने बजट का 3 से 4 प्रतिशत ही शिक्षा पर ख़र्च करता है जो केन्या, तंजानिया, म्यांमार, मलेशिया, चीन, श्रीलंका आदि के द्वारा शिक्षा पर किये जाने वाले ख़र्च से कम है, जबकि दूसरी ओर उच्च शिक्षा पर भारत

अपेक्षाकृत ज़्यादा खर्च करता है। उदाहरणार्थ, उच्च शिक्षा पर चीन 1 प्रतिशत, श्रीलंका 4 प्रतिशत, म्यांमार 1 प्रतिशत एवं इण्डोनेशिया 4 प्रतिशत ख़र्च करता है जबकि भारत 9 प्रतिशत ख़र्च करता है। कुछ लोगों का मत है कि भारत उच्च शिक्षा पर होने वाले ख़र्च में कटौती करे, और वही राशि बुनियादी शिक्षा पर ख़र्च करे जिससे बाल मज़दूरों को मज़दूरी प्रथा से हटाकर विशेष विद्यालयों अथवा निकटस्थ प्राथमिक विद्यालयों में प्रवेश दिलाए क्योंकि प्रायः ऐसा देखा गया है कि जो बच्चे विद्यालय नहीं जाते, वे कहीं-न-कहीं (कृषि, उद्योग, सेवा, आदि क्षेत्रों में) प्रत्यक्ष या परोक्ष रूप में बाल मज़दूर के रूप में काम करते हैं। कुछ बच्चे ऐसे भी होते हैं जो किसी नियोजक के अधीन नहीं होते, और न अपने परिवार के किसी प्रत्यक्ष उत्पादन-प्रक्रिया में हिस्सा लेते हैं, किन्तु वे अपने घरों में अपने छोटे भाई-बहनों को खिलाने, अभिभावकों के लिए कार्य स्थल पर दाना-पानी ले जाने, जानवर चराने, आदि छोटा-मोटा कार्य करते रहते हैं। तमाम विद्वानों का मत है कि केन्द्र एवं राज्य सरकारों ने प्राथमिक शिक्षा के विस्तार, गुणवत्ता, उपलब्धता आदि पर अपेक्षित ध्यान नहीं दिया जबकि भारत से बहुत कम आय वाले अफ्रीकी देशों-यथा घाना (76.6 प्रतिशत), लीबिया (91 प्रतिशत), जिम्बाबे (86.5 प्रतिशत), कैमरून (77 प्रतिशत), लेसोथो (79.4 प्रतिशत) आदि में 2020 में साक्षरता का प्रतिशत 75 से अधिक था और चीन में साक्षरता का प्रतिशत भारत से बहुत अधिक (96.8 प्रतिशत) था जबकि चीन भारत के बाद ही आज़ाद हुआ था, और आज़ादी के समय दोनों देशों का पिछड़ापन लगभग बराबर था। ज्ञातव्य है कि 2020 में औसत वैश्विक साक्षरता दर (15 वर्ष से ऊपर) 86.3 प्रतिशत थी-पुरुषों की 90 प्रतिशत तथा स्त्रियों की 83 प्रतिशत। ग्रीनलैंड, अंडोर्रा, उत्तर कोरिया, एवं उज़्बेकिस्तान में साक्षरता दर 100 प्रतिशत थी, तथा विकसित देशों में औसत साक्षरता दर 99 प्रतिशत थी। यहाँ तक कि यह कुछ विकासशील देशों यथा सैन मेरिना (99.9 प्रतिशत), लाटविया (99.9 प्रतिशत), एस्टोनिया (99.9 प्रतिशत), लिथुआनिया (99.8 प्रतिशत), बेलारूस, ताज़िकिस्तान (99.8 प्रतिशत), अज़रबैज़ान (99.8 प्रतिशत), क्यूबा (99.8 प्रतिशत), कज़ाकिस्तान (99.8 प्रतिशत), पोलैंड (99.8 प्रतिशत), उक्रेन (99.8 प्रतिशत), स्लोवेनिया (99.7 प्रतिशत), आर्मेनिया (99.7 प्रतिशत), तुर्कमेनिस्तान (99.7 प्रतिशत),

रूस (99.7 प्रतिशत) में विकसित देशों के बराबर थी। सबसे कम साक्षरता दर नाइजर (19 प्रतिशत), चाड (22 प्रतिशत), गीनिया (30.4 प्रतिशत), दक्षिण सूडान (34.5 प्रतिशत), तथा माली (35.5 प्रतिशत) में थी। 2025 में भारत में साक्षरता दर 80.9 प्रतिशत हो गयी। 2023-24 में प्रारम्भिक शिक्षा स्तर (कक्षा 5 तक) 97 प्रतिशत सकल नामांकन दर थी, मध्य (मिडिल) स्तर-कक्षा 6 से 8 तक-पर 90 प्रतिशत सकल नामांकन दर थी और माध्यमिक शिक्षा स्तर (9 से 12 तक) 67 प्रतिशत सकल नामांकन दर थी। भारत में सभी प्रकार के विद्यालयीय स्तरों पर लड़कियों का कुल नामांकन 48 प्रतिशत, अल्प संख्यकों का 20 प्रतिशत, अन्य पिछड़े वर्गों का 45 प्रतिशत, अनुसूचित जातियों का 18 प्रतिशत, एवं अनुसूचित जनजातियों का 10 प्रतिशत था। सभी स्तरों पर 12.87 करोड़ बालकों और 11.93 करोड़ बालिकाओं ने 14.718 लाख विद्यालयों में नामांकन लिया था। पूरे देश में प्रारम्भिक स्तर पर 3.7 प्रतिशत, मध्य स्तर पर 5.2 प्रतिशत, माध्यमिक स्तर पर 11 प्रतिशत, छीजन दर (ड्रॉप आउट) थी। बिहार में प्रारम्भिक स्तर पर 13.7 प्रतिशत, मध्य स्तर पर 26 प्रतिशत, एवं माध्यमिक स्तर पर 21 प्रतिशत छीजन दर थी। असम में माध्यमिक स्तर पर 20 प्रतिशत और कर्नाटक में 19 प्रतिशत छीजन दर इस स्तर पर थी। ज़्यादा छीजन दर से बाल श्रमिक बनते हैं और उनका भविष्य अन्धकारमय हो जाता है।

यह सर्वविदित है कि सन् 1979 को 'अन्तरराष्ट्रीय बाल वर्ष' घोषित किया गया था, तथा बच्चों के हित में संयुक्त राष्ट्र संघ महासभा (जनरल एसेम्बली) में प्रस्ताव पारित किए गये थे। इसके पूर्व सबसे पहले 1952 में अन्तरराष्ट्रीय स्तर पर 'बाल दिवस' मनाने का निर्णय लिया गया था, और अक्टूबर 1953 में पहली बार एक दर्ज़न से अधिक देशों ने 'बाल दिवस' मनाया था, जिसका आयोजन अन्तरराष्ट्रीय बाल संघ ने किया था। सन् 1954 में संयुक्त राष्ट्र महासभा ने 'बाल दिवस' मनाने का प्रस्ताव स्वीकार कर लिया था। अब 160 से अधिक राष्ट्र प्रतिवर्ष बाल दिवस मनाते हैं। 'विश्व बाल दिवस' 20 नवम्बर को हर वर्ष मनाया जाता है किन्तु भारत में प्रथम प्रधानमन्त्री पं. जवाहरलाल नेहरू के जन्म दिन 14 नवम्बर को बाल दिवस मनाया जाता है, जिसका उद्देश्य बच्चों की आवश्यकताओं और अधिकारों

के प्रति सरकार और जनता का ध्यान आकृष्ट करना है। प्रसिद्ध लेखक पाउलो सील्हो ने कहा है: 'एक बच्चा किसी वयस्क को तीन चीज़ें हमेशा सिखा सकता है: अकारण ख़ुश होना, हमेशा किसी चीज़ में व्यस्त रहना, तथा अपनी इच्छित वस्तु पाने के लिए कैसे माँग की जाय, यह जानना।' इसी प्रकार अल्डस हक्सले ने भी ठीक कहा है: 'प्रतिभाशाली का रहस्य है बुढ़ापे में बच्चे की भावना सँजोये रखना, जिसका तात्पर्य है अपना उत्साह कभी न खोना।' फिर डेनिस वेटले से भी सहमत हुआ जा सकता है: 'जो महानतम उपहार आप अपने बच्चों को दे सकते हैं, वे हैं उत्तरदायित्व की जड़ें, और स्वतन्त्रता के पंख'।

अगस्त, 1974 में भारत में बच्चों पर राष्ट्रीय नीति का संकल्प पारित किया गया था। (देखें अध्याय 2) जिसमें 14 वर्ष से कम उम्र के बच्चों को मुफ़्त एवं अनिवार्य शिक्षा, स्वास्थ्य एवं पोषाहार की व्यवस्था, औपचारिक शिक्षा प्राप्त करने में असमर्थ बच्चों के लिए वैकल्पिक शिक्षा व्यवस्था, तथा उपेक्षा, क्रूरता एवं शोषण से बच्चों की सुरक्षा हेतु उपाय करने पर ज़ोर दिया गया था। बाल श्रमिकों पर गठित गुरुपदास्वामी समिति ने अपना प्रतिवेदन दिसम्बर 1979 में दे दिया था, और उस प्रतिवेदन में 'बाल श्रमिक' एवं 'बाल श्रमिकों के शोषण' में भेद किया गया था अर्थात् यद्यपि बाल श्रमिक प्रथा एक समस्या है किन्तु वह बाल श्रम-शोषण से भिन्न है। कोई भी बाल श्रम, शोषण का रूप ले लेता है यदि:

1. बच्चे को उसकी शारीरिक क्षमता से ज़्यादा कार्य करना पड़े।
2. जब उसके नियोजन के घण्टे उसकी शिक्षा, मनोरंजन एवं आराम में खलल डालें।
3. जब उसकी मज़दूरी उसके द्वारा किए गये काम की मात्रा के अनुरूप न हो।
4. जब उसका व्यवसाय या उत्पादन-प्रक्रिया उसके स्वास्थ्य और सुरक्षा के लिए ख़तरनाक हो।

## उक्त समिति ने निम्नलिखित अनुशंसाएँ कीं-

1. श्रम कानूनों को लागू करने वाली मशीनरी को ज़्यादा सबल और सक्रिय बनाया जाए।

2. स्वयंसेवी संगठनों और श्रमिक संघों (ट्रेड यूनियन्स) का सहयोग लिया जाए।

3. निरीक्षणों के पश्चात् अभियोजन में गति लाई जाए, तथा कम-से-कम एक साल की सजा और 2000 रुपये का जुर्माना किया जाए।

4. कामकाजी बच्चों के लिए एक समवेत प्रयास के तहत संस्थागत ढाँचा बनाया जाए।

5. बाल श्रम की समाप्ति के फलस्वरूप 15 वर्ष से 50 वर्ष की आयु वर्ग के लोगों के लिए रोज़गार की सम्भावना बढ़ेगी। अतः समिति ने यह माना कि 'ऐसा कदम क्रान्तिकारी होगा किन्तु प्रथम चरण में यह व्यावहारिक नहीं दीखता।'

6. समिति ने ज़ोर दिया था कि वयस्कों के लिए न्यूनतम मज़दूरी कानून को तेजी से लागू किया जाए क्योंकि 'यदि माँ-बाप की आमदनी बढ़ती है, तो बच्चों को काम पर भेजने के प्रति उनका झुकाव स्वतः ही कम हो जाएगा।'

7. बच्चों के लिए प्राथमिक शिक्षा की ज़रूरत पर भी ज़ोर दिया गया था, किन्तु समिति ने वर्तमान शिक्षा-व्यवस्था की व्यावहारिकता और सार्थकता पर सन्देह व्यक्त किया था। इसलिए कामकाजी बच्चों के लिए अनौपचारिक शिक्षा को ज़्यादा प्रभावकारी ढंग से लागू करने पर ज़ोर दिया गया।

मगर सन् 1983 में तत्कालीन योजना मन्त्री श्री एस.बी. चव्हाण ने भारत सरकार के रुख़ को स्पष्ट करते हुए कहा था-'बाल श्रम को निषिद्ध घोषित करना वर्तमान सामाजिक, आर्थिक विषमताओं को देखते हुए व्यावहारिक नहीं है।' श्रम मन्त्रालय ने अपने 1983-84 के आर्थिक प्रतिवेदन में कहा था कि यद्यपि बाल श्रम एक कठोर सत्य है किन्तु वर्तमान आर्थिक विकास के स्तर को देखते हुए बच्चों को काम करने से रोकना न तो व्यावहारिक है और न ही उचित । मगर शासन ने यह नहीं समझा कि बाल श्रम न रोकने के कितने घातक सामाजिक, आर्थिक, शैक्षिक, एवं राजनीतिक परिणाम होंगे। भारत ने विकसित देशों के इतिहास से सबक नहीं लिया। अन्ततः गुरुपदास्वामी समिति की अनुशंसाओं के आलोक में बाल श्रम (प्रतिषेध एवं विनियमन) अधिनियम 1986 बनाया गया। अब बाल एवं किशोर श्रम (संशोधन) अधिनियम में भाग 'क' में 38 ख़तरनाक व्यवसायों एवं उत्पादन-प्रक्रियाओं में किशोरों के काम

करने तथा 14 वर्ष से कम उम्र के बच्चों के द्वारा सहायता करने पर रोक है। इसके अलावा भाग 'ख' में 15 व्यवसायों एवं 54 प्रक्रियाओं में 14 वर्ष तक के बच्चों द्वारा परिवार एवं पारिवारिक उद्यम में 'सहायता' करने पर भी रोक है। इसका अद्यतन विवरण अध्याय 8 में दिया गया है।

राष्ट्रीय बाल श्रम नीति 1987 में यह महसूस किया गया था कि गाँवों एवं शहरों में रोज़गारोन्मुखी विकास को बढ़ावा देने, औपचारिक एवं अनौपचारिक शिक्षा की सुविधाओं का समुचित विस्तार करने, व्यावसायिक शिक्षा एवं प्रशिक्षण, तथा सामाजिक सुरक्षा एवं परिवार कल्याण के उपायों को अपनाने से बाल श्रम के कारणों को हल किया जा सकेगा। इसलिए तीन प्रकार की कार्रवाइयों पर ज़ोर दिया गया:

(क) विधायी कार्य योजना (लेजिस्लेटिव ऐक्शन प्लान)।

(ख) बाल श्रमिकों को लाभ पहुँचाने के लिए सामान्य विकास कार्यक्रमों पर ज़ोर।

(ग) बाल श्रम बहुल इलाकों में प्रोजेक्ट आधारित कार्य योजना।

विधायी कार्य योजना के तहत एक बाल श्रमिक तकनीकी परामर्शदात्री समिति का गठन किया गया जो बाल श्रम (प्रतिषेध एवं विनियमन) अधिनियम 1986 की अनुसूची में ख़तरनाक व्यवसायों एवं प्रक्रियाओं को जोड़ने की सलाह देती है। न्यूनतम मज़दूरी अधिनियम 1948 में उस प्रावधान को हटाने की कार्रवाई का वादा किया गया था जिसके अनुसार बालक, किशोर, एवं वयस्क के लिए अलग-अलग मज़दूरी दर निर्धारित करना है। इसी प्रकार मज़दूरी भुगतान अधिनियम, और समान पारिश्रमिक अधिनियम के तहत भी यह व्यवस्था करने का वादा किया गया था कि बाल श्रमिकों के साथ, वयस्कों की तुलना में, भेदभाव नहीं किया जाए।

दूसरे, राष्ट्रीय विकास कार्यक्रमों, यथा-शिक्षा, स्वास्थ्य, पोषाहार, समेकित बाल विकास, एवं ग़रीबी उन्मूलन कार्यक्रमों का इस प्रकार कार्यान्वयन किया जाएगा कि उसका सकारात्मक असर बाल श्रमिकों पर पड़े:

(1) कामकाजी बच्चों के लिए अनौपचारिक शिक्षा, स्वयंसेवी संस्थाओं का प्रोजेक्ट स्वीकृत करना, श्रमिक विद्यापीठ, जनता पुस्तकालय, जन-शिक्षा निलयम, आदि की व्यवस्था।

(2) औपचारिक एवं अनौपचारिक विद्यालयों में स्वास्थ्य परीक्षण, दोपहर का भोजन, आदि की व्यवस्था।

(3) बाल श्रमिकों के परिवारों को स्वनियोजन (स्वर्ण जयंती रोज़गार योजना), तथा मज़दूरी नियोजन में प्राथमिकता देना।

(4) बाल श्रमिक बहुल क्षेत्रों यथा-शिवकाशी, अलीगढ़, मुरादाबाद, मिर्ज़ापुर, भदोही, फ़िरोज़ाबाद, सूरत, जयपुर, जम्मू-कश्मीर, मन्दसौर, मड़कापुर आदि में प्राथमिकता के आधार पर श्रम कानूनों को सख़्ती से लागू करना, बाल श्रमिकों के परिवारों को ग़रीबी उन्मूलन कार्यक्रमों में प्राथमिकता देना, अनुसूचित जाति/अनुसूचित जनजाति के परिवारों के लिए क्रमशः विशेष अंगीभूत एवं जनजातीय उपयोजना के तहत कल्याणकारी कार्यक्रम लागू करना, औपचारिक एवं अनौपचारिक शिक्षा देना, छात्रवृत्ति एवं पोषाहार सुविधाओं सहित विशेष विद्यालयों की स्थापना करना, तथा केन्द्र एवं राज्य सरकारों के विभिन्न विभागों के बीच समन्वय स्थापित कर बाल श्रमिकों के हित में कार्रवाई करना। इन सब में श्रम विभाग नोडल विभाग/मन्त्रालय होगा।

भारत सरकार द्वारा 1994 (सितम्बर) में राष्ट्रीय बाल श्रम उन्मूलन प्राधिकार का गठन किया गया जिसके अध्यक्ष केन्द्रीय श्रम मन्त्री, भारत सरकार, होते हैं। केन्द्र सरकार द्वारा उन क्षेत्रों में, जहाँ बाल मज़दूर किसी ख़ास व्यवसाय या उत्पादन-प्रक्रिया में ज़्यादा संख्या में हैं, उनके लिए विशेष विद्यालय खोले गए। वर्ष 1989-90 में 5,800 बच्चों के लिए 102 विशेष विद्यालय स्वीकृत किए गये थे जिसे 92.59 लाख रूपये की राशि आबंटित की गयी थी। तालिका 1 के अवलोकन से स्थिति स्पष्ट होगी। इन विद्यालयों में 'सेतु शिक्षा पाठ्यक्रम', दोपहर का भोजन, व्यावसायिक प्रशिक्षण, छात्रवृत्ति, स्वास्थ्य की देख-रेख, आदि सुविधाएँ शामिल होती हैं।

**तालिका 1: बाल श्रम बहुल क्षेत्रों में विशेष विद्यालय (1989-90)**

| क्र. सं. | बाल श्रम परियोजना का नाम | विशेष विद्यालयों की संख्या | लाभान्वित बच्चों की संख्या |
|---|---|---|---|
| 1. | शिवकाशी (तमिलनाडु) | 24 | 1,700 |
| 2. | मन्दसौर (मध्यप्रदेश) | 8 | 600 |

| 3. | जयपुर (राजस्थान) | 20 | 1,000 |
|---|---|---|---|
| 4. | मड़कापुर (आन्ध्र प्रदेश) | 20 | 1,000 |
| 5. | मिर्ज़ापुर-भदोही (उत्तर प्रदेश) | 10 | 500 |
| 6. | फिरोज़ाबाद (उत्तर प्रदेश) | 10 | 500 |
| 7. | अलीगढ़ (उत्तर प्रदेश) | 10 | 500 |
|  | **कुल** | **120** | **5,800** |

आठवीं पंचवर्षीय योजना के दौरान तत्कालीन प्रधानमन्त्री श्री पी.वी. नरसिंह राव ने बाल श्रमिक बहुल जिलों में राष्ट्रीय बाल श्रमिक परियोजना के तहत विशेष विद्यालयों को चलाने को बड़े पैमाने पर स्वीकृति दी थी। राष्ट्रीय बाल श्रमिक परियोजना (नेशनल चाइल्ड लेबर प्रोजेक्ट) के तहत विभिन्न राज्यों के 133 जिलों का चयन हुआ था जो 1981 की जनगणना के अनुसार बाल श्रमिक- बहुल जिले थे जिनमें से 76 जिलों में विशेष विद्यालय खोले गये जिनमें 65 करोड़ 43 लाख रुपये कुल डेढ़ लाख बाल श्रमिकों के पढ़ने हेतु आबंटित किए गये थे। दसवीं पंचवर्षीय योजना तक इन स्कूलों की सं. 8,887 हो गयी जो बीस राज्यों के 250 जिलों में खोले गये थे। 2010 तक कुल 10,000 विशेष विद्यालय खोले गये थे जिनमें पाँच लाख बच्चे भर्ती हुए। 2010 तक 21 राज्यों में निम्नलिखित 349 जिलों में 10,000 विशेष विद्यालय शुरू किये गये थे:

**तालिका 2: राष्ट्रीय बाल मज़दूर परियोजना वाले जिले/राज्य (2010)**

| क्र. सं. | राज्य | जिलों की संख्या | जिलों के नाम |
|---|---|---|---|
| 1. | आन्ध्र प्रदेश एवं तेलंगाना | 23 | अनंतपुर, चित्तूर, कडप्पा, पूर्वी गोदावरी, गुन्तूर, हैदराबाद, करीमनगर, करनूल, मेडक, नालगोंडा, खम्मम, नेल्लोर, निजामाबाद, प्रकाशम, रंगारेड्डी, श्रीकाकुलम, विजयनगरम, विशाखापटनम, बारंगल, पश्चिमी गोदावरी, महबूबनगर, आदिलाबाद, कृष्णा। |

| | | | |
|---|---|---|---|
| 2. | असम | 3 | नौगाँव, कोकराझार, लखीमपुर। |
| 3. | बिहार | 24 | नालंदा, सहरसा, जमुई, कटिहार, अररिया, गया, पूर्वी चम्पारण, पश्चिमी चम्पारण, मधेपुरा, पटना, सुपौल, समस्तीपुर, मधुबनी, दरभंगा, मुज़फ़्फ़रपुर, नवादा, खगड़िया, सीतामढ़ी, किशनगंज, बेगूसराय, बाँका, सारण, पूर्णिया, भागलपुर। |
| 4. | छत्तीसगढ़ | 87 | दुर्ग, बिलासपुर, राजनन्दगाँव, सरगुजा, रायगढ़, दन्तेवाड़ा, रामपुर, कोरबा। |
| 5. | गुजरात | 9 | सूरत, पंचमहल, भुज, बनासकांठा, दाहोद, बड़ोदरा, भावनगर, अहमदाबाद, राजकोट। |
| 6. | हरियाणा | 3 | गुड़गाँव, फ़रीदाबाद, पानीपत। |
| 7. | जम्मू-कश्मीर | 3 | जम्मू, श्रीनगर, ऊधमपुर। |
| 8. | झारखण्ड | 9 | गढ़वा, साहेबगंज, दुमका, पाकुड़, पश्चिमी सिंहभूम, गुमला, पलामू, राँची, हजारीबाग। |
| 9. | कर्नाटक | 17 | बीजापुर, रायचुर, धारवाड़, बंगलूरू (ग्रामीण), बंगलुरू (शहर), बेलगाम, कोप्पल, तुमकूर, देवनगिरि, हवेड़ी, मैसूर, बगलकोट, चित्रदुर्गा, गुलबर्गा, बेल्लरी, कोलार, मांडया। |
| 10. | मध्य प्रदेश | 22 | मन्दसौर, ग्वालियर, उज्जैन, बडवानी, रीवा, धार, पूर्वी निमाड़ (खंडवा), राजगढ़, छिंदवाड़ा, शिवपुरी, सीधी, गुना, बेतुल, शाजापुर, रतलाम, प. निमाड़ (खरगोन), झबुआ, दमोह, सागर, जबलपुर, सतना, कटनी। |
| 11. | महाराष्ट्र | 18 | शोलापुर, ठाणे, पुणे, परभणी, सांगली, बुल्ढाणा, जलगाँव, नन्दरबार, नान्देद, नासिक, यावतमल, धुले, बीड, अमरावती, जलना, औरंगाबाद, गोंडिया, मुम्बई उपनगर। |
| 12. | मिजोरम | 1 | लवंगतलाई |
| 13. | नागालैण्ड | 1 | दीमापुर |

| 14. | ओडिशा | 18 | अंगुल, बरगढ़, बालासोर, कटक, देवगढ़, गजपति, गंजम, झरसूगुडा, कालाहांडी, कोरापूत, मल्कानगिरि, मयूरभंज, नवरंगपुर, नौपाड़ा, रामगढ़, सम्बलपुर, सोनपुर। |
|---|---|---|---|
| 15. | पंजाब | 3 | जालंधर, लुधियाना, अमृतसर। |
| 16. | राजस्थान | 23 | जयपुर, उदयपुर, टोंक, जोधपुर, अजमेर, अलवर, जालौर, चूरू, नागौर, चित्तौड़गढ़, बाँसवाड़ा, धौलपुर, सीकर, डूँगरपुर, भरतपुर, बीकानेर, झुँझुनू, बूँदी, झालावाड़, पाली, भीलवाड़ा, श्रीगंगानगर, बाड़मेर। |
| 17. | तमिलनाडु | 18 | चिदम्बरनार (तूतीकोरिन), कोयम्बटूर, धर्मापुरी, वेल्लोर, पुकोट्टई, सलेम, तिरुचिरापल्ली, तिरुनेलवेली, कृष्णगिरि, चेन्नई, इरोड, दिंदीगुल, थेनी, कांचीपुरम, तिरुवन्नमलई, तिरुवल्लूर, नमक्काल, विरुधनगर। |
| 18. | उत्तर प्रदेश | 47 | वाराणसी, मिर्जापुर, भदोही, बुलन्दशहर, सहारनपुर, आजमगढ़, शाहजहाँपुर, गोंडा, खीरी, बहाराइच, बलरामपुर, हरदोई, बाराबंकी, सीतापुर, फैज़ाबाद, बदायूँ, गोरखपुर, कुशीनगर, कौशाम्बी, कन्नौज, रायबरेली, उन्नाव, सुल्तानपुर, फतेहपुर, श्रावस्ती, प्रतापगढ़, बस्ती, सोनभद्र, मऊ, बिजनौर, बाँदा, गाजियाबाद, जौनपुर, रामपुर, बरेली, लखनऊ, मेरठ, इटावा, आगरा, गाजीपुर, मथुरा, एटा, मुरादाबाद, इलाहाबाद, कानपुर नगर, अलीगढ़, फिरोजाबाद। |
| 19. | उत्तराखण्ड | 1 | देहरादून |
| 20. | प. बंगाल | 18 | बर्दवान, उत्तरी दीनाजपुर, दक्षिणी दीनाजपुर, उत्तरी चौबीस परगना, दक्षिणी चौबीस परगना, कोलकाता, मुर्शिदाबाद, मिदनापुर, मालदा, बाँकुड़ा, पुरुलिया, वीरभूम, नादिया, हुगली, हावड़ा, जलपाईगुड़ी, कूचबिहार, पूर्वी मिदनापुर। |
| 21. | दिल्ली | 1 | उत्तर पूर्वी दिल्ली |
| | कुल जिले | 349 | |

इस प्रकार 2009-2010 तक राष्ट्रीय बाल श्रमिक परियोजना के तहत आन्ध्र प्रदेश के 23 जिले, बिहार के 24 जिले, दिल्ली का 1 जिला, गुजरात के 9 जिले, जम्मू-कश्मीर के 3 जिले, कर्नाटक के 17 जिले, मध्यप्रदेश के 22 जिले, महाराष्ट्र के 18 जिले, ओडिशा के 18 जिले, राजस्थान के 29 जिले, तमिलनाडु के 18 जिले, असम के 3 जिले, छत्तीसगढ़ के 8 जिले, झारखण्ड के 9 जिले, हरियाणा के 3 जिले, मिजोरम का 1 जिला, नागालैण्ड का 1 जिला, पंजाब के 3 जिले, उत्तराखण्ड का 1 जिला, उत्तर प्रदेश के 47 जिले, और प. बंगाल के 18 जिले चयनित किए गये थे, तथा वहाँ निम्नलिखित कार्रवाई शुरू की गयी थी:

(क) सर्वेक्षण एवं मूल्यांकन।

(ख) बाल श्रम कानूनों का त्वरित कार्यान्वयन।

(ग) बाल श्रमिकों के माँ-बाप को रोज़गार मुहैया कराना।

(घ) वयस्क एवं अनौपचारिक शिक्षा का प्रसार-विशेष विद्यालयों की स्थापना।

(च) विभिन्न प्रोत्साहन, तथा छात्रवृत्ति, पोषाहार आदि देकर बाल मज़दूरों का विद्यालयों में नामांकन बढ़ाना।

(छ) जनजागरण अभियान।

राष्ट्रीय बाल श्रमिक परियोजना के तहत भारत सरकार ने नौवीं पंचवर्षीय योजना तक 178 करोड़ रुपये ख़र्च किया था और दसवीं पंचवर्षीय योजना में 602 करोड़ रुपये का प्रावधान किया था। भारत सरकार तथा संयुक्त राज्य अमरीका के श्रम विभाग ने संयुक्त रूप से 'इंडस' परियोजना के तहत पाँच राज्यों के 21 जिलों में चालीस मिलियन डॉलर की राशि से बाल श्रम उन्मूलन की परियोजना शुरू की। भारत सरकार ने इसके लिए 65 करोड़ रुपये का प्रावधान किया था। इस परियोजना के तहत 2007-8 तक क़रीब 1,000 विशेष विद्यालय खोले गये थे जिनमें 80,000 के लक्ष्य के विरुद्ध 52,900 कामकाज़ी बच्चों को शामिल किया गया था। इसमें किशोरों (14-17 वर्ष) को अतिरिक्त रूप से व्यावसायिक शिक्षा की व्यवस्था की गयी थी। इसके अलावा उनके परिवारों के लिए आय-सृजन, बाल मज़दूरों की ख़ोज, और उनको काम से निकालकर पुनर्वासित करने, तथा विशेष अनुश्रवण का प्रावधान किया गया

था। यह परियोजना मार्च 2008 तक के लिए स्वीकृत थी। इसमें शामिल जिले एवं राज्य निम्नलिखित हैं (तालिका 3)

**तालिका 3: इंडस परियोजना में शामिल राज्य/जिले**

| क्र.सं. | राज्य | जिले |
|---|---|---|
| 1. | मध्य प्रदेश | दामोह, सागर, जबलपुर, सतना, कटनी (5) |
| 2. | महाराष्ट्र | अमरावती, जलना, औरंगाबाद, गोंडिया, मुम्बई उपनगर क्षेत्र (5) |
| 3. | उत्तर प्रदेश | मुरादाबाद, इलाहाबाद, कानपुर नगर, अलीगढ़, फ़िरोज़ाबाद (5) |
| 4. | तमिलनाडु | कांचीपुरम, तिरुवन्नमलई, तिरुवल्लूर, नाममक्काल, विरुधनगर (5) |
| 5. | दिल्ली | दिल्ली (1) |

श्रम मंत्रालय के द्वारा खोले गये नौ हज़ार विशेष विद्यालयों में पढ़कर 6.30 लाख विद्यार्थी मुख्यधारा के विद्यालयों में शिक्षा ग्रहण करने लगे। 2010 तक दस हज़ार विशेष विद्यालय स्वीकृत थे जिनमें पाँच लाख विद्यार्थी भर्ती हुए। ग्यारहवीं पंचवर्षीय योजना में भारत सरकार ने बाल श्रमिकों की शिक्षा आदि के लिए 625 करोड़ रुपये का प्रावधान किया था। इसमें सेतु शिक्षा, व्यावसायिक प्रशिक्षण, दोपहर का भोजन, स्वास्थ्य, छात्रवृत्ति आदि शामिल थी।

इन विशेष विद्यालयों के संचालन में कतिपय कमियाँ रही हैं जिन्हें इन पंक्तियों के प्रथम लेखक ने श्रमायुक्त, बिहार के रूप में कार्य करते हुए पाया था। वे ख़ामियाँ निम्नलिखित हैं:

(1) बाल श्रमिक परियोजना सोसायटी के तहत चलने वाले अधिकांश विद्यालयों में वैसे बच्चों को भी भर्ती कर लिया गया था जो पहले जोख़िमपूर्ण कार्य नहीं कर रहे थे। जमुई जिले के झाझा में यह भी पाया गया था कि औपचारिक विद्यालयों में पढ़ रहे कुछ बच्चों ने वहाँ से नाम कटवाकर छात्रवृत्ति, पोशाक, और भोजन के लालच में इस विशेष विद्यालय में नामांकन ले लिया था जिसे शिक्षक एवं स्थानीय अधिकारीगण रोकने में असफल रहे।

(2) जमुई के निकट एक मस्जिद परिसर में प्राइवेट मदरसा चल रहा था। वहाँ पढ़ रहे बच्चों को इस विशेष विद्यालय में पूरी तरह भर्ती कर लिया

गया था बल्कि यह कहना उचित होगा कि उसका सिर्फ़ नाम बदला गया था जबकि छात्र-छात्रा, शिक्षक, स्थान आदि पूर्ववत् रहे। ये बच्चे बाल श्रमिक के रूप में पूर्व में कोई काम नहीं किए थे।

(3) परियोजना को उपलब्ध कराई गयी जीप/जिप्सी का उपयोग परियोजना के कार्यों हेतु नियमित रूप से नहीं हो रहा था बल्कि अधिकांशतः जिला प्रशासन उसे अन्य अधिकारियों को देकर दुरुपयोग कर रहा था जिसके लिए श्रम विभाग, बिहार ने उन्हें सचेत भी किया था।

(4) विशेष विद्यालयों के शिक्षकों की नियुक्ति में स्थानीयता, योग्यता, प्रतिबद्धता आदि के मापदण्ड नहीं अपनाए गये थे, और न इन शिक्षकों को प्रशिक्षित ही किया गया था।

(5) कुछ जगहों यथा जमुई में पर्यवेक्षण एवं मूल्यांकन के लिए फील्ड अफ़सरों को नियुक्त नहीं किया गया था। ठेके पर रखे गये वहाँ के प्रोजेक्ट डायरेक्टर अक्षम पाए जाने के कारण श्रम विभाग, बिहार के निर्देश पर हटा दिए गए।

(6) बच्चों को छात्रवृत्ति का नियमित भुगतान नहीं किया जा रहा था, और न पोस्ट ऑफिस/बैंक के माध्यम से भुगतान की व्यवस्था की गयी थी।

(7) कई विद्यालयों में दोपहर का भोजन न देकर उसकी राशि रूपये 2.50 प्रतिदिन की दर से दी जा रही थी। चूँकि बच्चों को पोषाहार तथा आकर्षण के रूप में भोजन नहीं मिल रहा था, इसलिए इसमें उनकी रुचि घटने और छीजन (ड्रॉप आउट) होने की सम्भावना पायी गयी।

(8) इस परियोजना का उद्देश्य जनजागरण अभियान तेज कर बाल श्रमिक समस्या पर समाज के सभी तबकों को संवेदनशील बनाना भी था किन्तु चुने गये इन जिलों में पाँच-पाँच लाख रुपये सर्वेक्षण, प्रचार-प्रसार, वाहन आदि के लिए केन्द्र सरकार (श्रम मन्त्रालय) से सीधे मिलने के बावजूद वाहन क्रय को छोड़कर समुचित जनजागरण, तथा सर्वेक्षण नहीं किया गया। चूँकि बिहार सरकार को केन्द्र से इस मद में कोई राशि नहीं मिली थी, और न राज्य सरकार के बजट में इसका प्रावधान था, इसलिए राज्य स्तर से अपेक्षित कार्रवाई नहीं की जा सकी।

(9) बच्चों के स्वास्थ्य की जाँच की समुचित व्यवस्था सभी विद्यालयों में नहीं थी। सहरसा जिले में इन सभी बच्चों के लिए स्वास्थ्य कार्ड छपवाकर स्वास्थ्य-परीक्षण कराया गया था, तथा रोगी बच्चों का जिला प्रशासन ने इलाज भी करवाया था।

(10) प्रत्येक विशेष विद्यालय में पढ़ रहे बच्चों का निजी प्रोफाइल नहीं बना था जिससे उनके परिवार की आय, पूर्व नियोजन का ब्यौरा, न पढ़ने का कारण, आदि की जानकारी नहीं मिल सकी।

(11) पाठ्यक्रम इस तरह का नहीं चुना गया था कि बच्चे जल्दी पढ़ना, लिखना, और हिसाब लगाना सीख सकें। सम्पूर्ण साक्षरता या बिहार शिक्षा परियोजना द्वारा अनुमोदित पाठ्यक्रम लागू नहीं किया गया। चूँकि वह विशेष विद्यालय परियोजना कुछ वर्षों के लिए थी, इसलिए इन बच्चों को 3 वर्षों में कक्षा 5 के बराबर शैक्षिक स्तर तथा कोई हुनर सिखाने की व्यवस्था होनी थी, पर ऐसी कोई 'दृष्टिकोण योजना' (पर्सपेक्टिव प्लान) नहीं बनाई गयी थी।

(12) पहचान किए गये इन बच्चों के परिवारों को विभिन्न विकास योजनाओं के तहत लाभान्वित भी कराना था जिससे उनकी आय का ज़रिया बरक़रार रहे और काम कर रहे बच्चों से होने वाली आय का विकल्प मिल सके। किन्तु दुर्भाग्यवश ऐसा नहीं किया गया।

**तालिका 4: बिहार-झारखण्ड में विशेष विद्यालयों की स्थिति**

| क्र. सं. | जिला | स्वीकृत विद्यालयों की संख्या | खोले गये विद्यालयों की संख्या | पढ़ने वाले बाल श्रमिकों की संख्या |
|---|---|---|---|---|
| 1. | सहरसा (बिहार) | 40 | 40 | 2000 |
| 2. | पश्चिमी सिंहभूम (झारखण्ड) | 38 | 38 | 1900 |
| 3. | पाकुड़ (झारखण्ड) | 19 | 19 | 950 |
| 4. | जमुई (बिहार) | 20 | 20 | 1993 |
| 5. | गढ़वा (झारखण्ड) | 4 | 4 | 450 |
| 6. | दुमका (झारखण्ड) | 40 | 40 | 2001 |

| 7. | साहेबगंज (झारखण्ड) | 8 | 8 | 400 |
|---|---|---|---|---|
| 8. | नालन्दा (बिहार) | 25 | 18 | 1800 |
| कुल | 194 | 187 | 11,494 | |

इसके अलावा बिहार में चार स्वयंसेवी संस्थाओं को विशेष विद्यालय चलाने के लिए भारत सरकार द्वारा स्वीकृति मिली, जिनमें ग्रामीण संस्थान विकास परिषद्, बक्सर को 93,000 रुपये, ग्रामीण स्वराज अभियान संस्थान, वैशाली को 1,55,000 रुपये, गोपाल समाज कल्याण संस्थान, नालन्दा को 1,47,500 रुपये, तथा मिथिला ग्रामीण विकास परिषद्, दरभंगा को 1,63,500 रुपये की स्वीकृति दी गयी थी। किन्तु इन संस्थाओं का कार्य संतोषजनक नहीं रहा।

बाद में जमुई में 20 नये विशेष विद्यालय खोले गए। इसके अलावा बिहार के 17 नये जिलों में 1,192 विशेष विद्यालय स्वीकृत किए गये जिनमें से प्रत्येक को 50 बाल मज़दूरों को पढ़ाने की व्यवस्था की गयी। इस प्रकार बिहार के कुल 20 जिलों में विशेष विद्यालय खोले गये। इसे तालिका 5 में देख सकते हैं:

**तालिका 5: बिहार में नये स्वीकृत विशेष विद्यालय (2007)**

| क्र.सं. | जिला का नाम | स्वीकृत विद्यालयों की सं. |
|---|---|---|
| 1. | पूर्णियाँ | 40 |
| 2. | अररिया | 90 |
| 3. | कटिहार | 100 |
| 4. | भागलपुर | 92 |
| 5. | नवादा | 88 |
| 6. | मुजफ्फरपुर | 46 |
| 7. | खगड़िया | 54 |
| 8. | किशनगंज | 80 |
| 9. | दरभंगा | 44 |

| | | |
|---|---|---|
| 10. | समस्तीपुर | 47 |
| 11. | सुपौल | 66 |
| 12. | सारण | 77 |
| 13. | गया | 138 |
| 14. | सीतामढ़ी | 42 |
| 15. | पटना | 100 |
| 16. | पूर्वी चम्पारण | 50 |
| 17. | बाँका | 38 |
| | **कुल** | **1,192** |

नौवीं पंचवर्षीय योजना में राष्ट्रीय बाल मज़दूर परियोजना के बाबत 178 करोड़ रुपये ख़र्च किए गये जबकि दसवीं पंचवर्षीय योजना में इसके लिए 602 करोड़ रुपये का प्रावधान किया गया था।

इसके अलावा देश के विभिन्न भागों में अन्य स्वयंसेवी संस्थाओं को भी समय-समय पर वित्तीय सहायता प्रदान की गयी थी जिनमें से कुछ का, संक्षेप में, ब्यौरा निम्नलिखित है :

(क) ग्रामीण तथा कृषि व्यवसायों से निकले बाल श्रमिकों के पुनर्वास के लिए महाराष्ट्र के औरंगाबाद जिले में भारतीय ग्रामीण संस्थान, औरंगाबाद द्वारा प्रशिक्षण परियोजना चलाई गयी थी।

(ख) कोलकाता में बाल श्रमिकों के लिए अनौपचारिक शिक्षा, स्वास्थ्य एवं पोषण आदि के लिए मनोवैज्ञानिक एवं शैक्षिक अनुसन्धान संस्थान, कोलकाता द्वारा परियोजना चलाई गयी।

(ग) अहमदाबाद में बाल श्रमिकों के पुनर्वास के लिए स्व-नियोजन महिला संघ, अहमदाबाद द्वारा परियोजना चलाई गयी।

(घ) बंगलौर में रद्दी और चिथड़े चुनने वाले बाल श्रमिकों के कल्याण के लिए जय राजेन्द्र रैग पिकर्स परियोजना, कर्नाटक बाल-कल्याण राज्य परिषद् द्वारा चलाई गयी।

(च) ग्रामीण व्यवसायों से निकले बच्चों के लिए अनौपचारिक शिक्षा शिविर की परियोजना श्रमिक विद्यापीठ, हैदराबाद द्वारा चलाई गयी।

(छ) मध्य प्रदेश और तमिलनाडु में बीड़ी उद्योग में लगे बच्चों के कल्याण के लिए भारतीय बाल-कल्याण परिषद्, नयी दिल्ली, द्वारा परियोजना चलाई गयी।

(ज) दिल्ली में सड़कों पर काम करने वाले बच्चों के लिए कल्याण केन्द्र स्थापित करने हेतु भारतीय बाल कल्याण परिषद्, नयी दिल्ली द्वारा परियोजना चलाई गयी।

(झ) कामकाजी बच्चों की देख-रेख के लिए रुचिका स्कूल, भुवनेश्वर द्वारा एक परियोजना चलाई गयी।

(ट) माचिस उद्योग से निकले बच्चों के लिए समाकलित प्रायोगिक परियोजना मालारची ट्रस्ट, बाहीकुलम (तमिलनाडु) द्वारा चलाई गयी।

कई शिक्षाशास्त्रियों एवं समाजशास्त्रियों की यह धारणा है कि यदि बच्चों के विद्यालय किसी कारणवश सुलभ न हो, तो विद्यालय की सुलभता बच्चों तक होनी चाहिए अर्थात् फुटपाथी बच्चों, जानवर चराने वाले बच्चों, बीड़ी बनाने या कालीन बुनने वाले बच्चों आदि के लिए अनौपचारिक शिक्षा की व्यवस्था उनके कार्यस्थल पर ही होनी चाहिए। इसे अमली जामा पहनाने के लिए बिहार में कई 'चरवाहा विद्यालय' तत्कालीन मुख्यमंत्री श्री लालू प्रसाद यादव के शासन काल में खोले गए। राज्य भर में खाली पड़े कृषि फार्मों को इसके लिए उपयोग में लाना था, और वहाँ कक्षा एक से पाँच तक की पढ़ाई, दोपहर को भोजन, नाश्ता, मुफ़्त पाठ्य सामग्रियाँ देने, सिलाई, बढ़ईगीरी, लुहारगीरी, मछलीपालन, डेयरी (दूध उत्पादन), कुम्हारगीरी, आदि के हुनर सिखाने की योजना बनाई गयी। ऐसे कुल 119 चरवाहा विद्यालय खोले गए, और प्रत्येक में 200 चरवाहा बच्चों को पढ़ाने का लक्ष्य था। किन्तु इसमें शुरू-शुरू में थोड़ा-बहुत अनुदान दिया गया किन्तु बाद में कोई अनुदान राशि नहीं दी गयी और शासन-प्रशासन गम्भीर नहीं था। इसके फलस्वरूप ये विद्यालय बन्द हो गए। भारत सरकार ने विभिन्न राज्यों के लिए नये बाल श्रमिक विद्यालय स्वीकृत किये और परियोजना में छात्रवृत्ति, चिकित्सक, प्रशिक्षक आदि के बारे में बदलाव किया, जिसका विवरण अध्याय 9 में दिया गया है। इसके अलावा कर्नाटक और आन्ध्र प्रदेश में बाल श्रमिकों की परियोजनाएँ

राज्य-आधारित हैं। आन्ध्र प्रदेश के दो जिलों-महबूब नगर तथा करनूल में अन्तरराष्ट्रीय श्रम संगठन की मदद से परियोजनाएँ चलाई गंइं। कर्नाटक में इटली सरकार से प्राप्त 3.29 मिलियन डॉलर की सहायता राशि से राष्ट्रीय बाल मज़दूर परियोजना के पैटर्न पर परियोजना चलाई गयी।

## बाल श्रम कानूनों का उल्लंघन एवं अभियोजन

पूर्व में बाल श्रम कानूनों की विवरणी दी गयी है, जिसमें बाल श्रमिकों के नियोजन पर रोक है और उसका उल्लंघन करने वाले नियोजकों को दण्डित करने का भी प्रावधान है। किन्तु दुर्भाग्यवश इन कानूनों का सख़्ती से कार्यान्वयन नहीं किया गया है। जहाँ तक कार्यान्वयन कराने वाले पदाधिकारियों एवं कर्मचारियों का सवाल है, भिन्न-भिन्न राज्यों में इसकी स्थिति भिन्न-भिन्न है। कुछ राज्यों, में यथा बिहार-झारखण्ड में प्रत्येक प्रखण्ड (ब्लॉक) के लिए एक-एक श्रम निरीक्षक (प्रवर्तन पदाधिकारी) का पद स्वीकृत है। इसके अलावा जिला और प्रमण्डल (कमिश्नरी) स्तरों पर भी श्रम विभाग के पदाधिकारी, यथा-श्रम अधीक्षक, सहायक श्रमायुक्त, उप श्रमायुक्त, तथा राज्य के मुख्यालय में संयुक्त श्रमायुक्त, एवं श्रमायुक्त (लेबर कमिश्नर) के पद सृजित हैं। किन्तु अन्य राज्यों में इतने बड़े पैमाने पर श्रम निरीक्षक एवं अन्य पदाधिकारी पदस्थापित नहीं हैं। बिहार-झारखण्ड राज्य में 641 श्रम निरीक्षकों और क़रीब 150 राजपत्रित पदाधिकारियों के पद स्वीकृत हैं, तथा श्रम निरीक्षकों को 17 नियोजनों में निरीक्षण करने का अधिकार दिया गया है। राजपत्रित पदाधिकारियों के पद पर कृषि और ग़ैर-कृषि क्षेत्रों के लिए अलग-अलग पदाधिकारियों का पदस्थापन किया जाता है। इसके बावजूद सर्वेक्षण, निरीक्षण, एवं अभियोजन की दिशा में समुचित कार्रवाई नहीं हो सकी है। 1995-96 के पूर्व जनगणना को छोड़कर बाल श्रमिकों का अलग से विस्तृत सर्वेक्षण नहीं किया गया था जिसमें बाल श्रमिकों की पहचान नियोजनवार एवं प्रखण्डवार की गयी हो। 2 अक्तूबर, 1995 से 31 जनवरी, 1996 तक चलाए गये विशेष अभियान के दौरान बिहार (झारखण्ड सहित) राज्य में पहली बार

बाल श्रमिकों का विस्तृत सर्वेक्षण किया गया। इसमें जिलेवार स्थिति निम्न प्रकार थी:

**तालिका 6: बिहार-झारखण्ड राज्य में कराए गये बाल श्रमिकों का सर्वेक्षण (1996)**

| क्र. सं. | जिला का नाम | सभी व्यवसायों/प्रक्रियाओं में लगे बाल श्रमिकों की संख्या |
|---|---|---|
| 1. | बेगूसराय | 2,984 |
| 2. | जमुई | 2,425 |
| 3. | मुंगेर | 1,340 |
| 4. | खगड़िया | 3,160 |
| 5. | शेखपुरा | 388 |
| 6. | लखीसराय | 356 |
| 7. | पूर्णियां | 15,272 |
| 8. | अररिया | 12,495 |
| 9. | किशनगंज | 5,533 |
| 10. | कटिहार | 8,431 |
| 11. | मुज़फ़्फ़रपुर | 4,760 |
| 12. | वैशाली | 3,044 |
| 13. | सीतामढ़ी | 4,046 |
| 14. | शिवहर | 1,227 |
| 15. | मोतिहारी | 2,919 |
| 16. | बेतिया | 5,403 |
| 17. | राँची | 24,313 |
| 18. | लोहरदग्गा | 1,587 |
| 19. | गुमला | 3,367 |
| 20. | पूर्वी सिंहभूम | 2,706 |

| | | |
|---|---|---|
| 21. | पलामू | 3,276 |
| 22. | गढ़वा | 1,224 |
| 23. | धनबाद | 1,462 |
| 24. | बोकारो | 372 |
| 25. | सारण | 2,075 |
| 26. | सिवान | 1,553 |
| 27. | गोपालगंज | 671 |
| 28. | गया | 814 |
| 29. | औरंगाबाद | 177 |
| 30. | नवादा | 568 |
| 31. | जहानाबाद | 578 |
| 32. | रोहतास | 581 |
| 33. | साहेबगंज | 4,909 |
| 34. | पाकुड़ | 2,274 |
| 35. | दुमका | 1,173 |
| 36. | देवघर | 926 |
| 37. | गोड्डा | 397 |
| 38. | पटना | 960 |
| 39. | भोजपुर | 348 |
| 40. | भभुआ | 388 |
| 41. | नालन्दा | 497 |
| 42. | बक्सर | 32 |
| 43. | हजारीबाग | 778 |
| 44. | गिरिडीह | 108 |
| 45. | कोडरमा | 176 |
| 46. | प. सिंहभूम | 3,012 |

| 47. | बाँका | 1,612 |
|---|---|---|
| 48. | भागलपुर | 4,702 |
| 49. | सहरसा | 5,682 |
| 50. | सुपौल | 3,419 |
| 51. | मधेपुरा | 3,179 |
| 52. | दरभंगा | 6,112 |
| 53. | समस्तीपुर | 5,430 |
| 54. | मधुबनी | 4,949 |
| 55. | चतरा | 28,973 |
| | **योग** | **1,73,029** |

उपर्युक्त तालिका विस्तृत नहीं, संकेतात्मक है, किन्तु विभिन्न राज्यों में समेकित रूप से सर्वेक्षण कार्य नहीं किया गया। कुछ राज्यों के मात्र उन जिलों में बाल श्रमिकों का सर्वेक्षण किया गया, जहाँ किसी ख़ास उद्योग प्रक्रिया में बाल श्रमिकों का बाहुल्य था।

बिहार-झारखण्ड में नियोजनवार एवं प्रतिषिद्ध व्यवसायों में कार्यरत बाल श्रमिकों की स्थिति क्रमशः तालिका सं. 7 एवं 8 से स्पष्ट होगी।

**तालिका 7: बिहार-झारखण्ड में बाल श्रमिकों की नियोजनवार संख्या (1996)**

| **क्र.सं.** | **नियोजन का नाम** | **बाल श्रमिकों की संख्या** | **प्रतिशत** |
|---|---|---|---|
| 1. | कृषि कार्य | 73,458 | 42.63 प्रतिशत |
| 2. | बीड़ी उद्योग | 65,649 | 37.94 प्रतिशत |
| 3. | होटल, रेस्तराँ, चाय दुकान | 7,803 | 4.50 प्रतिशत |
| 4. | गैरेज | 2,607 | 1.50 प्रतिशत |
| 5. | स्वनियोजन | 2,542 | 1.46 प्रतिशत |
| 6. | दुकान/प्रतिष्ठान | 2,027 | 1.17 प्रतिशत |

| | | | |
|---|---|---|---|
| 7. | ईंट-भट्ठा | 1,831 | 1.05 प्रतिशत |
| 8. | दर्ज़ीगीरी | 866 | 0.50 प्रतिशत |
| 9. | कुटीर उद्योग | 835 | 0.48 प्रतिशत |
| 10. | कालीन उद्योग | 714 | 0.41 प्रतिशत |
| 11. | सड़क-भवन निर्माण | 572 | 0.33 प्रतिशत |
| 12. | स्टोन क्रशर | 482 | 0.27 प्रतिशत |
| 13. | पॉवरलूम | 264 | 0.15 प्रतिशत |
| 14. | हथकरघा | 236 | 0.14 प्रतिशत |
| 15. | बेकरी | 101 | 0.05 प्रतिशत |
| 16. | लादना-उतारना (लोडिंग-अनलोडिंग) | 92 | |
| 17. | वन पदार्थ तेन्दू पत्ता आदि | 55 | |
| 18. | पोल्ट्री एवं डेयरी | 49 | |
| 19. | मिट्टी कार्य | 37 | |
| 20. | चूड़ी निर्माण | 25 | |
| 21. | ब्रशिंग | 17 | |
| 22. | कार्ड बोर्ड | 12 | |
| 23. | सिनेमा | 10 | |
| 24. | बैट्री निर्माण | 07 | |
| 25. | आरा मशीन | 02 | |
| 26. | अन्य नियोजन | 12,445 | 7.2 प्रतिशत |
| | **योग** | **1,73,029** | |

स्रोत: श्रमायुक्त बिहार (पटना) का कार्यालय (1997)

## तालिका 8: बिहार-झारखण्ड में प्रतिषिद्ध व्यवसायों/प्रक्रियाओं में जिलावार बाल श्रमिक (1997)

| | | नियोजनों का नाम | | | | | | | | | | | | | |
|---|---|---|---|---|---|---|---|---|---|---|---|---|---|---|---|
| क्र. सं. | जिला का नाम | बीड़ी निर्माण | कालीन बुनाई | सीमेंट निर्माण | कपड़ा छपाई एवं रंगाई | माचिस विस्फोटक एवं आतिशबाजी | साबुन निर्माण | चर्म उद्योग | भवन एवं निर्माण कार्य | कारखानों में ख़तरनाक प्रक्रियाएँ | मुद्रण | कसाई खाना | खनन | रेलवे परिसर में निर्माण आदि | योग |
| 1 | 2 | 3 | 4 | 5 | 6 | 7 | 8 | 9 | 10 | 11 | 12 | 13 | 14 | 15 | 16 |
| 1. | पटना | – | – | – | 11 | – | – | – | 03 | 34 | 15 | – | – | – | 63 |
| 2. | नालन्दा | 5709 | 96 | – | 150 | 07 | 03 | 12 | – | – | 17 | – | – | – | 5994 |
| 3. | भोजपुर | – | – | – | – | – | – | – | – | – | – | – | – | – | – |
| 4. | बक्सर | – | – | – | – | – | – | – | – | – | – | – | – | – | – |
| 5. | रोहतास | – | – | – | – | – | – | – | – | – | – | – | – | – | – |
| 6. | कैमूर (भभुआ) | – | 01 | – | – | – | – | – | 04 | – | – | – | – | – | 05 |
| 7. | गया | – | – | – | – | – | – | – | – | – | – | – | – | – | – |
| 8. | जहानाबाद | 56 | – | – | – | – | – | – | – | – | – | – | – | – | 56 |
| 9. | नवादा | – | – | – | – | – | – | – | – | – | – | – | – | – | – |

| | | | | | | | | | | | | | | | |
|---|---|---|---|---|---|---|---|---|---|---|---|---|---|---|---|
| 10. | औरंगाबाद | – | – | – | – | – | – | – | 04 | 17 | – | – | – | – | 21 |
| 11. | सारण | 07 | 02 | – | – | – | – | – | 04 | – | – | – | – | – | 13 |
| 12. | सिवान | 54 | – | – | – | – | – | – | – | – | – | – | – | – | 54 |
| 13. | गोपालगंज | – | – | – | – | – | – | – | – | – | – | – | – | – | – |
| 14. | मुजफ्फरपुर | – | – | – | – | – | – | – | – | – | – | – | – | – | – |
| 15. | वैशाली | – | – | – | – | – | – | – | – | – | – | – | – | – | – |
| 16. | सीतामढ़ी | 09 | – | – | – | – | – | – | – | – | – | – | – | – | 09 |
| 17. | शिवहर | – | – | – | – | – | – | – | – | – | – | – | – | – | – |
| 18. | पू. चम्पारण | 70 | – | – | – | – | – | – | – | – | – | – | – | – | 70 |
| 19. | प. चम्पारण | 59 | – | – | 38 | – | – | – | 03 | 03 | – | – | – | – | 103 |
| 20. | दरभंगा | 28 | 22 | – | – | – | – | – | – | 331 | – | – | – | – | 381 |
| 21. | समस्तीपुर | 78 | 37 | – | – | – | – | – | 01 | – | – | – | – | – | 116 |
| 22. | मधुबनी | 09 | 46 | – | – | – | – | – | – | – | – | – | – | – | 55 |
| 23. | सहरसा | – | 02 | – | – | – | – | – | – | – | – | – | – | – | 02 |
| 24. | मधेपुरा | – | – | – | – | – | – | – | – | – | – | – | – | – | – |
| 25. | सुपौल | – | – | – | – | – | – | – | – | – | – | – | – | – | – |
| 26. | पूर्णियां | 02 | 16 | – | 04 | – | – | – | – | – | – | – | – | 02 | 24 |

| | | | | | | | | | | | | | | | |
|---|---|---|---|---|---|---|---|---|---|---|---|---|---|---|---|
| 27. | अररिया | – | – | – | – | – | – | – | – | 03 | – | – | – | – | 03 |
| 28. | किशनगंज | – | – | – | – | – | – | – | – | – | – | – | – | – | – |
| 29. | कटिहार | 05 | 12 | – | – | – | 01 | – | 02 | – | – | – | – | – | 20 |
| 30. | भागलपुर | 113 | – | – | – | – | – | – | – | – | – | – | – | – | 113 |
| 31. | बाँका | 61 | – | – | – | – | – | – | – | – | – | – | – | – | 61 |
| 32. | मुंगेर | 10 | – | – | – | – | – | – | – | 53 | – | – | – | – | 63 |
| 33. | लखीसराय | – | – | – | – | – | – | – | – | 69 | – | – | – | – | 69 |
| 34. | शेखपुरा | – | – | – | – | – | – | – | – | – | – | – | – | – | – |
| 35. | जमुई | 13,884 | – | – | – | – | – | – | – | – | – | – | – | – | 13,884 |
| 36. | खगड़िया | – | – | – | – | – | – | – | – | – | – | – | – | – | – |
| 37. | बेगूसराय | 87 | – | – | – | – | – | – | – | – | – | – | – | 87 | – |
| 38. | देवघर | 98 | – | – | – | – | – | – | – | – | – | – | – | – | 98 |
| 39. | गोड्डा | – | – | – | – | – | – | – | – | 03 | – | – | – | – | 03 |
| 40. | साहेबगंज | 32 | – | – | 29 | – | – | – | – | 18 | – | – | – | – | 79 |
| 41 | पाकुड़ | 2354 | – | – | 43 | – | – | 29 | – | 384 | – | – | 47 | – | 2857 |
| 42 | हजारीबाग | 28 | – | 02 | – | – | – | – | 13 | 50 | 01 | – | – | 04 | 98 |
| 43 | कोडरमा | – | – | – | – | – | – | – | – | – | – | – | – | – | – |

| 44 | चेतरा | 51 | – | – | – | – | – | – | – | – | – | – | – | – | 51 |
|---|---|---|---|---|---|---|---|---|---|---|---|---|---|---|---|
| 45 | लोहरदगा | 02 | 06 | 01 | 02 | 03 | 04 | – | – | – | 09 | 17 | – | – | 44 |
| 46 | सिंहभूम (पूर्वी) | – | – | – | – | – | 02 | – | 03 | – | – | – | – | – | 05 |
| 47 | सिंहभूम (पश्चिमी) | 01 | – | – | – | – | – | – | – | – | – | 01 | – | 07 | 09 |
| 48 | पलामू | 03 | 05 | – | 04 | – | – | – | – | – | – | – | – | – | 12 |
| 49 | गढ़वा | – | 263 | 02 | – | – | – | 01 | – | 37 | – | – | – | – | 303 |
| 50 | दुमका | 11 | – | – | – | – | – | – | – | – | – | – | – | – | 11 |
| 51 | धनबाद | – | – | – | – | – | – | – | – | – | – | – | – | – | – |
| 52 | बोकारा | – | – | – | – | – | – | – | – | – | – | – | – | – | – |
| 53 | गिरिडीह | – | – | – | – | – | – | – | – | – | – | – | – | – | – |
| 54 | रांची | – | – | – | – | – | – | – | – | – | – | – | – | – | – |
| 55 | गुमला | – | – | – | – | – | – | – | – | – | – | – | – | – | – |
|  | कुल | 22821 | 508 | 05 | 281 | 10 | 12 | 42 | 37 | 1042 | 43 | 18 | 47 | 13 | 24870 |

तालिका संख्या 7 एवं 8 की तुलना करने से स्पष्ट है कि 1996 में किए गये सर्वेक्षण में 65,649 बच्चे अकेले बीड़ी उद्योग (ख़तरनाक) में लगे पाए गये थे किन्तु 1997 में उच्चतम न्यायालय के निर्देश के आलोक में सर्वेक्षण कराने पर सभी ख़तरनाक व्यवसायों एवं प्रक्रियाओं में मात्र 24,879 बाल मज़दूर प्रतिवेदित हुए, तथा 19 जिलों में एक भी बाल श्रमिक ख़तरनाक कार्यों में लगे हुए प्रतिवेदित नहीं थे जो बाद की सर्वेक्षण टीम की शिथिलता एवं सही तथ्य दबाने का द्योतक है।

वर्ष 2007 में अद्यतन सर्वेक्षण के अनुसार बिहार के विभिन्न जिलों में पाए गये बाल मज़दूरों की संख्या इस प्रकार है (तालिका 8 क):

**तालिका 8 क: बिहार के विभिन्न जिलों में बाल श्रमिक (2007)**

| क्र. सं. | जिला का नाम | बाल श्रमिकों की संख्या |
|---|---|---|
| 1. | अररिया | 6,427 |
| 2. | बेगूसराय | 3,520 |
| 3. | पूर्णियां | 2,935 |
| 4. | दरभंगा | 3,500 |
| 5. | नवादा | 12,466 |
| 6. | कटिहार | 31,680 |
| 7. | भागलपुर | 5,374 |
| 8. | खगड़िया | 6,013 |
| 9. | किशनगंज | 21,423 |
| 10. | मुज़फ़्फ़रपुर | 19,676 |
| 11. | सुपौल | 3,501 |
| 12. | गया | 34,530 |
| 13. | पूर्वी चम्पारण | 2,874 |
| 14. | सारण | 19,162 |
| 15. | समस्तीपुर | 6,038 |

| 16. | पटना | 10,942 |
|---|---|---|
| 17. | सीतामढ़ी | 18,496 |
| 18. | बाँका | 3,153 |
| 19. | मुंगेर | 28,493 |
| | **योग** | **2,42,195** |

उपर्युक्त तालिका 8 क से स्पष्ट है कि 2007 में बिहार में 2,42,195 बाल मज़दूर 19 जिलों में प्रतिवेदित हुए जिनमें सर्वाधिक गया, कटिहार एवं मुंगेर में थे। मगर बिहार के शेष 19 जिलों में बाल श्रमिकों का सर्वेक्षण नहीं हुआ।

2011 की जनगणना के अनुसार भारत में 1 करोड़ 01 लाख बाल श्रमिक हैं। किन्तु अन्तरराष्ट्रीय श्रम संगठन के अनुसार भारत के 50 करोड़ बच्चों में से 4.44 करोड़ बाल श्रमिक थे यानी हर 7 बच्चों में से एक बच्चा बाल श्रमिक के रूप में कार्यरत था। इसके अलावा भारत में क़रीब 11.50 लाख अमान्य बच्चे (फेंके गए) प्रति वर्ष जन्म लेते हैं, उनमें से अधिकांश 5-6 वर्षों के बाद बाल श्रमिक बन जाते हैं। श्रम मन्त्रालय, भारत सरकार द्वारा दिए गये एक प्रोजेक्ट में ऑपरेशन रिसर्च ग्रुप द्वारा 238 शहरी क्षेत्रों, और 805 ग्रामीण क्षेत्रों में (77 जिलों में) 40,000 परिवारों से प्रश्नावली के आधार पर सर्वेक्षण किया गया था, और प्रतिवेदित आँकड़ों के अनुसार इसकी संख्या 4 करोड़ 40 लाख थी, जिसमें 21 प्रतिशत शहरी क्षेत्र में और 79 प्रतिशत ग्रामीण क्षेत्र में थे। इस सर्वेक्षण में 5 से 15 वर्ष की उम्र के बच्चों को बाल श्रमिक माना गया था यदि वे किसी नियोजन में लगे थे, भले ही उसमें भुगतान हो या न हो। नेशनल सैम्पल सर्वे (1983) ने अपने सर्वेक्षण में बाल श्रमिकों की संख्या 1,75,60,000 बतलाया था। भारत की जनगणना 2001 के अनुसार भारत में कुल 1.26 करोड़ बाल श्रमिक थे। इनमें से 1.20 लाख बाल श्रमिक ख़तरनाक कार्यों में लगे थे। मगर राष्ट्रीय नमूना सर्वेक्षण संगठन के अनुसार 2004-5 में बाल श्रमिकों की कुल संख्या 0.89 करोड़ मात्र थी। बाद में 2011 की जनगणना 1.01 करोड़ बाल श्रमिक प्रतिवेदित हुए। इतनी बड़ी तादाद में काम कर रहे बाल श्रमिकों के बारे में किए गये निरीक्षणों में पाए गये

उल्लंघनों, दायर किए गये अभियोजनों, और दी गयी सजा के बारे में तालिका 9 के अवलोकन से स्थिति स्पष्ट होगी।

तालिका 9 के अवलोकन से ज्ञात होता है कि गुजरात, पंजाब, तमिलनाडु, एवं उत्तर प्रदेश में कुछ मामलों में उल्लंघन करने वाले नियोजकों को सजा दी गयी। यद्यपि पाए गये उल्लंघनों और दायर किए गये अभियोजनों की तुलना में सजा के मामलों की संख्या अत्यन्त नगण्य है। किन्तु यह अत्यन्त आश्चर्यजनक है कि हिमाचल प्रदेश, मध्य प्रदेश, महाराष्ट्र, मेघालय, नागालैण्ड, ओडिशा, राजस्थान, दिल्ली, बिहार, जम्मू-कश्मीर और त्रिपुरा जैसे राज्यों में उल्लंघन करने वाले एक भी नियोजक को सजा नहीं हुई। सम्भवतः कुछ मामले अभी भी अनिर्णीत (लम्बित) हैं। यही कारण है कि नियोजकों में श्रम कानूनों के प्रति भय पैदा नहीं हो रहा है, जबकि कारख़ाना अधिनियम 1948 से और बाल श्रम (प्रतिषेध एवं विनियमन) अधिनियम 1986 से लागू था। इसके लिए राजनीतिक इच्छाशक्ति और प्रशासनिक इच्छाशक्ति का अभाव मुख्य रूप से ज़िम्मेवार है। वी.वी. गिरि राष्ट्रीय श्रम संस्थान (गा़जियाबाद) द्वारा पटना में जनवरी 1994 में आयोजित कर्मशाला में यह पाया गया था कि अधिकांश श्रम निरीक्षक, कारख़ाना निरीक्षक, एवं अन्य पदाधिकारी बाल श्रम कानूनों के ब्यौरे के बारे में अनभिज्ञ थे। उन्हें यह भी नहीं ज्ञात था कि उन्हें क्या-क्या शक्तियाँ प्राप्त हैं, तथा अभियोजन दायर करने की क्या प्रक्रिया है? वी.वी. गिरि राष्ट्रीय श्रम संस्थान के प्रशिक्षकों ने पाया था कि यही स्थिति कमोबेश अन्य राज्यों में भी है।

## तालिका 9 : विभिन्न राज्यों में बाल श्रम के अभियोजन की स्थिति

| राज्य | वर्ष | निरीक्षणों की संख्या | | उल्लंघनों की संख्या | | अभियोजनों की संख्या | | सजा की संख्या | |
|---|---|---|---|---|---|---|---|---|---|
| | | बाल श्रम अधिनियम के अधीन | कारखाना अधिनियम के अधीन | बाल श्रम अधिनियम के अधीन | कारखाना अधिनियम के अधीन | बाल श्रम अधिनियम के अधीन | कारखाना अधिनियम के अधीन | बाल श्रम अधिनियम के अधीन | कारखाना अधिनियम के अधीन |
| 1 | 2 | 3 | 4 | 5 | 6 | 7 | 8 | 9 | 10 |
| गुजरात | 1987-1990 | 636 | 378030 | – | 48 | – | 48 | – | 19 |
| पंजाब | 1987-1990 | 3958 | 16 | – | 21 | – | 2251 | – | 1733 |
| | 1990-1991 | 1964 | – | – | – | – | 448 | – | 381 |
| | 1991-1992 | 1230 | 74 | – | – | – | 345 | – | 440 |
| | 1992-1993 | 456 | 80 | – | – | – | – | – | – |
| तमिलनाडु | 1987-1990 | – | 46772 | – | 59 | 38 | 47 | – | – |
| | 1990-1991 | – | 24455 | – | 4 | 3 | 1 | 1 | 2 |
| | 1991-1992 | – | 21054 | – | 59 | 21 | 38 | 1 | 29 |
| | 1992-1993 | – | 6328 | – | 8 | 6 | 8 | – | 1 |

| | | | | | | | | | |
|---|---|---|---|---|---|---|---|---|---|
| अरूणाचल प्रदेश | 1987-1990 | 8 | 4 | – | – | – | – | – | – |
| | 1991-1992 | 2 | – | – | – | – | – | – | – |
| | 1992-1993 | 3 | – | – | – | – | – | – | – |
| मध्य प्रदेश | 1987-1090 | 3483 | 20485 | – | 12 | – | 1280 | – | – |
| | 1990-1991 | 7970 | 10753 | – | 6 | – | 387 | – | – |
| महाराष्ट्र | 1990-1991 | – | 10467 | – | – | – | – | – | – |
| | 1992-1993 | – | 11374 | – | – | – | – | – | – |
| मेघालय | 1987-1990 | 404 | 53 | – | – | – | – | – | – |
| | 1990-1991 | 195 | – | – | – | – | – | – | – |
| | 1991-1992 | 183 | 22 | – | – | – | – | – | – |
| | 1992-1993 | 534 | 94 | – | – | – | – | – | – |
| नागालैण्ड | 1987-1990 | 16 | – | – | – | – | – | – | – |
| ओडिशा | 1987-1990 | 14 | 374 | – | – | – | – | – | – |
| | 1990-1991 | 29 | 1747 | – | – | – | – | – | – |
| | 1991-1992 | 16 | 460 | – | – | – | – | – | – |
| | 1992-1993 | 4 | – | – | – | – | – | – | – |

| | | | | | | | | | |
|---|---|---|---|---|---|---|---|---|---|
| उत्तर प्रदेश | 1987-1990 | 5506 | 283 | 1035 | 143 | 1863 | 355 | 68 | – |
| | 1990-1991 | 4346 | 1256 | 650 | 25 | 613 | 114 | 71 | 1 |
| | 1991-1992 | 2982 | 235 | 683 | 22 | 766 | 121 | 273 | 31 |
| | 1992-1993 | 11534 | 533 | 1883 | 83 | 340 | 21 | 162 | 26 |
| दिल्ली | 1987-1990 | – | 9028 | – | – | – | – | – | – |
| गुजरात | 1987-1990 | 636 | 38030 | 48 | 48 | 19 | | | |
| | 1990-1991 | – | 2321 | – | – | – | – | – | – |
| | 1991-1992 | 1094 | 1863 | – | – | – | – | – | – |
| | 1992-1993 | – | 1421 | – | – | – | – | – | – |
| बिहार | 1987-1990 | – | 1672 | – | – | – | – | – | – |
| | 1992-1993 | 911 | – | – | – | – | – | – | – |
| | 1993-1994 | 1731 | – | 4 | – | – | – | – | – |
| | 1994-1995 | 1650 | – | 124 | – | 23 | – | – | – |
| | 1995-1996 | 640 | – | 118 | – | 28 | – | – | – |
| | 1996-1997 | 17103 | – | 1805 | – | 63 | – | – | – |

| | | | | | | | | | |
|---|---|---|---|---|---|---|---|---|---|
| जम्मू-कश्मीर | 1990-1991 | 267 | 489 | – | – | – | – | – | – |
| | 1991-1992 | 267 | 489 | – | – | – | – | – | – |
| त्रिपुरा | 1992-1993 | 9 | 1421 | – | – | – | – | – | – |

स्रोत: श्रम मन्त्रालय, भारत सरकार, नयी दिल्ली एवं श्रमायुक्त बिहार (पटना)

मगर 10 दिसम्बर, 1996 को माननीय सर्वोच्च न्यायालय द्वारा दिये गये एक आदेश (जिसका ब्यौरा आगे 'बाल श्रम एवं न्यायिक सक्रियता' शीर्षक में दिया गया है) के बाद से कुछ राज्यों में बाल श्रम की पहचान और अभियोजन की स्थिति में पहले से काफ़ी सुधार हुआ है। उदाहरण के तौर पर, बिहार में बाल श्रम सम्बन्धी निरीक्षण, पाये गये उल्लंघन, तथा दायर किये गये अभियोजनों में 1997-98 से वृद्धि हो रही है जिसे अगली तालिका 10 में देखा जा सकता है:

### तालिका 10: बिहार में बाल श्रम के मामलों की स्थिति

| वर्ष | श्रम विभाग के द्वारा कुल निरीक्षणों की संख्या | पाये गये उल्लंघनों की संख्या | दायर अभियोजनों की संख्या |
|---|---|---|---|
| 1997-98 | 11,899 | 987 | 72 |
| 1998-99 | 9,560 | 504 | 334 |
| 1999-2000 | 14,313 | 581 | 234 |
| 2000-01 | 20,552 | 1,826 | 186 |
| 2001-02 | 48,415 | 3,719 | 315 |
| 2002-03 | 48,276 | 6,065 | 398 |
| 2003-04 | 36,835 | 5,431 | 385 |
| 2004-05 | 19,539 | 4,075 | 274 |
| 2005-06 | 18,542 | 3,866 | 140 |
| 2006-07 | 15,005 | 1,851 | 300 |

उपर्युक्त तालिका से स्पष्ट है कि 1997-98 की अपेक्षा 1998-99 में बहुत सारे अभियोजन दायर किये गये मगर अगले 2 वर्षों में उनमें काफी कमी आयी। नवम्बर 2000 में बिहार-झारखण्ड के बँटवारे के बाद 2001-02 से लगातार अकेले बिहार में दायर अभियोजन के मामले बढ़े हैं। मगर 2004-05, 2005-06 एवं 2006-07 में अभियोजनों की संख्या 2001-04 की अपेक्षा घट गयी। इसी प्रकार 2004-05 से 2006-07 के दौरान निरीक्षणों की संख्या भी घट गयी। यह श्रम विभाग की उदासीनता का द्योतक है। किन्तु जहाँ तक सजा का सवाल है, वह 2005 तक किसी को नहीं हुई अर्थात् इसमें निम्न न्यायालयों की संवेदनशीलता की कमी परिलक्षित होती है। दूसरे, कई मामले तकनीकी त्रुटियों के आधार पर खारिज़ कर दिये गए। तीसरे, श्रम विभाग अभियोजन दायर करने तक ही सक्रिय रहता है, उसके बाद सरकारी वकील से तालमेल की कमी के कारण भी मामले ख़ारिज़ हो जाते हैं। पूरे भारत में 1997-98 से 2007-08 तक 31.50 लाख निरीक्षण किये गये थे जिनमें से 2.16 लाख उल्लंघन के मामले पाये गये, तथा 89,076 अभियोजन दायर किये गये जिनमें

से 23,223 में दोष सिद्ध हुए-इनमें से सिर्फ़ पाँच मामलों में अभियुक्तों को जेल की सजा हुई! शेष में ज़ुर्माना लगाया गया। फिर भी इन कार्रवाइयों से मालिकों, श्रमिकों और नागरिकों के बीच कुछ चेतना विकसित हुई। 2015-18 के दौरान पूरे भारत में 10,826 बाल श्रम कानूनों के उल्लंघन के मामले दर्ज़ किये गये। उनमें से मात्र 6,032 मामलों में (56 प्रतिशत) अभियोजन की कार्रवाई शुरु की गयी किन्तु मात्र 2,701 मामलों (25 प्रतिशत) में सजा सुनाई गयी। भारत सरकार ने फरवरी 2019 में यह जानकारी संसद को दी थी। इस प्रकार पहले से कुछ सुधार हुआ मगर अभी भी यह संतोषजनक नहीं है।

उपर्युक्त विवेचन से स्पष्ट है कि शासन-प्रशासन में आवश्यक इच्छा-शक्ति की कमी है। सर्वेक्षण कार्य सही ढंग से अधिकांश राज्यों में नहीं किया गया है। इसके अलावा श्रम कानूनों के तहत न तो नियमित एवं गहन रूप से कारख़ानों/प्रतिष्ठानों का निरीक्षण होता है, और न उल्लंघन करने वाले नियोजकों के विरुद्ध ठोस कानूनी कार्रवाई की जाती है। इसके अतिरिक्त सरकार द्वारा बाल मज़दूरों के सर्वांगीण विकास के नाम पर जो विशेष विद्यालय खोले गये हैं, उनमें भर्ती, पोषाहार, पाठ्यक्रम, शिक्षकों की समझ एवं प्रशिक्षण आदि से सम्बन्धित कई प्रकार की गड़बड़ियाँ हैं, जिन्हें दूर करने के लिए प्रतिबद्ध अधिकारियों और स्वयंसेवी संस्थाओं के परस्पर सहयोग की ज़रूरत है।

## स्वयंसेवी संस्थाएँ एवं बाल श्रमिकों का मुद्दा

जैसा कि पूर्व में संकेत किया जा चुका है, समाज के सचेत लोगों द्वारा संचालित की जाने वाली स्वयंसेवी संस्थाओं की भूमिका बाल श्रमिकों के सर्वेक्षण, जन-जागरण अभियान, बाल श्रमिकों के शिक्षण-प्रशिक्षण, एवं पुनर्वास में अधिक महत्वपूर्ण होती है। विगत वर्षों में समूचे भारत में स्वयंसेवी संस्थाएँ कुकुरमुत्ते की तरह पैदा हुई हैं। किन्तु उनमें ईमानदार एवं निष्ठावान संस्थाओं की संख्या बहुत कम है। 2007-08 में सहायता-अनुदान के तहत भारत सरकार ने 117 स्वयंसेवी संस्थाओं को परियोजना ख़र्च के 75 प्रतिशत तक की धनराशि मुहैया कराई थी। स्वयंसेवी संस्थाएँ निम्नलिखित तरीक़े से बाल श्रम समस्या के निदान में कारगर भूमिका अदा कर सकती हैं:

1. चूँकि सर्वेक्षण ही बाल श्रमिक समस्या के निदान की आधारशिला है, इसलिए आवश्यक है कि जब सरकारी एजेन्सियों द्वारा सर्वेक्षण कार्य शुरू किया जाए, तो उसमें स्वयंसेवी संस्थाएँ तन-मन-धन से भाग लें, तथा छिपे हुए एवं दूर-दराज़ के क्षेत्रों में काम कर रहे बाल श्रमिकों की सही पहचान करवाएँ।

2. जन-जागरण अभियान का नेतृत्व स्वयंसेवी संस्थाएँ स्वयं करें, तथा पत्र-पत्रिकाओं, आकाशवाणी, दूरदर्शन, गीत, कविता, नाटक, नृत्य, होर्डिंग, दीवार-लेखन, पैम्फलेट आदि के माध्यम से जन-जागरण अभियान चलाया जाए। जहाँ एक से अधिक ऐसी संस्थाएँ हों, वे एक-दूसरे से तालमेल स्थापित कर अपना कार्यक्षेत्र बाँट सकती हैं।

3. स्वयंसेवी संस्थाओं को चाहिए कि वे बाल श्रम-विरोधी कानूनों को सरल ढंग से आम लोगों, बाल श्रमिकों के माँ-बाप, नियोजकों, सरकारी कर्मियों, बुद्धिजीवियों को मौखिक तथा लिखित रूप से समझाएँ।

4.स्वयंसेवी संस्थाएँ सक्रिय होकर जोख़िमपूर्ण कार्य में लगे बाल श्रमिकों के मामलों को शीघ्र प्रक्रिया पूरी करके सक्षम अधिकारियों की जानकारी में लाएँ, जिससे नियोजकों के विरुद्ध अभियोजन की कानूनी कार्रवाई की जा सके।

5. स्वयंसेवी संस्थाएँ बाल श्रम बाहुल्य क्षेत्रों, उद्योगों, उत्पादन-प्रक्रियाओं आदि का चयन कर लें, और इन क्षेत्रों में पूरी तत्परता के साथ कार्रवाई करें।

6. स्वयंसेवी संस्थाएँ अपने स्तर से बाल श्रमिकों को उनके शोषणपूर्ण कामों से निकालकर कोई अनौपचारिक विद्यालय चलाकर आदर्श प्रस्तुत करें क्योंकि सिर्फ़ सरकारी कार्यक्रमों की आलोचना करना ही पर्याप्त नहीं है, बल्कि उसका विकल्प प्रस्तुत करना सरकार, समाज, और बाल श्रमिकों के परिवारों के लिए ज़्यादा महत्त्वपूर्ण होगा। ऐसे विद्यालयों में वे बच्चों में व्यावसायिक कौशल/हुनर पैदा करने का प्रशिक्षण दें जो जोख़िमपूर्ण नहीं हों।

7. विभिन्न बीमारियों से ग्रस्त बाल श्रमिकों को सरकारी एवं ग़ैर-सरकारी अस्पतालों में समुचित इलाज कराने की व्यवस्था स्वयंसेवी संस्थाएँ करें।

8. स्वयंसेवी संस्थाएँ कुछ विदेशी सरकारों/संस्थाओं से राशि लेकर उनके इशारे पर अन्धाधुन्ध तरीक़े से बाल श्रमिक समस्या को न देखें अर्थात्

जिस तरह से जर्मनी, और संयुक्त राज्य अमरीका, तथा अन्य विकसित देशों के द्वारा उन उत्पादों-ख़ासकर कालीनों-का बहिष्कार किया जाता है जिनमें बाल श्रमिक लगे होते हैं, वह उचित नहीं है। इसका दूसरा पक्ष प्रस्तुत करते हुए विपक्ष के एक सांसद (बिहार से), और साहेबगंज तथा पाकुड़ (झारखण्ड) के श्रमिक संघ नेता मो. इकबाल वग़ैरह इस बात पर ज़ोर देते रहे हैं कि जर्मनी और संयुक्त राज्य अमरीका द्वारा भारत में बने कालीनों के निर्यात का बहिष्कार करने का अभियान इसलिए चलाया जा रहा था क्योंकि जर्मनी और संयुक्त राज्य अमरीका में बने कालीन भारत में बने कालीनों की तुलना में घटिया किस्म के होते हैं, और विश्व-बाज़ार में प्रतियोगिता में सामना न करने के कारण वे उद्योगपति/व्यापारी, तब बाल श्रमिक का हौआ खड़ा कर देते हैं। विपक्ष के उक्त सांसद ने यह भी कहा था कि वर्ष 1995 में संसद-सत्र शुरू होने के पहले कुछ विदेशी लोग विभिन्न सांसदों के यहाँ बाल श्रम-विरोधी अभियान के नाम पर कुछ पैम्फलेट तथा उपहार देने गये थे, और उनसे यह अनुरोध किया गया था कि वे संसद-सत्र में भारत की बाल श्रम समस्या को आक्रामक रूप से सरकार के विरोध में लाएँ। इस प्रकार स्पष्ट है कि बाल श्रम समस्या को मानवीय तरीक़े से गम्भीरता के साथ नहीं देखकर, अन्तरराष्ट्रीय स्तर पर निहित स्वार्थवश एक राजनीतिक और औपनिवेशक हथकण्डे के रूप में कुछ तत्त्वों द्वारा इस्तेमाल किया जाता रहा है, जो उचित नहीं है।

इसी प्रकार कैलाश सत्यार्थी द्वारा 'बचपन बचाओ आन्दोलन' पूरे भारत में चलाया जाता रहा है। यद्यपि उनके सत्प्रयासों को नकारा नहीं जा सकता क्योंकि उन्होंने विभिन्न कार्यक्रमों, यथा-पदयात्रा, जुलूस, सेमिनार, पर्चा आदि के माध्यम से 50 वर्षों तक लोगों में बाल श्रम के प्रति जागरूकता पैदा की है। वह सरज़मीन से लेकर अन्तरराष्ट्रीय स्तर पर नीति-निर्धारण में सहयोग देते रहे हैं। उन्हें मलाला युसुफ जई (पाकिस्तान) के साथ संयुक्त रूप से 'शांति के लिए नोबेल पुरस्कार' 2015 में मिला था। अब उनका 'कैलाश सत्यार्थी चिल्ड्रेन्स फाउंडेशन' सक्रिय रहता है। यह प्रतिष्ठान 3 पी पर ज़ोर देता है: पोलिसी (नीति), प्रैक्टिस (व्यवहार), तथा पीपल (लोग)। यह सरकारों, व्यापारों, तथा समुदायों में बाल-हितैषी दुनिया बनाने के लिए नीतियों को सुदृढ़ करने, शोधों को साझा करने, तथा व्यावहारिक समाधान जुटाने का काम

करता है। उनका मानना है कि एक ओर वयस्क लोग बेरोज़गार हैं और दूसरी ओर विभिन्न उत्पादन-प्रक्रियाओं और व्यवसायों में नियोजक बाल मज़दूरों से कम मज़दूरी देकर काम करा रहे हैं जो एक बड़ी बिडम्बना है।

एक अन्य स्वयंसेवी संस्था 'कम्पेन अगेन्स्ट चाइल्ड लेबर' (बाल मज़दूरी-विरोधी अभियान) अन्तरराष्ट्रीय स्तर पर कार्य कर रही है। इसके अनुसार, 'बाल मज़दूरी, निरक्षरता, अज्ञान, बेरोज़गारी, निम्न स्तर का जीवन और परिवार, सामुदायिक जीवन एवं सांस्कृतिक कार्यों की कमी का कारण और प्रभाव दोनों ही है। इसलिए बाल मज़दूर पूर्णतया सामाजिक और राजनीतिक परिवर्तन और वैकल्पिक प्रगति से जुड़ा हुआ है'। इस संगठन का यह भी मानना है कि 'भूमण्डलीकरण', नयी आर्थिक नीति, तथा इसके परिणामस्वरूप नयी औद्योगिक नीति द्वारा लाए गये परिवर्तनों का अर्थ है-कृषि और उद्योग दोनों क्षेत्रों में कर्मचारियों की छँटनी कर, लघु उद्योगों की इकाइयों को बन्द कर, तथा कृषि निगम द्वारा छोटे किसानों को हटाकर रोज़गार को कम करना। दूसरे, यह संगठन यह भी मानता है कि प्राकृतिक संसाधनों के अधिक उपयोग के फलस्वरूप ग्रामीण परिवारों और जनजातियों को ज़्यादा विस्थापित होना पड़ता है, तथा उन्हें हाशिए पर जाना पड़ता है जिससे बेरोज़गारी बढ़ती है, जो बाल मज़दूरी के लिए एक और कारण सिद्ध होता है। तीसरे, इसका यह भी मानना है कि विश्व बैंक और आई.एम.एफ. द्वारा थोपे गये ढाँचागत कार्यक्रमों का सभी क्षेत्रों में काम करने वाले बच्चों पर गहरा प्रभाव पड़ता है। सार्वजनिक वितरण प्रणाली में कटौती के फलस्वरूप खाद्य-पदार्थ पर दी गयी सहायता एवं अनुदान में कटौती होती रही है। इसके कारण स्वास्थ्यवर्द्धक चीज़ों में कमी, उपयोगी शिक्षा के साधनों में कमी आदि होने से बच्चे सार्वजनिक स्वास्थ्य की सुविधाओं से वंचित होते हैं। अतः सी.ए.सी.एल. अन्तरराष्ट्रीय मुद्राकोष और विश्व बैंक का विरोधी है, तथा यह मानता है कि गैट तथा पेटेंट आदि के कारण बच्चों की शिक्षा, स्वास्थ्य, समाज-कल्याण आदि क्षेत्रों में कटौती हो रही है। सी.ए.सी.एल. यह भी मानता है कि वयस्क होने से पहले वयस्कों की ज़िन्दगी व्यतीत करने वाले बच्चे बाल मज़दूर हैं, इसलिए वे सभी क्षेत्रों में सभी पहलुओं, कार्यों, औपचारिक एवं अनौपचारिक, संगठित एवं असंगठित, परिवारों में, तथा बाहर, कहीं भी बाल मज़दूरी के

उपयोग का विरोध करता है। यह संगठन बाल मज़दूरी-विरोधी अभियान के अन्तर्गत निम्नलिखित तबकों को जोड़ना चाहता है:

**(अ) स्वयंसेवी संस्थाएँ :** वे संस्थाएँ जो बाल अधिकारों के लिए कार्यरत हैं, असहाय बच्चों को शिक्षा, कमज़ोर और शोषित बच्चों की देखभाल और उन्हें सही राय देना-उन सभी को इस अभियान से जोड़कर सामूहिक कार्रवाई की जानी चाहिए। इसी प्रकार नयी खोज़ों में लगे हुए लोगों को भी बाल मज़दूरी को समाप्त करने में उनकी भूमिका के बारे में विस्तार से बताना और विश्वास दिलाना चाहिए।

**(ब) जन-साधारण :** जब तक जनता के विचारों में एक बड़ा परिवर्तन नहीं आता, तब तक बाल मज़दूरों की स्थिति में कोई बड़ा परिवर्तन नहीं आ सकता। अभियान द्वारा बाल मज़दूरों से सम्बन्धित सभी तथ्यों और उदाहरणों की जानकारी लोगों को देकर इस सम्बन्ध में उनकी संवेदना बढ़ाना है, तथा किस प्रकार बाल अधिकारों का उल्लंघन होता है, इसकी उन्हें जानकारी देना भी इसमें शामिल है। युवक वर्ग समाज का एक महत्त्वपूर्ण भाग है क्योंकि उन्हें मत देने का अधिकार प्राप्त है जिससे वे समाज में प्रभावकारी परिवर्तन ला सकते हैं।

**(स) मज़दूर संघ :** मज़दूरों के संघ तथा ग्रामीण पेशों, और कृषि में लगे मज़दूरों के संघों की बाल मज़दूरी समाप्त करने में एक महत्त्वपूर्ण भूमिका होती है क्योंकि उनका आधार बहुत विशाल है, और सामूहिक सौदेबाज़ी करने की योग्यता उनकी संगठित शक्ति पर आधारित है। अतः बाल मज़दूरी समाप्त करने में उनकी भी विशेष रुचि होनी चाहिए। उद्योगों या सेवा-क्षेत्रों में बाल मज़दूर बल जितना बड़ा होगा, वयस्कों की मोल-भाव करने की क्षमता उतनी ही कमज़ोर होगी। इसके अतिरिक्त कम मज़दूरी पर काम करने वाला प्रत्येक बच्चा वयस्कों का एक काम छीन लेता है।

**(द) बाल मज़दूरी को समाप्त करने की पूरी ज़िम्मेदारी सरकार** पर है। यह उसकी ज़िम्मेदारी है कि वह इस प्रकार की स्थिति बनाए जिससे इस प्रथा का उन्मूलन हो। इसके लिए संविधान में दिए गये नीतिनिर्देशक सिद्धान्तों के अनुरूप वह कार्रवाई करे।

**(य) मालिक वर्ग :** बाल मज़दूरी में काम लेने वाले मालिकों की बहुत महत्त्वपूर्ण भूमिका है। चालाकी करने के अपने स्वभाव अथवा अधिक लाभ कमाने के लालच के कारण वे बच्चों के माता-पिता के साथ मिलकर कानून का उल्लंघन कर बच्चों को काम पर रखते हैं। बाल मज़दूरी के सम्बन्ध में उनके व्यवहार और विचार में बिना परिवर्तन लाए और कानूनों का उनके द्वारा सक्रियता से पालन कराए बिना बाल मज़दूरी समाप्त करने की कोई नीति सफल नहीं हो सकती।

**(र) माता-पिता :** बच्चों की कमज़ोरी से माता-पिता को अवगत कराने की और उन्हें बच्चों के लिए सुरक्षित काम एवं शिक्षा-साधन ढूँढ़ने के योग्य बनाने की आवश्यकता है, और धीरे-धीरे उनका जीवन-स्तर सुधारने की भी आवश्यकता है जिससे उनके बच्चों को सही मार्ग चुनकर औपचारिक शिक्षा प्राप्त करने के लिए साधनों में भागीदार होने का अवसर प्राप्त हो सके।

**(ल) काम करने और न करने वाले बच्चे :** काम करने वाले बच्चों को स्वयं अपनी स्थिति को समझने की आवश्यकता है। उन्हें अपने आपको संगठित करने की आवश्यकता है, जिससे वे अपने कानूनी अधिकारों की माँग कर सकें, और अपना जीवन सुधार सकें। अन्य बच्चों को, जिनमें स्कूल जाने वाले बच्चे भी शामिल हैं, इस मुद्दे से परिचित कराना आवश्यक है जिससे वे बाल मज़दूरों के प्रयासों को समर्थन दे सकें।

सी.ए.सी.एल. द्वारा विभिन्न राज्यों में बाल मज़दूरों की रैलियाँ निकाली गयी जिनमें 10-12 दिसम्बर, 1994 को मद्रास में हुए बाल मज़दूरों का राष्ट्रीय सम्मेलन अत्यन्त महत्त्वपूर्ण है। इस संस्था के अनुसार विभिन्न राज्यों के बाल मज़दूरों ने इस सम्मेलन में भाग लिया था। बिहार से 118 बाल मज़दूरों ने भाग लिया था। इस सम्मेलन के आलोक में बिहार राज्य के नवादा जिले में 1996 में एक बाल मज़दूरी विरोधी रैली का आयोजन किया गया। उसमें इन पंक्तियों के प्रथम लेखक ने भी भाग लिया था और पाया था कि तथाकथित बाल मज़दूरों में से कई काम करने वाले प्रतीत नहीं होते थे, क्योंकि वे इतने छोटे थे कि वे अपने माँ-बाप के पूरे संरक्षण में आए थे, और विद्यालय में पढ़ने वाले बच्चों को भी इसमें शामिल किया गया था जिनमें से कुछ अपने विद्यालय में निर्धारित पोशाक भी पहनकर इस रैली में शामिल हुए थे, और

गीत, नाटक आदि में ज़्यादातर ऐसे बच्चों ने ही भाग लिया था। उसमें धूमिल छवि का एक नेता भी शरीक हुआ था जो बलात्कार का अभियुक्त था मगर उससे कुछ आर्थिक सहयोग मिल जाने के कारण उसे मंच पर आसीन किया गया था, और उसने श्रम विभाग के अधिकारियों से अभद्र व्यवहार भी किया था। ऐसे लोगों से बचना चाहिए अन्यथा जनता में नकारात्मक सन्देश जाएगा। कुछ वर्षों के पश्चात् 2018 में वह नेता नालन्दा जिले के दूसरे बलात्कार के मामले में जेल भेजा गया। इस रैली में बाल मज़दूरों की तरफ से सी.ए.सी. एल. (बाल मज़दूरी-विरोधी अभियान) बिहार द्वारा निम्नलिखित माँगें प्रस्तुत की गयी जिनका सरोकार परिवार, लोक समाज, और सरकार से है:

1. हम बच्चे ग़रीब हैं, हमें अच्छे भोजन की आवश्यकता है। शुद्ध जल, रोशनी, राशन, और स्वास्थ्य की सुविधाएँ हमारे घरों के नज़दीक होनी चाहिए।

2. हम चाहते हैं कि आप हमें विद्यालय भेजें। हम अपने घरों के नज़दीक बढ़िया और मुफ़्त विद्यालय, पुस्तकें, तथा पोशाक चाहते हैं। अगर हमें विद्यालय में भोजन मिल जाए, तो हमारे माता-पिता स्वेच्छा से हमें विद्यालय भेजने के लिए तैयार हो जाएंगे। आप हमें स्कूल भेजने के लिए आर्थिक सहयोग दे सकते हैं।

3. हम काम नहीं करना चाहते हैं, लेकिन हमारे माता-पिता के पास कोई रोज़गार नहीं है। उन्होंने कर्ज़ा ले रखा है। अगर उनके पास पैसा होता, तो वे हमें काम पर नहीं भेजते। अगर और कुछ नहीं, तो क्या आप हमारे माता-पिता को सुरक्षित काम दे सकते हैं?

4. हम हर जगह रात-दिन काम कर रहे हैं। हमें हर प्रकार की बीमारियाँ हो रही हैं। हमें सुरक्षा चाहिए, हम में से जो बच्चे अपने घरों से बहुत दूर काम कर रहे हैं, उनको आवासीय विद्यालय, रहने की जगह, स्वास्थ्य की सुविधाएँ, तथा उचित भोजन चाहिए।

5. अगर पालना-घर (क्रेच) और दिन भर देखभाल करने वाले 'बाल केन्द्र' होते, तो हमारे बहुत छोटे भाई-बहनों को उसमें रखा जा सकता था। तभी हमारे लिए स्कूल जाना सम्भव हो सकेगा।

6. जो नियोजक, पुलिस, और माता पिता हम बच्चों को पीटते हैं, शराब

पर पैसा ख़र्च करते हैं, बहुत कम उम्र में अपनी लड़कियों की शादी करते हैं, उन्हें कड़ी सजा मिलनी चाहिए।

7. कृपया हमारे गाँव के लोगों को और हमारे माता पिता को यह कहिए कि बच्चों को काम पर भेजना ग़ैरकानूनी तो है ही, बच्चों के लिए भी अच्छा नहीं है। वे इस दुनिया की नयी-नयी बातों से अनजान क्यों हैं ? अगर हम नहीं पढ़ेंगे, तो हम और आने वाली पीढ़ियाँ ग़रीब और पिछड़े रह जायेंगे।

8. कौन खेलना पसन्द नहीं करता है? नाचने, गाने, खेलने, तस्वीर बनाने, और बहुत सारी दूसरी चीज़ों को करने के लिए हमें अवसर और वातावरण चाहिए। क्या कोई है, जो पढ़ना नहीं पसन्द करता हो ? क्या आप हमें ऐसी शिक्षा दे सकते हैं, जो हमें रुचिकर भी लगे?

9. चुनाव के दौरान हम पोस्टर साटते हैं, परचे बाँटते हैं, ज़िन्दाबाद के नारे लगाते हैं,और तब इन राजनीतिज्ञों को लोकसभा और विधानसभा में कुछ सीटें मिल पाती हैं, इसलिए उन्हें हमारी भलाई के लिए कुछ करना चाहिए।

10. कृपया इस रैली के बाद हमें काम पर मत भेजिए। शिक्षक, माता-पिता, समाज के वयस्क ज़िम्मेवार लोग, तथा सरकार को चाहिए कि वह बाल मज़दूरी को बन्द करें एवं कराएँ। जब तक बाल मज़दूरी प्रथा समाप्त नहीं होती, तब तक इस संघर्ष और अभियान को ज़ारी रहने दीजिए।

सी.ए.सी.एल ने बालिका मज़दूर पर राष्ट्रीय सम्मेलन 5-7 मार्च (2003) को मैसूर में आयोजित किया था जिसका मुख्य नारा था-'मुझे मेरा बचपन लौटा दो' । इस सम्मेलन में 900 बालिका मज़दूरों (13 राज्यों से) ने भाग लिया था, तथा 1,200 वयस्कों ने भी भाग लिया था। यह धरातल पर काम करने वाले कार्यकर्त्ताओं, शोधकर्त्ताओं, संस्थाओं, तथा नागरिकों का साझा मंच था जिससे वे अपने अनुभवों को बाँट सकें। इसका मानना है कि बालिका मज़दूर पर ज़्यादा जोर देने की ज़रूरत है क्योंकि क़रीब 22 प्रतिशत बालिकाओं ने विद्यालय का मुँह तक नहीं देखा, और जो दाखि़ला ली होती हैं, उनमें से 50 प्रतिशत बालिकाएँ 12 वर्ष के पूर्व विद्यालय की पढ़ाई छोड़ देती हैं। वे प्राय: घर में अदृश्य श्रम शक्ति का हिस्सा होती हैं-भाई-बहनों की देखभाल करना, घर में कामकाज करना, जानवरों की देखभाल (चराना सहित) करना, आदि। यद्यपि केरल और प. बंगाल जैसे राज्यों में बालिकाओं का नामांकन हिस्सा

अधिक होने से स्थिति सन्तोषजनक है किन्तु बिहार जैसे राज्यों में यह हिस्सा काफ़ी कम रहा है। (अब पोशाक, सायकिल, छात्रवृत्ति आदि मुफ़्त दिये जाने से काफी सुधार हुआ है।) इस सम्मेलन में 6 मार्च, 2003 को 'जनसुनवाई' हुई, जिसमें 39 बालिका मज़दूरों ने अपनी व्यथा-कथा सुनाई। 16 वर्ष की निर्मला ने बताया कि वह 13 वर्ष की उम्र से एक चावल मिल में काम करती थी। उसके चार भाई-बहन हैं। उसके माँ-बाप एक आम के बगीचे में 300 रुपये मासिक पर रखवाली का काम करते हैं। वह चावल मिल में सुबह 6 बजे से शाम 6 बजे तक सफ़ाई, धान इकट्ठा करने, तथा भूसी निकालने का काम करती है। उसे टूटे चावल मज़दूरी के रूप में एक नपने से दिया जाता था। एक दिन मशीन में उसका बायाँ हाथ कट गया। यद्यपि उसके नियोजक ने उसे अस्पताल पहुँचवाया, मगर उसे यतीम कहकर छोड़ दिया। वह तीन माह तक अचेत थी। उसके इलाज़ में 15,000 रुपये ख़र्च हुए मगर मिल मालिक ने मात्र 1,000 रुपये दिये, शेष उसके माँ-बाप ने कर्ज़ लेकर चुकाया। 3 वर्ष बीत जाने पर भी वे अपना कर्ज़ नहीं भर सके हैं। श्री एल.सी. जैन की अध्यक्षता वाली जूरी ने 6 मार्च, 2003 को 'जन सुनवाई' करके सरकार को 'दोषी' करार दिया। 'मैसूर घोषणा' में निम्नलिखित बिन्दुओं पर ज़ोर दिया गया:

(क) 18 वर्ष या कक्षा दस तक सभी बच्चों को मुफ़्त, प्रासंगिक, समानता-मूलक, गुणवत्तापूर्ण, एवं अनिवार्य शिक्षा दी जाए। शिक्षा को बाल श्रम में जाने से रोकने वाला उपाय, तथा बाल श्रम से बाहर आने वाला पुनर्वासी कदम मानना चाहिए। सभी बच्चों को शिक्षा दिलाना सरकार के लिए अनिवार्य है।

(ख) कानूनों को सख़्ती से लागू करना, तथा उसके साथ राजनीतिक इच्छाशक्ति का होना रोकथाम करने का महत्त्वपूर्ण उपाय है। बाल श्रम (प्रतिषेध एवं विनियमन) अधिनियम 1986 में संशोधन हो, जिसमें 18 वर्ष के सभी बच्चों को सभी प्रकार की मज़दूरी करने से रोका जाए। इसके अलावा सभी बालिकाओं को भोजन, पोषाहार, एवं स्वास्थ्य के अधिकार की गारण्टी हो। स्वास्थ्य सेवा का निजीकरण उन पर कुप्रभाव डालेगा।

(ग) माँ-बाप को शिक्षित किया जाए, तथा वे बेहतर बाल देख-रेख के लिए उत्तरदायी हों।

(घ) सभी लड़कियों को विद्यालय भेजा जाए जिससे वे काम करने के लिए उपलब्ध न हों। बाल श्रम उन्मूलन नीति को लिंग-संवेदी बनाया जाए।

(ङ) सभी लड़कियों के साथ भेदभाव एवं शोषण रोका जाए।

(च) निरक्षरता को ख़त्म किया जाए, वैज्ञानिक सोच विकसित की जाए, तथा अन्धविश्वास एवं अविवेकपूर्ण प्रथाओं को नकारा जाए।

(छ) बच्चों को गुणवत्तापूर्ण शिक्षा, स्वास्थ्य, बेहतर सफ़ाई, मनोरंजन, पोषाहार आदि के बेहतर अवसर मिलें जिससे उनका शारीरिक, मनोवैज्ञानिक, आध्यात्मिक, तथा सर्वांगीण विकास हो सके। इसके लिए सामाजिक एकजुटता एवं आधारभूत सेवाओं का सहारा होना चाहिए। यह सामुदायिक दृष्टिकोण पर आधारित होना चाहिए।

(ज) काम के बारे में बच्चों के विचार सुने जायें, एवं उनको तरज़ीह दी जाए।

(झ) अन्तरराष्ट्रीय श्रम संगठन के सम्मेलन संख्या 198 (न्यूनतम मज़दूरी) के अनुमोदन हेतु भारत सरकार पर दबाव डाला जाए।

इसके अलावा 'नयी सुबह' के लिए बालिका श्रमिकों ने निम्नलिखित घोषणाएँ कीं:

1. 18 वर्ष तक का बाल श्रम पूरी तरह से ख़त्म किया जाए।
2. पिता शराब पीना छोड़ें, और सरकार उन्हें पूर्णकालिक काम दे।
3. सभी वयस्कों को काम तथा अच्छी मज़दूरी दी जानी चाहिए।
4. सभी गाँवों में विद्यालय होने चाहिए।
5. 14 वर्ष के ऊपर के बच्चों के लिए प्रशिक्षण की सुविधा गाँव में उपलब्ध होनी चाहिए।
6. बालिकाओं को कक्षा 12 तक मुफ़्त शिक्षा दी जानी चाहिए।
7. विद्यालय में पोषाहार तथा स्वास्थ्य सुविधा उपलब्ध हो ।
8. हम बाल-विवाह के खिलाफ़ हैं।
9. हम उन निदान केन्द्रों के विरुद्ध हैं जो गर्भ में भ्रूणों का लिंग-परीक्षण करते हैं, तथा मादा भ्रूण की हत्या कर देते हैं।
10. हम मुफ़्त एवं गुणवत्तापूर्ण शिक्षा चाहते हैं।

11. जिन नियोजकों द्वारा बच्चों का नियोजन किया जाता है, उन्हें कठिनतम दण्ड मिले।

12. 'हम आज़ादी चाहते हैं। हम बच्चियाँ होना चाहते हैं।'

उक्त सम्मेलन ने 2003-04 (30 अप्रैल से 30 अप्रैल तक) को 'बालिका श्रमिक वर्ष' घोषित किया। 30 अप्रैल, 2003 को पाँच बालिका श्रमिकों की तीन सी.ए.सी.एल. सदस्यों के शिष्ट मण्डल ने महामहिम राष्ट्रपति से मुलाकात कराई, तथा उन्हें बालिका श्रमिकों की समस्या से अवगत कराया गया।

इसके अलावा, पटना में स्टेशन पर काम कर रहे बच्चों, यथा बूट पॉलिश करने वाले, बोझा ढोने वाले, खोमचा वाले बच्चों आदि को संगठित करने का महत्त्वपूर्ण कार्य 'बाल सखा' नामक स्वयंसेवी संस्था ने किया है, जिसके मुखिया श्री सनत सिन्हा हैं। उन्होंने सरकार के स्तर से बने 'रैन बसेरा' में उन बच्चों को ठहरने और अपना सामान आदि रखने की पूरी व्यवस्था की। उन बच्चों के साथ कई बार जुलूस निकाले, तथा उनकी पढ़ाई-लिखाई के इन्तज़ाम के लिए कारगर कार्रवाई भी की। इसके अलावा 'अल्टरनेटिव इण्डिया डेवलपमेंट', पलामू, 'लोक जागरण', गया, 'बिरसा इन्स्टीट्यूट फॉर रिसर्च एण्ड सोशल ऐक्शन', लखीसराय, 'प्रयास' (दिल्ली) और अन्य संस्थाएँ इस क्षेत्र में कार्यरत रही हैं। किन्तु एम.वी.एफ. के अलावा अभी किसी स्वयंसेवी संस्था द्वारा बाल श्रम उन्मूलन रोकने में उतना अच्छा कार्य नहीं किया गया है जिससे उसे राष्ट्रीय पैमाने पर ख़्याति मिली हो।

'बटरफ्लाइज' (नयी दिल्ली) नामक स्वयंसेवी संस्था कामकाजी बच्चों की यूनियन बनाने पर बहुत ज़ोर देती है। उसका मानना है कि बाल श्रम प्रथा ख़त्म करने के लिए सबसे पहले उनके परिवार के वयस्कों को पूर्ण रोज़गार देना होगा, तथा न्यूनतम मज़दूरी देनी होगी। दूसरे, प्राथमिक शिक्षा को अनिवार्य बनाना होगा तथा शिक्षकों को इसके लिए प्रेरित एवं उन्मुख करना होगा । ज्ञातव्य है कि बच्चों को निःशुल्क एवं अनिवार्य शिक्षा का अधिकार अधिनियम (2009), 1 अप्रैल 2010 से पूरे देश में लागू है। तीसरे, बाल श्रम अधिनियम 1986 को कड़ाई से लागू करना होगा। चौथे, बचपन का अधिकार, स्वास्थ्य, चिकित्सा, तथा मनोरंजन का अधिकार एवं शोषण व

अत्याचार से सुरक्षा का अधिकार सुनिश्चित करने हेतु बच्चों की यूनियन बनना ज़रूरी है। यह संस्था विभिन्न पत्र-पत्रिकाओं में छपे बच्चों से सम्बन्धित तथ्यों, आँकड़ों, एवं लेखों को अपनी पत्रिका 'माई नेम इज टुडे' में प्रकाशित करती है, तथा बच्चों के अधिकारों के लिए न्यायालयों का दरवाज़ा भी खटखटाती है।

कामकाजी बच्चों की एक दूसरी स्वयंसेवी संस्था 'अंकुरण' (नयी दिल्ली) है, जिसकी स्थापना 1982 में हुई थी। इसका उद्देश्य शहरों एवं गाँवों में रहने वाले ग़रीबों, वंचितों एवं आदिवासियों के बच्चों एवं उनके परिवारों का समेकित विकास करना है। इसे 'क्राई' तथा अपने आयजनित स्क्रीन प्रिंटिंग उत्पादन से निधि प्राप्त होती है। इसके द्वारा 3 से 6 वर्ष की उम्र के 200 बच्चों के सात बालवाड़ी केन्द्र चलाए जाते हैं जिनमें शिक्षा, स्वास्थ्य, एवं अनुशासन पर विशेष ध्यान दिया जाता है, तथा नाटकों, गीतों, नृत्यों के माध्यम से मानवोचित मूल्यों के प्रति बच्चों को प्रेरित किया जाता है। इसके अलावा 7 से 14 वर्ष के बाल श्रमिकों हेतु 5 अनौपचारिक शिक्षा केन्द्र चलाए जाते हैं, तथा विद्यालय जाने वाले छात्रों के लिए रेमेडियल एजूकेशन सेन्टर चलाए जाते हैं, तथा 50 वयस्कों को भी 2 वयस्क शिक्षा केन्द्रों में शिक्षा दी जाती है। इसके अलावा 'अंकुरण' बच्चों के खेल, सभाओं, एवं अध्ययन-यात्राओं का आयोजन करता है। अनौपचारिक शिक्षा केन्द्रों में से चयन करके बच्चों को स्क्रीन छपाई इकाई में व्यावसायिक प्रशिक्षण भी दिया जाता है जिसकी अवधि मात्र तीन माह की होती है जिसे पूरा करने पर उनके रोज़गार में यह संस्था मदद करती है। यह संस्था सरकारी स्वास्थ्य विभाग से समन्वय स्थापित कर लोगों के बीच बीमारियों की रोकथाम का प्रचार-प्रसार करती है। यह संस्था ग़ैर-सरकारी संगठन 'फोरम फॉर स्ट्रीट ऐण्ड वर्किंग चिल्ड्रेन', दिल्ली की एक सदस्य भी है।

'मोबाइल क्रेचे' (चलन्त पालनाघर), (नयी दिल्ली) एक दूसरी स्वयंसेवी संस्था है, जिसकी अध्यक्ष बृंदा सिंह है। इसकी शुरुआत् लेखिका मीरा महादेवन ने 1969 में की थी। दिल्ली में इसके 350 केन्द्र हैं, तथा मुम्बई में 22 केन्द्र, और पुणे में भी कुछ केन्द्र हैं। यह संस्था दिल्ली के नये निर्माण-स्थलों पर 14 केन्द्र, तथा पुनर्वास कालोनियों एवं झुग्गी-झोपड़ियों में 10 केन्द्र चला रही है। इसका उद्देश्य कामकाजी महिलाओं के बच्चों की देखभाल,

तथा उन्हें अनौपचारिक शिक्षा प्रदान करना है। बाहर से आए मज़दूरों के बच्चों के पास जन्म-प्रमाणपत्र, आवास-प्रमाणपत्र, राशन कार्ड आदि नहीं होते। अत: यह संस्था उनसे हलफ़नामा आदि की औपचारिकता पूरी कराकर सम्बन्धित विभागों से आवश्यक प्रमाणपत्र मुहैया करवाती है। इस संस्था का वार्षिक बजट एक करोड़ रूपये का होता है, जिसमें भवन निर्माताओं द्वारा दी गयी राशि, सरकारी विभागों यथा कल्याण आदि से प्राप्त अनुदान, तथा संस्था का अपना धन शामिल है। कारख़ाना अधिनियम (1948) के अनुसार जिस कारख़ाने में 30 महिलाएँ कार्यरत हों, वहाँ पालना-घर (क्रेचे) होना आवश्यक है, जिसकी व्यवस्था नियोजक को करनी है। नेशनल बिल्डिंग कांस्ट्रक्शन कारपोरेशन तथा केन्द्रीय लोक निर्माण विभाग भी इस संस्था को राशि देते हैं किन्तु कभी-कभी उनसे यथोचित सहयोग नहीं मिल पाता। समाज कल्याण मन्त्रालय 1997 तक कुल बजट का 20 प्रतिशत राशि अनुदान स्वरूप प्रदान करता था किन्तु उसकी शर्त थी कि पालनाघर के कर्मियों को मात्र 250 रुपये मासिक का भुगतान किया जाए। जब इस संस्था ने इन कर्मियों का मासिक वेतन 1,000 रुपये कर दिया, तो कल्याण मन्त्रालय ने इस पर आपत्ति की और भुगतान बन्द कर दिया। इस संस्था का कहना है कि ऐसा कार्य सभी लोग नहीं कर सकते, अत: इन कर्मियों को वाज़िब भुगतान होना चाहिए। एक अनुमान के मुताबिक बीस वर्षों में इस संस्था ने दो लाख बच्चों को लाभान्वित किया है। इस संस्था का कार्य सराहनीय है क्योंकि यदि मज़दूरों के बच्चों को खेलने, मनोरंजन करने, तथा पढ़ने का अवसर नहीं मिलेगा, तो वे (सम्भावित बाल श्रमिक) आने वाले समय में, वास्तव में, बाल श्रमिक बनने को मज़बूर हो जायेंगे।

वंचित बच्चों के लिए दिल्ली में एक स्वयंसेवी संस्था 'प्रयास' (दिल्ली) कार्यरत है। इसकी स्थापना 11 नवम्बर, 1988 को एक पुलिस अधिकारी (आमोद कण्ठ) के द्वारा की गयी थी। इसका उद्देश्य फुटपाथी बच्चों को अनौपचारिक शिक्षा एवं व्यावसायिक प्रशिक्षण देकर अपराधियों के चंगुल से बचाना है जिससे वे सम्मान की ज़िन्दगी जी सकें। शुरू में यह संस्था रद्दी चुनने वाले बच्चों तक ही सीमित थी किन्तु अब इसमें अति निम्न आय वर्ग के बच्चे भी शामिल हैं जिन्हें अनौपचारिक शिक्षा दी जाती है। बाद में इन बच्चों को

कुर्सी की बुनाई, गुड़िया बनाने, मोमबत्ती बनाने, दर्ज़ीगीरी, कसीदाकारी आदि का प्रशिक्षण भी दिया जाता है। बच्चों के मनोरंजन के लिए टी.वी., कैरम बोर्ड, गेंद, खेलकूद, पिकनिक, आदि की भी सुविधाएँ हैं। रोटरी क्लब के सौजन्य से इन बच्चों को पोषाहार भी दिया जाता है, और समय-समय पर चिकित्सक उनके स्वास्थ्य की देखभाल भी करते हैं। 1993 के पूर्वार्द्ध तक कुल 1,859 बच्चे यहाँ लाभान्वित हुए थे। बाद के वर्षों में हज़ारों बच्चे लाभान्वित हुए। यह संस्था अब काफी सुदृढ़ हो चुकी है।

'प्रयास' (1988 में शुरु) संस्था ने सरकारी विभागों यथा-समाज कल्याण, दिल्ली पुलिस, मानव संसाधन विभाग, गीत एवं नाटक प्रभाग, श्रमिक विद्यापीठ, तशा रोटरी क्लब आदि से तालमेल स्थापित कर शिक्षा, मनोरंजन, स्वास्थ्य, पोषाहार, सफ़ाई, सामाजिक जागरण, खेलकूद, सांस्कृतिक कार्यक्रम, तथा व्यावसायिक प्रशिक्षण का कार्य किया है। यह संस्था काफ़ी तेजी से आगे बढ़ रही है। आमोद कंठ के नेतृत्व में इसके 200 केन्द्रों पर 50,000 वंचित बच्चों और माताओं को सहायता दी जाती है। इसमें 700 पेशेवर लोग और हज़ारों स्वयंसेवक हैं। उनके सराहनीय कार्य के लिये उन्हें कई राष्ट्रीय और अन्तरराष्ट्रीय पुरस्कार मिल चुके हैं।

मगर भारत सरकार ने कुल 20,000 ग़ैर-सरकारी संगठनों का निबन्धन (2019-20 में) रद्द कर दिया क्योंकि वे कानूनी प्रक्रिया का पालन नहीं कर रहे थे।

**[II]**

## आगे क्या करना है?

बाल श्रम प्रथा रोकने एवं ख़त्म करने के लिए एक सुलझी हुई, एवं समेकित रणनीति अपनाने की ज़रूरत है। चूँकि भारत में बाल श्रमिक ज़्यादातर असंगठित क्षेत्रों में बिखरे हुए हैं, इसलिए यह कार्य और ज़्यादा जटिल हो गया है। बाल श्रम-उन्मूलन के लिए निम्नलिखित रणनीति अपनाई जा सकती है:

(क) गहन सर्वेक्षण से सही पहचान

(ख) जनजागरण अभियान

(ग) शिक्षा-विशेष विद्यालय, सेतु पाठ्यक्रम एवं मुख्यधारा के विद्यालयों में दाख़िला कराना

(घ) आर्थिक नियोजन: विभिन्न विकास एवं कल्याण कार्यक्रमों का समागम

(ङ) ग़ैर-सरकारी तबकों का सहयोग

(च) श्रम कानूनों का सही एवं त्वरित कार्यान्वयन

(छ) बाल श्रम एवं न्यायिक सक्रियता।

## गहन सर्वेक्षण से सही पहचान:

सर्वेक्षण करने के पूर्व विभिन्न विभागों, यथा राजस्व, विकास, स्वास्थ्य, शिक्षा, समाज कल्याण, पंचायती राज, श्रम विभाग आदि की पहचान कर ली जानी चाहिए, और जिला स्तर, अनुमण्डल (सबडिवीजन) स्तर, प्रखण्ड (ब्लॉक) स्तर एवं पंचायत स्तर पर एक-एक नोडल पदाधिकारी घोषित कर दिया जाना चाहिए। इसके साथ-साथ ग़ैर-सरकारी संस्थाओं एवं व्यक्तियों की भी पहचान कर उनके साथ बैठक कर (अनौपचारिक) लेनी चाहिए जो सक्रिय एवं निष्ठावान हों-जैसे नेहरू युवा केन्द्र, राष्ट्रीय समाज सेवा, स्काउट एवं गाइड, विभिन्न क्लब, शिक्षक संघ, एन.सी.सी., बचपन बचाओ आन्दोलन, बाल श्रम-विरोधी अभियान, आदि।

दूसरे, सर्वेक्षण शुरू होने के पूर्व सकारात्मक माहौल (वातावरण) का निर्माण होना चाहिए जिसमें बाल श्रम समस्या की सही समझ-बूझ एवं उसके आकार-प्रकार पर कोई सन्देह न रहे। ग्रामीण मेलों, चौपालों, उत्सवों एवं साप्ताहिक हाटों में प्रचार-प्रसार बेहतर होगा। सभी सम्बन्धित अधिकारियों, कर्मचारियों, स्वयंसेवियों, तथा सामाजिक कार्यकर्त्ताओं की एक दिवसीय कर्मशाला में 'क्या करें' और 'क्या न करें', इसकी सुस्पष्ट व्याख्या होनी चाहिए।

तीसरे, आम जनता में सर्वेक्षण के प्रति असली जागरूकता पैदा करने के लिए पत्र- पत्रिकाओं, दृश्य-श्रव्य कैसेटों, पोस्टर, दीवार-लेखन, पैम्फलेट, बैनर, जुलूस, रैली, सिनेमा स्लाइड, गीत, नृत्य, कठपुतली, नाटक आदि के माध्यम से प्रचार-प्रसार करना चाहिए।

चौथे, सरज़मीन पर सर्वेक्षण करने वालों की सही पहचान करने, एवं उन्हें एक-दो गाँव/पंचायत स्पष्ट रूप से सम्बद्ध करने की कार्रवाई हो जानी चाहिए। उन्हें सर्वेक्षण के लिए उचित प्रपत्र/रजिस्टर/अनुदेश आदि समय पर वितरित कर दिया जाए, और समूचे जिले में सर्वेक्षण की अवधि तय कर दी जाए। कम अवधि में अधिक से अधिक व्यक्तियों के माध्यम से कार्य कराना ज़्यादा उपयुक्त होगा। इन कर्मचारियों/स्वयंसेवकों के कार्यों का समुचित पर्यवेक्षण करने के लिए पर्याप्त संख्या में तथा समुचित-क्षेत्र में पर्यवेक्षकों की प्रतिनियुक्ति होनी चाहिए।

पाँचवें, चूँकि सभी व्यक्तियों से प्राप्त सूचना में एकरूपता हो, इसलिए बेहतर होगा कि एक प्रपत्र पहले से तैयार करा लिया जाए, जिसमें बाल श्रमिक का नाम, पता, माँ-बाप का व्यवसाय, आय, जाति, उसके कार्य की प्रकृति, अवधि, काम के घण्टे, मज़दूरी, उम्र, शिक्षा, लिंग आदि के कॉलम बने हों।

छठे, सर्वेक्षण के बाद उन प्रपत्रों को एकत्र कर उनका समेकित विवेचन/विश्लेषण होना चाहिए। यदि कोई त्रुटि हो, तो उसे पर्यवेक्षकों की मदद से ठीक कर लेना चाहिए क्योंकि सर्वेक्षण कार्य जितना सही एवं विस्तृत होगा, बाल श्रम उन्मूलन में वह उतना ही कारगर होगा। इसलिए आवश्यक है कि सर्वेक्षण के समय आँकड़ों एवं तथ्यों की गुणवत्ता पर भी विशेष ध्यान दिया जाए।

अन्त में, सर्वेक्षण में लगने वाले ख़र्च (बजट) की व्यवस्था की जानी है। केन्द्र या राज्य सरकार से इसके लिए निधि प्राप्त हो, तथा विभिन्न स्रोतों से इसे प्रायोजित कराकर, दान आदि लेकर अथवा स्मारिका आदि के लिए पर्याप्त विज्ञापन से राशि एकत्रित की जा सकती है।

## शिक्षा: विशेष विद्यालय, सेतु पाठ्यक्रम एवं मुख्यधारा के विद्यालय में प्रवेश

भारतवर्ष में बाल श्रमिकों के बारे में समय-समय पर बहुत सारे नियम-कानून बनाए गए। अध्याय एक में यह स्पष्ट हो चुका है कि भारत में 150 वर्ष पहले (1881 से) से बाल श्रम-विधान का इतिहास रहा है। किन्तु इसके बावजूद भारत में बाल श्रमिकों का पूरी आबादी में अनुपात एवं संख्या काफी है। ऐसी

परिस्थिति में बाल श्रम उन्मूलन के लिए अनिवार्य शिक्षा-व्यवस्था का होना निहायत ज़रूरी होता है। माइरन वीनर ने अपनी पुस्तक 'द चाइल्ड ऐण्ड द स्टेट इन इण्डिया' में यह स्पष्ट कहा है कि भारतीय राजनेतागण अनिवार्य शिक्षा को महत्त्व नहीं देते, और जन-शिक्षा को भारत के आधुनिकीकरण के लिए ज़रूरी नहीं समझा गया, बल्कि उच्च शिक्षा अभिजनों के लिए बनाई गयी। उनके अनुसार भारत के लोगों में यह आम धारणा है कि शिक्षा के बावजूद ग़रीबों को अच्छी नौकरी नहीं मिलती, तथा निम्न वर्ग के बच्चों को अपने दिमाग की बज़ाय अपने हाथों से काम करना चाहिए। दूसरे, आम भारतीयों का यह भी विश्वास रहा है कि जो लोग दिमागी काम करते हैं, वे शासक बनते हैं और जो लोग हाथ से काम करते हैं, वे शासित होते हैं। उनके अनुसार यहाँ की मूल समस्या ये धारणाएँ हैं क्योंकि भारत में शिक्षा विषमता पैदा करने और बच्चों को सामाजिक वर्गों में बाँटने का हथियार बनी है। उन्होंने यह भी रेखांकित किया है कि भारत में नाम और जन्म-तिथि के पंजीकरण (निबन्धन) को अनिवार्य बनाने के लिए कोई कानून नहीं है। (वास्तव में कानून रहा है मगर विधिवत् पालन नहीं होता) जो बच्चे स्कूल नहीं जाते, उनके अभिभावकों को नोटिस ज़ारी करने का कोई कानून नहीं है, और न ऐसे अभिभावकों पर जुर्माना लगाने का प्रावधान है। माँ-बाप के खिलाफ़ अदालत में कोई मुकदमा नहीं किया जाता, तथा अनिवार्य शिक्षा के नीति निर्देशक तत्त्वों को लागू करने के लिए केन्द्र और राज्यों में जिन अधिकारियों एवं कर्मचारियों की नियुक्ति हुई, उन्होंने इसके लिए कोई ठोस कदम नहीं उठाया। माइरन वीनर के अनुसार सारे विश्व में बाल श्रम के उन्मूलन एवं अनिवार्य शिक्षा की प्रवृत्ति है किन्तु भारत इसका अपवाद रहा है। इन मामलों में अफ्रीका के कई देशों, यथा जाम्बिया, घाना, आइबरी कोस्ट, लीबिया, जिम्बाब्वे आदि ने भारत से कम आय होने के बावजूद बेहतर कार्य किया है। भारत में संसाधन की कमी नहीं, बल्कि असली इच्छा शक्ति एवं उत्साह की कमी ही बाल श्रम के बरक़रार रहने का कारण है। इसका फलितार्थ यह था कि भारत में प्राथमिक शिक्षा को अनिवार्य बना दिया जाए यानी माइरन वीनर के अनुसार यदि विद्यालय न जाने वाले बच्चों के अभिभावकों को दण्ड देने का प्रावधान हो, तो बाल मज़दूरी की समस्या हल हो सकती है। ज्ञातव्य है कि संविधान में 86वाँ संशोधन करके

प्रारम्भिक शिक्षा (कक्षा 8 तक, 14 वर्ष तक) को 2009 में बच्चों को मुफ़्त एवं अनिवार्य शिक्षा का अधिकार अधिनियम, 2009 (धारा 21ए के तहत) सुलभ करा दी गयी है जो 1 अप्रैल 2010 से लागू किया गया। किन्तु अभिभावकों को दण्डित करने के प्रावधान का कई शिक्षाविद्/समाजशास्त्री विरोध करते रहे हैं।

मगर बच्चों को कम से कम 10 वर्ष की अनिवार्य शिक्षा दी जाए यानी वे कक्षा 10 तक की शिक्षा प्राप्त कर न केवल पढ़ना-लिखना एवं हिसाब-क़िताब करना सीख जायें बल्कि कुछ उत्पादक-कार्य करना भी सीख जायें यानी 10 वर्षों की शिक्षा में कम से कम 2 वर्षों की रोज़गारोन्मुखी शिक्षा या प्रशिक्षण हो। किन्तु यह ध्यान दिया जाना आवश्यक है कि यह व्यावसायिक शिक्षा प्रशिक्षण जोखिमपूर्ण कार्य-प्रक्रिया से जुड़ा न हो। यानी बच्चों को ऐसे व्यवसाय एवं उत्पादन-प्रक्रियाओं में कौशल (हुनर) विकसित करने का मौका दिया जाए जो शारीरिक एवं मानसिक रूप से हानिकर न हों। भारत सरकार की 'नयी शिक्षा नीति' (2020) में ऐसा हुनर सिखाने का प्रावधान सिद्धान्ततः है। मगर व्यवहार में कार्यान्वयन नगण्य है। उन्नीसवीं शताब्दी तथा बीसवीं शताब्दी के पूर्वार्द्ध में अनेक पाश्चात्य देशों में काफी बाल श्रमिक थे किन्तु उन्हें 6-9 वर्ष तक की अनिवार्य शिक्षा भी दी जाती थी जिससे वहाँ बाल श्रम क़रीब ख़त्म हो गया।

अतः बाल श्रमिकों का हर गाँव, झुग्गी-झोपड़ी आदि में सर्वप्रथम सही-सही सर्वेक्षण किया जाना चाहिए और सबसे पहले ख़तरनाक व्यवसायों/प्रक्रियाओं में लगे बच्चों को वहाँ से तुरन्त निकालकर या तो पूर्व से मौजूद औपचारिक प्राथमिक विद्यालयों में भर्ती कराना चाहिए अथवा विशेष विद्यालय खोलकर उनका वहाँ नामांकन कराना चाहिए। मगर बाद में उन्हें सेतु पाठ्यक्रम (ब्रिज कोर्स) के ज़रिये मुख्य धारा के विद्यालयों में भर्ती कराना चाहिए। जहाँ तक पारम्परिक विद्यालयों में प्रवेश दिलाने का सवाल है, यह काम तभी हो सकता है जब प्रवेश के समय टेस्ट आदि की औपचारिकता से उन्हें मुक्त कर दिया जाए। अब सर्वोच्च न्यायालय के आदेश से प्रवेश के समय टेस्ट या साक्षात्कार पर रोक लग गयी है। औपचारिक विद्यालयों की गुणवत्ता में भी काफी सुधार लाने की ज़रूरत है क्योंकि यदि वे सम्भावित बाल श्रमिकों, जो अभी विद्यालय में पढ़ रहे हैं, को आकर्षित नहीं कर सके अथवा पढ़ाई में उनकी रुचि नहीं

बढ़ा सके, तो ये बच्चे पढ़ाई छोड़कर कोई न कोई काम करने लगेंगे। अतः निम्नलिखित उपाय करने चाहिए:

(क) पाठ्यक्रम को रुचिकर, 'समस्या उठाऊ', एवं बाल-केन्द्रित बनाया जाना चाहिए। उदाहरणार्थ, बाढ़, सूखा की समस्या, जलवायु परिवर्तन, भूजल का घटना, वर्षा जल का संचयन, सौर ऊर्जा, सार्वजनिक वाहनों का अधिक उपयोग, भूमि संरक्षण, वृक्षारोपण आदि।

(ख) नामांकन के लिए विशेष अभियान चलाना चाहिए।

(ग) हुनर वाले उत्पादक-कार्य शिक्षा में शामिल किए जायें।

(घ) ग़रीब परिवारों के बच्चों को मुफ़्त पोशाक, कॉपी-क़िताब, स्लेट-पेन्सिल, सायकिल आदि दिया जाना चाहिए।

(ङ) सभी ग़रीब बच्चों, ख़ासकर अनुसूचित जाति/जनजाति, पिछड़े वर्ग के बच्चों, तथा आर्थिक रूप से कमज़ोर वर्ग को कल्याण विभाग से पर्याप्त छात्रवृत्ति मिलनी चाहिए।

(च) मध्य विद्यालयीय शिक्षा तक (कक्षा 8 तक) किसी छात्र-छात्रा को अनुत्तीर्ण नहीं करने का प्रावधान 2009 के अधिनियम में था। अधिक से अधिक इन बच्चों का श्रेणीकरण क, ख, ग, घ में किया जाता था। कमज़ोर बच्चों को ज़्यादा प्रेरित किया जाए, उन्हें अतिरिक्त कक्षाओं में पढ़ाया जाए जिससे वे न्यूनतम अधिगम स्तर (मिनिमम लेवल ऑव लर्निंग) प्राप्त कर लें। ऐसा निर्णय फिर से उलट दिया गया है। कक्षा 5 और 8 के स्तर पर तथाकथित कमज़ोर बच्चे असफल होने पर अगली कक्षा के लिए प्रोन्नत नही किये जायेंगे; परन्तु उन्हें फिर से मौका दिया जायेगा जिससे गुणवत्ता बढ़े। मगर परीक्षा-केन्द्रित शिक्षा से बच्चों में डर पैदा होता है। बेहतर होगा कि हर माह छोटे-छोटे अनौपचारिक टेस्ट लिये जायें जिससे उनमें परीक्षा से डर ख़त्म हो जाये। फिर साल में कम से कम दो बार प्रोन्नति हेतु टेस्ट के अवसर दिये जायें।

(छ) इन विद्यालयों का निरन्तर एवं समुचित रचनात्मक पर्यवेक्षण, अनुश्रवण, एवं मूल्यांकन होना चाहिए जिससे वहाँ के अध्यापकों को सही मार्गदर्शन प्राप्त होता रहे, और निहित उद्देश्यों की प्राप्ति हो। किन्तु इसके बावजूद उन विद्यालयों में पढ़ रहे बच्चों और इन बाल श्रमिकों की उम्र,

पहनावा, समझ आदि में अनुरूपता नहीं हो सकती। ऐसे प्रयास में निरीक्षण (दोष निकालने) की बज़ाय सुधार मुख्य उद्देश्य हो। शिक्षक पाठ योजना, विस्तृत तैयारी के साथ (उदाहरण, तुलना, रेखाचित्र आदि) बनाये।

अतः बेहतर होगा कि बड़े पैमाने पर विशेष विद्यालयों की स्थापना की जाए जिनकी निम्नलिखित विशेषताएँ हों:

(1) विद्यालय का समय ऐसा निर्धारित किया जाए जो बाल श्रमिकों के अनुरूप हो जैसा कि केरल राज्य में किया गया और इसी वज़ह से वहाँ पर छीजन (ड्रॉप आउट) दर बहुत कम हो गयी, और उसी के फलस्वरूप वहाँ बाल श्रमिक नगण्य हैं।

(2) जहाँ बच्चों को विद्यालय सुलभ न हो, वहाँ विद्यालयों की सुलभता बच्चों तक होनी चाहिए अर्थात् ख़ासकर ग्रामीण क्षेत्रों में छोटे पैमाने पर प्राथमिक कक्षाओं की व्यवस्था हर गाँव-टोले (पुरवा) में होनी चाहिए।

(3) शैक्षिक पाठ्यक्रम सरल, सुबोध, एवं स्थानीय समस्याओं एवं परिवेश से जुड़ा हुआ हो यानी खेती या स्थानीय उद्योग आदि की समस्याओं से जुड़ा हो, तथा स्थानीय मातृभाषा ही शिक्षण का माध्यम हो।

(4) शिक्षकों को इस प्रकार से प्रशिक्षित किया जाए कि वे पारम्परिक पद्धति की बज़ाय बाल-केन्द्रित दृष्टिकोण अपनाएँ जिससे बच्चे पढ़ने में भी आनन्द लें। उदाहरण के तौर पर, कोलम्बिया में 'ईस्कूला नुएवा' कार्यक्रम के तहत 1975 से यह व्यवस्था है कि बच्चे खेती में रोपनी, कटाई, मड़ाई आदि के दौरान विद्यालय में न जाने के लिए स्वतन्त्र हैं, तथा वहाँ रटने की बज़ाय 'समस्या हल करने का व्यावहारिक तरीक़ा' अपनाया जाता है। एक अध्यापक 5 श्रेणियों की कक्षाओं (मल्टीग्रेडेड क्लास) को सँभालता है जिसके कारण ख़र्च कम पड़ता है। मगर, व्यवहार में कई कक्षाओं को एक शिक्षक द्वारा सँभालना (भारत के सन्दर्भ में) कठिन है, तथा उसमें सभी बच्चों पर ध्यान नहीं दिया जा सकता।

(5) विद्यालय में पठन-पाठन सामग्री यथा-ब्लैक बोर्ड, चार्ट, पुस्तकें, चॉक, प्रयोगशाला के उपकरण, तथा खेल-सामग्रियों की समुचित व्यवस्था होनी चाहिए जिससे बच्चे 'खेल-खेल में सीखें' और 'पढ़ते-पढ़ते खेलने' का भी आनन्द लें।

(6) अध्यापकों को उचित वेतन मुहैया कराया जाए जिससे वे सम्मानपूर्वक एवं उचित लगन के साथ कार्य कर सकें और तभी इस कार्य में योग्य शिक्षकों का चयन हो सकेगा।

(7) विद्यालयों में बालिकाओं की भर्ती हेतु सघन अभियान चलाया जाए क्योंकि अभी भी बालिकाओं की शिक्षा के प्रति समाज में प्रायः नकारात्मक रवैया अपनाया जाता है। यदि शुरुआत् में ही बालिकाओं की शिक्षा, पोशाक, छात्रवृत्ति, सायकिल आदि देकर सुनिश्चित कर दी जाये, तो महिला सशक्तीकरण की दिशा में यह पहला कदम होगा।

(8) ग़रीब परिवारों के द्वारा अपने बच्चों की पढ़ाई का ख़र्च देना सम्भव नहीं है, इसलिए इन बच्चों को पूर्णतः मुफ़्त शिक्षा दी जाए और चूँकि उनके घर से उचित पोषाहार प्राप्त नहीं होता, इसलिए उन्हें ताज़ा, स्वादिष्ट, एवं पौष्टिक 'दोपहर का भोजन' (मिड डे मील) अवश्य उपलब्ध कराया जाए, जिससे उन्हें ससमय प्रोटीन, विटामिन, कार्बोहाईड्रेट आदि पोषक तत्त्वों से युक्त न्यूनतम कैलोरी प्राप्त हो सके। उत्तर भारत के कई राज्यों के कई जिलों में यह व्यवस्था गुणवत्तापूर्ण नहीं है जिससे पौष्टिक भोजन बच्चों को नहीं मिलता। प्रधानाध्यापक और ग्राम प्रधान/मुखिया को ज़्यादा ज़िम्मेदार बनाकर इसे दुरुस्त किया जाये।

(9) इन विद्यालयों के अध्यापक स्थानीय हों अर्थात् अधिक से अधिक उस ग्राम सभा या ग्राम पंचायत के हों, जिसके अन्दर वह विद्यालय स्थित है। शिक्षकों की प्रतिबद्धता उच्च स्तर की हो तथा उनमें यथोचित उत्साह हो।

(10) बच्चों के लिए गतिशील (मोबाइल) विद्यालय या नुक्कड़ विद्यालय या 'विद्यालय में वापसी' का अभियान (विद्यालय चलो, 'जो पढ़ेगा, वही बढ़ेगा') चलाना चाहिए जैसा कि फिलीपीन्स में चलाया गया है, जिससे साठ हज़ार कामकाजी बच्चे लाभान्वित हो रहे हैं।

(11) विद्यालयों में उपयोगी कौशल या हुनर सिखाने की व्यवस्था (2020 की नीति) को धरातल पर उतारना चाहिए, तथा उन्हें यह भी बताया जाना चाहिए कि कौन-से उद्योग एवं उत्पादन-प्रक्रियाएँ स्वास्थ्य के लिए जोखिमपूर्ण हैं, तथा पर्यावरण-हितैषी नहीं हैं और इसलिए उन्हें वैकल्पिक रोजग़ार में ही जाने की प्रेरणा दी जानी चाहिए।

(12) इन विद्यालयों के सभी बच्चों को भोजन के अलावा खेलने का सामान, छात्रवृत्ति एवं पोशाक मुफ़्त में दी जानी चाहिए। यदि इन अस्थायी विद्यालयों पर समुचित ध्यान दिया गया, तो बच्चे एक बार पुनः मानवीय ज़िन्दगी की मुख्य धारा में वापस लौट सकेंगे, तथा अपने सपने सँजोने के लिए उन्हें नया परिवेश मिलेगा, और उन सपनों को साकार बनाने का अवसर मूर्त रूप लेगा जैसा कि युनिसेफ ने पश्चिम बंगाल के 'बलिया ग्राम उन्नयन समिति' द्वारा साधन सरकार नामक बाल श्रमिक का माकूल उदाहरण प्रस्तुत किया है। साधन सरकार के माँ-बाप उसकी पढ़ाई छुड़ाकर एक दुकान पर उससे काम करवाने लगे। इससे 7 वर्षीय साधन सरकार अपने काम, अपने मालिक, और अपने माँ-बाप पर नाराज़ था। बाद में जब 'बलिया ग्राम उन्नयन समिति' के स्वयंसेवियों ने हस्तक्षेप किया, और उसके माँ-बाप को किसी तरह समझा-बुझाकर पुनः उसकी पढ़ाई शुरू करवाई, तो उस बच्चे ने कहा, 'मुझे एक नयी ज़िन्दगी मिल गयी है। मैं दुबारा हँस सकता हूँ, खेल सकता हूँ और पढ़ सकता हूँ।'

(13) इन विद्यालयों में समय-समय पर बच्चों के स्वास्थ्य की जाँच होनी चाहिए तथा किसी बीमारी से ग्रस्त बच्चों का मुफ़्त इलाज सरकार द्वारा कराया जाना चाहिए। यदि प्राथमिक स्वास्थ्य केन्द्रों, अतिरिक्त प्राथमिक स्वास्थ्य केन्द्रों, एवं सामुदायिक स्वास्थ्य केन्द्रों पर कार्य कर रहे चिकित्सकों एवं पारा मेडिकल स्टाफ को इस कार्य से सम्बद्ध कर दिया जाए, तो वांछित सफलता मिल सकती है।

(14) विद्यालय का परिसर हरा-भरा, साफ़-सुथरा, तथा पर्यावरण-हितैषी होना चाहिए। लोक सभा में भारत सरकार द्वारा दिये गये उत्तर के अनुसार, 2011-2012 तक उत्तर प्रदेश में 29,947, बिहार में 19,679, मध्य प्रदेश में 17,589, आन्ध्र प्रदेश में 13,202, ओडिशा में 13,196, पश्चिम बंगाल में 7,496, तमिलनाडु में 5,127, छत्तीसगढ़ में 4,914, महाराष्ट्र में 4532, कर्नाटक में 3,761, झारखण्ड में 2,216, हरियाणा में 1,895, राजस्थान में 1,020, गुजरात में 609, असम में 227, जम्मू-कश्मीर में 184, एवं पंजाब में 168 बाल मज़दूरों को पुनर्वासित करके मुख्य धारा में लाया गया राष्ट्रीय बाल श्रम परियोजना के तहत।

किन्तु कई विद्वानों के अनुसार यह चिन्ताजनक है कि ग्यारहवीं योजना में (2007-12) केन्द्र सरकार ने शिक्षा (विशेषकर 'सर्व शिक्षा अभियान') पर होने वाले ख़र्च को कम कर दिया। पहले केन्द्र सरकार इस मद में 75 प्रतिशत व्यय वहन करती थी, और राज्य सरकारें 25 प्रतिशत किन्तु अब क्रमश: 60:40 अनुपात में ख़र्च वहन करना पड़ता है। यह उल्लेखनीय है कि सर्व शिक्षा अभियान (अब समग्र शिक्षा) में तमाम ख़ामियों के बावजूद मात्रात्मक स्तर पर कुछ उपलब्धियाँ हासिल हुई हैं। जैसे, पूरे देश में वर्ष 2006-07 तक 2.368 लाख शिक्षक भर्ती किए गए, और 66,273 नए विद्यालय खोले गए। बिहार में इस दौरान 15,822 नये स्कूल खोले गये और 80,000 नये शिक्षक नियुक्त हुए जबकि उ.प्र. में 6,850 नये स्कूल खोले गये और 23,285 नये शिक्षक नियुक्त किए गए। पूरे भारत में इस मद में मिली कुल राशि का 80 प्रतिशत ख़र्च हुआ जिसमें तमिलनाडु और दिल्ली जैसे राज्यों ने 100 प्रतिशत ख़र्च किया। बिहार ने 79 प्रतिशत ख़र्च किया। सो केन्द्र सरकार को राष्ट्रहित में 'समग्र शिक्षा अभियान' का 75 प्रतिशत ख़र्च वहन करना चाहिए। 2020-21 में भारत सरकार का कुल शिक्षा बजट रु. 99,312 करोड़ था जिसमें से विद्यालयीय शिक्षा एवं साक्षरता विभाग को 60 प्रतिशत (रु. 59,845 करोड़), तथा उच्च शिक्षा विभाग को 40 प्रतिशत (रु. 39,467 करोड़) आबंटित किया गया। 2020-21 में 'समग्र शिक्षा अभियान' (सर्व शिक्षा अभियान, और माध्यमिक शिक्षा अभियान, एवं शिक्षक शिक्षण की जगह) को 39 प्रतिशत, दोपहर के भोजन को 11 प्रतिशत, स्वायत्त संस्थाओं को 9 प्रतिशत, आई.आई.टी. को 7 प्रतिशत, विश्वविद्यालय अनुदान आयोग, एवं अखिल भारतीय तकनीकी शिक्षा परिषद् को 5 प्रतिशत, अन्य को 20 प्रतिशत दिया गया। वास्तव में, विद्यालयीय शिक्षा एवं साक्षरता विभाग का बजट 2010-2020 के दौरान 60 प्रतिशत बढ़ा। 'समग्र शिक्षा अभियान' को 2020-21 में रु. 38,751 करोड़ आबंटित किया गया जो वर्ष 2019-20 से 6.8 प्रतिशत अधिक था। शिक्षकों के प्रशिक्षण और वयस्क शिक्षा के लिए 2020-2021 में रु. 110 करोड़ दिया गया। 2025-2026 में भारत के विद्यालयीय शिक्षा एवं साक्षरता विभाग का बजट रु. 78,572 करोड़ था (जो 2024-2025 से 7 प्रतिशत अधिक था) तथा उसमें रु. 41,250 करोड़ समग्र शिक्षा अभियान

के लिये था (11.5% वृद्धि)। मगर इतने प्रयास के बावजूद विद्यालयीय शिक्षा की गुणवत्ता संतोषजनक नहीं है। 'प्रथम' नामक स्वैच्छिक संस्था की 'असर' रपट के अनुसार कक्षा 5 के 50 प्रतिशत बच्चे कक्षा 3 के स्तर की पुस्तकें पढ़ने और सवाल लगाने में सक्षम नहीं हैं। 'समग्र शिक्षा अभियान' के 12 हस्तक्षेप निम्न हैं : (1) सार्वभौमिक उपलब्धता (आधारभूत संरचना विकास, एवं ठहराव सहित), (2) लैंगिक न्याय, (3) समावेशी शिक्षा, (4) गुणवत्ता, (5) शिक्षकों के वेतन में आर्थिक सहायता, (6) डिजिटल पहल, (7) शिक्षा के अधिकार की हक़दारी (पोशाकें, क़िताबें आदि), (8) विद्यालय-पूर्व शिक्षा, (9) व्यावसायिक शिक्षा, (10) खेलकूद एवं शारीरिक शिक्षा, (11) शिक्षक-प्रशिक्षण का सुदृढ़ीकरण, (12) राष्ट्रीय तत्व। विद्यालयीय शिक्षा में शैक्षिक रूप से पिछड़े प्रखंडों, वामपंथी उग्रवाद प्रभावित जिलों, विशेष ज़ोर (फोकस) वाले जिलों, सरहदी इलाकों, और 115 'आकांक्षी जिलों' को प्राथमिकता दी गयी है।

## आर्थिक नियोजन: राजस्व, विकास एवं कल्याण कार्यक्रमों का समागम

(1) यदि बच्चों की अनौपचारिक शिक्षा की व्यवस्था हो जाए, तो भी उनके परिवार में आर्थिक आमदनी का नियमित ज़रिया नहीं होने से बच्चों की पढ़ाई बाधित हो सकती है। इसलिए उनके माँ-बाप को आय बढ़ाने वाले स्व-नियोजनों तथा अन्य अर्थपूर्ण नियोजनों में लगाया जाना ज़रूरी है। उदाहरण के तौर पर, उनके माँ-बाप को मनरेगा (अब जी. राम. जी. मुद्रा), आयुष्मान, खाद्य सुरक्षा अधिनियम, अन्त्योदय योजना, राष्ट्रीय स्वास्थ्य मिशन, आदि में लाभान्वित कराया जाना चाहिए। ज्ञातव्य है कि इन कार्यक्रमों में ग़रीबी रेखा के नीचे के परिवारों को लाभान्वित किया जाना है, और बाल श्रमिकों के परिवार ग़रीबी रेखा के नीचे वाले होते हैं। सुरेश तेंदुलकर समिति ने 2012-13 में उपभोक्ता व्यय सर्वेक्षण (2011-12) के आधार पर 25.7 प्रतिशत ग्रामीण आबादी और 13.7 प्रतिशत शहरी आबादी को ग़रीबी रेखा के नीचे बताया और तत्कालीन योजना आयोग ने 2013 में इसे स्वीकार किया। बाद में सी. रंगराजन समिति ने (2011-12 के आँकड़ों के आधार पर) 30.9 प्रतिशत

ग्रामीण आबादी और 26.4 प्रतिशत शहरी आबादी को ग़रीबी रेखा के नीचे माना (उसने खाने के अलावा अन्य वस्तुओं को भी जीने के लिये ज़रूरी माना था)। नीति आयोग ने 2024 के अन्त में बहुआयामी ग़रीबी को मात्र 5 प्रतिशत (पूरे देश में) बताया मगर सी.ए. सेथे, एल.टी. अभिनव सूर्य, एवं सी.ए. रुथु ने उसे चुनौती दी और गृह उपभोक्ता व्यय सर्वेक्षण 2022-23 के आधार पर रंगराजन समिति की ग़रीबी रेखा को फिर से आकलित किया और पूरे देश में 26.4 प्रतिशत आबादी को ग़रीबी रेखा के नीचे बताया (रिव्यू ऑव अग्रेरियन स्टडीज)। इन शोधकर्त्ताओं ने कहा: (क) भारत में अब गुणवत्तापूर्ण आँकड़े उपलब्ध नहीं हैं। (ख) भारत सरकार अब उपभोक्ता व्यय मापने की बजाय जीवन-स्तर के विभिन्न पक्षों को माप रही है। इस प्रकार ग़रीबी मापने के मापदंड को नीति आयोग ने बदल दिया है। ख़ैर... इन परिवारों को प्रधानमंत्री आवास योजना या मुख्यमंत्री आवास योजना, तथा निर्बल आवास योजना (राज्य सरकार) आदि के तहत मकान भी उपलब्ध कराया जाना चाहिए। इन योजनाओं में सरकार द्वारा बाल श्रमिकों के परिवारों के लिए प्राथमिकता निर्धारित कर दी जाए। यदि राज्यों के श्रम विभाग सर्वेक्षण में पाए गये बाल श्रमिकों की सूची जिला प्रशासन या प्रखण्ड विकास पदाधिकारी (बी. डी.ओ.) को ससमय उपलब्ध करा दें, तो उनके द्वारा इन परिवारों को इन विकास कार्यक्रमों से प्राथमिकता के आधार पर लाभान्वित कराने में सहूलियत होगी। मगर स्थायी समाधान के लिए ज़रूरी है कि सभी वयस्क लोगों को साल में कम से कम 200 दिनों के रोज़गार की गारण्टी (उचित मज़दूरी पर) मिले। मनरेगा के तहत साल भर में मात्र 100 दिन रोज़गार देने का प्रावधान था और व्यवहार में वह मात्र 40-50 दिन ही मिलता था! अब जी. राम. जी. में 125 दिनों तक रोजगार देने का प्रावधान है।

(2) शहरी विकास विभाग द्वारा शहरी क्षेत्र की झुग्गी-झोपड़ियों का विकास, तथा स्व-रोज़गार योजनाओं के तहत लाभान्वित किया जा सकता है, तथा 'रैन बसेरा' आदि बनवाकर फुटकर (ठेला, रेहड़ी, फेरी) काम करने वालों के रहने की भी व्यवस्था की जा सकती है क्योंकि ऐसा पाया गया है कि यदि बाल श्रमिकों के रहने की व्यवस्था नहीं होती है, तो वे फुटपाथों पर सोने के लिए मज़बूर होते हैं, जो दुर्घटना के शिकार होते हैं और उनकी गाढ़ी कमाई

के पैसे चोर-उचक्के, तथा अन्य असामाजिक तत्त्वों द्वारा छीन लिये जाते हैं। पटना शहर में 'बाल सखा' नामक संस्था ने जिला प्रशासन द्वारा बनाए गये एक रैन बसेरा में इन बच्चों के रहने की व्यवस्था कर दी, तथा उन्हें अपना सामान सुरक्षित रखने की भी व्यवस्था कर दी, जिससे बच्चे फ़िज़ूलख़र्ची से बचने लगे, तथा असामाजिक तत्त्वों से भी उनकी रक्षा होने लगी।

(3) इसके अलावा समाज कल्याण विभाग द्वारा चल रही विभिन्न योजनाओं यथा-समेकित बाल विकास योजना, छात्रवृत्ति, मुफ़्त पोशाक, मुफ़्त पुस्तकें, सायकिल आदि की सुविधाएँ अभियान चलाकर उन बच्चों को दी जा सकती हैं क्योंकि ये बच्चे प्रायः अनुसूचित जाति, जनजाति, एवं अन्य पिछड़े वर्गों के होते हैं, जिनके लिए कल्याण विभाग नाना प्रकार की योजनाएँ कार्यान्वित करता है। इसके अलावा वयस्क एवं अनौपचारिक शिक्षा निदेशालय द्वारा भी इन बच्चों को मुफ़्त में स्लेट, पेन्सिल, पुस्तकें आदि उपलब्ध कराई जा सकती हैं। इसी प्रकार केन्द्र और राज्यों के विभिन्न विभागों के साथ तालमेल बैठाने के लिए श्रम विभाग को नोडल विभाग के रूप में ज़िम्मेवार बनाया जा सकता है, और जिलों में जिलाधिकारी को कारगर समन्वय का भार दिया जा सकता है। इसी प्रकार प्रखण्ड (ब्लॉक) में प्रखण्ड विकास पदाधिकारी (बी.डी.ओ.) को समन्वयक बनाया जा सकता है। जिन सरकारी अधिकारियों-कर्मचारियों द्वारा ढिलाई बरती जाए, उन्हें उपयुक्त दंड भी मिलना चाहिए।

(4) मगर इस दिशा में सबसे ज़्यादा कारगर कदम भूमि सुधार होगा, जिससे अत्यन्त ग़रीब परिवारों को खेती करने का ज़रिया मिल जाए। भूमि सुधार में भू-हदबन्दी, भूदान, तथा सरकारी ग्राम समाज (ग़ैर मज़रुआ ख़ास) की ज़मीन का समुचित वितरण शामिल हो। दुर्भाग्यवश बिहार में भूमि सुधार अपूर्ण रहा है जबकि केरल, जम्मू-कश्मीर, प. बंगाल, उत्तर प्रदेश आदि में अपेक्षाकृत सफल रहा है।

## ग़ैर-सरकारी तबकों का सहयोग

(1) सिर्फ़ सरकारी तन्त्र द्वारा बाल श्रम को विभिन्न कानूनों के ज़रिये मिटाना सम्भव नहीं है। स्वयंसेवी संस्थाओं, राजनीतिक दलों, श्रम संगठनों,

शिक्षाविदों, समाजशास्त्रियों, पत्रकारों, सामाजिक कार्यकर्त्ताओं, लेखक संगठनों, संस्कृतिकर्मियों, कर्मचारी संघों, पंचायतों, सेवानिवृत्त सरकारी कर्मियों आदि का भी सहयोग लिया जाना आवश्यक है। इसलिए इन क्षेत्रों के ऐसे व्यक्तियों का चयन किया जाना चाहिए जो निष्ठापूर्वक इस कार्य को पूरा करने में स्वेच्छा से सहयोग दे सकें। इसके लिए जिला स्तर पर जिलाधिकारी की अध्यक्षता में बाल श्रमिक प्रोजेक्ट सोसाइटी का सुदृढ़ रूप से गठन किया जाना चाहिए जो स्थानीय परिस्थितियों के आलोक में उस क्षेत्र में लगे बाल श्रमिकों के हितों की रक्षा के लिए प्रोजेक्ट तैयार करें, तथा उसका पर्यवेक्षण एवं अनुश्रवण करें। बेहतर होगा कि सम्बन्धित समितियों के निबन्धन की शक्ति जिलाधिकारियों को प्रत्यायोजित (डेलीगेट) कर दी जाए। इसी प्रकार राज्य स्तर पर विकास आयुक्त/अपर मुख्य सचिव के नेतृत्व में एक उच्चस्तरीय समिति का गठन किया जाना चाहिए जो न केवल बाल श्रमिकों के पुनर्वास परियोजनाओं आदि की समीक्षा करे बल्कि बाल श्रम से सम्बन्धित कानूनों में संशोधन आदि के लिए भी समुचित कार्रवाई करे। इसके साथ-साथ इस उच्च स्तरीय समिति का यह भी दायित्व होगा कि बाल श्रमिकों के लिए चलाए जा रहे केन्द्र प्रायोजित कार्यक्रमों के अलावा राज्य के कोष से भी समुचित निधि उपलब्ध कराई जाए। 'हैंड इन हैंड इंडिया' नामक स्वयंसेवी संस्था (संस्थापक डॉ. कल्पना शंकर) के द्वारा 3,00,000 बाल मज़दूरों को विद्यालयों में भर्ती कराया गया (उनमें से 50,000 बच्चों को भर्ती कराने में 'ह्यूमनियम' की मदद मिली थी। ह्यूमनियम, 'चाइल्ड राइट्स कनेक्ट' का सदस्य है जिसने संयुक्त राष्ट्र 'बाल अधिकार सम्मेलन' (1989) का मसौदा तैयार किया था)।

(2) वी.वी. गिरि राष्ट्रीय श्रम संस्थान (नोयडा) की तरह राज्य स्तर पर एक संसाधन केन्द्र की स्थापना की जानी चाहिए जो राज्य के बाल श्रमिकों की समस्या को सही परिप्रेक्ष्य में प्रस्तुत करे क्योंकि जब तक रोग की सही पहचान नहीं होगी, तब तक उसका समुचित समाधान नहीं हो सकता। (जहाँ पर राज्य बाल श्रमिक आयोग गठित है, वहाँ उसे यह ज़िम्मेदारी दी जानी चाहिए) अर्थात् किस व्यवसाय या प्रक्रिया में काम करना ख़तरनाक है, किस क्षेत्र में श्रम विभाग का निरीक्षण तन्त्र असफल हो रहा है, तथा किन परिस्थितियों

में ग़रीबों को अपने बच्चों से काम कराने के लिए मज़बूर होना पड़ रहा है, आदि के बारे में यह संसाधन केन्द्र समय-समय पर सर्वेक्षण तथा शोध करा कर आँकड़ों के साथ-साथ सुझाव भी उपलब्ध कराए। दूसरे, यह केन्द्र उन स्वयंसेवी संस्थाओं और व्यक्तियों की पहचान करे जो बाल श्रमिकों के हित में काम कर रहे हैं, तथा उन संस्थाओं को सैद्धान्तिक एवं अकादमिक मदद भी उपलब्ध कराए। तीसरे, श्रम निरीक्षकों, तथा अन्य पदाधिकारियों को यह संसाधन केन्द्र समय-समय पर समुचित ढंग से प्रशिक्षित करे, तथा छिपे हुए कारकों को स्पष्ट करते हुए उनकी समझ भी बढ़ाए। दुर्भाग्यवश बिहार जैसे राज्यों में गठित राज्य बाल श्रमिक आयोग में राजनीतिक व्यक्तियों के वर्चस्व के कारण समुचित सफलता नहीं मिली।

(3) यह केन्द्र षट्मासिक/वार्षिक पत्रिका आदि का भी प्रकाशन करे जिसमें बाल श्रमिकों की व्यावहारिक समस्याओं और उनके समाधान का उल्लेख हो। इसके साथ-साथ यह विभिन्न पुस्तकों और पत्रिकाओं की लाइब्रेरी भी स्थापित करे जो बाल श्रमिकों की समस्या समझने में मददगार हो सके।

## जन-जागरण अभियान

जब तक पूरे समाज में जन-जागरण नहीं होगा, तब तक बाल श्रमिक समस्या का पूर्णतया समाधान सम्भव नहीं है। बेहतर होगा कि सर्वेक्षण के साथ ही जन-जागरण अभियान भी शुरू कर दिया जाए। सर्वेक्षण दल दीवार-लेखन, पैम्फलेट आदि के माध्यम से भी समुचित प्रचार-प्रसार करे। इसके अलावा विद्यालयों में बाल श्रम-शोषण से सम्बन्धित विषयों पर निबन्ध प्रतियोगिता, वाद-विवाद प्रतियोगिता भी आयोजित की जाए, और सार्वजनिक स्थलों पर इससे सम्बन्धित सेमिनार एवं कर्मशालाओं का भी समय-समय पर आयोजन किया जाए। इसके अलावा आकाशवाणी, दूरदर्शन, ऑडियो-वीडियो कैसेट, पत्र-पत्रिकाओं आदि के माध्यम से भी प्रचार-प्रसार किया जाए। इसके अतिरिक्त पहेलियों, नुक्कड़ नाटकों, कठपुतलियों, गीत, कविता-पाठ, नृत्य, मेला, गोष्ठी आदि के माध्यम से भी लोगों में जागृति पैदा की जानी चाहिए। जिन जिलों में साक्षरता अभियान चल रहा हो, उससे इस अभियान को जोड़ दिया जाना चाहिए। इन पंक्तियों के प्रथम लेखक का निजी अनुभव है कि

दीवार-लेखन एवं होर्डिंग का प्रभाव ज़्यादा स्थायी होता है। इसलिए यदि चुने हुए सार्थक एवं आकर्षक नारों को जगह-जगह दीवारों पर अथवा होर्डिंग पर लिख दिया जाए, तो यह काफी प्रभावकारी होगा। कुछ नारे नीचे लिखे हैं:

(1) बचपन बचाओ, देश बनाओ।

(2) बच्चों की जगह विद्यालय में है, खेत-कारख़ानों में नहीं।

(3) बाल मज़दूरी प्रथा मिटाना है, बच्चों को साक्षर बनाना है।

(4) बचपन आता नहीं बार-बार, इन्हें मौका दें एक बार।

(5) जो पढ़ेगा, आगे बढ़ेगा।

(6) बचपन सीखने के लिये है, कमाने के लिये नहीं।

(7) बच्चे खिलौनों से खेलने में अच्छे लगते हैं, ईंट-पत्थर ढोते या बर्तन धोते हुए नहीं।

(8) बच्चे को पेंसिल और कलम पकड़ना सीखना चाहिए, कोई औजार पकड़ना नहीं।

## श्रम कानूनों का सही एवं त्वरित कार्यान्वयन

बाल श्रम-उन्मूलन की दिशा में सबसे आवश्यक बात यह है कि जितने भी बाल श्रम-विरोधी कानून हैं, उनका सख़्ती से कार्यान्वयन किया जाए। ऐसा देखा गया है कि प्रायः कारख़ानों, लघु उद्योगों, दुकानों, एवं प्रतिष्ठानों में नियमित रूप से श्रम निरीक्षक/अधिकारी या कारख़ाना निरीक्षक निरीक्षण नहीं करते हैं, और यदि करते भी हैं, तो सिर्फ़ औपचारिक ख़ानापूरी करते हैं। जितनी संख्या में निरीक्षण होना चाहिए, उतनी संख्या में निरीक्षण नहीं होता, और निरीक्षणों में पाई गयी त्रुटियों के आधार पर मालिकों से मिलीभगत, कानूनों की अज्ञानता, अधिकारियों की निष्क्रियता, आदि के कारण सही संख्या में न्यायालयों में अभियोजन दायर नहीं किए जाते हैं, और जो कुछ अभियोजन दायर किए जाते हैं, उनमें कुछ न कुछ ख़ामियाँ होती हैं, जिनका नाजायज़ लाभ उठाकर, तथा वकीलों की मदद से वे नियोजक कानून के चंगुल से बच जाते हैं, और पुनः बाल श्रम का शोषण करते हैं। इसलिए निम्नलिखित कार्रवाई करने की आवश्यकता है:

(1) जिन व्यवसायों, प्रक्रियाओं आदि में बाल श्रमिकों का बाहुल्य है,

उनमें प्राथमिकता देकर अधिक से अधिक औचक तथा नियमित निरीक्षण गहन ढंग से किए जायें।

(2) ख़तरनाक व्यवसायों/प्रक्रियाओं में श्रम-कानूनों के उल्लंघन पाए जाने पर निश्चित रूप से न्यायालयों में मुकदमे दायर किए जायें।

(3) ग़ैर-ख़तरनाक व्यवसायों एवं प्रक्रियाओं में काम के घण्टे, अवकाश, न्यूनतम मज़दूरी, बोनस, उपदान, चिकित्सा, कैन्टीन, रोशनदान, स्वच्छता आदि का विनियमन नियमानुसार सुनिश्चित किए जायें।

(4) अभियोजन दायर करने के बाद श्रम निरीक्षक/अधिकारी उस मुकदमे पर सतत निगरानी रखें, तथा समुचित साक्ष्य उपलब्ध कराकर नियोजकों को दण्डित कराने का हर सम्भव प्रयास करें। अभियोजन की सफलता ही श्रम निरीक्षकों की दक्षता का मापदण्ड हो। इसे उनकी चरित्र पुस्तिका (वार्षिक गोपनीय अभ्युक्ति) में भी दर्ज़ किया जाय।

(5) बाल श्रमिक समस्या की जटिलता एवं विकरालता के मद्देनजर यह आवश्यक है कि राजस्व, विकास एवं अन्य विभागों के जिला, अनुमण्डल, ब्लॉक, एवं ग्राम पंचायत स्तरीय अधिक से अधिक पदाधिकारियों एवं कर्मचारियों को श्रम निरीक्षकों की शक्तियाँ प्रत्यायोजित की जायें जिससे कम समय में अधिक से अधिक निरीक्षण एवं अभियोजन कार्य किया जा सके।

(6) बाल श्रम (प्रतिषेध एवं विनियमन) अधिनियम 1986 के अनुच्छेद-3 में यह प्रावधान है कि यदि कोई कार्य मालिक अपने परिवार के द्वारा कराता है, तो उसमें लगे बालक इस अधिनियम के तहत दण्डित नहीं हो सकेंगे। इस प्रावधान का नाज़ायज़ लाभ उठाकर कुछ नियोजक अपने घरों पर अपना व्यवसाय करते हैं जिसमें दूसरे परिवार के बच्चों से काम करवाते हैं। इस ख़ामी तथा अन्य ख़ामियों (जिनका उल्लेख प्रथम अध्याय में किया जा चुका है) को बाल एवं किशोर श्रम मज़दूर संशोधन अधिनियम 2016 में दूर कर दिया गया है।

(7) जिस तरह से बँधुआ मज़दूर व्यवस्था (उन्मूलन) अधिनियम 1976 के अनुच्छेद-21 में विचारण (ट्रायल) का अधिकार कार्यपालक दण्डाधिकारियों को दिया गया है, उसी प्रकार बाल श्रम अधिनियम 1986 तथा बाल एवं किशोर श्रम संशोधन अधिनियम 2016 के तहत विचारण का अधिकार जिले

एवं अनुमण्डल (सबडिवीजन) के कार्यपालक दण्डाधिकारियों को दिया जाना चाहिए जो 'समरी ट्रायल' (संक्षिप्त विचारण) करके बाल श्रम के मामलों का त्वरित गति से 3 माह में निष्पादन कर सकेंगे।

(8) श्रम विभाग के क्षेत्रीय पदाधिकारियों/निरीक्षकों को प्रशिक्षण देकर संवेदनशील बनाए जाने के बाद पुरस्कृत और दण्डित करने की भी व्यवस्था होनी चाहिए। अच्छे कार्यों के लिए सर्टीफिकेट, अतिरिक्त वेतन वृद्धि, समय से पहले प्रोन्नति, आदि की व्यवस्था की जा सकती है, और दूसरी तरफ़ बाल श्रम उन्मूलन, तथा अन्य श्रम कानूनों की उपेक्षा करने वाले अधिकारियों-कर्मचारियों को वेतन-वृद्धि रोकने, निन्दन, कड़ी चेतावनी, प्रोन्नति रोकने आदि की सजा दी जा सकती है।

(9) प्रत्येक राज्य में बाल श्रमिक परामर्शदात्री समिति का गठन किया जाए, और उसकी नियमित बैठकें आहूत की जायें, तथा समिति की अनुशंसाओं के आलोक में त्वरित कार्रवाई की जाए। कई राज्यों में अभी तक यह समिति गठित नहीं की गयी है और जहाँ कहीं गठित भी है, उसकी नियमित बैठकें एवं त्वरित कार्रवाई नहीं हो रही है।

(10) केन्द्र सरकार की अधिसूचना के आलोक में बनाई गयी बाल श्रमिक तकनीकी सलाहकार समिति को यह सलाह देने का अधिकार है कि किस पेशा या प्रक्रिया को ख़तरनाक व्यवसाय या प्रक्रिया की अनुसूची में जोड़ दें। इस समिति को और ज़्यादा सक्रिय होने की ज़रूरत है क्योंकि अभी भी बहुत सारी ख़तरनाक प्रक्रियाएँ एवं पेशे इस अनुसूची में शामिल नहीं हैं।

(11) केन्द्र सरकार द्वारा राष्ट्रीय बाल अधिकार संरक्षण आयोग का गठन किया गया है। इसे ज़्यादा कारग़र बनाने के लिए इसमें योग्य, अनुभवी व्यक्ति अध्यक्ष हों और सदस्य बढ़ाये जायें, तथा इसे वैधानिक शक्ति भी दी जाये। एक बार केन्द्र सरकार ने प्रो. शान्ता सिन्हा को इसका अध्यक्ष बनाकर सराहनीय कार्य किया था।

(12) विभिन्न राज्यों में बाल श्रमिक आयोग का गठन किया जाए जो राष्ट्रीय बाल अधिकार संरक्षण आयोग से तालमेल स्थापित कर कार्य करे। मगर इसमें सुविधाभोगी राजनीतिक व्यक्तियों को न रखा जाय।

भारत सरकार के श्रम एवं रोज़गार मंत्रालय तथा अन्तरराष्ट्रीय श्रम संगठन के संयुक्त प्रयास से, जिला प्रशासन के माध्यम से, तमिलनाडु में शुरू किये गये बन्धुआ श्रम उन्मूलन परियोजना में निम्नलिखित रणनीतियाँ अपनाने का निर्णय लिया गया था :

(1) ऋणग्रस्तता तथा ग़रीबी कम करने के लिए, स्रोतों तथा कार्यस्थलों पर, विभिन्न मौज़ूदा योजनाओं और सेवाओं के समेकन (कनवर्जेंस) से मज़दूरों को सामाजिक संरक्षण सुनिश्चित करना;

(2) अधिकार-आधारित जागरण शिक्षा के ज़रिये मज़दूरों का सशक्तीकरण, तथा उन्हें संगठित होने एवं सामूहिक सौदेबाजी में शामिल होने के योग्य बनाना-केन्द्रीय संगठनों के संयुक्त कार्रवाई मंच द्वारा कार्यान्वयन;

(3) कार्यस्थल में सुधार के उपायों का कार्यान्वयन, तथा मज़दूरों और उनके बच्चों को सरकारी योजनाओं की सुविधाएँ उपलब्ध कराना-इसका कार्यान्वयन नियोजकों के संघ द्वारा हो;

(4) भर्ती पद्धति तथा कार्यदशाओं में सुधार के लिए त्रिपक्षीय पक्षकारों के बीच सक्रिय सामाजिक संवाद कायम करना;

(5) लाभुकों में महिलाएँ, बच्चे एवं पुरुष शामिल हों जो चुने गये कार्यस्थलों पर (ईंट भट्ठों एवं चावल मिलों) काम करते हैं और निवास करते हैं।

इस पद्धति एवं प्रक्रिया को बाल श्रम उन्मूलन में भी अपनाया जाना चाहिए।

## बाल श्रम एवं न्यायिक सक्रियता

माननीय उच्चतम न्यायालय में एक जनहित याचिका सं. 465 (1986) एम.सी. मेहता बनाम तमिलनाडु सरकार एवं अन्य, अधिवक्ता एम.सी. मेहता द्वारा दायर की गयी थी क्योंकि तमिलनाडु के शिवकाशी जिले में स्थित पटाखा उद्योग द्वारा ख़तरनाक प्रक्रिया में बाल श्रमिकों का शोषण ज़ारी रखा गया था। उच्चतम न्यायालय ने उस याचिका का निष्पादन 31 अक्टूबर, 1990 को इस निर्देश के साथ कर दिया था कि संविधान की धारा 24, 39 (एफ) और 45 के आलोक में बच्चों की ज़िन्दगी की गुणवत्ता कैसे सुधारी जाए। उच्चतम

न्यायालय ने तीन अधिवक्ताओं आर.के. जैन, श्रीमती इन्दिरा जयसिंह, और के.सी. दुआ की एक समिति गठित की थी जिसने 11.11.91 को अपनी रिपोर्ट सौंप दी थी जिसकी मुख्य अनुशंसाएँ निम्नलिखित थीं:

(क) तमिलनाडु सरकार को निर्देश दिया जाना चाहिए कि बच्चों को पटाखा उद्योग में काम न करने दें।

(ख) शिवकाशी में माचिस उद्योग में पैकिंग कार्य करने वाले बच्चों को पैकिंग कार्य करने के लिए दूसरे परिसर में रखा जाए।

(ग) बच्चों से नियोजक छह घण्टे से अधिक काम न लें।

(घ) सरकार एवं नियोजकों द्वारा समुचित यातायात की सुविधा, बच्चों को घर से कार्य-स्थल तक ले जाने के लिए, उपलब्ध कराई जाए।

(ङ) कारख़ाना या उसके निकट बच्चों को मनोरंजन, समाजीकरण, और शिक्षा की सुविधाएँ उपलब्ध कराई जायें।

(च) नियोजकों द्वारा बच्चों को बुनियादी खुराक उपलब्ध कराई जाए, और उनके द्वारा इसे न देने पर तमिलनाडु सरकार विद्यालयों में मिल रहे 'दोपहर के भोजन' की व्यवस्था बाल श्रमिकों के लिए भी करे।

(छ) 'पीस दर' पर मज़दूरी की प्रथा ख़त्म कर दी जाए, और उसकी जगह मासिक वेतन का भुगतान हो जो बच्चों के काम के अनुरूप हो।

(ज) निबन्धित या अनिबन्धित, कुटीर उद्योग या ठेके पर काम करने वाले सभी प्रकार के उद्योगों में काम करने वाले मज़दूरों को बीमा योजना में शामिल किया जाए।

(झ) शिवकाशी क्षेत्र के लिए हाईकोर्ट के सेवानिवृत्त जज या उसके समतुल्य हैसियत वाले व्यक्ति की अध्यक्षता में अन्य दो सामाजिक कार्यकर्त्ताओं के साथ एक समिति गठित की जाए, तथा प्रति बाल श्रमिक दो रुपये प्रतिमाह की दर से नियोजक कल्याण निधि में राशि जमा करें और राज्य सरकार भी उतनी राशि जमा करे।

(ञ) राष्ट्रीय बाल कल्याण आयोग का गठन किया जाए जो उच्चतम न्यायालय के प्रति ज़वाबदेह हो, और उसे समय-समय पर अपनी रिपोर्ट देता रहे।

उस पुरानी एवं निष्पादित याचिका को संविधान की धारा 32 के आलोक में पुनर्जीवित करते हुए न्यायमूर्ति कुलदीप सिंह (जो 31 दिसम्बर, 1996 को सेवानिवृत्त हो गए), न्यायमूर्ति बी. एल. हंसारिया, तथा न्यायमूर्ति एस.बी. मजूमदार की खण्डपीठ ने 10 दिसम्बर, 1996 को केन्द्र एवं राज्यों को निम्नलिखित कार्रवाई करने का आदेश पारित किया:

(1) सर्वप्रथम ख़तरनाक नियोजनों में लगे बाल श्रमिकों का सर्वेक्षण आदेश की तिथि से छह माह के भीतर पूरा कर लिया जाए। उसके बाद अन्य का सर्वेक्षण किया जाए।

(2) प्रतिबन्धित ख़तरनाक व्यवसायों या प्रक्रियाओं में लगे प्रत्येक बाल श्रमिक के लिए उसका नियोजक 20,000 रुपये का मुआवज़ा जमा करे। उस क्षेत्र का श्रम निरीक्षक इसे सुनिश्चित करेगा।

(3) प्रत्येक जिले में जिलाधिकारी के अधीन बाल श्रमिक पुनर्वास-सह-कल्याण कोष की स्थापना की जाए जिसमें यह मुआवज़ा जमा किया जाए, तथा उस कोरपस फण्ड से होने वाली आय (ब्याज) सम्बन्धित बाल श्रमिक को प्रत्येक माह भुगतान की जाए। श्रम विभाग के सचिव इसका अनुश्रवण करेंगे।

(4) उक्त बाल श्रमिक के परिवार के किसी वयस्क को उसके निवास के नज़दीक शारीरिक श्रम वाला कोई रोज़गार मुहैया कराया जाए।

(5) यदि सरकार वैकल्पिक रोज़गार न दे सके, तो उसे प्रत्येक बाल श्रमिक के लिए 5,000 रूपये की दर से कोरपस फण्ड में राशि जमा करना होगा तथा 20,000+5,000 = 25,000 रूपये की कुल निधि से होने वाली आय बाल श्रमिक के परिवार को प्रत्येक माह दी जाए। किन्तु उस राशि का भुगतान या वैकल्पिक नियोजन बन्द कर दिया जाएगा, यदि बाल श्रमिक पढ़ने नहीं जाएगा।

(6) नियोजन से हटाने के बाद उस बाल श्रमिक की समुचित शिक्षा सुनिश्चित की जाए जिससे वह बेहतर नागरिक बन सके क्योंकि संविधान की धारा 45 में 14 वर्ष तक के बच्चों को अनिवार्य एवं मुफ़्त शिक्षा देने का उल्लेख है।

(7) यह वैकल्पिक रोज़गार पूर्व से चल रही 'सुनिश्चित रोज़गार योजना' के साथ मिला दी जा सकती है जिससे सरकार पर अतिरिक्त रोज़गार सृजन का भार न पड़े।

(8) आदेश की तिथि से एक वर्ष के अन्दर भारत सरकार के श्रम मन्त्रालय के सचिव इन निर्देशों के अनुपालन के बारे में न्यायालय को अवगत कराएँगे।

(9) यदि इन निर्देशों का अनुपालन नहीं किया गया, तो बाल श्रम अधिनियम 1986 के तहत प्रतिषिद्ध नियोजनों में बाल श्रमिक रखने पर जो दण्ड का प्रावधान है, उसे लागू किया जाएगा।

(10) ग़ैर-ख़तरनाक नियोजनों में लगे बच्चों के एक दिन में काम के घण्टे छह से अधिक नहीं होंगे, और उन बच्चों को रोज़ाना दो घण्टे तक शिक्षा देने की व्यवस्था उनके नियोजकों के ख़र्च पर की जाएगी।

उपर्युक्त आदेश की समीक्षा करने पर यह स्पष्ट होगा कि उच्चतम न्यायालय द्वारा पारित आदेश के अधिकांश बिन्दु या तो पूर्व से बालश्रम (प्रतिषेध एवं विनियमन) अध्यादेश, 1986 के प्रावधानों में मौज़ूद रहे हैं, अथवा भारत सरकार की नीतियों में शामिल हैं। उदाहरणार्थ, प्रतिबन्धित ख़तरनाक प्रक्रियाओं या व्यवसायों में बाल-मज़दूर नियोजित करने पर उक्त अधिनियम की धारा 14 के अनुसार नियोजक को कम से कम तीन माह की कैद और अधिकतम एक वर्ष की कैद, तथा कम से कम 10,000 रूपये और अधिकतम 20,000 रूपये ज़ुर्माना की सजा या दोनों मिलेगी। दुबारा उल्लंघन करने पर उक्त नियोजक को कम से कम छह माह और अधिकतम 2 वर्ष की कैद की सजा भुगतनी होगी। यानी उल्लंघन करने वाले नियोजक को ज़ुर्माना या कैद या दोनों की सजा हो सकती है। किन्तु उच्चतम न्यायालय ने सिर्फ़ मुआवज़ा (20,000 रूपये ज़ुर्माने का प्रावधान है) ही वसूलने को कहा है। इस बिन्दु पर उच्चतम न्यायालय ने काफी उदार दृष्टिकोण अपनाया है, और उसे एक कोरपस निधि में रखकर उसके ब्याज की आय को सम्बन्धित बाल श्रमिक के परिवार को देने को कहा है। किन्तु सवाल उठता है कि क्या बिना विचारण (ट्रायल) किए ही किसी नियोजक से उक्त राशि (जो ज़ुर्माना ही

माना जाएगा) वसूली जा सकती है ? क्या वह नियोजक सक्षम न्यायालय में अथवा उच्चतम न्यायालय में ही 'प्राकृतिक न्याय' न मिलने की दलील देकर याचिका दायर नहीं कर सकता? और फिर वह यह भी दलील दे सकता है कि उसके यहाँ उक्त बाल श्रमिक था ही नहीं ? तब क्या सिर्फ़ श्रम निरीक्षक (श्रम प्रवर्तन पदा.) का निरीक्षण प्रतिवेदन ही पर्याप्त साक्ष्य होगा? उसकी पुष्टि हेतु अन्य साक्ष्य भी चाहिए और जैसा कि कई अध्ययनों में पाया गया है कि असंगठित क्षेत्र के अधिकांश नियोजक मज़दूरों को पहचान पत्र, उपदान, बोनस, छुट्टी, चिकित्सा भविष्य निधि, बीमा, आदि की सुविधाएँ नहीं देते, तो ऐसे में बाल मज़दूरों के पास सबूत ही नहीं होगा। दूसरा पक्ष यह भी है कि यदि श्रम निरीक्षक बेईमान या पूर्वाग्रहग्रस्त होगा, तो नियोजक को अनायास तंग कर सकता है क्योंकि अशिक्षित कामकाजी बच्चों की उम्र का कोई प्रमाण-पत्र नहीं होता, और जिस तरह चिकित्सक की मिलीभगत से कुछ नियोजक कुछ बच्चों को 14 वर्ष से ज़्यादा उम्र दिखाकर नियोजित किए रहते हैं, उसी तरह चिकित्सक से मिलीभगत करके श्रम निरीक्षक भी 14 वर्ष से ज़्यादा उम्र के अशिक्षित बच्चों को 14 वर्ष के नीचे का दिखा सकता है, और चूँकि इस आदेश में विचारण (ट्रायल) करने की बात ही नहीं है, ऐसे में ये विसंगतियाँ पैदा हो सकती हैं।

उक्त निर्णय की कंडिका 27 में लिखा है कि बाल श्रम अधिनियम 1986 के 'प्रावधानों' का उल्लंघन होने पर दोषी नियोजक को 20,000 रुपये का ज़ुर्माना भुगतान करना होगा। 'प्रावधानों' शब्द का क्या यह अर्थ नहीं हो सकता कि अधिनियम की सभी धाराओं में से किसी एक का? अर्थात् ग़ैर-प्रतिबन्धित नियोजनों में भी जहाँ काम के घण्टे निर्धारित हैं, काम का समय निर्धारित है, अधिकाल (ओवरटाइम) काम करना मना है, एक दिन में दो प्रतिष्ठानों में काम करना मना है, साप्ताहिक छुट्टी निर्धारित है, आदि, तो क्या इन प्रावधानों (ग़ैर-प्रतिबन्धित कार्यों में) का उल्लंघन होने पर भी 20,000 रुपये का ज़ुर्माना देना होगा? दुर्भाग्यवश, यह सुस्पष्ट नहीं होने से कठिनाइयाँ पैदा होती हैं। हालांकि माननीय न्यायमूर्तियों की नीयत, सम्भवत: ख़तरनाक उद्योगों, प्रक्रियाओं, व्यवसायों, जो प्रतिबन्धित हैं, में लगे बच्चों के मामले में मुआवज़ा वसूलने की थी।

तीसरे, भारत सरकार की बाल श्रमिक परियोजना पूर्व से ही जिलाधिकारी की अध्यक्षता में  गठित है, और 21 राज्यों के 349 जिलों (2010 तक) में विशेष विद्यालय चलाए जा रहे थे जो ख़तरनाक व्यवसायों में लगे बच्चों को वहाँ से निकालकर पढ़ाने-लिखाने का कार्य करते थे। माननीय उच्चतम न्यायालय ने मात्र दो चीज़ें और जोड़ी हैं-प्रथम, बाल श्रमिक के परिवार के एक वयस्क को शारीरिक श्रम वाला कोई रोज़गार उसके निवास के आस-पास सरकार उपलब्ध कराए, जो (पूर्व में सुनिश्चित रोज़गार योजना), महात्मा गाँधी राष्ट्रीय रोज़गार गारण्टी योजना (अब जी. राम. जी.) के तहत हो सकता है। किन्तु ऐसा न कर पाने पर 5,000 रुपये कोरपस फण्ड में जमा करे। दूसरे, ग़ैर-ख़तरनाक प्रतिष्ठानों में काम कर रहे बच्चों को उनके नियोजक रोज़ाना कम से कम दो घण्टे तक की शिक्षा देने की व्यवस्था अपने ख़र्च पर करेंगे।

ख़ैर जो भी हो, इस आदेश ने बाल श्रम प्रथा के उन्मूलन की दिशा में अवश्य योगदान दिया है क्योंकि इसी आदेश के मुताबिक पहली बार भारत के अधिकांश राज्यों में ख़तरनाक व्यवसायों में लगे बाल मज़दूरों का सर्वेक्षण (जून 1997 तक) पूरा कर लिया गया, और आदेश की तिथि से एक वर्ष के अन्दर भारत सरकार के श्रम मन्त्रालय के सचिव द्वारा प्रत्येक बिन्दु पर की गयी कार्रवाई से माननीय उच्चतम न्यायालय को अवगत भी कराया गया। मगर कई राज्यों ने गहन सर्वेक्षण नहीं कराया। दूसरे, दोषी नियोजकों से निर्धारित जुर्माना राशि की वसूली भी सभी राज्यों में सक्रिय रूप से नहीं की गयी।

हम यहाँ दो उदाहरण देना चाहेंगे। प्रथम, 2013 में प्रधान सचिव, श्रम संसाधन विभाग, बिहार सरकार के रूप में प्रथम लेखक ने पटना जिले के धनरुआ थाने में 'विजय लाई भंडार' (होटल) पर कार्यरत एक बाल मज़दूर को पकड़ा था। जब हमारी टीम उक्त होटल वाले को ले जाने लगी, तो स्थानीय युवकों ने हमला कर दिया। सम्भवतः उनमें कुछ उग्रवादी भी थे। दूसरा, पटना संग्रहालय के सामने खाज़ा, अनरसा, लड्डू, आदि की कई दुकानें हैं जिन पर बाल मज़दूर कार्य कर रहे थे। उनके निर्देश पर श्रम अधीक्षक, पटना की टीम ने छापामारी की, और दोषियों तथा बाल मज़दूरों को अपने साथ ले जाने लगी, तो निहित स्वार्थों ने जाँच दल पर हमला कर दिया, और दुःखद यह है कि तत्कालीन विधान सभा अध्यक्ष (दलित नेता) ने अभियुक्तों का साथ दिया!

उपर्युक्त विवेचन से स्पष्ट हो जाता है कि बच्चों के प्रति परिवार, सरकार, (प्रशासन सहित), और लोक समाज ने अपने दायित्व निष्ठापूर्वक नहीं निभाये हैं, जिसके फलस्वरूप भारत में बच्चों की शारीरिक, मानसिक, स्वास्थ्यजन्य, शैक्षिक, एवं आर्थिक स्थिति में सुधार नहीं हो सका है। परिवार, सरकार और लोक समाज ने एक-दूसरे के मत्थे दोषारोपण किया है, और अपनी अन्तरात्मा में झाँकने की कोशिश नहीं की है। जिस दिन ये तीनों मिल-जुलकर सार्थक और सक्रिय प्रयास करेंगे, बाल श्रम की समस्या निस्सन्देह समाप्त हो जाएगी।

# 8

# इक्कीसवीं सदी में बाल मज़दूरी की चुनौतियाँ

हर वर्ष की भाँति 12 जून (2024) को भी 'विश्व बाल श्रम-विरोधी दिवस' मनाया गया जिसका विषय था-'बच्चों को बाल श्रम से बचायें, पहले से ज़्यादा' 'हमारी प्रतिबद्धता पर कार्रवाई करने दो : बाल श्रम ख़त्म करो'। 2025 में विषय था–'प्रगति स्पष्ट है, मगर ज़्यादा करना है : प्रयासों को ज़्यादा गति दें'। कोविड-19 (कोरोना) का प्रकोप पूरे 2020 वर्ष में बहुत ज़्यादा रहा जिससे पूरी दुनिया में लाखों लोगों का देहान्त हो गया। पूरे विश्व के वर्ल्डोमीटर के अनुसार पूरे विश्व में 70 लाख से अधिक लोग मध्य अप्रैल 2024 तक कोविड-19 से गुजर गये और भारत में कई लाख लोगों की मौत हो गयी। भारत सरकार के अनुसार 5.33 लाख मौतें हुईं जबकि विश्व स्वास्थ्य संगठन के अनुसार 47 लाख अतिरिक्त मौतें भारत में हुईं। इसके संक्रमण से बच्चे भी नहीं बच सके। 26 अप्रैल 2020 को नोबेल पुरस्कार विजेता कैलाश सत्यार्थी ने भारत के प्रधानमंत्री को एक पत्र लिखा था : 'असाधारण स्थितियाँ असाधारण उपायों की माँग करती है। मैं दृढ़ता से महसूस करता हूँ कि पूरे देश में दासता तथा बाल श्रम में फँसे बच्चों को बचाने के लिए यह उपाय एक मात्र विकल्प बचा है।' उन्होंने यह पत्र तब लिखा था जब दिल्ली से हैदराबाद पैदल जाने वाली एक बच्ची घर पर पहुँचकर भी तुरंत थकावट से मर गई! संयुक्त राष्ट्र द्वारा विभिन्न वर्षों में 'विश्व बाल श्रम-विरोधी दिवस' मनाने के विषय निम्नलिखित तय किये गये थे :

### तालिका 1 : 2002 से 2025 तक विश्व बाल श्रम-विरोधी दिवस (12 जून) के विषय (थीम)

| क्र.सं. | वर्ष | विश्व बाल श्रम-विरोधी दिवस के विषय |
|---|---|---|
| 1. | 2002 | बिना बाल श्रम का भविष्य |
| 2. | 2003 | बच्चों की तस्करी |
| 3. | 2004 | बन्द दरवाजों के पीछे : घरेलू बाल श्रम |
| 4. | 2005 | अत्यन्त भारी बोझ : खनन एवं खदान में बाल श्रम |
| 5. | 2006 | बाल श्रम की समाप्ति : एक साथ मिलकर हम कर सकते हैं |
| 6. | 2007 | बाल श्रम एवं कृषि |
| 7. | 2008 | शिक्षा: बाल श्रम का सही ज़बाव |
| 8. | 2009 | लड़कियों को अवसर दो : बाल श्रम ख़त्म करो |
| 9. | 2010 | लक्ष्य के लिए चलो: बाल श्रम ख़त्म करो |
| 10. | 2011 | सावधान! बच्चे ख़तरनाक कार्यों में हैं |
| 11. | 2012 | मानव अधिकार एवं सामाजिक न्याय : आओ, बाल श्रम ख़त्म करें |
| 12. | 2013 | घरेलू कार्यों में बाल श्रम की मनाही |
| 13. | 2014 | सामाजिक संरक्षण का विस्तार हो : बाल श्रम ख़त्म करो! |
| 14. | 2015 | बाल श्रम को ना, गुणवत्तापूर्ण शिक्षा को हाँ |
| 15. | 2016 | आपूर्ति श्रृंखला में बाल श्रम का ख़ात्मा-प्रत्येक का कार्य |
| 16. | 2017 | संघर्षों और आपदाओं में, बच्चों को बाल श्रम से संरक्षण दो |
| 17. | 2018 | सुरक्षित एवं स्वस्थ्य पीढ़ी |
| 18. | 2019 | बच्चे खेतों में काम न करें, बल्कि सपने सँजोयें |
| 19. | 2020 | कोविड-19: बच्चों को बाल श्रम से संरक्षण दें, पहले से बहुत ज़्यादा |
| 20. | 2021 | अभी कार्रवाई हो, बाल श्रम ख़त्म करो। |
| 21. | 2022 | बाल श्रम ख़त्म करने के लिए सार्वभौमिक सामाजिक संरक्षण |
| 22. | 2023 | सबके लिए सामाजिक न्याय: बाल श्रम ख़त्म करो |
| 23. | 2024 | हमारी प्रतिबद्धता पर कार्रवाई करने दो: बालश्रम ख़त्म करो। (1999 के बालश्रम के बदतर रूपों को अपनाने की 25वीं वर्षगाँठ) |
| 23. | 2024 | प्रगति स्पष्ट है, मगर ज़्यादा करना है : प्रयासों को ज़्यादा गति दें। |

अन्तरराष्ट्रीय, राष्ट्रीय, प्रान्तीय, एवं स्थानीय स्तरों पर बहुत सारे वैचारिक मंथन एवं क्रियात्मक प्रयास बाल मज़दूरी प्रथा समाप्त करने के लिए समय-समय पर किए जाते रहे हैं लेकिन इसके बावजूद यह अत्यन्त दुःखद और कटु सत्य है कि बीसवीं सदी का अन्त तथा इक्कीसवीं सदी के दो दशकों का अन्त बाल मज़दूरी प्रथा की समाप्ति के साथ नहीं हुआ। विकसित देशों यथा ब्रिटेन और संयुक्त राज्य अमेरिका में बाल-मज़दूरी प्रथा ख़त्म करने के लिए क्रमशः उन्नीसवीं और बीसवीं शताब्दी में अथक प्रयास किए गये थे, और एक लम्बे संघर्ष के बाद ही वहाँ सफलता मिली थी। यद्यपि ब्रिटेन ने उन्नीसवीं शताब्दी के शुरू में ही नयी नीतियों और कानूनों के ज़रिए बाल मज़दूरी प्रथा को हटाने का प्रयास किया। किन्तु इस पर नियन्त्रण 1860 में ही हो सका। दूसरी ओर ब्रिटेन ने अपने उपनिवेशों में बाल श्रम को ख़त्म नहीं किया। इसी प्रकार संयुक्त राज्य अमरीका में उन्नीसवीं सदी में बाल मज़दूरों की बहुत सारे उत्पादन क्षेत्रों में भरमार थी, और लगभग 70 वर्षों के अथक प्रयास के बाद 1930 में वहाँ बाल मज़दूरी प्रथा समाप्त हो सकी। किन्तु दुर्भाग्य है कि बाल मज़दूरों की कुल संख्या समूचे विश्व में अभी भी काफी है। अन्तरराष्ट्रीय श्रम संगठन ने सन् 2000 में समूचे विश्व में लगभग 18.6 करोड़ ऐसे बाल मज़दूरों की गणना की थी जिनकी उम्र 5 से 14 वर्ष के बीच थी, और 17 वर्ष तक के कुल बाल मज़दूरों की संख्या 24.55 करोड़ थी। इनमें से अधिकांश बाल मज़दूर विकासशील एवं विकसित देशों में काम करते हुए पाए गए। दूसरे, 11 करोड़ से अधिक बच्चे जोखि़मपूर्ण कार्यों यथा खनन, भवन निर्माण, कारख़ानों आदि में काम करते पाये गए। तीसरे, इनमें से लगभग 80 लाख बच्चे बाल दासता, वेश्यावृत्ति या युद्ध कार्य में लगे पाए गए। चौथे, इनमें से कृषि, शिकार, वन एवं मत्स्यपालन में 70.4 प्रतिशत, विनिर्माण में 8.3 प्रतिशत, दुकान-होटल आदि में 8.3 प्रतिशत, घरेलू एवं निजी सेवाओं में 6.5 प्रतिशत, परिवहन, भण्डार एवं संचार में 3.8 प्रतिशत, भवन निर्माण में 1.9 प्रतिशत, तथा खान-खदान में 0.8 प्रतिशत बच्चे कार्यरत थे। पाँचवें, तब विकसित देशों में 5 से 14 वर्ष की उम्र वाले कुल बच्चों की संख्या 11.9 करोड़ थी, जिनमें से 25 लाख यानी 2 प्रतिशत बाल मज़दूर थे। छठे, सोवियत ब्लॉक के देशों में बच्चों की आबादी 6.2 करोड़ में से 24 लाख यानी 4 प्रतिशत बाल मज़दूर

थे। सातवें, एशिया एवं प्रशान्त क्षेत्र में 65.5 करोड़ बच्चों में से 12.7 करोड़ यानी 19 प्रतिशत बाल मज़दूर थे। आठवें, लातीनी अमरीका और कैरेबियन देशों में कुल 10.8 करोड़ बच्चों में से 1.7 करोड़ यानी 17 प्रतिशत बाल मज़दूर थे। नौवें, उप-सहारा अफ्रीका में कुल 16.7 करोड़ बच्चों में से 4.8 करोड़ यानी 29 प्रतिशत बाल मज़दूर थे। दसवें, मध्य-पूर्व एवं उत्तरी अफ्रीका में कुल 8.8 करोड़ बच्चों में से 1.3 करोड़ यानी 15 प्रतिशत बाल मज़दूर थे। इस प्रकार स्पष्ट है कि संख्या की दृष्टि से सबसे अधिक बाल मज़दूर दक्षिण एशिया, और पूर्व एशिया में थे जबकि कुल बच्चों (5 से 14 वर्ष) के प्रतिशत की दृष्टि से सबसे अधिक बाल मज़दूर उप-सहारा अफ्रीका में (29 प्रतिशत) थे। 2019 के सर्वेक्षण के अनुसार पूरे विश्व में कुल 15.2 करोड़ बाल मज़दूर कार्यरत थे जिनमें से 50 प्रतिशत ख़तरनाक कार्यों में लगे थे। अन्तरराष्ट्रीय श्रम संगठन के अनुसार 2023 में पूरे विश्व में 16 करोड़ बाल मज़दूर थे जिनमें 6.3 करोड़ बालिकाएँ और 9.7 करोड़ बालक थे। कुल 7.9 करोड़ बच्चे ख़तरनाक कार्यों में लगे थे। फिर आधे से अधिक बाल मज़दूरों की उम्र 5 से 11 वर्ष थी। इनमें 70 प्रतिशत बाल मज़दूर कृषि कार्यों में, 20 प्रतिशत सेवा क्षेत्र में और 10 प्रतिशत उद्योग क्षेत्र में थे। अफ्रीका और एशिया-प्रशान्त क्षेत्रों में सर्वाधिक बाल मज़दूर थे। पिछले दो दशकों में पहली बार बाल मज़दूरों की संख्या 2023 में बढ़ गयी जो दुःखद है। युनिसेफ के अनुसार पूरी दुनिया में भारत में बाल श्रमिकों की संख्या सबसे ज़्यादा है। अन्तरराष्ट्रीय श्रम संगठन के अनुसार 2020 में भारत में कुल 81.2 लाख बाल श्रमिक थे और 2025 में 74.3 लाख (अनुमानित)। इस संगठन के सम्मेलन 182 में ख़तरनाक कार्यों में बच्चों के काम करने पर रोक है। इस प्रकार पूरी दुनिया में प्रत्येक दस में से एक बच्चा मज़दूरी करने को अभिशप्त है। फिर तीन करोड़ बच्चे अपने ज़न्म वाले देश से भिन्न देशों में कार्यरत हैं।

## [II]

**बाल श्रम के बदतर स्वरूप:**

इसके अलावा बीसवीं सदी के अन्त तक बाल मज़दूरी के सबसे बदतर रूपों में यथा 57 लाख बच्चे बँधुआ मज़दूरी अथवा ज़बरन कार्यों में लगे थे, 3 लाख

बच्चे युद्ध संघर्षों में लगे थे, 18 लाख बच्चे वेश्यावृत्ति में लगे थे और 6 लाख बच्चे नशाख़ोरी जैसे अवैध कार्यों में लगे थे।

बाल मज़दूरी के बदतर स्वरूपों के उन्मूलन के लिए अन्तरराष्ट्रीय श्रम सम्मेलन (87वाँ सत्र) जेनेवा में 27 जून, 1999 को सम्पन्न हुआ था (इसमें 174 सदस्य राष्ट्रों का अनुमोदन हुआ), जिसमें माना गया कि बाल श्रम का मुख्य कारण ग़रीबी है, और इसका दीर्घकालीन समाधान आर्थिक विकास में सन्निहित है। इस सम्मेलन में 18 वर्ष से कम आयु वाले बच्चों को 'बाल' की परिभाषा में रखा गया। इस सम्मेलन के अनुच्छेद 3 में घोषित बाल श्रम के बदतर स्वरूप चार प्रकार के माने गये हैं :

(क) हर तरह की दासता या दासता जैसा व्यवहार, मसलन बच्चों की ख़रीद-फरोख़्त, तस्करी, कर्ज़ के कारण बँधुआ या दास बनाया जाना, ज़बरन या अनिवार्य रूप से मज़दूरी कराना जिसमें सशस्त्र युद्ध में बच्चों को ज़बरन शामिल किया जाना भी निहित है।

(ख) वेश्यावृत्ति के लिए बच्चों को पेश करना या उनका उपयोग करना, अश्लील साहित्य अथवा अश्लील प्रदर्शन के लिए बच्चों का उपयोग करना।

(ग) अन्तरराष्ट्रीय सन्धियों में अवैध गतिविधियों के लिए बच्चों को पेश करना या इस्तेमाल करना, ख़ासकर नशीले पदार्थों की तस्करी और उत्पादन में बच्चों को लगाना।

(घ) वे सभी कार्य जो स्वभावतः या परिस्थितिजन्य रूप में बच्चों के स्वास्थ्य, सुरक्षा, और नैतिकता के लिए नुकसानदेह हों  जैसे सशस्त्र युद्ध।

किन्तु दुर्भाग्यवश अनुच्छेद-4, 5 और 6 में यह कहा गया है कि उपर्युक्त स्थितियों में शामिल कार्यों का निर्धारण अन्तरराष्ट्रीय कानून या सुयोग्य अधिकारियों के द्वारा किया जाएगा जो नियोजकों, कार्यकर्त्ता संगठनों, तथा श्रमिक संगठनों के साथ विचार-विमर्श करके करेंगे।

उक्त सम्मेलन के अनुच्छेद 7 (2) में कहा गया है कि इस बाबत निम्नलिखित समयबद्ध और प्रभावी कदम उठाए जायें :

(क) बच्चों को बाल श्रम में लगे होने से रोकें।

(ख) बदतर कार्यों से बच्चों को हटाने के लिए उचित और ज़रूरी सहयोग दें, तथा उनके पुनर्वास एवं समाज से जुड़ाव के लिए प्रयास करें।

(ग) ऐसे बदतर कार्यों से हटाए गये सभी बच्चों को मुफ़्त बुनियादी शिक्षा और, 'जहाँ तक सम्भव हो', उचित व्यावसायिक प्रशिक्षण दिए जायें।

(घ) अत्यन्त जोख़िमपूर्ण स्थिति में रहने वाले बच्चों की पहचान कर उन्हें मुक्त कराया जाए।

(ङ) लड़कियों की दशा पर विशेष ध्यान दिया जाए।

इसके अनुच्छेद-8 में कहा गया है कि सम्मेलन के प्रावधानों को सशक्त बनाने के लिए सदस्य राष्ट्र एक-दूसरे की मदद करें। इसके लिए सामाजिक-आर्थिक विकास, ग़रीबी उन्मूलन कार्यक्रम, और 'सभी को शिक्षा' (शायद इसी की उपज है भारत में 'सर्व शिक्षा अभियान', अब 'समग्र शिक्षा') उपलब्ध कराने के लिए मिल रही सहायता के साथ-साथ अन्तरराष्ट्रीय सहयोग से भी मदद लें।

## जोखिमपूर्ण कार्य :

अनुच्छेद-3 (घ) में निम्नलिखित कार्यों को जोख़िमपूर्ण कार्य माना गया है:

(अ) बच्चों के शरीर और मन पर बुरा प्रभाव डालने वाले अथवा उनका यौन-उत्पीड़न करने वाली गतिविधियाँ।

(ब) ज़मीन के भीतर या पानी के भीतर घुसकर किए जाने वाले कार्य, तथा बहुत ऊँचाई पर या बहुत सँकरे स्थान पर किए जाने वाले ख़तरनाक कार्य।

(स) ख़तरनाक मशीनों, उपकरणों, औजारों या भारी मशीनों का हाथ के द्वारा संचालन या हाथ से खींचे जाने वाले परिवहन जैसे कार्य।

(द) अस्वास्थ्यकर माहौल में कार्य ज़ैसे ज़ानलेवा तत्त्वों या प्रक्रियाओं अथवा अधिक तापमान, शोरगुल अथवा मालिक के परिवार में कैद होकर काम करना, आदि।

मगर दुर्भाग्यवश नक्सल माओवादियों, उग्रवादियों और आतंकवादियों ने भारत तथा अन्य देशों में बच्चों को सशस्त्र संघर्षों में शामिल किया है। मार्च 2025 में छत्तीसगढ़ के बीजापुर जिले के अबुझमाड़ क्षेत्र में 130 व्यक्तियों को कम्युनिष्ट पार्टी (माओवादी) ने भर्ती की और उनमें से 40 की उम्र 14 से 17 वर्ष, 40 की उम्र 9 से 11 वर्ष और 50 की उम्र 18-22 वर्ष थी। कैसी

विडम्बना है कि एक ओर केन्द्र-राज्य सरकारें और स्थानीय प्रशासन नागरिकों से अपील करता है कि वे नक्सल संगठनों में भर्ती न हों किन्तु दूसरी ओर नक्सल संगठनों का दबाव होता है कि युवा एवं किशोर उनके दल में भर्ती हो अन्यथा उन्हें गाँव से भगा दिया जायेगा। गृह मंत्रालय, भारत सरकार ने मार्च 2026 तक नक्सलवाद को समूल नष्ट करने की घोषणा मार्च 2025 में की थी। इसकी नीति के तहत सैकड़ों नक्सलियों ने आत्म-समपर्ण किया।

## अनुशंसाएँ :

बाल श्रम के बदतर स्वरूपों की रोकथाम के लिए उस सम्मेलन ने निम्नलिखित सिफ़ारिशें कीं :

(क) राष्ट्रीय एवं स्थानीय जनप्रतिनिधियों, सांसदों, न्यायपालिका सहित आम आदमी को तुरन्त पूरी जानकारी दें।

(ख) नागरिक एवं श्रमिक संगठनों समेत प्रशिक्षित मालिकों को इसमें शामिल करें।

(ग) सभी सम्बन्धित पदाधिकारियों, ख़ासकर निरीक्षकों, और कानून लागू करने वाले व्यक्तियों, तथा अन्य पेशेवर व्यक्तियों को उचित प्रशिक्षण उपलब्ध कराए जायें।

(घ) यदि किसी दूसरे देश का कोई नागरिक बाल श्रम के बदतर स्वरूपों की रोकथाम और उन्मूलन के राष्ट्रीय प्रावधानों का उल्लंघन दूसरे देशों में करता हो, तो उसे अपने देश के राष्ट्रीय प्रावधानों के तहत सजा दी जानी चाहिए।

(ङ) जुर्म करने वालों को सरकार द्वारा सजा देने के लिए कानून और प्रशासनिक प्रक्रियाओं को उचित एवं सरल बनाया जाए।

(च) सम्मेलन के उद्देश्य को बढ़ावा देने के लिए कम्पनियों को विकास सम्बन्धी नीतियों को प्रोत्साहन देना चाहिए।

(छ) बाल श्रम उन्मूलन के लिए बेहतर उदाहरण प्रचारित करें और उन पर निगरानी रखें। बाल श्रम कानूनों और अन्य प्रावधानों को विभिन्न भाषाओं और बोलियों में प्रसारित करें।

(ज) सम्मेलन के प्रावधानों के उल्लंघन को उज़ागर करने वाले व्यक्तियों

को इनाम दिया जाए, और उन्हें सुरक्षा प्रदान की जाए, तथा विशेष शिकायत कोषांग के ज़रिए हेल्प लाइन और सम्पर्क केन्द्र स्थापित किए जायें।

(झ) बालकों और बालिकाओं की ज़रूरतों को ध्यान में रखते हुए शिक्षकों को प्रशिक्षित किया जाए, तथा शैक्षिक सुधार के लिए उचित उपाय किए जायें।

(ञ) जहाँ तक सम्भव हो, राष्ट्रीय कार्यक्रमों को लागू करने के लिए कोशिश की जाए।

चूँकि बदतर कार्यों में लगे बाल मज़दूरों की समस्याएँ दिन-ब-दिन विकराल होती जा रही हैं, तथा सरकारी और ग़ैर-सरकारी प्रयासों के बावजूद अपेक्षित बदलाव नहीं आ पाया है, इसलिए आवश्यक है कि समाज के सभी वर्ग इस दिशा में कारगर कार्रवाई करें। आजकल प्राय: अधिकांश प्रान्तों, और गाँवों में व्यक्तियों और संस्थाओं में उदासीनता अपने चरम पर है। लोग वह सामाजिक कार्य भी नहीं करना चाहते हैं जिसे वे आसानी से कर सकते हैं। इसलिए अन्तरराष्ट्रीय श्रम संगठन, और 'बचपन बचाओ आन्दोलन' की तरह हम भी मानते हैं कि जन साधारण, बच्चों, व्यावसायिक प्रतिष्ठानों, श्रमिक संघों, शिक्षकों, लेखकों-पत्रकारों, स्वयंसेवी संस्थाओं, शासन-प्रशासन, पंचायती राज संस्थाओं से निम्नलिखित कार्यों की अपेक्षा है:

## (1) आम नागरिकों द्वारा कार्य

पहला, आम नागरिकों द्वारा स्वयं देखने या अन्य स्रोतों से जानकारी मिलने पर सम्बन्धित बाल श्रमिक से सम्पर्क कर उसकी समस्या जानने का प्रयास करें, तथा उसकी हर सम्भव मदद करें।

दूसरे, अन्य बाल श्रमिकों का पता लगाकर उनसे अंत:क्रिया स्थापित करें। उनकी सारी समस्या एक ही बार में जानने की हड़बड़ी नहीं करें।

तीसरे, ऐसे सभी बाल श्रमिकों की समस्याओं को सुनें, और परस्पर सहमति से उपयुक्त कार्रवाई करने का सामूहिक निर्णय लें।

चौथे, सम्बन्धित प्रतिष्ठान से सम्पर्क कर बालश्रम के शोषण को बन्द करने के लिए उन्हें प्रेरित और तैयार करें। यदि वे नहीं मानें, तो उनके विरुद्ध स्थानीय प्रशासन को शिकायत करें।

पाँचवें, स्थानीय जनप्रतिनिधियों को बाल श्रम शोषण की समस्याओं से अवगत कराएँ। उनके द्वारा कारगर कार्रवाई नहीं किए जाने पर विधानसभा/विधान परिषद्, लोकसभा, राज्यसभा के प्रमुखों, मुख्यमन्त्री, प्रधानमन्त्री, और राष्ट्रपति को उन समस्याओं से अवगत कराएँ।

छठे, बदतर कार्यों से मुक्त हुए बच्चों के पुनर्वास के लिए उदारतापूर्वक दान दें।

सातवें, स्वयं बाल श्रमिकों को अपने यहाँ नियोजित नहीं करें।

इस प्रकार यहाँ जनजागरण के साथ-साथ व्यक्तिगत सहभागिता पर ज़ोर है।

## (2) बच्चों द्वारा कार्य

बाल श्रमिकों से सीधे सम्पर्क कर बच्चे उन्हें हानिकारक कार्यों से रोकें। दूसरे, समुदाय के लोगों को इसके नकारात्मक परिणामों से अवगत कराएँ। तीसरे, अपने परिवारों की मदद से बाल श्रमिकों को मुक्त कराने की दिशा में प्रशासन को सूचित करें। चौथे, अपने विद्यालय के शिक्षकों और प्रधानाध्यापकों को सूचित करें कि वे बाल मज़दूरों को अपने विद्यालय में पढ़ाएँ। पाँचवें, स्थानीय अख़बारों, पत्रिकाओं को इस समस्या के बारे में पत्र लिखें। छठे, इस समस्या के विरुद्ध हस्ताक्षर अभियान चलाकर उच्चाधिकारियों, मुख्यमन्त्री, तथा राज्यपाल को लिखें। सातवें, बाल मज़दूरों के माँ-बाप से मिलकर उनकी मुक्ति हेतु कोशिश करें।

इस प्रकार यहाँ जनजागरण पर विशेष ज़ोर है।

## (3) व्यावसायिक प्रतिष्ठानों/कारखानों द्वारा कार्य

अपने-अपने देश के बाल श्रम-विरोधी कानूनों का वे कड़ाई से पालन करें। दूसरे, जिन प्रतिष्ठानों/कारख़ानों द्वारा बाल श्रमिकों का शोषण किया जाता है, उन्हें अपने संगठनों से दूर रखें, तथा उन पर दबाव देकर बाल-शोषण का ख़ात्मा कराएँ। तीसरे, सरकारी अधिकारियों, श्रमिक संघों, और स्वयंसेवी संस्थाओं के साथ मिलकर ऐसे बाल श्रमिकों के पुनर्वास की व्यवस्था हेतु पूरी आर्थिक मदद करें। चौथे, अपने यहाँ किसी भी हालत में बाल मज़दूरों को

नहीं नियोजित करें। पाँचवें, अपने वयस्क मज़दूरों को समुचित मज़दूरी तथा अन्य सुविधाएँ उपलब्ध कराएँ जिससे वे अपने बच्चों को काम करने के लिए मज़बूर न करें। छठे, मज़दूरों के बच्चों की शिक्षा, स्वास्थ्य आदि के लिए सामुदायिक विकास की पहल करें।

इस प्रकार यहाँ कानूनों को लागू कराने में सहभागिता एवं आर्थिक योगदान पर ज़ोर है।

### (4) श्रमिक संघों द्वारा कार्य

वे अपने नियोजकों पर दबाव डालें कि वे बाल श्रमिकों से काम नहीं लें बल्कि उनके स्थान पर वयस्कों को रखें। दूसरे, अपने मालिकों पर दबाव डालें कि वे उचित मज़दूरी, काम के उचित घण्टे, कैन्टीन, शौचालय, पारिवारिक चिकित्सा, बीमा, पारिवारिक शिक्षा, आदि की व्यवस्था करें, जिसके कारण मज़दूरों को अतिरिक्त आय के लिए बच्चों को काम पर नहीं लगाना पड़े। तीसरे, मालिकों को प्रेरित करें कि वे आस-पास के विकास के लिए स्वास्थ्य सेवाएँ, सड़क, बिजली, पानी, पोषाहार, आदि पर आवश्यक राशि ख़र्च करें, जिससे उस इलाके में ग़रीब परिवार अपने बच्चों को काम करने के लिए भेजने पर मज़बूर न हों। चौथे, बदतर कामों से मुक्त हुए बच्चों के पुनर्वास के लिए उदारतापूर्वक दान दें। पाँचवें, जो मालिक बाल श्रमिकों को काम से नहीं हटाएँ, उन्हें हटाने की हर सम्भव कार्रवाई स्थानीय प्रशासन से मिलकर करें।

इस प्रकार यहाँ 'दबाव समूह' की भूमिका के रूप में ज़ोर दिया गया है।

### (5) शिक्षकों द्वारा कार्य

गाँव में शिक्षकों को अभी भी काफी सम्मान मिलता है, इसलिए वे पता करें कि हानिकारक कार्यों में लगे बच्चे वहाँ से निकाले जायें। दूसरे, वे जागरूकता अभियान शुरू कर बच्चों के ज़रिए उनके अभिभावकों को बाल श्रम शोषण की समस्याओं के बारे में अवगत करावें, तथा वे शिक्षक स्थानीय समुदायों के साथ नियमित बैठकें करें। तीसरे, बच्चों के बीच बाल श्रम-विरोधी विषयों पर वाद-विवाद प्रतियोगिता, पद यात्रा, साइकिल यात्रा आदि आयोजित करें। चौथे, पढ़ाई छोड़ चुके बच्चों का दाख़िला उदारतापूर्वक लें, और उन्हें नियमित

रूप से विद्यालय आने के लिए प्रेरित करें। पाँचवें, पढ़ने वाले सभी बच्चों को संकल्प दिलवाएँ कि वे बाल मज़दूरी प्रथा ख़त्म करने के लिए वचनबद्ध होंगे और अपने परिवार-रिश्तेदार-मित्र आदि के अधीन बाल मज़दूर नहीं रखेंगे। छठे, ख़ुद नियमित रूप से विद्यालय में उपस्थित होकर शिक्षक बच्चों के सामने आदर्श पेश करें। सातवें, पढ़ाई की गुणवत्ता पर विशेष ध्यान दें, तथा पढ़ाई को शिक्षक-केन्द्रित की बज़ाय बाल-केन्द्रित बनाएँ। बालक की 'रुचि' और 'ध्यान' का आकलन करके उनमें 'प्रोत्साहन' और 'प्रेरणा' के ज़रिए साझेदारी और सामुदायिक भावना पैदा करें। आठवें, स्थानीय प्रशासन से मिलकर बच्चों के लिए शैक्षिक सामग्री, पीने का पानी, उपकरण, पुस्तकें, शौचालय, खेलकूद के सामान, आदि विद्यालय में उपलब्ध कराएँ जिससे आकर्षित होकर बच्चे विद्यालय में आएँ। नौवें, गुणवत्तापूर्ण 'दोपहर का भोजन' नियमित रूप से बच्चों को दें जिससे आकर्षण के साथ-साथ पोषाहार मिले, और सामुदायिक खान-पान से जाति-धर्म-क्षेत्र आदि पूर्वाग्रह मिट सकें। दसवें, शिक्षक बाल श्रम, ग़रीबी, बेरोज़गारी, अशिक्षा, गन्दगी, प्रदूषण आदि विषयों को आसान तरीक़े से समझने वाली स्थानीय भाषा में पढ़ाएँ, जिससे बदतर कार्यों में लगे बच्चे जुड़ाव महसूस करें, तथा दूसरे बच्चों की संवेदना जागृत हो। वे बाल-मनोविज्ञान को विधिवत् समझकर स्थानीय परिवेश और काल के अनुरूप शिक्षण विधि अपनाएँ।

इस प्रकार यहाँ शिक्षा को प्रेरक एवं रुचिपूर्ण बनाने तथा जागरूकता पैदा करने पर ज़ोर है।

## (6) पत्रकारों और लेखकों द्वारा कार्य

बाल श्रम के बदतर स्वरूपों को वे विभिन्न क्षेत्रों में भ्रमण करके, लिख करके उजागर करें। दूसरे, पत्र-पत्रिकाओं में बार-बार लिखकर उपयुक्त जनमत बाल श्रम के विरुद्ध तैयार करें। तीसरे, मुक्त कराए गये बाल श्रमिकों के बारे में समाचार-पत्रों में प्रमुखता से छापें। चौथे, विभिन्न मौकों पर गोष्ठियाँ, सेमिनार, कार्यशाला आदि आयोजित करें। पाँचवें, जन दबाव हेतु उपयुक्त प्रयास करें। छठे, संचार माध्यमों का लेखकों, पत्रकारों, स्वयंसेवी संस्थाओं आदि के द्वारा एक नहीं, बल्कि अनेक तरीकों से इस्तेमाल किया जाए क्योंकि विभिन्न

परिस्थितियों और काल-खंडों में भिन्न-भिन्न माध्यम कारगर होते हैं। संचार की विभिन्न विधियाँ यथा व्याख्यात्मक, परामर्शात्मक, अनुरोधात्मक, निर्देशात्मक, और अभियोजनात्मक अपनाई जा सकती हैं। सातवें, सृजनात्मक कवियों-लेखकों के सक्रिय रूप से शामिल होने पर स्थानीय जनता, जनप्रतिनिधियों, अधिकारियों आदि पर काफी प्रभाव पड़ता है, और उनके वक्तव्य, लेख, कविताएँ आदि ज़्यादा धारदार, गहन, विस्तृत, और सुलझी हुई होती हैं, जिससे उनका ज़्यादा आकर्षण एवं मारक असर होता है।

इस प्रकार यहाँ 'दबाव समूह' की भूमिका पर ज़ोर है।

## (7) स्वयंसेवी संस्थाओं द्वारा कार्य

बाल श्रम के बदतर रूपों की जानकारी प्राप्त करके स्वयंसेवियों का एक प्रतिनिधि मण्डल  स्थानीय प्रशासन, सम्बन्धित मन्त्री-मुख्यमन्त्री से मिले कि बाल श्रम के विरुद्ध त्वरित एवं सतत् कार्रवाई की जाए। दूसरे, विधानमण्डल के सदस्यों को पत्र लिखा जाए। उनसे सम्पर्क कर विधानमण्डल में सवाल पूछे जायें जिससे जनमत तैयार हो सके। तीसरे, जनसंचार माध्यमों से सम्पर्क कर जनमत बनाने की कोशिश की जाए। यह ज़रूरी है कि जन अभियान में सभी समुदायों, अभिभावकों (विशेषकर माताओं), शिक्षकों, धार्मिक नेताओं, विद्यार्थियों, सरकारी कर्मियों, आदि को सक्रिय रूप से शामिल किया जाए यानी पूरी अभियान प्रक्रिया समावेशी (इन्क्लूसिव) हो, जिससे सभी पहलुओं पर दृष्टि पड़े, और जिससे कोई महत्त्वपूर्ण तबका अलगाव न महसूस करे अन्यथा दर-दर पर रुकावटें आएंगी। चूँकि अधिकतर सरकारी संस्थाओं की लालफ़ीताशाही के कारण उन पर से आम नागरिकों का विश्वास उठ रहा है, इसलिए ग़ैर-सरकारी संगठनों की भूमिका ज़्यादा प्रभावी हो रही है। विनोबा भावे ठीक ही कहा करते थे-'असरकारी, असरकारी होता है।' हालाँकि पिछले दशकों में ग़ैर-सरकारी संगठनों की भरमार हो गयी है, और बहुतेरे ठेकेदार, व्यवसायी, अपराधी, तस्कर, और बेईमान लोगों ने भी ऐसी बहुतेरी पॉकेट संस्थाएँ बना ली हैं जो काग़जी कार्रवाई के अलावा सरज़मीन पर कुछ नहीं करती हैं। सो इस बिन्दु पर भी ध्यान दिया जाना चाहिए। चौथे, शिक्षा अधिकारियों, स्थानीय प्रशासन के अधिकारियों, श्रम विभाग के अधिकारियों,

और स्वच्छ छवि के प्रतिष्ठानों के प्रतिनिधियों के साथ मिलकर 'जन सुनवाई' का आयोजन किया जाए, तथा बदतर कार्यों से बच्चों को हटाने के लिए अभियान चलाया जाए। पाँचवें, यदि 'जन सुनवाई' कारगर न सिद्ध हो, तो उच्च न्यायालय में जनहित याचिका दायर की जाए। छठे, प्रशासन के सहयोग से हेल्पलाइन की स्थापना की जाए। सातवें, बच्चों के पुनर्वास के लिए हर सम्भव कार्रवाई की जाए क्योंकि धरातल पर की गयी एक छोटी-सी कार्रवाई बड़े-बड़े सिद्धान्तों और उपदेशों से बेहतर है।

इस प्रकार यहाँ 'दबाव समूह' की भूमिका पर ज़ोर है।

## (8) परिवारों-रिश्तेदारों द्वारा कार्य

यह सही है कि परिवार की ग़रीबी या ज़रूरत के मुताबिक पर्याप्त आय नहीं होने के कारण बहुत सारे बच्चे बाहर काम करते हैं किन्तु ऐसा भी देखा गया है कि यदि परिवार का मुखिया शिक्षित है अथवा शिक्षा के प्रति जागरूक है अथवा उसका सकारात्मक रुख है, तो वह अपने बच्चों से कार्य कराने की बज़ाय स्वयं तथा परिवार के अन्य वयस्कों द्वारा अतिरिक्त काम करने या काम के घण्टों को बढ़ाना पसन्द करता है। ऐसा भी पाया गया है कि समान आय वाले दो परिवारों में एक परिवार हड़बड़ी में निर्णय लेकर अपने बच्चों को बाहर काम करने के लिए भेज देता है किन्तु दूसरा परिवार किसी तरह गुजर-बसर करके उसे थोड़ा-बहुत पढ़ाता है जिससे उसके बच्चे की अन्तर्निहित क्षमताएँ कुन्द नहीं होती हैं। इसलिए परिवार का दायित्व निश्चित रूप से काफी महत्त्वपूर्ण है। दूसरे, जन्म, विवाह, श्राद्ध, त्यौहार या अन्य शुभ अवसरों पर अनावश्यक ख़र्च न करके उसे बच्चों को पढ़ाने पर ख़र्च किया जा सकता है। तीसरे, भारत जैसे कमोबेश नैतिक एवं विस्तृत परिवार, तथा नातेदारी की परम्परा वाले समाज में ऐसा देखा गया है कि ग़रीब लोगों की मदद उनके रिश्तेदार, खानदान के कमाऊ वयस्क, पड़ोस, गाँव, अथवा समुदाय आदि भी करते हैं। महिलाएँ अभी भी अपने मायके से सक्रिय सम्बन्ध जोड़े रहती हैं, और मायके या ननिहाल, अपने सम्बन्धियों को गाढ़े समय पर भरपूर मदद करते देखे जाते हैं।

इस प्रकार यहाँ त्याग और दृढ़ इच्छाशक्ति पर ज़ोर है।

### (9) शासन-प्रशासन द्वारा कार्य

शासन-प्रशासन की इच्छाशक्ति काफी अहम स्थान रखती है। विधायिका के द्वारा सिर्फ़ कानूनों को बनाया जाना पर्याप्त नहीं है। इसे प्रशासन द्वारा दृढ़ता के साथ लागू किया जाना उतना ही महत्त्वपूर्ण है। यदि कोई सरकार किसी समस्या, बुराई या अपराध को दूर करने के लिए ठान लेती है, तो अन्ततः उसे दूर कर लेती है। भले ही उसमें समय अधिक लगे, धन अधिक लगे, कठिनाइयों का सामना करना पड़े, आदि। इसके लिए सरकार को बच्चों को 'दोपहर का भोजन' सही मात्रा में, सही समय पर, और सही गुणवत्ता के साथ नियमित रूप से उपलब्ध कराया जाना आवश्यक है। ऐसा नहीं हो कि भोजन के नाम पर बच्चों के अभिभावकों को माह के अन्त में अथवा अगले सप्ताह में एकमुश्त राशन उपलब्ध करा दिया जाए क्योंकि ऐसा देखा गया है कि जिन राज्यों (हिन्दी प्रदेशों में ख़ासकर) में ऐसा किया जा रहा है, वहाँ के अभिभावक इन अनाजों को बेचकर ज़रूरत की दूसरी चीज़ें ख़रीदते हैं, और बच्चे रोज़ाना समय पर विद्यालय नहीं जाते हैं। उनका उद्देश्य अन्ततः राशन प्राप्त करना होता है, राशन दुकानदार, अध्यापक, और अभिभावक के बीच दुरभिसन्धि कायम हो जाती है, और सब आपस में बन्दरबाँट कर लेते हैं। अध्यापक भी ख़ुश होता है कि उन्हें अधिक-से-अधिक बच्चों को पढ़ाना नहीं पड़ता है। दूसरी ओर अभिभावक भी ख़ुश होते हैं कि उन्हें बच्चों को काम पर लगाये जाने और स्कूल नहीं भेजने के बावजूद महीने में अतिरिक्त राशन मिल जाता है ('भागे भूत की लँगोटी ही सही'), और राशन दुकानदार इसलिए ख़ुश हो जाता है कि उसे पूरी गुणवत्ता और मात्रा के सामानों की आपूर्ति नहीं करनी पड़ती है, और राशन वितरण के दिन जो लोग नहीं आते हैं, उनका राशन वह अलग से हज़म कर जाता है। इसके अलावा व्यवस्था करने वाला शैक्षिक प्रशासन भी ख़ुश है कि उसे भोजन बनाने के लिए ईंधन जुटाने, बर्तन ख़रीदने, बर्तन माँजने, खाना पकाने, और वितरित करने आदि के झंझट से मुक्ति मिल गयी। हिन्दी पट्टी के कई राज्यों में सामान्यतः 'दोपहर का भोजन' बच्चों को नियमित रूप से नहीं मिलता रहा है। इसलिए अधिकांश बच्चे विद्यालय पढ़ने के लिए नहीं जाते हैं। उदाहरण के तौर पर, बिहार सरकार का शिक्षा विभाग यह स्वयं स्वीकार करता है कि 5 से 14 वर्ष की उम्र के 50 से 60 लाख

बच्चे विद्यालय नहीं जाते हैं। इसका निहितार्थ यह है कि इसमें से कुछ बच्चे भले गाँव की गलियों में, तालाबों पर, मैदानों आदि में गुल्ली-डण्डा, क्रिकेट, कंचा (काँच की गोली), गुट्टी आदि खेल-खेल कर समय काटते हैं लेकिन अधिकांश ऐसे बच्चे अपने घरों में, खेत-खलिहानों में, अथवा दूसरों के यहाँ नियोजित होकर आंशिक भुगतान या बिना भुगतान पर कार्य करते हैं। अन्त में, शासन-प्रशासन का गुरुतर दायित्व है कि कृषि में निवेश बढ़ाएँ, भूमि सुधारों के तहत सीलिंग सरप्लस (अधिशेष भूमि), और सार्वजनिक (ग्राम समाज या ग़ैर-मज़रुआ) भूमि का समुचित वितरण कृषि और आवास कार्यों हेतु करें। महात्मा गांधी राष्ट्रीय ग्रामीण नियोजन गारण्टी योजना (मनरेगा) (अब जी. राम. जी.) सही ढंग से लागू की जाए, तथा न्यूनतम मज़दूरी एवं पारिश्रमिक भुगतान कानून, तथा अन्य कानूनों को कड़ाई से लागू किया जाए जिससे वयस्कों को पूरी मज़दूरी मिले। इसके अलावा ग़रीबों को मुफ़्त शिक्षा, स्वास्थ्य, स्वच्छता, पेय जलापूर्ति आदि की पूरी व्यवस्था हो। इस प्रकार यहाँ कर्त्तव्यनिष्ठा एवं दृढ़ इच्छाशक्ति पर ज़ोर है।

2013 में बिहार के मुंगेर में प्रमंडलीय आयुक्त के रूप में प्रथम लेखक से पटना के एक पत्रकार ने मौखिक शिकायत की थी कि लखीसराय जिले के एक मध्य विद्यालय में शुरू से (दस वर्षों से) मध्याह्न भोजन न बनता है, और न वितरित होता है। वहाँ की प्रधानाध्यापिका विद्यालय भी नहीं आतीं। एक त्रिसदस्यीय टीम जाँच के लिए गयी और उन्हें सभी बच्चों ने बताया कि वहाँ 'दोपहर का भोजन' कभी नहीं मिलता। वहाँ भोजन बनाने के लिए रसोई, लकड़ी, बर्तन, राशन, आदि कुछ भी नहीं था, और प्रधानाध्यापिका अनुपस्थित थीं। पता चला कि वह दिल्ली में एक फ्लैट लेकर रहती हैं। जाँच दल ने प्रधानाध्यापिका के घर जाकर जाँच की, तो वहाँ कई क्विंटल सरकारी चावल, दाल आदि पायी गयी। जाँच दल ने लौटकर रिपोर्ट तैयार की। तब तत्काल प्राथमिकी (एफ.आई.आर.) दर्ज़ करने का लिखित आदेश दिया गया। जाँच दल के सदस्य प्राथमिकी का मसौदा लेकर थाने में गये, किन्तु थाने ने उसे दर्ज़ नहीं किया। प्रथम लेखक ने उन्हें पुलिस अधीक्षक (लखीसराय) से मिलने को कहा, और उन्हें फोन पर भी कह दिया। फिर भी प्राथमिकी दर्ज़ नहीं हुई। फिर उन्होंने जिलाधिकारी (लखीसराय) से भी कहा। फिर भी तत्काल कार्रवाई नहीं

हुई। फिर उन्होंने जिलाधिकारी और पुलिस अधीक्षक को चेताया कि प्राथमिकी न दर्ज़ करने का अर्थ पुलिस एवं जिला प्रशासन की मिलीभगत मानी जायेगी। तब क़रीब बारह घंटे के बाद वह प्राथमिकी दर्ज़ की गयीं। फिर उन्होंने उक्त प्रधानाध्यापिका के विरुद्ध अनुशासनिक कार्रवाई करने के लिए प्रधान सचिव, शिक्षा विभाग को लिख़ा। बाद में मुख्यमंत्री की यात्रा में उन्होंने सारा वाकया सबके (मुख्य मंत्री, मुख्य सचिव आदि) समक्ष कह दिया कि प्राथमिकी दर्ज़ करने में इतना विलम्ब क्यों किया गया। मुख्य सचिव ने इस पर चिन्ता व्यक्त की। पुलिस महानिरीक्षक, भागलपुर ने आश्वासन दिया कि वह इसमें स्वयं जाँचकर चार्जशीट दाख़िल करायेंगे।

## (10) पंचायती राज संस्थाओं द्वारा कार्य

बदतर कार्यों में लगे बाल मज़दूरों की पहचान करने, और उन्हें वहाँ से निकालने के लिए ग्राम पंचायतें महत्वपूर्ण भूमिका निभा सकती हैं। जिन ग्राम पंचायतों के मुखिया या प्रधान या सरपंच सक्रिय, समझदार, एवं ईमानदार हैं, वे यह आसानी से सुनिश्चित कर सकते हैं कि उनकी पंचायत के सभी बच्चे विद्यालयों में दाख़िला लें, तथा पढ़ाई में उनका ठहराव हो, और जो बच्चे विद्यालय में दाख़िला ही नहीं कराए हों या बीच में पढ़ाई छोड़ दिए हों, उन्हें पुनः विद्यालय में शामिल किया जाए। दैनिक कार्यों में अनुभव तथा स्थानीय निकटता के कारण वे आसानी से अभिभावकों से बराबर सम्पर्क बनाए रख सकते हैं, और उन्हें प्रेरित तथा उत्साहित कर सकते हैं। जिन परिवारों में बच्चे काम पर जाते हैं, उनके माँ-बाप को समझाकर उन्हें सड़क-निर्माण, भवन-निर्माण, तालाब की खुदाई, वर्षा जल-संग्रहण, वृक्षारोपण तथा अन्य नियोजनों में लगाकर सरकार द्वारा निर्धारित मज़दूरी का भुगतान सुनिश्चित करा सकते हैं, तथा काम करने वाले बच्चों को काम से छुटकारा दिलाकर विद्यालयों में प्रवेश दिला सकते हैं। गाँव पंचायत से बाहर जाने वाले मज़दूरों का लेखा-जोखा भी वे रख सकते हैं, जिससे किसी अप्रत्याशित घटना होने पर उन्हें सरकार द्वारा दिए जाने वाले विभिन्न लाभ, मुआवज़ा आदि मुहैया हो सके। विधवाओं, बूढ़ों, और अपंगों को वे पेंशन दिलाएँ। विशेषकर जो लड़कियाँ काम करने के कारण विद्यालय नहीं जाती हैं, अभियान चलाकर उनकी

माताओं को विश्वास में लेकर, उन्हें मुफ़्त क़िताबें तथा अन्य ज़रूरी शिक्षण-सामग्री उपलब्ध कराकर उनके ग़रीब माँ-बाप के ऊपर का बोझ हल्का कर सकते हैं। इसके अलावा गाँव में उपलब्ध सरकारी या ग्राम समाज की ज़मीन को उत्पादक कार्यों अथवा आवासीय उद्देश्यों के लिए ग़रीब परिवारों को पट्टा दिला सकते हैं जिससे वे अतिरिक्त आय जुटाने के लिए अपने बच्चों को मज़बूरन काम पर न लगाएँ। वे अपने गाँव के विद्यालयों को ज़्यादा हरा-भरा, आकर्षक, तथा समृद्ध बना सकते हैं जिससे अन्य बच्चों के साथ-साथ काम करने वाले बच्चे भी उनमें जाने के लिए प्रेरित हों, और उनसे अपना लगाव स्थापित कर सकें। वे ग़रीब बच्चों को दोपहर का भोजन, छात्रवृति, पोशाक, आदि का वितरण ईमानदारी से समय-समय पर सुनिश्चित करा सकते हैं जिससे ग़रीब और कामकाजी बच्चे अपना काम छोड़कर, बिना किसी बाधा के पढ़ाई कर सकें। यदि ग्राम पंचायतों के मुखिया या प्रधान या सरपंच सचमुच निष्ठावान हों, और बाल मज़दूरों की समस्याओं की तीव्रता, गहनता, और व्यापकता को भलीभांति समझें, तो वे कुछ ही समय में अपनी प्रतिबद्धता से अपनी पंचायतों को बाल मज़दूर-मुक्त बना सकते हैं।

इस प्रकार यहाँ पर स्थानीयता, व्यावहारिक रूप से सहायता, प्रतिबद्धता तथा मज़दूरी कानूनों पर ज़ोर है।

## (11) धर्मगुरुओं द्वारा कार्य

यह निर्विवाद सत्य है कि प्रत्येक पंथ में धर्मगुरु (या पंथ प्रधान) प्रत्यक्ष या परोक्ष रूप से कमोवेश अनुयायियों के दैनिक जीवन पर प्रभाव डालते हैं। इस्लाम पंथ में काजी, मुल्ला और मौलवी, हिन्दू में पण्डित, पुजारी, और पुरोहित, सिख पंथ में ग्रन्थी, ईसाई पंथ में पुरोहित (फादर, पेस्टर, रेक्टर, विशप आदि) जन्म, विवाह, मृत्यु, त्यौहारों या पारिवारिक उत्सवों आदि में भिन्न-भिन्न भूमिकाएँ निभाते हैं तथा धर्मभीरु लोग उनके उपदेशों और प्रवचनों को एकाग्रचित्त होकर सुनते हैं,तथा अपने जीवन में उतारने का प्रयास करते हैं। दैनिक जीवन की समस्याओं से निपटने के लिए बहुत सारे लोग, विशेषकर ग़रीब लोग, इन धर्मगुरुओं से समय-समय पर सलाह-मशविरा भी लेते हैं। इसलिए यह समीचीन प्रतीत होता है कि धर्मगुरुओं को बालश्रम के

बदतर स्वरूपों को ख़त्म करने के लिए सक्रिय रूप से जोड़ा जाए। यदि एक बार वे इस जन-अभियान से जुड़ जाते हैं, तो वे आम लोगों के बीच विभिन्न धर्मग्रन्थों के प्रासंगिक विचारों के ज़रिए इस दिशा में कारगर कार्रवाई कर सकते हैं। ऐसा देखा गया है कि यदि किसी गाँव में कोई नयी चीज़ आती है, तो उस पर धर्मगुरुओं की राय ली जाती है। इसलिए बाल मज़दूरी प्रथा मिटाने, निरक्षरता-उन्मूलन, विद्यालयों में कामकाज़ी बच्चों के दाख़िले एवं ठहराव, शिक्षकों की निरन्तर उपस्थिति, तथा गुणवत्तापूर्ण शिक्षा में उनकी रुचि विकसित करने आदि में धर्मगुरु विशेष रूप से सहायक हो सकते हैं। अमीर लोगों द्वारा धर्मगुरुओं का संकेत मिलने पर बाल मज़दूरों के पुनर्वास के लिए अधिक-से-अधिक धनराशि दानस्वरूप दे दी जाएगी, और पंथ के नाम पर, पुण्य के नाम पर, मोक्ष के नाम पर, वे असली प्रतिबद्धता दिखाएंगे।

इस प्रकार यहाँ प्रेरणा पर ज़ोर है।

अन्तरराष्ट्रीय श्रम सम्मेलन 1999 के बाद भारत सरकार के द्वारा भी कतिपय कदम उठाए गये हैं। 8-10 मई, 2002 को न्यूयार्क में संयुक्त राष्ट्र की महासभा का विशेष सत्र बच्चों पर आयोजित किया गया था। इसमें तत्कालीन मानव संसाधन मन्त्री डॉ. मुरली मनोहर जोशी ने अपना वक्तव्य दिया था, जिसमें उन्होंने महात्मा गांधी की इस उक्ति को उद्धृत किया था-'यदि हम लोग इस दुनिया में वास्तविक शान्ति तक पहुँचना चाहते हैं, और सचमुच युद्ध के खिलाफ़ युद्ध ज़ारी रखना चाहते हैं, तो हमें अपनी शुरुआत बच्चों से करनी होगी।' उन्होंने कहा कि चूँकि बच्चे समाज की अत्यन्त नाज़ुक नींव होते हैं, सो वे समाज का भविष्य निर्धारित करते हैं, इसलिए भारत में 'अच्छे परिवार का अधिकार' बच्चों के अधिकारों में सबसे महत्त्वपूर्ण है। उनका यह भी मानना था कि ग़रीबी उन्मूलन का प्रयास सबसे पहले बच्चों को ध्यान में रखते हुए शुरू किया जाना चाहिए क्योंकि ग़रीबी बच्चों का सबसे बड़ा दुश्मन है। इसलिए भारत सरकार के तमाम कार्यक्रमों का मुख्य लक्ष्य ग़रीबी-उन्मूलन है। उन्होंने यह भी कहा कि नवम्बर 2001 से एक राष्ट्रीय कार्यक्रम 'सर्व शिक्षा अभियान' के नाम से भारत में शुरू किया गया है जो प्रारम्भिक शिक्षा को सब तक पहुँचाना चाहता है, चूँकि भारत में विश्व के सबसे अधिक बच्चे हैं। 'सर्व शिक्षा अभियान' का उद्देश्य सन् 2010 तक सभी बच्चों को प्रारम्भिक शिक्षा

सुलभ कराना, और विशेषकर लड़कियों की शिक्षा पर विशेष ध्यान देना रहा है। इसमें उन्होंने यह भी कहा कि 6 से 14 वर्ष के बच्चों को नि:शुल्क और अनिवार्य शिक्षा देने के लिए संविधान में संशोधन किया जाएगा। इस बाबत बाद में संविधान में 86वाँ संशोधन करके बच्चों को नि:शुल्क एवं अनिवार्य शिक्षा का अधिकार अधिनियम 2009 बनाया गया जो 1 अप्रैल 2010 से लागू हुआ। उन्होंने यह भी कहा था कि 2 अप्रैल, 2002 को भारत सरकार ने एच.आई.वी./एड्स को रोकने और नियन्त्रित करने के लिए राष्ट्रीय नीति की घोषणा की थी। उन्होंने 'संयुक्त राष्ट्र सहस्राब्दी घोषणा' (सितम्बर 2000) की ओर ध्यान दिलाया था, जिसमें कहा गया था कि समूचे भूमण्डल स्तर पर मानव सम्मान, समानता, और समान न्याय के सिद्धान्त को बरक़रार रखने के लिए हम सभी लोगों की साझेदारी होगी। इसलिए सभी नेताओं का कर्त्तव्य विश्व के सभी लोगों, विशेषकर सबसे वंचित लोगों और बच्चों, के प्रति है, क्योंकि भविष्य उन्हीं का है। उन्होंने यह भी कहा था कि 16 वर्ष की उम्र प्राप्त कर लेने पर बच्चों के साथ मित्रवत् व्यवहार होना चाहिए। उन्होंने यह भी कहा था कि सितम्बर 1990 में विश्व बाल शिखर सम्मेलन की घोषणाओं के बावजूद अभी तक बच्चों के दो भिन्न-भिन्न विश्व हैं। एक में उनके घर, देखभाल करने वाले माँ-बाप, पर्याप्त भोजन, विद्यालय, तथा भविष्य में बढ़ने के सुअवसर की तैयारी होती है जबकि दूसरे विश्व में बच्चे ग़रीबी में रहकर किसी तरह जीते हैं-उनके पास पर्याप्त भोजन या आवास की सुविधा, शिक्षा, भविष्य के सपने, और अवसर और यहाँ तक कि बचपन ही नहीं होता है। उन्होंने आगे कहा था कि पारम्परिक रूप से भारत में ऐसी शिक्षा और ज्ञान की व्यवस्था रही है, जिसमें मुक्त अनुसन्धान, हृदय, और आत्मा के मुक्त विस्तार, तथा सत्य को अपनाने की स्वतन्त्रता रही है। बहुत सारे विकासशील देशों में, जो उपनिवेश के शिकार थे, में बच्चों में निवेश या तो नहीं था या बहुत कम था अथवा अवरुद्ध था। महात्मा गांधी ने 1931 में ही रॉयल इन्स्टीट्यूट ऑव इंटरनेशनल अफेयर्स, लन्दन में कहा था कि भारत 1931 में ज़्यादा अशिक्षित था बनिस्बत उसके 50 या 100 वर्ष पहले। विलियम एडम्स ने अपने प्रतिवेदन ('स्टेट ऑव एजुकेशन') में 1856 में लिखा था कि तब बिहार और बंगाल में लगभग एक लाख ग्रामीण विद्यालय थे। इसी प्रकार गवर्नर

टॉमस मुनरो ने मद्रास प्रेसिडेंसी में प्रत्येक गाँव में एक विद्यालय होने की बात लिखी थी। आज़ादी के सिर्फ़ 4 वर्ष बाद 1951 में भारत में सकल साक्षरता दर मात्र 18.33 प्रतिशत थी जिसमें महिलाओं की साक्षरता दर मात्र 8.86 प्रतिशत थी और पुरुषों की साक्षरता दर 20.16 प्रतिशत थी, और उस समय मात्र 2,961 प्राथमिक विद्यालय, तथा 13,596 अपर प्राथमिक विद्यालय पूरे देश में थे। किन्तु बाद के समय में बच्चों की शिक्षा में काफी निवेश किया गया जिसके कारण 2001 में भारत की साक्षरता दर 65.38 प्रतिशत हो गई, और महिलाओं की साक्षरता दर भी 54.16 प्रतिशत हो गयी। फिर 2011 में भारत में कुल साक्षरता दर 74 प्रतिशत-पुरुषों की 80 प्रतिशत तथा महिलाओं की 65 प्रतिशत-हो गयी। उन्होंने कोपेनहेगेन शिखर सम्मेलन (2000) का भी हवाला दिया था, जिसमें यह कहा गया था कि ग़रीबी उन्मूलन कार्यक्रम बच्चों से शुरू किया जाना चाहिए। उन्होंने यह भी कहा कि भारत में किए गये अध्ययन में पाया गया था कि एक बच्चे पर निवेशित किया गया एक डॉलर भविष्य में चिकित्सा, स्वास्थ्य आदि पर होने वाला ख़र्च, अनुदान, और राष्ट्र को दिए जाने वाले आर्थिक सहयोग पर होने वाले 27 डॉलर बचाता है। उन्होंने यह भी कहा था कि भारतीय संविधान बिना किसी भेदभाव के सभी नागरिकों को समान रूप से सुरक्षा, स्वतन्त्रता, और धार्मिक प्रचार की गारण्टी देता है। बाल श्रम (प्रतिषेध एवं विनियमन) अधिनियम 1986, किशोर न्याय अधिनियम 2000, विकलांगता अधिनियम 1995, अनैतिक व्यापार अधिनियम 1956 आदि कानून बच्चों के हितों की रक्षा के लिए बनाए गये हैं। इसके अलावा समेकित बाल विकास कार्यक्रम के ज़रिए 6 वर्ष के नीचे की उम्र के ग़रीब घरों के क़रीब 3 करोड़ बच्चों की देखभाल की जाती है और इस सेवा का विस्तार निकट भविष्य में किया जाएगा। उन्होंने यह भी कहा था कि सभी विकासशील देशों में, शहरों में, गली-कूचों के बच्चे विभिन्न प्रकार की समस्याओं के शिकार होते हैं जिसके लिए तमाम शहरों में 'चाइल्ड लाइन सेवा' 24 घण्टे मुफ़्त में उपलब्ध रहती है। किन्तु गाँवों से शहरों में पलायन को रोकने के लिए परिवार का सुदृढीकरण, विद्यालयों में नामांकन को बढ़ाने, और महिलाओं के समूहों के द्वारा प्रचार-प्रसार करने की आवश्यकता है। आगे उन्होंने कहा था कि महिलाओं के लिए 'किशोरी शक्ति योजना' की शुरुआत

की गयी जिससे उनका स्वास्थ्य, पोषाहार, शैक्षिक ज़रूरतों, और जीवन की गुणवत्ता को सुधारा जा सके। इसके अलावा राष्ट्रीय पोषाहार मिशन की भी शुरुआत की गयी जिससे किशोरी बालिकाओं, गर्भवती महिलाओं, और दूध पिलाती माताओं को अतिरिक्त पोषाहार दिया जा सके। उनके अनुसार कुपोषण को रोकने के लिए 'अन्तर-पीढ़ी दृष्टिकोण' अपनाया जाएगा जिसमें समुदाय को स्वास्थ्यप्रद पोषाहार के प्रति जागरूक किया जाएगा, एवं माताओं को शिक्षित किया जाएगा। इसके अलावा पेयजल की गुणवत्ता और सफ़ाई आदि पर भी विशेष ध्यान दिया जाएगा। उन्होंने यह भी कहा था कि बच्चों का अधिकार महिलाओं के अधिकार से अन्तरंग रूप से जुड़ा हुआ है। भारत 'लैंगिक समानता' सभी सामाजिक-आर्थिक कार्यक्रमों में लागू कर रहा है, तथा वर्ष 2001 को 'महिला सशक्तीकरण वर्ष' भारत में घोषित किया गया था। सूचना, शिक्षा, और संचार की प्रक्रिया के तहत एच.आई.वी. एड्स को रोकने की कार्रवाई की जा रही है। उन्होंने ज़ोर देकर कहा था कि सरकार, समुदाय, और स्वयंसेवी संस्थाओं के सक्रिय संयुक्त प्रयास से पूरी सफलता बच्चों के हितों के लिए हासिल की जा सकती है। पृथ्वी के संरक्षण के लिए और भावी पीढ़ियों के उपयोग के लिए लोगों को पर्यावरण पर ध्यान देने की आवश्यकता है। विकास सहयोग के लिए अतिरिक्त संसाधन की आवश्यकता 1990 के विश्व बाल शिखर सम्मेलन में महसूस की गयी थी जो प्रतिवर्ष 50 मिलियन डॉलर आँकी गयी थी। सरकारी विकास सहायता (ओ.डी. ए.) में बढ़ोतरी इसका सरल उपाय है। अर्थात् वर्तमान में सकल राष्ट्रीय उत्पाद का मात्र 0.22 प्रतिशत सरकारी विकास सहायता विकसित देशों द्वारा दी जा रही है। यदि उसे निर्धारित लक्ष्य 0.7 प्रतिशत तक बढ़ा दिया जाए, तो प्रतिवर्ष 100 मिलियन डॉलर अतिरिक्त संसाधन उपलब्ध हो जाएगा। उन्होंने कहा कि भूमण्डलीकरण का लाभांश विश्व के सारे बच्चों को मिलना चाहिए। इससे भूमण्डलीकरण को नैतिक आधार मिल सकेगा। उन्होंने 'उत्तर-दक्षिण सहयोग' के साथ-साथ 'दक्षिण-दक्षिण सहयोग' की भी आवश्यकता बतायी थी। उन्होंने अपने भाषण के अन्त में एक संस्कृत श्लोक उद्धृत किया था:

'समानो वः आकृतिः समानो हृदयानि वः।
समानमस्तु वो मनो यथा वः सुसहाराति।।'

अर्थात् हमारे उद्देश्य समान हों, हमारे हृदय समान हों, हमारे विचार समान हों जिससे हमारे बीच पूर्ण एकता हो। मगर कई शिक्षाविदों का मत है कि समय-समय पर बच्चों में ऐसी समानता के लिए भारत सरकार ने समुचित प्रयास नहीं किया। उदाहरणार्थ, विभिन्न प्रकार की शिक्षा व्यवस्था होने से विषमता बढ़ी है, और 'समान विद्यालय व्यवस्था' (कॉमन स्कूल सिस्टम) सपना भर रह गया है।

संयुक्त राष्ट्र महासभा को सम्बोधित करते हुए इसके तत्कालीन महासचिव श्री कोफी अन्नान ने कहा था कि सभी बच्चों को पूरा हक़ है कि वे भूख और ग़रीबी से निज़ात पाएँ, और उन्हें उन्नत किस्म की शिक्षा मिले। एच.आई.वी./एड्स जैसे संक्रामक रोगों से बचने का उन्हें पूरा हक़ है। उन्हें हक़ है स्वच्छ पेयजल, स्वस्थ धरती, तथा युद्ध एवं शोषण से बचने का। उन्होंने चिन्ता ज़ाहिर की थी कि 5 वर्ष की आयु पूरी करने से पहले विश्व के हर 3 बच्चों में से एक बच्चा कुपोषण का शिकार होता है और प्रत्येक 4 में से एक बच्चा कभी भी कोई प्रतिरोधक टीका नहीं ले पाता, प्रत्येक 5 में से एक बच्चा स्कूल नहीं जा पाता, और जो स्कूल जाते हैं उन प्रत्येक 5 में से 1 बच्चा पाँचवीं कक्षा तक नहीं पहुँच पाता। उन्होंने 'सहस्राब्दी विकास लक्ष्य' (एम.डी.जी.) की याद दिलाते हुए यह भी कहा था कि सन् 2015 तक उन ग़रीबों की संख्या घटाकर आधी की जानी है जो प्रतिदिन मात्र एक डॉलर की कमाई पर जीवित हैं। दूसरे, 2015 तक प्राथमिक विद्यालयों में पढ़ने लायक उम्र के सभी बच्चों के लिए विद्यालयों में पढ़ने लायक स्थिति पैदा की जाएगी। तीसरे, एड्स के प्रसार को एकदम रोक दिया जाएगा; और चौथे, पृथ्वी के संसाधनों को सुरक्षित रखने और युद्धों को रोकने का हर सम्भव प्रयास किया जाएगा। उन्होंने याद दिलाया था कि ये वायदे अगली पीढ़ी से किए गये हैं। उन्होंने ज़ोर देकर कहा था कि एक बच्चे के विकास में यदि एक डॉलर की राशि ख़र्च की जाती है तो बाद में सारे समाज को 7 डॉलर वापस मिलता है। उन्होंने वयस्कों से अपील की थी कि अब हमें अपनी असफलताओं की क़ीमत बच्चों को नहीं चुकाने देनी चाहिए। हम सभी अपनी 'कथनी' को 'करनी' में अवश्य बदलें, एवं एक ऐसी दुनिया का निर्माण करें जो हर तरह से बच्चों के लायक हो। ज्ञातव्य है कि अधिकांश 'सहस्त्राब्दी विकास लक्ष्य' (2000), 2015 तक प्राप्त नहीं हो

सके। यहाँ उल्लेखनीय है कि आठ सहस्त्राब्दी विकास लक्ष्य निम्न थे: (क) धुर ग़रीबी और भुख़मरी ख़त्म करना, (ख) सार्वभौमिक प्राथमिक शिक्षा की प्राप्ति, (ग) लैंगिक समानता तथा महिलाओं का सशक्तीकरण, (घ) बाल मृत्यु दर कम करना, (ङ) माताओं के स्वास्थ्य में सुधार, (च) एच.आई.वी./एड्स, मलेरिया आदि ख़त्म करना, (छ) पर्यावरण का टिकाऊपन (सातत्य) सुनश्चित करना, एवं (ज) विकास के लिए वैश्विक भागीदारी विकसित करना। अस्तु, लक्ष्य न पूरा होने के कारण 2015 में 17 सतत् या धारणीय (टिकाऊ) विकास लक्ष्य (एस.डी.जी.) 2030 तक प्राप्त करने हेतु निर्धारित किये गये, जो निम्नलिखित है: (1) ग़रीबी को ख़त्म करना, (2) भुख़मरी मिटाना, (3) अच्छा स्वास्थ्य एवं आरोग्य, (4) गुणवत्तापूर्ण शिक्षा, (5) लैंगिक समानता, (6) स्वच्छ जल एवं स्वच्छता, (7) सस्ती एवं स्वच्छ ऊर्जा, (8) साफ़-सुथरा काम एवं आर्थिक विकास, (9) उद्योग, नवाचार एवं आधारभूत संरचना, (10) विषमता कम करना, (11) टिकाऊ शहर एवं समुदाय, (12) उत्तदरायी उपभोग एवं उत्पादन, (13) जलवायु (परिवर्तन पर) कार्रवाई, (14) पानी के भीतर जीवन, (15) ज़मीन पर जीवन, (16) शान्ति, न्याय एवं सुदृढ़ संस्थाएं, एवं (17) लक्ष्यों की प्राप्ति के लिए भागीदारियाँ। इस प्रकार इन लक्ष्यों में बच्चों के तमाम हित शामिल हैं, सो उन्हें हासिल करने की कोशिश हर विधि से व्यक्ति, समुदाय, राष्ट्र एवं वैश्विक समाज के द्वारा की जानी चाहिए।

## [III]

## संयुक्त राष्ट्र में बच्चों के मंच से सन्देश (5-7 मई, 2002)

- हम दुनिया के बच्चे हैं।
- हम शोषण, अवहेलना और दुर्व्यवहार के शिकार हैं।
- हम सड़कों पर रहकर गुजर-बसर करने वाले निराश्रित बच्चे हैं।
- हम युद्ध की विभीषिका की मार सहते असहाय बच्चे हैं।
- हम जानलेवा बीमारी एच.आई.वी./एड्स के शिकार, और अनाथ बच्चे हैं।
- हम लोगों को अच्छी किस्म की शिक्षा, और स्वास्थ्य सम्बन्धी देखभाल से वंचित रखा गया है।

- हम लोग राजनीतिक, आर्थिक, सांस्कृतिक और पर्यावरणीय भेदभाव के शिकार हैं।
- हम ऐसे मासूम बच्चे हैं, जिनकी आवाज़ कोई नहीं सुनता है। क्या अब भी उचित समय नहीं आया है कि हमारी आवाज़ संवेदनापूर्वक अन्दाज़ में सुनी जाए, और हमारे हितों के प्रति गम्भीरतापूर्वक कदम उठाने का रुख़ अख़्तियार किया जाए?
- हम एक ऐसा जगत् चाहते हैं जो हम बच्चों के लिए हर प्रकार से योग्य हो, क्योंकि हम लोगों के लिए योग्य दुनिया ही इस दुनिया के सारे वासियों के लिए योग्य होगी।

हम बच्चों के अधिकारों के प्रति सम्मान का भाव देखना चाहते हैं:

- सरकारों और वयस्कों में, कि वे बच्चों के अधिकारों के प्रति वास्तविक और प्रभावकारी प्रतिबद्धता दर्शाएँ, और बच्चों के अधिकारों के बारे में हुए समझौते को हर बच्चे के लिए लागू करें।
- परिवार, समाज, और राष्ट्र में बच्चों के लिए सुरक्षित, संरक्षित एवं स्वस्थ वातावरण उपलब्ध हो। हम बच्चों के हर प्रकार के शोषण, उसके प्रति हिंसा और दुर्व्यवहार की समाप्ति चाहते हैं।
- वे कानून, जो बच्चों को शोषण और दुर्व्यवहार से सुरक्षा प्रदान करते हैं, उन्हें लागू किया जाए, एवं दुनिया के सभी लोग उसका सम्मान करें।
- वैसे केन्द्र और कार्यक्रम क्रियान्वित हों, जो प्रताड़ित बच्चों के जीवन के पुनर्निर्माण में कारगर ढंग से मददगार हों।

हम बच्चों के शोषण, उनके प्रति हिंसा और दुर्व्यवहार की समाप्ति चाहते हैं:

- वे कानून, जो बच्चों को शोषण और दुर्व्यवहार से सुरक्षा प्रदान करते हैं, उन्हें लागू किया जाए, एवं सभी लोग उसका सम्मान करें।
- वैसे केन्द्र और कार्यक्रम क्रियान्वित हों, जो प्रताड़ित बच्चों के जीवन के पुनर्निर्माण में कारगर ढंग से मददगार हों।

हम युद्ध की समाप्ति चाहते हैं:

- समूची दुनिया के राजनेतागण तमाम विवादास्पद मुद्दों को आपस में शान्तिपूर्ण ढंग से बातचीत करके सुलझाएँ, न कि सशस्त्र संघर्ष का रास्ता अख़्तियार करें। युद्ध के कारण शरणार्थी बन गये बच्चों या युद्ध के कारण आक्रान्त बच्चों की हर प्रकार से सुरक्षा की जानी चाहिए। इस सन्दर्भ में सभी बच्चों की समान

रूप से देखभाल की जानी चाहिए। निःशस्त्रीकरण, हथियारों के व्यापार का ख़ात्मा हो, एवं बच्चों को युद्ध में सैनिक के रूप में लड़ाई के लिए झोंक दिया जाना एकदम समाप्त किया जाना चाहिए।

हम स्वास्थ्य सम्बन्धी देखभाल के बारे में चाहते हैं:

- कि वह सामर्थ्य सीमा के भीतर हो, तथा सभी बच्चों के लिए जीवन रक्षक दवाएँ, और चिकित्सा सुविधाएँ उपलब्ध हों।
- बच्चों के लिए बेहतर स्वास्थ्य सेवाएँ उपलब्ध कराने के लिए मज़बूत और ज़वाबदेह साझीदारी सभी के मध्य स्थापित की जानी चाहिए।

एच.आई.वी./एड्स के बारे में हमारी चाहत है:

- कि शिक्षा व्यवस्था में एच.आई.वी. से बचाव के कार्यक्रम एवं समस्त वांछित जानकारियाँ शामिल की जायें।
- सभी बच्चों को निःशुल्क जाँच सुलभ हो और परामर्श केन्द्र (काउंसिलिंग सेंटर) खोले जायें।
- जन सामान्य को एच.आई.वी./एड्स के बारे में तमाम वांछित जानकारियाँ एकदम निःशुल्क एवं सहजतापूर्वक उपलब्ध हों।
- एड्स के शिकार लोगों के अनाथ हो गये बच्चों एवं एच.आई.वी./एड्स से ग्रस्त बच्चों की समुचित देखभाल सुनिश्चित की जानी चाहिए, और ऐसी ही सहूलियतें सभी बच्चों के लिए समान रूप से उपलब्ध हों।

पर्यावरण की सुरक्षा के बारे में हमारी चाहत है:

- प्राकृतिक संसाधनों की सुरक्षा एवं उनका संरक्षण किया जाना चाहिए।
- हमारे विकास के लिए स्वास्थ्यकर एवं पक्षधर पर्यावरण में रहने के प्रति पर्याप्त जागरूकता की आवश्यकता है।
- विशेष रूप से ज़रूरतमन्द के लिए उचित परिवेश उपलब्ध हो।

हम ग़रीबी के विषैले दुश्चक्र का समूल नाश चाहते हैं:

- कि ऐसी ग़रीबी-उन्मूलन समितियाँ कार्यरत रहें, जो ख़र्च के मामले में पूरी तरह से पारदर्शिता बरतें, एवं बच्चों की ज़रूरतों के प्रति गम्भीर रूप से ध्यान दें।
- कि बच्चों की प्रगति में बाधक बनने वाले सारे कर्ज़ों को निरस्त कर दिया जाए या माफ़ कर दिया जाए।

हम शिक्षा की उपलब्धता को देखते हैं बच्चों के समग्र विकास की धुरी के रूप में:

- अच्छी गुणवत्ता वाली शिक्षा, जो नि:शुल्क एवं आवश्यक हो, सभी बच्चों को समान रूप से उपलब्ध हो।
- स्कूलों का माहौल ऐसा रहे, जहाँ बच्चे पढ़ने और सीखने के प्रति ख़ुशी और ललक महसूस करें।
- सभी बच्चों को ऐसी शिक्षा दी जाए जो वस्तुत: जीवन को उन्नत बनाने के लिए हो, और सिर्फ़ पढ़ाई के लिए पढ़े जाने से आगे पाठ्यक्रम में मानवीय भाईचारा और आपसी समझदारी बढ़ाने, मानवाधिकार और शान्ति के बारे में सही समझ पैदा करने, तथा एक सजग और सक्रिय नागरिक बनने के गुणों वाली सामग्री शामिल रहे।

हम बच्चों की सक्रिय सहभागिता की कामना करते हैं:

- सभी आयु के सभी लोगों के मन में हर बच्चे के अधिकार के प्रति पर्याप्त जागरूकता और गहरा सम्मान पैदा हो, ताकि वे बच्चों के विकास सम्बन्धी कार्यों में सार्थकता के साथ सहभागी बनें, क्योंकि बच्चों के अधिकारों पर हुए समझौते की यही सही रूहानी भावना है।
- बच्चों के अधिकारों को प्रभावित करने वाली सारी योजनाओं, उनके क्रियान्वयन, उनकी मॉनिटरिंग (अनुश्रवण) एवं उसके मूल्यांकन की प्रक्रिया के बारे में किसी भी निर्णायक अवसर पर बच्चों को पूरी सक्रियता से इसमें शामिल किया जाना चाहिए।

हम संकल्प लेते हैं कि बच्चों को उनका अधिकार दिलाने के लिए लड़ी जाने वाली हर लड़ाई में हम समान रूप से सहभागी हैं, और जहाँ हम आपसे यह वादा करते हैं कि आप बच्चों के हित में जो भी कदम उठाएँगे, हम उसका पूर्ण समर्थन करेंगे, वहीं हम आप से यह भी माँग करते हैं कि इस सन्दर्भ में हम लोग भी जो कार्रवाई करेंगे, उसके प्रति आपकी समग्र प्रतिबद्धता रहे क्योंकि दुनिया के बच्चों को अब तक ग़लत ढंग से ही समझने का प्रयास हुआ है।

हम लोग समस्याओं के स्रोत नहीं हैं: बल्कि हम वे संसाधन हैं, जो इन समस्याओं को सुलझाने के लिए ज़रूरी हैं।

हम व्यय नहीं हैं, बल्कि हम समूची दुनिया के बेहतर विकास के लिए एकदम उचित निवेश हैं।

हम महज़ कम उम्र के लोग नहीं हैं, बल्कि हम लोग भी मानव हैं,एवं

दुनिया के नागरिक हैं। जब तक लोग हमारी ज़वाबदेहियों को स्वीकार नहीं करेंगे, हम लोग अपने अधिकारों के लिए लड़ते ही रहेंगे।

हम वादा करते हैं कि एक वयस्क के रूप में हम बच्चों के अधिकारों की रक्षा करेंगे उसी लगाव के साथ, जो अभी हमारे मन में एक बच्चे की सजग चेतना के रूप में है। हम वादा करते हैं कि एक-दूसरे के साथ मर्यादापूर्वक और गरिमामय व्यवहार करेंगे। हम यह भी वादा करते हैं कि हम अपनी असहमतियों के प्रति भी संवेदनशील एवं खुले रहेंगे।

हम दुनिया के बच्चे हैं, और अपनी भिन्न-भिन्न पृष्ठभूमियों के बावजूद हम एक साझे सत्य की भागीदारी कर रहे हैं।

हम अपने संघर्ष के मार्फ़त एकताबद्ध हैं-सभी के लिए एक बेहतर दुनिया बनाने के लिए। आप हमें 'भविष्य' बताते हैं लेकिन हम 'वर्तमान' भी हैं।

## साझे लक्ष्य

बच्चों के लिए आयोजित विशेष शिखर सम्मेलन में सदस्य राष्ट्रों में जिन लक्ष्यों के प्रति सहमति हुई, वे निम्नलिखित हैं:

### 1.स्वस्थ जीवन को प्रोत्साहित करना

(क) सन् 2015 तक नवजात शिशुओं और 5 वर्ष से कम आयु के बच्चों की मृत्यु दर को दो-तिहाई कम करने के लक्ष्य को हासिल करने की दिशा में नवजात शिशुओं और 5 वर्ष से कम आयु के बच्चों की मृत्यु-दर को कम-से-कम एक-तिहाई कम करना है।

(ख) सन् 2015 तक प्रसव करने वाली माताओं की मृत्यु-दर को तीन-चौथाई कम करने के लक्ष्य को हासिल करने की दिशा में इन माताओं की मृत्यु-दर को कम-से-कम एक-तिहाई कम करना है।

(ग) पाँच वर्षों से कम आयु के बच्चों के बीच कुपोषण को कम-से-कम एक-तिहाई कम करना और इस क्रम में 2 वर्ष की आयु वाले बच्चों पर विशेष ध्यान देना है, तथा वर्तमान दर की अपेक्षा सामान्य से कम वजन वाले बच्चों की जन्म-दर में कम-से-कम एक-तिहाई की कमी लाना।

(घ) जिन घरों में स्वच्छ एवं सुरक्षित शौचालय की व्यवस्था नहीं है, और जिनको सुरक्षित पेयजल उपलब्ध नहीं है, वैसे घरों की संख्या में कम-से-कम एक-तिहाई कमी लाना है।

(ङ) बच्चों के दैहिक, सामाजिक, भावनात्मक, आध्यात्मिक, एवं संज्ञानात्मक विकास में बढ़ोतरी को सुनिश्चित करने के लिए राष्ट्रीय प्रारम्भिक बाल विकास सम्बन्धी नीतियों और कार्यक्रमों का विकास एवं क्रियान्वयन।

(च) किशोर एवं किशोरियों के लिए राष्ट्रीय स्वास्थ्य नीतियों और कार्यक्रमों का विकास एवं उनका क्रियान्वयन-साथ ही इस सन्दर्भ में ऐसे लक्ष्यों एवं सूचकांकों का निर्धारण, जो उनके शारीरिक और मानसिक स्वास्थ्य को उत्साहवर्द्धक बढ़ावा देते रह सकें।

(छ) सन् 2015 के पूर्व ही जितनी जल्दी हो सके, प्राथमिक स्वास्थ्य चिकित्सकीय देखभाल व्यवस्था के माध्यम से सभी महिलाओं को प्रजनन स्वास्थ्य उपलब्ध करना।

## 2. उत्कृष्ट शिक्षा उपलब्ध करना

(क) लड़कों और लड़कियों के लिए, ख़ासकर अत्यधिक नाज़ुक और अत्यन्त असुविधाग्रस्त परिस्थितियों में पड़े बच्चों के लिए, बच्चों के प्रारम्भिक दिनों की व्यापक देखभाल, तथा शिक्षा को और अधिक बेहतर करते हुए उसको सुलभ बनाना।

(ख) प्राथमिक विद्यालयों में पढ़ने जाने की उम्र वाले उन बच्चों की संख्या में 50 प्रतिशत की कमी लाना, जो प्राथमिक विद्यालयों के बाहर है; साथ ही विद्यालयों में कुल नामांकन की संख्या में यथासम्भव अधिकाधिक बढ़ोत्तरी लाना। सन् 2010 तक प्राथमिक शिक्षा से वंचित रहने वाले 90 प्रतिशत बच्चों को वैकल्पिक, अच्छी प्राथमिक शिक्षा सम्बन्धित कार्यक्रमों में शामिल कराया जाना।

(ग) सन् 2005 तक प्राथमिक और माध्यमिक विद्यालयों में लिंगभेद को पूरी तरह से ख़त्म कर देना, और सन् 2015 तक शिक्षा में पूरी तरह से लैंगिक समानता के लक्ष्य को हासिल कर लेना, इस महत्वपूर्ण लक्ष्य को ध्यान में

रखते हुए कि लड़कियों को पूरी तरह से समानता के आधार पर उत्कृष्ट किस्म की बुनियादी शिक्षा उपलब्ध हो सके।

(घ) शिक्षा की गुणवत्ता के सभी आयामों को बेहतर बनाना ताकि बच्चे एवं युवा लोग स्वीकृत और आकलनलायक ज्ञान की उपलब्धियों को हासिल कर सकें, ख़ासकर गणना सम्बन्धी ज्ञान, साक्षरता और आवश्यक किस्म के जीवन-यापन करने के कला-कौशल।

(ङ) सन् 2015 तक, ख़ासकर महिलाओं में, साक्षरता दर में 50 प्रतिशत की बढ़ोत्तरी करना।

## 3. बच्चों को दुर्व्यवहार, शोषण एवं हिंसा से सुरक्षा

(क) तभी बच्चों को सभी प्रकार के दुर्व्यवहार, अवहेलना, शोषण एवं हिंसा से बचाया जाना है।

(ख) ज़बरन विस्थापन एवं सशस्त्र संघर्षों के दुष्प्रभाव से सभी बच्चों को बचाया जाना है, एवं यह सुनिश्चित किया जाना है कि अन्तरराष्ट्रीय मानवीय और मानवाधिकारों से सम्बन्धित कानूनों के प्रति नमनीय बने रहना है।

(ग) बच्चों को सभी प्रकार के यौन-शोषण, बाल वेश्यावृत्ति, यौन-व्यवसाय में शामिल करने के लिए बच्चों का अपहरण एवं सामान्य अपहरण आदि से बचाव किया जाना।

(घ) अन्तरराष्ट्रीय श्रम संगठन के सम्मेलन संख्या 152 के अनुसार वर्णित तमाम प्रकार के निकृष्टतम रूपों की बाल मज़दूरी प्रथा को एकदम निर्मूल किए जाने के लिए अविलम्ब प्रभावकारी कदम उठाए जाने हैं, एवं स्वीकृत अन्तरराष्ट्रीय मानकों के अनुरूप बाल श्रम को निर्मूल करने के लिए रणनीतियों का निर्धारण एवं उनका क्रियान्वयन किया जाना है।

(ङ) उन करोड़ों बच्चों की जीवन-दशा में सकारात्मक गुणात्मक परिवर्तन लाया जाना है जो अत्यन्त ही कठिन परिस्थितियों में जी रहे हैं।

## 4. एच.आई.वी./एड्स से लड़ना

(क) सन् 2005 तक ऐसे निर्धारित समय सीमा वाले लक्ष्यों को स्थापित किया जाना है, जिसके तहत 2005 तक एच.आई.वी. से बुरी तरह आक्रान्त देशों के 15 से 20 वर्ष के बीच युवक-युवतियों के मध्य एच.आई.वी.

की ब्याप्ति को 25 प्रतिशत तक कम करने के लिए अन्तरराष्ट्रीय स्तर पर स्वीकृत लक्ष्य को हासिल किया जा सके, और सन् 2010 तक इसी आयु वर्ग के युवक-युवतियों के मध्य एच.आई.वी. की व्याप्ति को 25 प्रतिशत कम किया जा सके। उन समस्त प्रयासों को तीव्रतर करना होगा, जिसके तहत एच.आई.वी./एड्स से सम्बन्धित लैंगिक भेदभाव को, तथा इसके प्रति रूढ़िवादी नज़रिये को, दृढ़ता से चुनौती देनी पड़ेगी, और इस कार्य में लड़कों और वयस्क लोगों को सक्रिय होने के लिए प्रोत्साहित करना पड़ेगा।

(ख) सन् 2005 तक एच.आई.वी. से ग्रस्त शिशुओं के अनुपात में 20 प्रतिशत की कमी लानी है और सन् 2010 तक इसमें 50 प्रतिशत की कमी लानी है। इसके लिए यह सुनिश्चित किए जाने का लक्ष्य है कि 80 प्रतिशत गर्भवती महिलाओं का, जिनको प्रसव से सम्बन्धित देखभाल उपलब्ध हो, एच.आई.वी. से बचाव सम्बन्धित तमाम सेवाओं के साथ उनको इसके बारे में सभी सूचनाएँ तथा सलाह आदि उपलब्ध हों। इस क्रम में प्रभावकारी चिकित्सा को एच.आई.वी. से ग्रस्त माताओं और उनके बच्चों तक प्रतिबद्धतापूर्वक उपलब्ध कराया जाना है, ताकि इसके साथ एच.आई.वी. माँ से बच्चों को संक्रमित न हो जाय। इसके साथ एच.आई.वी. से ग्रस्त महिलाओं के लिए प्रभावकारी हस्तक्षेप हो, जिसमें स्वयंसेवी एवं गोपनीय सलाह-मशविरा का, चिकित्सा की उपलब्धता का, ख़ासकर एन्टी रेट्रोवायरल थेरेपी (ए.आर.टी.) का, एवं माँ के दूध की वैकल्पिक व्यवस्था किए जाने पर गम्भीरतापूर्वक ध्यान दिया जाना है।

(ग) सन् 2003 तक विकसित की जानी हैं एवं सन् 2005 तक लागू की जानी हैं ऐसी राष्ट्रीय नीतियाँ एवं रणनीतियाँ, जिनकी सहायता से एच.आई.वी. एड्स से अनाथ हो गये तथा संक्रमित हो गये, एवं इनके कारण प्रभावित हुए लड़कों और लड़कियों को मददकारी सहयोग उपलब्ध कराने के लिए सरकार, परिवार, एवं समाज की क्षमता को मज़बूती प्रदान की जा सके। इसके लिए इनको समुचित सलाह-मशविरा, तथा मनोवैज्ञानिक सहयोग, उनके लिए आश्रय की उपलब्धता एवं विद्यालयों में उनके नामांकन को सुनिश्चित किए जाने की, अच्छे पोषाहार, स्वास्थ्य एवं सामाजिक सेवाएँ, अन्य बच्चों के साथ ही एकदम समानता के आधार पर व्यवस्था की जानी है। इसके साथ ही

अनाथ एवं सुकुमार बच्चों को हर प्रकार के दुर्व्यवहार, हिंसा, शोषण, भेदभाव, अपहरण, ग़लत कार्यों में लगाने के लिए एक देश से अन्यत्र स्थानान्तरण एवं उत्तराधिकारिता के ही छीन लिये जाने के संत्रास से सुरक्षित किया जाना है।

मगर अफ़सोस है कि इनमें से अधिकांश लक्ष्य 2025 तक प्राप्त नहीं किये जा सके।

## [IV]

## भारत में बाल सुरक्षा: मास्टर प्लान (1999-2002)

भारत सरकार और युनिसेफ के संयुक्त तत्त्वावधान में 3 मई, 1999 को बच्चों की सुरक्षा के बारे में एक मास्टर प्लान तैयार किया गया था जिसमें कहा गया था कि बच्चों की सुरक्षा के कार्यक्रम में राष्ट्रीय और प्रान्तीय स्तर पर जो परियोजनाएँ शामिल की जाएंगी, उनका ज़ोर निम्नलिखित बिन्दुओं पर होगा:

(क) बाल मज़दूरी की समाप्ति।

(ख) कानूनों और नीतियों की समीक्षा तथा कार्यान्वयन ।

(ग) बाल-व्यापार और बाल वेश्यावृति की घटनाओं को ख़त्म करने के लिए सामूहिक कार्रवाई

(घ) गली-कूचे के बच्चों के लिए शहर स्तर पर कार्रवाई।

(ङ) बाल न्याय व्यवस्था की समीक्षा एवं सुदृढ़ीकरण।

(च) विपरीत परिस्थितियों में रहने वाले बच्चों यथा यतीमों, भिखारियों, अपंगों, घरेलू नौकरों, वेश्याओं के बच्चों, मज़दूरों के बच्चों, आदि के हित में नये ढंग की कार्रवाई।

(छ) एच.आई.वी./एड्स को रोकना तथा नियन्त्रित करना।

यह स्वीकार किया गया था कि पूरे विश्व के परिदृश्य पर भारत में सबसे अधिक बाल मज़दूरों की संख्या है, और 1991 की जनगणना के अनुसार यहाँ 1,12,80,000 बाल मज़दूर थे, और 2001 की जनगणना के अनुसार भारत में 1.26 करोड़ बाल मज़दूर थे। 2011 की जनगणना के अनुसार भारत में 1.01 करोड़ बाल मज़दूर थे। लेकिन विभिन्न ग़ैर-सरकारी स्रोतों के अनुसार यह संख्या अधिक बताई गयी है। ज़्यादा तादाद की गणना इस आधार पर

की गयी है कि ऐसे बहुत सारे बच्चे हैं जो विद्यालय से बाहर हैं, तथा बाल मज़दूरों के रूप में उनके शोषण की प्रबल सम्भावना है। अन्तरराष्ट्रीय श्रम संगठन के अनुसार 2020 में भारत में 81.2 लाख बाल मज़दूर थे और 2025 में 74.3 लाख बाल मज़दूर (अनुमानित) हैं। यह स्वीकार किया गया है कि बँधुआ बाल मज़दूरों के अस्तित्व के लिए सामन्तवाद, पारिवारिक कर्ज़, तथा अन्य परिस्थितियाँ ज़िम्मेदार हैं। यह भी स्वीकार किया गया है कि बाल मज़दूरी प्रथा के कारण वयस्कों की मज़दूरी कम हो जाती है, और उत्पादन के अस्तित्वकारी आधार को बल मिलता है, पुरानी तकनीकी जुड़ी रहती है, तथा दीर्घकालिक सामाजिक, मानवीय, और आर्थिक विकास अवरुद्ध हो जाता है। अस्तु, समाज के स्तर पर यह चेतना जगाने की आवश्यकता है कि बाल मज़दूरों को प्रारम्भिक स्तर के मौलिक अधिकारों से वंचित रखा गया है।

यह भी स्वीकार किया गया था कि भारत के बड़े-बड़े शहरों में ग्रामीण इलाकों से बालिकाओं को लाकर कोठों पर बेच दिया जाता है, और विशेषकर नेपाल और बांग्लादेश से भी मानव-तस्करी से देह-व्यापार होता है। इसलिए इस प्रवृत्ति को रोकने तथा इसकी शिकार बालिकाओं का पुनर्वास करने की आवश्यकता है। यह भी स्वीकार किया गया है कि समाज में धार्मिक, सामाजिक रूढ़ियों, और परम्पराओं के कारण भी कतिपय आदिवासी समूह एवं जातियाँ 'देवदासी' जैसी प्रथा अपनाए हुए हैं। यद्यपि आन्ध्र प्रदेश और कर्नाटक में क्रमशः 1985 और 1987 में देवदासी (प्रतिषेध) अधिनियम बनाए गये थे, किन्तु दुर्भाग्यवश अभी भी यह प्रथा चल रही है, और सामाजिक कलंक के कारण उनका पुनर्वास भी समुचित ढंग से नहीं हो पाता है, तथा वे एच.आई.वी./एड्स से प्रायः पीड़ित होती हैं। इसलिए विभिन्न प्रकार की रणनीतियाँ इन्हें दूर करने के लिए आवश्यक हैं। भारत के बड़े शहरों में 5 लाख से अधिक बच्चे गली-कूचों और फुटपाथों पर रहते हैं जो हिंसा, शोषण आदि के शिकार समय-समय पर भिन्न-भिन्न रूपों में होते हैं। इन्हें विपरीत परिस्थितियों में काम करना पड़ता है। इसी प्रकार अपंगों की भी स्थिति दयनीय है, और निर्माण-कार्यों में लगे हुए वयस्कों के साथ रहने वाले बच्चे रद्दी चुनने, नुक्कड़ पर फुटकर सामान बेचने, अथवा भीख माँगने का कार्य करते हैं। इन बच्चों में संक्रामक रोग एच.आई.वी./एड्स बड़ी संख्या में पाए गये

हैं। यह भी पाया गया है कि ग्रामीण इलाकों से, विशेषकर ग़रीब अल्पसंख्यक परिवारों के, बच्चों को अरब देशों में भिक्षाटन अथवा ऊँट-दौड़ जैसे कार्यों के लिए अवैध रूप से ले जाया जाता है। बच्चों की देखभाल करने वाली संस्थाओं को सुदृढ़ किया जाना है क्योंकि भारत में बहुत सारे बच्चे उपेक्षित हैं, तथा बिना किसी जीवन-यापन के साधन के किसी तरह गुजर-बसर कर रहे हैं। इसमें समुदाय की भागीदारी सुनिश्चित की जानी है। भारतीय कानूनों और बाल अधिकार सम्मेलन (1989) में मृत्युदण्ड दिए जाने वाले अपराधियों की उम्र में भिन्नता है यद्यपि किशोर न्याय अधिनियम 1986 की धारा 18(2) में यह प्रावधान था कि पुलिस के द्वारा कोई भी बच्चा न तो हाज़त में बन्द किया जा सकता है, और न जेल में बन्द किया जा सकता है। बाद में 2000 के किशोर न्याय अधिनियम में भी ऐसी सुरक्षा का प्रावधान है। किन्तु व्यवहार में इसका दुरुपयोग अक्सर होता है। इसके अलावा बाल सुधार गृहों की देखभाल करने वाले कर्मचारी अप्रशिक्षित एवं असंवेदनशील होते हैं। अतः इन सुधार गृहों में समुचित सुविधाएँ भी नहीं उपलब्ध होती हैं बल्कि वहाँ उनका अत्यन्त शोषण होता है। इसलिए उपर्युक्त परिप्रेक्ष्य में निम्नलिखित रणनीतियाँ अपनाने की बात कही गयी है:

(1) बाल अधिकारों के उल्लंघन के प्रति समाज के रुख़ में परिवर्तन करने की आवश्यकता है जिससे लोग इन उल्लंघनों को इन्कार करने की बज़ाय उस पर विमर्श करने, सामाजिक और वैधानिक रिस्पांस (अनुक्रिया) देने, नया सामाजिक नियम बनाने, और सतत कार्रवाई करने के लिए उत्सुक हों।

(2) प्राथमिक विद्यालयों में दाख़िला और ठहराव सुनिश्चित किया जाए। इसके लिए समेकित सामुदायिक विकास एवं महिला सशक्तिकरण के द्वारा सहायता दी जाए।

(3) कार्यशील समाधानों पर अतिरिक्त ज्ञान उपलब्ध कराने हेतु पुनर्वास के लिए सहायता दी जाए।

(4) बाल सुरक्षा से सम्बन्धित सफलता की कहानियों का दस्तावेज़ बनाना, और उन्हें व्यापक पैमाने पर बढ़ाना।

(5) बाल अधिकार के उल्लंघनों को सामाजिक, सांस्कृतिक, और आर्थिक व्यवस्था से जोड़ना, तथा व्यवस्थागत परिवर्तन के लिए प्रयास करना।

(6) विशेष सुरक्षा उपायों की ज़रूरतों वाले बच्चों के बारे में समझने के लिए आँकड़े एकत्र करना, उनका विश्लेषण करना, तथा उनका उपयोग करना।

(7) कार्यकारी शोध को बढ़ावा देना।

(8) ग़ैर-सरकारी संगठनों, तथा लोक समाज (सिविल सोसायटी) के अन्य संगठनों की भागीदारी को सुदृढ़ कराना जिससे बच्चों की सुरक्षा हेतु राजनीतिक समर्थन जुटाया जा सके।

(9) सकारात्मक कानूनी संरचना को बढ़ावा देना, तथा कानूनों को प्रभावकारी ढंग से लागू करना।

इन रणनीतियों के आलोक में पाँच तरह की परियोजनाओं को शामिल करने की बात कही गयी थी जो निम्नलिखित हैं:

## परियोजना-1: बाल-मज़दूरी की समाप्ति

इस परियोजना में सामाजिक जनजागरण प्रारम्भिक शिक्षा के सर्वव्यापीकरण के लिए किया जाना मुख्य है। इसके अलावा संचार रणनीतियाँ विकसित की जानी हैं, तथा विभिन्न क्षेत्रों को आपस में मिलाकर अधिक सुविधाजनक बनाना है। इसके अलावा पंचायतों, महिला समूहों, ग़ैर-सरकारी संगठनों, लघु-ऋण की पहलों, तथा कर्ज़दारी को कम किया जाना है। ग़ैर-सरकारी संस्थाओं के अलावा जन-संचार माध्यमों के ज़रिए उद्योग के प्रतिनिधियों, श्रमिक संघों, वैधिक, और सामाजिक कार्यकर्त्ताओं, शिक्षकों, और सरकारी अधिकारियों को बाल श्रम रोकने के लिए प्रहरी के रूप में बढ़ावा देना है। कालीन उद्योग के अलावा अन्य उद्योगों में भी 'रुगमार्क' के अनुभव, तथा कालीन निर्यात प्रोत्साहन परिषद् जैसे औद्योगिक समूहों की मदद से बाल मज़दूरी को रोकने, तथा उनको हतोत्साहित करने की ज़रूरत है।

## परियोजना-2: कानून एवं नीति की समीक्षा तथा अपनाना

विभिन्न कानूनों की समीक्षा करके एक विस्तृत किशोर न्याय अधिनियम (जुविनाइल जस्टिस ऐक्ट) 2000 बनाया गया है। बाल अधिकार के समझौते के आलोक में एक भागीदारी प्रक्रिया विकसित की जाएगी। प्रारम्भिक मूल्यों,

सामाजिक, तथा वैधिक संरचनाओं की समीक्षा बाल अधिकारों के बरक्स की जाएगी। पुलिस एवं सीमा सुरक्षाकर्मियों की क्षमता को और सुदृढ़ किया जाएगा। वकीलों, जजों आदि को लैंगिक मुद्दों के प्रति ज़्यादा संवेदनशील बनाया जाएगा।

## परियोजना-3 बाल देह-व्यापार और बाल वेश्यावृत्ति को ख़त्म करने की सामूहिक कार्रवाई

इस बारे में सार्वजनिक सूचना अभियान को लागू एवं विकसित किया जाएगा। वेश्यावृत्ति से निकाले गये बच्चों के पुनर्वास के लिए समुचित कार्रवाई की जाएगी। एच.आई.वी./एड्स के सन्देशों के ज़रिए बाल वेश्यावृत्ति रोकने के लिए बड़े पैमाने पर जनमत तैयार किया जाएगा। इसके साथ-साथ राष्ट्रीय मानवाधिकार आयोग, तथा राष्ट्रीय महिला आयोग की मदद ली जाएगी। ग़ैर-सरकारी संस्थानों से विभिन्न प्रकार के आँकड़े लिये जाएंगे, और देह-व्यापार और बाल वेश्यावृत्ति रोकने के लिए समुचित अनुश्रवण किया जाएगा। इसके अलावा एक देश से दूसरे देश के बीच होने वाली पहलों को 'दक्षेस' (दक्षिण एशिया सहयोग संगठन-सार्क) संगठन के ज़रिए बेहतर ढंग से आपस में साझा किया जाएगा, तथा सामुदायिक चेतना को विकसित किया जाएगा।

## परियोजना-4: गली के बच्चों के लिए शहर स्तर पर कार्रवाई

उपेक्षित, ग़रीब एवं वंचित बच्चों की दिशा सुधारने के लिए नये-नये कार्यक्रम लागू किए जाएंगे जिसमें ग़ैर-सरकारी संगठनों, नगर निकायों, तथा राज्य सरकारों को विभिन्न स्तरों पर शामिल किया जाएगा। विभिन्न ग़रीबी उन्मूलन कार्यक्रमों में जोखिम में रहने वाले परिवारों पर विशेष ध्यान दिया जाएगा। सरकारी कर्मचारियों, तथा लोक समाज के प्रतिभागियों को समुचित प्रशिक्षण दिया जाएगा। 'चाइल्ड लाइन' सेवा शुरू की जाएगी, जिससे उपेक्षित बच्चों को कठिन स्थितियों से उबरने में हर सम्भव मदद मिल सके। किशोर न्याय अधिनियम (2000) के बारे में लोगों को अधिक-से-अधिक जानकारी दी जाएगी, तथा बाल मित्र दृष्टिकोण लागू किया जाएगा।

## परियोजना-5: एच.आई.वी./एड्स रोकना तथा नियन्त्रित करना

सामुदायिक जागृति पैदा की जाएगी कि किन-किन स्रोतों और कारणों से एच.आई.वी./ एड्स फैलता है। संचार माध्यमों का भरपूर उपयोग किया जाएगा, तथा युनिसेफ के सहयोग से इसे रोकने के सम्बन्ध में प्रशिक्षण की कार्रवाई की जाएगी। पंचायती राज संस्थाओं, एवं नगर निकायों की क्षमता इस दिशा में विकसित की जाएगी। प्रचार-प्रसार सामग्री युनिसेफ के सहयोग से विकसित और वितरित की जाएगी।

भारत सरकार और युनिसेफ ने यह लक्ष्य भी निर्धारित किया था कि 2002 तक भारत के कम-से-कम 15 जिलों में बाल मज़दूरी पूरी तरह से समाप्त कर दी जाएगी। दूसरे, कम-से-कम 5 जिलों में ख़तरनाक कार्यों में बाल मज़दूरी प्रथा 2000 तक समाप्त कर दी जाएगी, एवं कम-से-कम 10 जिलों में काम कर रहे बाल मज़दूरों की संख्या आधी कर दी जाएगी। किन्तु ये लक्ष्य कागज़ पर ही रह गए।

यह भी स्वीकार किया गया था कि उपर्युक्त कार्यों में प्रगति के अनुश्रवण के लिए सात संकेतक होंगे: विशिष्ट क्षेत्रों में कार्य कर रहे बच्चों की संख्या, विद्यालयों में बच्चों, विशेषकर बालिकाओं के ठहराव की प्रवृत्ति, वैधिक कार्रवाइयों की संख्या (जिनमें अभियोजन हुआ हो), सफल सरकारी या जन कार्रवाई की संख्या, बाल मज़दूरी अधिनियम के तहत विचारण किए गये मामलों का अनुपात, पूरे देश में स्थापित की गयी बाल अदालतों की संख्या, तथा बच्चों की संस्थाओं के दुरुपयोग की घटनाओं की प्रवृत्ति ।

1999 से 2002 के बीच कुल 1.7 करोड़ डॉलर के बजट का प्रस्ताव भारत सरकार और युनिसेफ ने दिया था। 2007-08 में यह राशि 1.20 लाख डॉलर थी किन्तु दुर्भाग्यवश उपर्युक्त लक्ष्यों की प्राप्ति नहीं हो सकी और अभी भी भारत के तमाम शहरों, व्यावसायिक प्रक्रियाओं, ग्रामीण क्षेत्रों में नाना रूपों में बाल मज़दूरी प्रथा चल रही है। यदि सचमुच इस मास्टर प्लान को लागू किया जाता, तो निश्चित रूप से बाल मज़दूरों की संख्या में काफी कमी आती, और उनकी दशा में काफी सुधार होता किन्तु दुर्भाग्यवश ऐसा नहीं हो सका। उत्तर बिहार में 40,000 बच्चों को 'प्रथम' नामक स्वयंसेवी संस्था ने चिह्नित किया, और 2 वर्षों में 250 बच्चों को इस मकड़जाल से बाहर

निकाला। ये बच्चे सीतामढ़ी, दरभंगा, पूर्णिया आदि जिले के थे, जो मुम्बई में विभिन्न प्रकार के उत्पीड़न के शिकार थे, और अधिकतर ज़री कारखानों में 16-18 घण्टे तक काम करते थे। इसी प्रकार दिल्ली में ज़री उद्योग में काम कर रहे क़रीब 300 बच्चों को मार्च-अप्रैल 2005 में निकाला गया। मई 2024 में गाज़ियाबाद (उत्तर प्रदेश) में दसना की एक मांसाहार इकाई से 57 बाल मज़दूरों को निकाला गया था जो पूर्वी उत्तर प्रदेश, बिहार और पश्चिम बंगाल के मूल निवासी थी। वे कठिन परिस्थितियों में कम मज़दूरी पर काम कर रहे थे। दिल्ली में खिलौना बनाने वाले एक कारखाने से अगस्त 2024 में 73 बाल मज़दूर निकाले गये थे-उन्हें 15 घंटे काम करने पर मात्र 100 रुपये मिलते थे। 'सहयोग' नामक संस्था ने 2024 में दिल्ली में कार्यरत 500 से अधिक बाल मज़दूरों को निकलवाया था। एक अनुमान के मुताबिक दिल्ली में ज़री उद्योग में क़रीब एक लाख बच्चे नियोजित हैं। इसमें अधिकतर बच्चे बिहार एवं उत्तर प्रदेश के हैं। यही स्थिति कमोवेश पूर्वी उत्तर प्रदेश, झारखण्ड के पलामू, पश्चिमी सिंहभूम, और संथाल परगना के इलाके, छत्तीसगढ़ के आदिवासी क्षेत्र, उत्तराखंड, दक्षिणी एवं पश्चिमी ओडिशा, राजस्थान के रेगिस्तान इलाके (बाड़मेर, जैसलमेर, जालौर, सीकर, बीकानेर) आदि की भी है। दुर्भाग्य यह है कि ये बच्चे दूसरे राज्यों के बड़े शहरों में काम करते हैं जहाँ की भाषा ठीक से न समझ पाने, प्रशासन के बारे में जानकारी न होने, कानूनों का ज्ञान न होने, स्थानीय श्रमिक संघों तक पहुँच न होने, अथवा उनके द्वारा नज़रअन्दाज़ किए जाने के कारण ये बाल मज़दूर बहुआयामी शोषण के शिकार होते हैं। अन्तरराज्यीय प्रवासी मज़दूर अधिनियम (1979) काफी पुराना है, जिसमें ऐसे प्रवासी मज़दूरों के हितों के संरक्षण के लिए कई प्रावधान हैं (हालाँकि वे पूर्ण नहीं हैं), किन्तु उसका कार्यान्वयन अधिकांश राज्यों में नहीं होता जबकि जिस स्रोत राज्य से मज़दूर दूसरे लक्ष्य राज्यों में जाते हैं, वहाँ उनके बारे में, उनके भावी नियोजकों के बारे में तमाम सूचनाएँ दर्ज़ की जानी चाहिए मगर श्रम विभाग के अधिकारी-कर्मचारी कानों में उँगली डाले, और आँख मूँदकर काग़ज़ी खानापूरी में अपने कर्तव्यों की इतिश्री मान लेते हैं। 1996 में प्रथम लेखक ने श्रमायुक्त, बिहार की हैसियत से सर्वेक्षण कराकर

1.74 लाख बाल मज़दूरों (जिनमें 68,000 ख़तरनाक कार्यों में लगे थे) को चिह्नित किया था और उनकी सूची सभी जिलों के जिला शिक्षा अधीक्षकों को सरकारी विद्यालयों में उनका नामांकन कराने हेतु भिजवाई थी मगर विरले अधिकारियों ने ही उसका सक्रिय संज्ञान लिया। पूरे भारत में क़रीब छह लाख गाँवों में कुछ छोटे गाँव अभी भी सरकारी विद्यालय की स्थापना से वंचित हैं, और ऐसे गाँव प्राय: कमज़ोर वर्गों के हैं। वे अपने बचपन को गिरवी रखकर जोखिमपूर्ण कार्यों में लगे हुए हैं, जिनके पेट और पीठ एक हो गये हैं, जिनकी ज़िन्दगी में बचपन के बाद सीधे बुढ़ापा आता है, और वे जवानी का मुँह नहीं देख पाते, जिन्हें वर्तमान शिक्षा व्यवस्था ने बाहर कर दिया है, जो राजनीतिक दलों के घोषणा-पत्रों में सही मायने में शामिल नहीं हैं, जिन्हें श्रम, शिक्षा, सामाजिक न्याय, महिला एवं बाल विकास, कल्याण, संस्कृति एवं युवा कार्य, स्वास्थ्य आदि विभागों के अधिकारी देखते हुए भी नहीं देखते हैं, और जिन्हें समूचे समाज ने जन्मते ही यतीम बना दिया है। मगर घूरे के दिन भी फिरते हैं, इसलिए आशा की जानी चाहिए कि आज के बच्चे जब कल वयस्क होंगे तो वे अगली पीढ़ी को बाल मज़दूर बनने को विवश नहीं करेंगे, और सरकार तथा समाज को उनका हक़ हर हालत में देना होगा।

## राष्ट्रीय बाल श्रमिक परियोजना 2003

जैसा कि पूर्व में वर्णित किया जा चुका है कि राष्ट्रीय बाल श्रमिक परियोजना केन्द्रीय मन्त्रिमण्डल द्वारा 14 अगस्त, 1987 को 7वीं पंचवर्षीय योजना के समय स्वीकृत की गयी थी, जिसके मुख्यत: 3 आयाम थे:

(क) वैधिक कार्रवाई करना-विभिन्न श्रम कानूनों के तहत बाल मज़दूरों से सम्बन्धित वैधानिक प्रावधानों को प्रभावकारी तरीक़े से लागू करने पर ज़ोर दिया गया था।

(ख) सामान्य विकास कार्यक्रमों पर विशेष ध्यान देना-श्रम विभाग के अतिरिक्त अन्य विभागों के द्वारा जो भी विकास के कार्यक्रम चलाए जा रहे थे, उनका उपयोग बाल श्रमिकों के लाभ के लिए यथासम्भव किया जाना।

(ग) परियोजना आधारित कार्य योजना-जिन क्षेत्रों में बाल मज़दूरों की संख्या काफी अधिक थी, वहाँ कामकाजी बच्चों के विकास के लिए विशेष कल्याण योजना चलाना।

वर्ष 2003 में भारत सरकार के द्वारा 10वीं पंचवर्षीय योजना में उसी दृष्टिकोण को कमोबेश जारी रखा गया। पुनरीक्षित राष्ट्रीय बाल श्रम परियोजना का मुख्य उद्देश्य है कि संसाधनों के सीमित होने तथा सामाजिक चेतना एवं जनजागरण के वर्तमान स्तर को ध्यान में रखते हुए भारत सरकार ने लक्ष्य रखा था कि 10वीं योजना की समाप्ति तक जोख़िमपूर्ण कार्यों से बाल श्रम को समाप्त कर दिया जाएगा। यह भी कहा गया था कि बाल मज़दूरी के सभी स्वरूपों की समाप्ति एक प्रगतिमूलक प्रक्रिया है जिसकी शुरुआत जोख़िमपूर्ण क्षेत्रों से बाल श्रम की समाप्ति से की जानी है। इस परियोजना में 14 वर्ष के नीचे के सभी बच्चे शामिल किए गये थे जो बाल श्रम अधिनियम 1986 के शिड्यूल में घोषित व्यवसायों एवं प्रक्रियाओं में काम करते हों अथवा उन व्यवसायों एवं प्रक्रियाओं में काम करते हों, जो उनके स्वास्थ्य एवं आत्मा को प्रभावित करते हैं। किन्तु इस श्रेणी के कार्यों में लगे रहना तभी जोख़िमपूर्ण माना जाएगा, जब उसे 'विवेकपूर्ण तरीक़े से' सिद्ध किया जा सके!

## बाल एवं किशोर श्रम (प्रतिषेध एवं विनियमन) संशोधन अधिनियम:

भारत सरकार ने 30 अगस्त 2017 की अधिसूचना संख्या का. आ. 2827 (अ) के द्वारा बाल एवं किशोर श्रम (प्रतिषेध एवं विनियमन) अधिनियम 2016 की अनुसूची में संशोधन करके खंड 'क' के तहत निम्नलिखित ख़तरनाक व्यवसायों और प्रक्रियाओं में किशोरों के काम करने तथा बच्चों द्वारा मदद करने को प्रतिषिद्ध कर दिया:

### भाग-क

(1) खानें एवं कोलियरी (भूमिगत और जलमग्न) तथा इनसे सम्बन्धित कार्य: (क) पत्थर खानें, (ख) ईंटों की भट्ठियाँ, (ग) इनकी तैयारी तथा आनुषंगिक प्रक्रियाओं जिनमें पत्थर, या चूना या स्लेट या सिलिका या अभ्रक अथवा भूमि से निकाला गया कोई अन्य तत्व या खनिज का खनन, पिसाई, कटाई, विपाटन, एकत्रण, और मरम्मत करना शामिल हैं; अथवा, (घ) खुले गड्ढे की खानें।

(2) ज्वलनशील पदार्थ तथा विस्फोटक जैसे- (क) पटाखे का उत्पादन, संग्रहण या बिक्री, (ख) विस्फोटक अधिनियम 1884 के अन्तर्गत परिभाषित विस्फोटकों का उत्पादन, संग्रहण, बिक्री, लादना, उतारना; (ग) उत्पादन, हथालन पिसाई, चमकाना, कटाई, पॉलिश, वेल्डिंग, साँचे में ढलाई, इलेक्ट्रोप्लेटिंग से सम्बन्धित कार्य, तथा अन्य किसी प्रक्रिया से सम्बन्धित कार्य जिसमें ज्वलनशील पदार्थ हों; या (घ) ज्वलनशील पदार्थों, विस्फोटकों, तथा उनके उप-उत्पादों का अपशिष्ट प्रबन्धन; (ङ) प्राकृतिक ग़ैस एवं अन्य सम्बन्धित उत्पाद। कारख़ाना अधिनियम 1948 की प्रथम अनूसूची में निर्दिष्ट ख़तरनाक प्रक्रियाएँ।

(3) लौह धातु कर्म उद्योग- (क) समेकित लोहा और इस्पात, (ख) लौह मिश्र धातु, (ग) विशेष इस्पात।

(4) अलौह धातु कर्म उद्योग- प्राथमिक धातु कर्म उद्योग अर्थात् जस्ता, सीसा, तांबा, मैगनीज, और अल्मुनियम।

(5) ढलाई (लौह और अलौह): कास्टिंग एवं फोर्जिंग सहित सफ़ाई करना या चिकना करना या रेत और शॉट ब्लास्टिंग द्वारा खुरदरा करना।

(6) कोयला (कोक सहित) उद्योग- (क) कोयला, लिग्नाइट, कोक, इसी प्रकार के अन्य पदार्थ; (ख) ईंधन (कोयला गैस, उत्पादक गैस, जल गैस सहित)।

(7) विद्युत उत्पादन उद्योग

(8) लुगदी और काग़ज़ (काग़ज़ उत्पादन सहित) उद्योग

(9) उर्वरक उद्योग-(क) नाइट्रोजनयुक्त, (ख) फास्फेटिक, (ग) मिश्रित।

(10) सीमेंट उद्योग-पोर्टलैंड सीमेंट (लावा सीमेंट, पॉजजोलाना सीमेंट, और उनके उत्पादों सहित)।

(11) पेट्रोलियम उद्योग- (क) तेल शुद्धीकरण/परिष्करण, (ख) स्नेहन तेल और ग्रीस

(12) पेट्रो-रसायन उद्योग

(13) दवा और औषधीय उद्योग-मादक दवाएं, औषधियाँ और फार्मास्युटिकल्स।

(14) किण्वन उद्योग (आसवन और मद्य निर्माणशाला)।

(15) रबड़ (सिंथेटिक) उद्योग।

(16) पेंट और पिगमेंट उद्योग।

(17) चमड़ा उद्योग।

(18) इलेक्ट्रोप्लेटिंग उद्योग।

(19) रासायनिक उद्योग- (क) कोक ओवन गौण उत्पाद एवं आसवन उत्पाद, (ख) औद्योगिक गैसें (नाइट्रोजन ऑक्साइड, हैलोजेनेटेड हाइड्रोकार्बन, ओजोन, ऐसी अन्य गैसें, (ग) औद्योगिक कार्बन, (घ) क्षार और अम्ल, (ङ) क्रोमेट्स एवं डिक्रोमेट्स, (च) सीसा और इसके यौगिक पदार्थ, (छ) इलेक्ट्रो रसायन (मेटेलिक सोडियम, पोटैशियम और मैग्नेशियम, क्लोरेट्स, पराक्लोरेट्स, एवं पैराक्साइड्स), (ज) इलेक्ट्रो थर्मल उत्पाद (कृत्रिम अपघर्षक), कैल्शियम कार्बाइड, (झ) नाइट्रोजन कम्पाउंड (सायनाइड, सायनामइड्स और नाइट्रोजन यौगिक पदार्थ), (□) फास्फोरस और इसके यौगिक पदार्थ, (ट) हैलोजन्स और हैलोजीकृत यौगिक पदार्थ (क्लोरीन, फ्लोरीन, ब्रोमीन, आयोडीन), (ठ) विस्फोटक पदार्थ (औद्योगिक विस्फोटक, डिटोनेटर फ्यूज सहित)।

(20) कीटनाशक, कवकनाशी (फुंगीसाइड), शाकनाशक (हर्बीसाइड) और अन्य कीटनाशक दवाइयों के उद्योग।

(21) संश्लेषित रेजिन और प्लास्टिक।

(22) मानव निर्मित फाइबर (सैल्यूलोसिक एवं ग़ैर-सैल्यूलोसिक) उद्योग।

(23) विद्युत एक्यूमुलेटरों का विनिर्माण एवं मरम्मति।

(24) सीसा और सिरामिक।

(25) धातुओं की घिसाई या चमकाना।

(26) एस्बेस्टस और इसके उत्पादों का विनिर्माण, हथालन और प्रसंस्करण।

(27) वानस्पतिक और पशु स्त्रोतों से तेल और वसा की निकासी।

(28) बेन्जीन और बेन्जीन निहित पदार्थों का विनिर्माण, हथालन और प्रयोग।

(29) कार्बन डाइ सल्फाइट से सम्बन्धित विनिर्माण प्रक्रिया और ऑपरेशन।

(30) डाई और डाई उत्पाद तथा उनके माध्यम।

(31) अत्यधिक ज्वलनशील तरल पदार्थ और गैसें।

(32) ख़तरनाक रसायन विनिर्माण, भंडारण और आयात नियम 1989 की अनुसूची-1 के भाग में निर्दिष्ट जोखिम रसायन का हथालन और प्रक्रमण में निहित प्रक्रिया।

(33) बूचड़खानों और कसाईखानों में कार्य (गिलोटिन सहित)।

(34) रेडियोधर्मी पदार्थ (इलेक्ट्रॉनिक कचरा सहित) वाले कार्य और सम्बन्धित प्रक्रियाएं।

(35) पोत-विभंजन (तोड़ाई)।

(36) नमक के खनन या निर्माण का कार्य।

(37) भवन एवं अन्य सन्निर्माण कामगार (रोज़गार का विनियमन एवं सेवा शर्तें) केन्द्रीय नियम 1998 की अनुसूची में निर्दिष्ट ख़तरनाक प्रक्रियाएं।

(38) बीड़ी बनाने का कार्य या तम्बाकू (विनिर्माण, पेस्टिंग, हथालन सहित) का प्रसंस्करण या मनः प्रभावी पदार्थ या खाद्य-प्रसंस्करण में किसी रूप में अल्कोहल और मदिरा उद्योग और बार, पब, पार्टियों या ऐसे अन्य अवसरों पर जहाँ अल्कोहल परोसे जाते हैं।

## भाग-ख

व्यवसायों और प्रक्रियाओं की सूची जहाँ परिवार और पारिवारिक उद्यम में 14 वर्ष तक के बच्चों द्वारा सहायता करना प्रतिषिद्ध है:

### व्यवसाय:

(1) रेल द्वारा यात्रियों, माल और डाक ले जाना,

(2) रेलवे परिसर में निर्माण कार्य करना, अंगारों या राख से कोयला बीनना या राख के गड्ढे को साफ़ करना,

(3) रेलवे स्टेशन पर बने हुए भोजनालयों में काम करना (एक प्लेटफार्म से दूसरे प्लेटफार्म पर आना-जाना अथवा चलती रेलगाड़ी में चढ़ना-उतरना सहित)।

(4) रेलवे स्टेशन के निर्माण से सम्बन्धित कार्य या रेल लाइनों के निकट या उनके बीच किया जाने वाला कार्य।

(5) किसी विमान पत्तन (एयरपोर्ट) की सीमाओं के भीतर।

(6) ऑटोमोबाइल वर्कशॉप और गैराज।

(7) हथकरघा और पावरलूम उद्योग।

(8) प्लास्टिक इकाइयाँ एवं फाइबर ग्लास वर्कशॉप

(9) घरेलू कामगार/नौकर

(10) ढाबा, रेस्तराँ, होटल, मोटल, रिसोर्ट,

(11) गोताखोरी

(12) सर्कस

(13) हाथियों की देखभाल

(14) विद्युत चालित बेकरी मशीन

(15) जूता-निर्माण

## प्रक्रियाएँ

(1) कालीन बुनाई (इसकी शुरुआती और जुड़ी हुई प्रक्रिया सहित)।

(2) सीमेंट बनाने से लेकर बोरियों में भरने तक।

(3) कपड़ा छपाई, रंगाई, और बुनाई (इसकी शुरुआती और जुड़ी हुई प्रक्रिया सहित)।

(4) लाख/शीलैक विनिर्माण।

(5) साबुन बनाना।

(6) ऊन की सफ़ाई।

(7) भवन एवं निर्माण उद्योग (ग्रेनाइट पत्थरों के प्रसंस्करण, पॉलिश, तथा ढुलाई एवं संग्रहण, बढ़ईगीरी, राजमिस्त्री के कार्य सहित)।

(8) स्लेट पेंसिल का निर्माण (पैकिंग सहित)।

(9) अगेट उत्पादों का निर्माण-कार्य।

(10) काजू और काजू के छिलके उतारने और उससे जुड़ी प्रक्रिया।

(11) इलेक्ट्रानिक उद्योग में धातु की सफ़ाई, चित्र की नक्काशी एवं टाँका लगाने (शोल्डरिंग) की प्रक्रिया।

(12) अगरबत्ती का निर्माण।

(13) ऑटोमोबाइल मरम्मति एवं रखरखाव (शुरुआती एवं जुड़ी प्रक्रिया सहित), बेल्डिंग, लेथवर्क, डेंटिंग-पेंटिंग।

(14) ईंटों और खपड़ों का निर्माण।

(15) रुई, सूत की ओटाई और इसे दबाना, होजरी का सामान बनाना।

(16) डिटर्जेंट का निर्माण।

(17) फेब्रिकेशन वर्कशॉप (लौह एवं अलौह)।

(18) क़ीमती पत्थर (रत्न-जवाहरात) तराशना और पॉलिश करना।

(19) क्रोमाइट और मैंगनीज अयस्कों का रख-रखाव।

(20) जूट के कपड़ों का निर्माण और कॉपर निर्माण।

(21) चूना भट्ठा और चूना निर्माण।

(22) ताला बनाना।

(23) सीसा को गलाना, वेल्डिंग, कटाई करना, गल्वनीकृत या जिंक सिलिकेट, पोलिबिनाइल, क्लोराइड की वेल्डिंग करना, क्रिस्टल ग्लास का मिश्रण हाथ से करना, सीसा पेंट को खुरचना, इनैमलिंग वर्कशॉप में सीसे का दाहन, खान से सीसा निकालना, तलसाजी, केबल बनाना, तार बिछाना, सीसा ढलाई, मुद्रणालयों में अक्षरों को सेट करना, छर्रे बनाना, सीसा/काँच फुलाना।

(24) सीमेंट पाइप तथा सीमेंट उत्पाद तथा सीमेंट की अन्य चीज़ें बनाना।

(25) काँच, काँच के बर्तनों का निर्माण, प्रक्रिया, एवं हथालन।

(26) कीटनाशकों का निर्माण एवं रखरखाव।

(27) संक्षारीय एवं विषैले पदार्थों का निर्माण, प्रक्रिया, एवं हथालन।

(28) जलाऊ कोयला और ब्रिकेट (चूर्ण को आकार देना)।

(29) खेल-कूद की चीज़ों का निर्माण जिसमें सिंथेटिक सामग्री, रसायन और चमड़ा शामिल हो।

(30) तेल की पेराई और प्रसंस्करण।

(31) काग़ज़ बनाना।

(32) चीनी मिट्टी के बर्तन, और सिरामिक उद्योग।

(33) पीतल की चीज़ों का निर्माण (कटाई, ढलाई, पॉलिश, वेल्डिंग सहित)।

(34) कृषि प्रक्रियाएँ (ट्रैक्टर एवं अन्य मशीनों का उपयोग वाली)।

(35) आरा मिल-सभी प्रक्रियाएँ।

(36) रेशम प्रसंस्करण।

(37) चमड़े के सामान के निर्माण हेतु खाल उतारना, रंगाई और प्रसंस्करण।

(38) टायर निर्माण, मरम्मति, रिट्रेडिंग, ग्रेफाइट सजाना।

(39) बर्तन बनाना, पॉलिश करना और धातु की बफिंग करना।

(40) ज़री-निर्माण एवं सभी सम्बन्धित प्रक्रियाएं।

(41) ग्रेफाइट पाउडर तैयार करना और उससे जुड़ी प्रक्रिया।

(42) धातुओं की घिसाई या उन पर काँच चढ़ाना।

(43) हीरों की कटाई और पॉलिश।

(44) कचरा उठाना और कबाड़ संग्रह करना।

(45) मशीनीकृत मछली पालन।

(46) खाद्य-प्रसंस्करण।

(47) पेय पदार्थ उद्योग।

(48) मसाला उद्योग (खेती, छँटनी, सुखाना, और पैकिंग सहित)

(49) लकड़ी हथालन और ढुलाई।

(50) लकड़ी की यांत्रिक कटाई।

(51) भंडारण कार्यकलाप।

(52) साज पार्लर, जिम्नाजियम या अन्य मनोरंजक या मेडिकल सुविधा केन्द्र।

(53) ख़तरनाक मशीनों के निम्नलिखित से सम्बन्धित प्रचालनों में-(क) उत्तोलक एवं लिफ्ट, (ख) मशीनों को चढ़ाना, चैन, रस्सियों एवं उत्तोलक विधि से जुड़े कार्य, (ग) घूमने वाली मशीनें, (घ) विद्युत प्रक्रिया, (ङ) मेटल ट्रेड से जुड़े औजार।

(54) कारखाना अधिनियम 1948 की धारा 2 के खंड (ट) के उपखंड में छपाई के लिए अक्षर निर्माण, लेटर प्रेस द्वारा छपाई, पाषाण छपाई, फोटोग्रेवर या अन्य समान प्रक्रिया या क़िताब बाँधने का कार्य।

भारत सरकार (श्रम मन्त्रालय) से प्राप्त सूचना के अनुसार अक्टूबर 2006 से सितम्बर 2007 तक 6,669 बाल मज़दूरों की पहचान विभिन्न राज्यों में की गयी थी जो ख़तरनाक व्यवसायों/प्रक्रियाओं में संलग्न थे। इसके आलोक में 872 मालिकों के विरुद्ध मामले दर्ज़ किए गये थे। ज्ञातव्य है कि 10 अक्टूबर, 2006 से घरेलू नौकर, ढाबा, रेस्तराँ, होटल-मोटल, चाय की दुकान, स्पॉ और मनोरंजन केन्द्रों पर बच्चों के काम को ख़तरनाक घोषित किया गया था। यद्यपि 'बचपन बचाओ आन्दोलन' के अनुसार दिल्ली में ऐसे ख़तरनाक कार्यों में बीस हज़ार बाल मज़दूर लगे हैं, मगर (2006-07) में दिल्ली में महज़ 55 बाल श्रमिकों को मुक्त कराया गया था, और 45 मालिकों के विरुद्ध कार्रवाई की गयी थी। तब मध्य प्रदेश में 91 बच्चों, उत्तराखण्ड में 2 बच्चों, और बिहार में 290 बाल मज़दूरों को मुक्त कराया गया था। मई 2024 में गाज़ियाबाद (उत्तर प्रदेश) के दसना में स्थित एक मांसाहार कारखाने से 57 बाल मज़दूरों को निकाला गया जो पूर्वी उत्तर प्रदेश, बिहार एवं पश्चिम बंगाल के थे। अगस्त 2024 में दिल्ली के एक खिलौना बनाने वाले कारखाने से 73 बाल मज़दूरों को निकाला गया। ये सभी कठिन परिस्थितियों एवं बहुत कम मज़दूरों पर काम कर रहे थे। 'सहयोग' नामक संस्था ने 2024 में दिल्ली में कार्यरत 500 बाल मज़दूरों को वहाँ से निकलवाया। जब तक श्रम विभाग, शिक्षा विभाग, जिला प्रशासन, और पुलिस विभाग के अधिकारियों और कर्मचारियों को संयुक्त रूप से ज़वाबदेह नहीं बनाया जाएगा, ख़तरनाक कार्यों में लगे बाल मज़दूरों को पूरी तरह मुक्त नहीं कराया जा सकता।

इसके अलावा बाल मज़दूरी समाप्ति के प्रयासों को 'सर्व शिक्षा अभियान' (अब 'समग्र शिक्षा अभियान') से जोड़ा गया। इसमें 5 से 8 वर्ष के सभी बच्चे प्राथमिक विद्यालयों से सीधे जोड़े गये, तथा अपेक्षाकृत बड़े बच्चे औपचारिक शिक्षा व्यवस्था में पुनर्वास केन्द्रों के ज़रिए शामिल हुए। अपेक्षाकृत बड़े बच्चों को व्यावसायिक प्रशिक्षण दिया जाना है। जहाँ मज़दूरों की संख्या बहुत ज़्यादा है अथवा गुणवत्ता की दृष्टि से अत्यन्त महत्त्वपूर्ण क्षेत्र है, वहाँ आकर्षक विद्यालय व्यवस्था बाल मज़दूरों और उनके अभिभावकों को उपलब्ध कराई जाएगी जिससे वे उत्साहित हो सकें। इसके अलावा सभी बच्चों के स्वास्थ्य की देख-रेख की प्रभावकारी व्यवस्था की जाएगी, तथा

बाल मज़दूर (प्रतिषेध एवं विनियमन) अधिनियम 1986 को प्रभावकारी ढंग से लागू किया जाएगा। अनुश्रवण प्रणाली को राज्य सरकारों के ज़रिए ज़्यादा प्रभावकारी बनाया जाएगा। इससे सभी लक्ष्य निर्धारित अवधि में प्राप्त किए जा सकेंगे। इसके साथ-साथ लोक संचार, छापा और इलेक्ट्रॉनिक संचार साधनों के ज़रिए जनजागरण अभियान ज़ारी रखा जाएगा, तथा प्रशिक्षण एवं संवेदनीकरण कार्यशालाओं को सभी स्तर के अधिकारियों के लिए संचालित किया जाएगा। बाल मज़दूरी प्रथा की समाप्ति को 'देश के एजेण्डे में सबसे ऊपर' रखा जाएगा, तथा 'मिशन विधि' अपनाई जाएगी। बाल मज़दूरी की समाप्ति का लक्ष्य प्राप्त करने के लिए शिक्षा, ग्रामीण विकास, स्वास्थ्य, महिला एवं ग्राम विकास विभागों की विभिन्न योजनाओं को एक साथ सम्बद्ध किया जाएगा। राष्ट्रीय बाल श्रम परियोजना के विद्यालयों को चलाने के लिए जिला स्तर पर स्वयंसेवी संस्थाओं को बड़े पैमाने पर शामिल किया जाएगा। प्रतिबद्ध ग़ैर-सरकारी संगठनों के ज़रिए पुनर्वास विद्यालयों को चलाने के लिए प्रोत्साहित किया जाएगा जिससे सरकारी तन्त्र के ऊपर विद्यालयों को चलाने का अतिरिक्त भार नहीं पड़े। ज्ञातव्य है कि समग्र शिक्षा अभियान तथा नयी शिक्षा नीति 2020 के तहत सितम्बर 2022 में पी.एम. श्री योजना शुरु की गयी जिनमें 14,500 विद्यालयों में गुणवत्ता, आधुनिक आधारभूत सुविधाएँ तथा नवाचारी अध्यापन विधियाँ अपनायी जाती हैं। केरल, तमिलनाडु और पश्चिम बंगाल ने अभी तक इसे लागू करने के लिए भारत सरकार से करार नहीं किया है जबकि 33 राज्य एवं संघ शासित क्षेत्रों ने इसे लागू करने पर सहमति दे दी। परियोजना की पूरी राशि 27,360 करोड़ रुपये (पाँच वर्षों के लिये) है जिसमें भारत सरकार का हिस्सा 18,128 करोड़ रुपये है। इसमें केन्द्रीय एवं जवाहर नवोदय विद्यालयों तथा अन्य अच्छे विद्यालयों (राज्य सरकारों और स्थानीय सरकारों के) को शामिल किया गया है।

इन पुनर्वास विद्यालयों के संचालन में शिक्षा प्रमुख तत्त्व है। चूंकि ये बाल मज़दूर विभिन्न पृष्ठभूमियों और हुनरों वाले होते हैं, इसलिए विशेष विद्यालयों में औपचारिक और अनौपचारिक विधियों को साथ-साथ अपनाया जाएगा, तथा पाठ्यक्रम को गहन बनाया जाएगा जिससे अधिकतम 3 वर्षों में वे पाँचवीं कक्षा के सीखने के स्तर को प्राप्त कर लें। इसके अलावा उनकी

उम्र के अनुकूल उन्हें शिल्प तथा प्राक्-व्यावसायिक प्रशिक्षण दिया जाएगा। इस शिक्षा के बाद उन्हें छठी कक्षा में औपचारिक मुख्य धारा में शामिल करने की आशा की जाती है। जो बच्चे 3 साल के पहले शिक्षा की मुख्य धारा में आने के योग्य हो जायेंगे, उन्हें 3 वर्ष के पहले भी मुख्य धारा में शामिल करने के लिए प्रोत्साहित किया जा सकेगा। इस सम्बन्ध में सम्बन्धित परियोजना के द्वारा लचीला रुख़ अपनाया जाएगा। शिक्षा के अलावा इन बच्चों को बहुत सारी कल्याणकारी योजनाओं के तहत पोषाहार, स्वास्थ्य की देखभाल आदि सुविधाएँ उनकी ज़रूरतों के अनुरूप उपलब्ध कराई जाएंगी। दूसरे, नामांकन का फोकस 9 से 14 वर्ष के बच्चों पर होगा क्योंकि उससे कम उम्र के कामकाजी बच्चों को सीधे औपचारिक प्राथमिक विद्यालयों में भर्ती होने के लिए प्रेरित किया जाएगा। तीसरे, पाठ्यक्रम, अन्तर्वस्तु, तथा पाठ्य सामग्री का निर्माण राज्य स्तर पर राज्य शिक्षा शोध एवं प्रशिक्षण संस्थान, जिला शिक्षा एवं प्रशिक्षण संस्थान, तथा ग़ैर-सरकारी संगठनों के सहयोग से किया जाना चाहिए। स्वयंसेवकों का प्रशिक्षण संक्षिप्त उन्मुखीकरण कार्यक्रम के रूप में जिला स्तर पर होना चाहिए जिसमें जिला शिक्षा एवं प्रशिक्षण संस्थान की मदद ली जाए। चौथे, विशेष स्कूलों को इस तरह से चलाया जाए जिससे बच्चे निषिद्ध नियोजनों में कार्य न करें, और नियमित शिक्षा व्यवस्था में शामिल हों। इसलिए स्थानीय स्तर पर विद्यालयों के खुलने के समय, पढ़ाई के घण्टे आदि में लचीला रुख़ अपनाया जाए।

चूँकि यह परियोजना अनिश्चित काल तक नहीं चलेगी, इसलिए इसमें कार्य करने वाले स्वयंसेवियों, शिक्षकों, तथा अन्य कर्मचारियों को शुरू में ही यह स्पष्ट कर देना चाहिए कि उन्हें इसके लिए एक निर्धारित धनराशि मिलेगी, और उसे वे स्थायी न समझें। न तो कोई स्थायी वेतनमान निर्धारित होगा, और न जिला मुख्यालय स्तर पर उनकी भर्ती के लिए केन्द्रीयकृत व्यवस्था हो । वास्तव में, वे स्वयंसेवक स्थानीय समुदाय/गाँव से चुने जायें जिनमें सामुदायिक सेवा के प्रति झुकाव को मुख्य आधार बनाया जाए, और स्थानीय परियोजना के द्वारा ऐसे स्वयंसेवी शिक्षकों की योग्यता निर्धारित की जाए। परियोजना के स्वयंसेवकों का समय एक दिन में कुल 5 घण्टे से अधिक नहीं हो जिससे वे अन्यत्र भी अपना कार्य कर सकें।

यदि विशेष विद्यालयों के लिए किसी क्षेत्र में भवन तथा अन्य आधारभूत संरचनाएँ उपलब्ध न हों, तो औपचारिक विद्यालयों के शिक्षण कार्य के पहले या बाद में इन विशेष विद्यालयों को चलाया जा सकता है।

पूर्व में प्रत्येक महीने में प्रत्येक बच्चे को 100 रुपये छात्रवृत्ति नकद देने का प्रावधान था लेकिन अब पुनरीक्षित प्रावधान में 200 रुपये प्रति बच्चे की दर से दी जाने वाली राशि उसके बैंक खाता में जमा की जाती है, और जब वह किसी औपचारिक विद्यालय में सफलतापूर्वक प्रवेश ले लेगा, तो उसे उसका भुगतान किया जाता है।

पुनरीक्षित परियोजना में पोषाहार के लिए निर्धारित (प्रति बालक प्रतिदिन) ढाई रुपये की राशि को बढ़ाकर 5 रुपये प्रतिदिन प्रति बालक कर दी गयी।

पूर्व की योजना में स्वास्थ्य की देखभाल के लिए अलग से कोई व्यवस्था नहीं की गयी थी किन्तु पुनरीक्षित योजना में प्रत्येक बीस विशेष विद्यालय के लिए एक चिकित्सक को 5 हज़ार रुपये प्रतिमाह मानदेय पर रखने की व्यवस्था की गयी जिससे बच्चों के स्वास्थ्य की देखभाल प्रभावकारी तरीक़े से हो सके। बच्चों के विकास में विशेषकर वजन, ऊँचाई आदि पर ज़ोर दिया जाता है, तथा सभी बच्चों के लिए स्वास्थ्य कार्ड बनाया जाता है।

पूर्व में मास्टर प्रशिक्षक के द्वारा स्वयंसेवकों, शिक्षकों या बच्चों को प्रशिक्षण देने के लिए प्रावधान नहीं था मगर पुनरीक्षित प्रावधान में प्रत्येक राष्ट्रीय बाल श्रमिक परियोजना के लिए एक मास्टर प्रशिक्षक के लिए 5 हज़ार रूपये का बजटीय प्रावधान किया गया।

इसके अलावा पुनरीक्षित योजना में शिक्षा देने वाले अध्यापकों को दसवीं योजना के दौरान दो बार प्रशिक्षण देने हेतु बजटीय प्रावधान किया गया।

पुनरीक्षित योजना में दसवीं योजना के दौरान दो बार कामकाजी बच्चों का सर्वेक्षण करने का बजटीय प्रावधान भी किया गया था।

पूर्व की भाँति पुनरीक्षित परियोजना भी जिलाधिकारी/उपायुक्त की अध्यक्षता में गठित निबन्धित सोसायटी के द्वारा संचालित होगी जिसमें अपर समाहर्ता (विकास), जिला ग्रामीण विकास अभिकरण, और जिला शहरी विकास अभिकरण के परियोजना निदेशक सदस्य-सचिव होंगे, तथा उनके अलावा जिला प्रारम्भिक शिक्षा अधिकारी, जिला शिक्षा अधिकारी, मुख्य चिकित्सा

अधिकारी, सहायक श्रमायुक्त, जिला श्रम अधिकारी, जिला सामाजिक कल्याण/आदिवासी विकास अधिकारी/ जिला वयस्क शिक्षा अधिकारी, मुख्य कार्यपालक अधिकारी, जिला परिषद्, जिला राजस्व अधिकारी, कारख़ाना निरीक्षक, जिला उद्योग केन्द्र के प्रभारी, जिला परियोजना पोषाहार अधिकारी, जिला जन-सम्पर्क अधिकारी, जिला के अग्रणी बैंक के प्रतिनिधि, डाक विभाग के प्रतिनिधि, माननीय सांसद, माननीय विधायक/विधान पार्षद, श्रमिक संघों के प्रतिनिधि, पंचायती राज/स्वास्थ्य निकायों के प्रतिनिधि/ग़ैर-सरकारी संगठनों के प्रतिनिधि, राष्ट्रीय बाल श्रम परियोजना के निदेशक, नियोजक, और व्यावसायिक समुदाय के प्रतिनिधि, तथा बच्चों के अभिभावक प्रतिनिधि सदस्य के रूप में होंगे। इस प्रकार कुल 24 सदस्य हैं। इस बात को बार-बार रेखांकित किया गया है कि परियोजना को चलाने वाले का प्रेरणा-स्तर ऊँचा हो, तथा उसमें स्वयंसेवा की भावना हो, इसलिए विशेष विद्यालयों का संचालन अच्छे एवं विश्वसनीय ग़ैर-सरकारी संगठनों, पंचायती राज संस्थाओं या श्रमिक संघों को सौंप देना चाहिए क्योंकि छोटे समूहों यथा युवक संघ, महिला ग्रामीण क्लब, युवा क्लब आदि ने कई जगह सफलतापूर्वक विशेष विद्यालयों का संचालन किया है। यदि अच्छे ग़ैर-सरकारी संगठन उपलब्ध न हों, तो उसे परियोजना समिति द्वारा अस्थायी रूप से संचालित किया जाएगा, और धीरे-धीरे इसे ग़ैर-सरकारी संगठनों को सौंप दिया जाएगा।

इसके अनुश्रवण के लिए संघ, राज्य, और जिला स्तर पर व्यवस्था की गयी है। केन्द्र स्तर पर केन्द्रीय श्रम सचिव की अध्यक्षता में केन्द्रीय अनुश्रवण समिति गठित की गयी है जो सभी परियोजनाओं का पर्यवेक्षण करेगी। जिला स्तर पर जिला अधिकारी-सह-अध्यक्ष के द्वारा यह कार्य किया जाएगा, तथा राज्य स्तर पर श्रम विभाग द्वारा अनुश्रवण किया जाएगा। मध्यावधि में सुधारात्मक उपाय लागू करने के लिए सावधिक मूल्यांकन किया जाना आवश्यक है। राज्य सरकारों से अपेक्षा है कि वे एक तरह का पाठ्यक्रम, विषयवस्तु, एवं पाठ्य सामग्री शिक्षा विभाग, राज्य शिक्षा शोध एवं प्रशिक्षण परिषदों, राज्य शैक्षिक प्रौद्योगिकी संस्थानों की मदद से सुनिश्चित कराएँ, तथा विशेष विद्यालयों से उत्तीर्ण होने वाले विद्यार्थियों को औपचारिक विद्यालयों में नियमित रूप से समन्वय स्थापित कर दाख़िला दिलवाएँ। उनके लिए शिल्प

एवं प्राक्-व्यावसायिक प्रशिक्षण को अन्तिम रूप दें। परियोजना का कम-से-कम वर्ष में एक बार निरीक्षण कर केन्द्र सरकार के श्रम मन्त्रालय को राज्य सरकार प्रतिवेदन भेजे, तथा परियोजनाओं का नियमित रूप से अंकेक्षण लेखा तथा उपयोगिता प्रमाण-पत्र केन्द्र सरकार को भिजवावें। उनसे यह भी अपेक्षा है कि वे स्वयंसेवकों को प्रशिक्षण दिलवावें। चूँकि यह परियोजना सांकेतिक है, इसलिए राज्य सरकार को अन्य कामकाजी बच्चों के पुनर्वास के लिए उपर्युक्त साधन एवं उपाय खोज़ना चाहिए। केन्द्र सरकार के श्रम मन्त्रालय के द्वारा समूची निधि परियोजनाओं को एक वित्तीय वर्ष में दो बार दी जाती है। अप्रैल-सितम्बर की पहली किशत परियोजना के शुरू होने पर अथवा ज़ारी करने की दृष्टि से शुरू में ही दे दी जाती है और दूसरी किशत अंकेक्षण लेखा, उपयोगिता आदि का प्रमाण-पत्र प्राप्त करने पर दे दी जाती है।

एक परियोजना निदेशक को 6000 रुपये मासिक मानदेय, 2 फील्ड अफसरों को 1,000 रुपये (प्रत्येक) की दर से मानदेय, एक लिपिक-सह-लेखापाल को 2,000 रुपये का मानदेय, एक आशुलिपिक को 2,000 रुपये का मानदेय, एक चालक को 2,000 रुपये का मानदेय, और एक अनुसेवक को 1500 रुपये का मानदेय बजट में शामिल किया गया था। इस प्रकार पारिश्रमिक के रूप में प्रत्येक परियोजना पर 2,58,000 रुपये ख़र्च का प्रावधान था। आवर्ती व्यय के रूप में पहले कार्यालय ख़र्च में मात्र 2 लाख रूपये की राशि प्रति परियोजना, प्रतिवर्ष दी जाती थी किन्तु अब 3 लाख रुपये इस मद में दिए जाते हैं। अनावर्ती ख़र्च में अब वाहन ख़रीदने के लिए कोई राशि नहीं दी जाती है, और फर्नीचर के लिए 50,000 रुपये दिए जाते हैं। अब वाहन ख़रीदने की बज़ाय भाड़े पर वाहन लेने का प्रावधान है। इस प्रकार कार्यालय ख़र्च हेतु प्रत्येक परियोजना पर प्रति वर्ष 3,50,000 रुपये का प्रावधान किया गया है। परियोजना के प्रत्येक विशेष विद्यालय, जिसमें 50 बच्चे शामिल किए जायेंगे, में दो शिक्षकों को रखने का प्रावधान है, जिसमें प्रत्येक को 1,500 रुपया दिया जाना है,और एक व्यावसायिक प्रशिक्षक भी अलग से रखा जाना है जिसे 1,500 रुपये मासिक दिया जाना है। बच्चों को छात्रवृत्ति के रूप में 200 रूपये दिया जाना है। पोषाहार के लिए राशि 5 रुपये प्रतिदिन की दर से एक माह में 26 दिनों की गणना से 12 माहों के लिए दी

जाती है। भाड़ा, जलापूर्ति, बिजली के मद में 1,000 रुपये मासिक ख़र्च का प्रावधान है। शैक्षिक एवं व्यावसायिक सामग्रियों की ख़रीद के लिए कुल 10,000 रुपये का प्रावधान है। एक अनुसेवक के लिए 800 रुपये मासिक का प्रावधान है, तथा आकस्मिक व्यय के लिए 4,000 रुपये एक वर्ष के लिए अनुमान्य है। इस प्रकार एक वर्ष में कुल 2,44,000 रुपये का प्रावधान है। इसके अलावा प्रत्येक 20 विद्यालयों के लिए एक चिकित्सक को 5,000 रुपये प्रतिमाह का मानदेय देने का प्रावधान है। 2 शिक्षकों को प्रशिक्षण के लिए 1,500 रुपये प्रतिवर्ष प्रति शिक्षक की दर से प्रशिक्षण देने का प्रावधान है, तथा प्रत्येक परियोजना के लिए व्यावसायिक प्रशिक्षण देने हेतु एक मास्टर प्रशिक्षक के लिए 5,000 रुपये प्रतिमाह का प्रावधान है। दसवीं परियोजना में दो बार सर्वेक्षण प्रत्येक जिले में करने हेतु प्रत्येक सर्वेक्षण के लिए 2,75,000 रुपये का प्रावधान किया गया था तथा जनजागरण हेतु दसवीं परियोजना काल में प्रतिवर्ष प्रति जिले में 1,25,000 रुपये (अधिकतम) ख़र्च करने का प्रावधान किया गया।

सन् 2003 तक कुल 21.10 लाख बाल मज़दूरों को इन परियोजनाओं में लिया गया था जिनमें से 1.87 लाख बच्चे ही औपचारिक शिक्षा व्यवस्था में शामिल हो पाए। इससे यह प्रतीत होता है कि ये विशेष विद्यालय सही ढंग से गुणवत्तापूर्ण शिक्षा नहीं दे पा रहे हैं, यानी 'न्यूनतम अधिगम स्तर' (मिनिमम लेवल ऑव लर्निंग) तक बच्चे नहीं पहुँच पा रहे हैं। ऐसा इसलिए है कि शिक्षकों का चयन पारदर्शी तरीके से ठोंक-बजाकर नहीं किया गया है, और इसलिए ये शिक्षक न तो नियमित रूप से विद्यालय जाते हैं और न सही विधि से पढ़ाते हैं। अनुश्रवण की मोटर गाड़ी दूसरे कार्यों में लगी रहती है। ऐसे विद्यालयों की ख़ामियों का वर्णन पूर्व के एक अध्याय में किया जा चुका है। दूसरी महत्त्वपूर्ण बात यह है कि जोख़िमपूर्ण कार्यों के बच्चों को ही इन विद्यालयों में दाख़िला कराना पर्याप्त नहीं है, बल्कि ग़ैरजोख़िमपूर्ण कार्यों में लगे बच्चे, विशेषकर गाँवों में खेती तथा अन्य कार्यों में लगे बड़ी तादाद में बच्चे इस परियोजना के बाहर हैं। इतना ही नहीं, शासन-प्रशासन ने जितने बच्चों को जोख़िमपूर्ण कार्यों में पाए जाने की बात स्वीकारी है, उसका एक छोटा-सा हिस्सा ही इन विशेष विद्यालयों में प्रवेश पाया है। एक महत्त्वपूर्ण

तथ्य यह भी है कि विभिन्न विभागों के विकास-कल्याण कार्यक्रमों को इन बच्चों तक नहीं पहुँचाया गया है। पुनरीक्षित परियोजना में बच्चों की छात्रवृत्ति बैंक खातों में जमा की जानी है, और सफलतापूर्वक औपचारिक विद्यालयों में पढ़ने पर इसका भुगतान होगा। इससे यह लाभ होगा कि कोई मध्यस्थ, शिक्षक-कर्मचारी या बाहरी व्यक्ति उसमें से नाज़ायज़ हिस्सा नहीं बँटा पाएगा, और पूरी राशि इकट्ठा होने से लम्बी अवधि तक पढ़ने की प्रेरणा मिलेगी मगर दूसरी ओर इसका नकारात्मक पहलू यह है कि पहले मज़दूरी करके बच्चे अपने परिवार को थोड़ी-बहुत अतिरिक्त आय देते थे, मगर अब छात्रवृत्ति हर माह नहीं मिलने से कठिनाई हो सकती है, और कुछ परिवार अपने बच्चों को विद्यालय से निकाल कर कहीं फिर कमाने के लिए भेज सकते हैं। फिर भी दूसरी कल्याणकारी/सामाजिक सुरक्षा योजनाओं से लाभ दिलाकर इन बच्चों के परिवारों को प्रोत्साहित और प्रेरित करके यह नकारात्मक सम्भावना काफ़ी हद तक कम की जा सकती है। स्वास्थ्य की नियमित जाँच करने तथा शिक्षकों का प्रशिक्षण, नया सर्वेक्षण आदि का प्रावधान इस पुनरीक्षित परियोजना की विशिष्ट उपलब्धि है। मगर अप्रैल, 2020 में शुरु हुई कोरोना महामारी के कारण 2025 तक 81 करोड़ परिवारों को प्रधानमंत्री ग़रीब कल्याण अन्न योजना के तहत प्रति यूनिट 5 किलोग्राम खाद्यान्न में प्रतिमाह दिया जा रहा है।

2008 में राष्ट्रीय बाल मज़दूर परियोजना भारत के 20 राज्यों के 250 जिलों में लागू थी। ग्यारहवीं पंचवर्षीय योजना में इसे बाल श्रमिक बहुल जिलों में लागू करने का प्रावधान किया गया था। 2008 में भारत में कुल 8,887 विशेष बाल श्रमिक विद्यालय कार्यरत थे जिनमें कुल 5.40 लाख बच्चे पढ़ रहे थे। पूर्व में विशेष बाल श्रमिक विद्यालयों से पास हुए 4.6 लाख बच्चों को औपचारिक विद्यालय व्यवस्था में शामिल किया गया था। मगर 2001 की जनगणना में पाये गये कुल 1.26 करोड़ बाल मज़दूरों को शिक्षित करने का कार्य अधूरा रह गया। यही स्थिति 2011 में पाये गये 1.01 करोड़ बाल मज़दूरों की है जिनमें से अधिकांश को नहीं पढ़ाया गया। सिर्फ़ प्रति वर्ष 12 जून को 'विश्व बाल श्रम-विरोधी दिवस' मनाने से काम नहीं चलेगा।

मगर बहुत ज़्यादा निराश होने से भी काम नहीं बनेगा। हमारे भारतीय समाज में विकास के द्वीप और पिछड़ेपन के ध्रुव एकसाथ मौज़ूद हैं। जहाँ

एक ओर हिन्दी प्रदेशों की स्थिति साक्षरता, महिला विकास, बाल विकास, आदि में काफी चिन्तनीय है, वहीं दूसरी ओर केरल राज्य ने सम्पूर्ण साक्षरता (99.7 प्रतिशत) हासिल कर ली है। वियतनाम, म्यांमार, क्यूबा, इथियोपिया, निकारागुआ आदि विकासशील देशों में भी संपूर्ण साक्षरता अभियान सफल हुआ था। उसका लाभ केरल के लोगों ने सबसे पहले अपनी प्रतिबद्धता और मेहनत के बल पर लिया। सबसे पहले केरल के एर्नाकुलम जिले से जनवरी 1989 में साक्षरता अभियान शुरू हुआ था, तथा क़रीब 20 हज़ार स्वयंसेवकों ने एक साल में 'सम्पूर्ण साक्षरता' हासिल कर ली थी, और बाद में केरल के अन्य 13 जिलों में भी यह अभियान सफल हुआ। बाद में भारत सरकार के 'राष्ट्रीय साक्षरता मिशन' (तब मानव संसाधन विकास, अब शिक्षा मन्त्रालय) के सक्रिय एवं सकारात्मक हस्तक्षेप से साक्षरता का सिलसिला क़रीब-क़रीब सभी राज्यों के कई जिलों में चला। करीब 450 जिलों में सम्पूर्ण साक्षरता अभियान चल चुका है। मगर विडम्बना यह है कि बहुत कम जिलों में यह सही ढंग से सफल हुआ जिन्हें सत्येन मित्र पुरस्कार दिया जा चुका है। झारखण्ड के दुमका, बिहार के मुज़फ़्फ़रपुर (2003), किशनगंज (2004), और भागलपुर (2005) जिलों को यह पुरस्कार मिल चुका है।

साक्षरता के अतिरिक्त बाल श्रम प्रथा के उन्मूलन में भी कुछ राज्यों में स्वयंसेवी संस्थाओं ने सफलता हासिल की है जिनमें एम.वी. फाउंडेशन, रंगारेड्डी (आन्ध्रप्रदेश), सेण्टर फॉर रूरल एजूकेशन एण्ड डेवलपमेंट ऐक्शन (क्रेडा) मिर्ज़ापुर, रुचिका समाज सेवा शाखा, भुवनेश्वर (प्लेटफार्म विद्यालय) के प्रयास सफल ही नहीं, सार्थक भी हैं और इसलिए अन्य व्यक्तियों, संस्थाओं, जिला प्रशासकों आदि के लिए अनुकरणीय भी हैं। एम.वी.एफ. के बारे में वस्तुस्थिति संक्षेप में आगे वर्णित है।

ज्ञातव्य है कि 2014 से 2018 के दौरान पूरे देश में 2.54 लाख बाल श्रमिकों को उनके कार्यों से निकाला गया, और पुनर्वास किया गया जिसमें से पश्चिम बंगाल में 68,324 बाल श्रमिकों का पुनर्वास (सबसे ज़्यादा) शामिल है। मगर पश्चिम बंगाल बाल श्रम कानूनों के उल्लंघन के बहुत कम मामले प्रतिवेदित करता है, जैसे 2015 में पश्चिम बंगाल ने मात्र 61 मामले प्रतिवेदित किये थे जबकि 22,689 बाल श्रमिकों को वहाँ पुनर्वासित

किया गया था। इसके अलावा 2016-2018 तक वहाँ से उल्लंघन का एक भी मामला प्रतिवेदित नहीं किया गया। मगर उस दौरान वहाँ 45,635 बाल श्रमिकों का पुनर्वास किया गया था। इस प्रकार पश्चिम बंगाल पुनर्वास को प्राथमिकता देता है, किन्तु दूसरी ओर दोषियों के विरुद्ध कानूनन सजा दिलाने की अपेक्षित कार्रवाई नहीं करता। इसी प्रकार मध्य प्रदेश में 2018 में 11,400 बाल श्रमिकों का पुनर्वास किया गया मगर उस वर्ष वहाँ बाल श्रम कानूनों के तहत एक भी उल्लंघन का मामला दर्ज़ नहीं कराया गया। फिर महाराष्ट्र ने 2017 और 2018 में बाल श्रम कानूनों के उल्लंघन का एक भी मामला दर्ज़ नहीं किया जबकि तब वहाँ 5,000 से अधिक बाल श्रमिकों का पुनर्वास किया गया था। 2014-15 से 2017-18 के दौरान पश्चिम बंगाल ने 68,324, मध्य प्रदेश ने 31,193, ओडिशा ने 23,215, बिहार ने 19,484, उत्तर प्रदेश ने 19,343, तमिलनाडु ने 14,286, महाराष्ट्र ने 13,923, राजस्थान ने 12,560, असम ने 11,102, छत्तीसगढ़ ने 10,173, झारखण्ड ने 8,787, तेलंगाना ने 8,069, कर्नाटक ने 5,863, पंजाब ने 2,756, हरियाणा ने 2,623, आन्ध्र प्रदेश ने 2,079, गुजरात ने 1,079, नागालैंड ने 633, उत्तराखण्ड ने 145, और जम्मू-कश्मीर ने 10 बाल श्रमिकों का पुनर्वास किया था। 2015-18 के दौरान पूरे भारत में 10,826 बाल श्रम कानूनों के उल्लंघन के मामले पाये गये थे मगर सिर्फ़ 6,032 में अभियोजन दायर किये गये (56 प्रतिशत) और मात्र 2,701 में सजा दी गयी (25 प्रतिशत)।

## एम. वी. फाउंडेशन, रंगारेड्डी

श्रीमती शान्ता सिन्हा इसकी मुख्य कर्त्ता-धर्ता रही हैं जिन्हें रमन मैगसेसे पुरस्कार मिल चुका है। इस संगठन की स्थापना 7 मार्च, 1981 को हुई थी, और 1992 से बाल मज़दूरी पर इसने काम शुरू कर दिया था। इस संगठन की मान्यताएँ निम्नलिखित हैं:

(क) विद्यालय न जाने वाला हर बच्चा मज़दूर है।

(ख) चाहे मज़दूरी पाए या न पाए, अपने घर पर काम करे या दूसरों के लिए, जोखिमपूर्ण कार्य करे या बिना जोखिमवाला, दैनिक मज़दूरी पर काम करे या ठेके पर, वह मज़दूरी करता है।

(ग) भारत देश से बाल मज़दूरी ख़त्म करने के लिए ग्रामीण क्षेत्रों में बाल मज़दूरी प्रथा ख़त्म करना ही एकमात्र उपाय है।

(घ) हर काम बच्चे के लिए हानिकारक है क्योंकि वह उसके विकास को प्रभावित करता है।

(ङ) पारिवारिक कठिनाइयाँ, निर्धनता, अतिरिक्त आय के रूप में बच्चे की कमाई, बच्चे को विद्यालय भेजने में परिवार की रुचि न होना, बच्चे द्वारा विद्यालय को ऊबाऊ मानना, शिक्षा पाने से भी रोज़गार नहीं मिलना आदि तर्क बच्चों के सर्वांगीण विकास के विरोधी हैं।

अस्तु, इस संगठन ने निम्नलिखित रणनीतियाँ अपनाईं:

(1) औपचारिक विद्यालयों की कमियाँ गिनाना बाल मज़दूरी प्रथा की वकालत करना है, वे कमियाँ दूर की जा सकती हैं।

(2) सभी बच्चों को औपचारिक विद्यालयों में पढ़ाया जाना चाहिए, अनौपचारिक या रात के विद्यालयों में नहीं।

(3) सबसे पहले बच्चों को काम से मुक्त कराना ज़रूरी है क्योंकि अधिकतर बच्चे लगभग बँधुआ की-सी शर्तों पर काम करते हैं।

(4) सभी बाल मज़दूर निरक्षर नहीं हैं-कई बच्चों ने अलग-अलग स्तर पर पढ़ाई छोड़कर कमाना शुरू किया था।

(5) नियमित विद्यालयों में प्रवेश दिलाने से पहले उनके ज्ञान-स्तर को जानना ज़रूरी है। 'सेतु पाठ्यक्रम' (ब्रिज कोर्स) के ज़रिए मुक्त बाल मज़दूरों को उपयुक्त कक्षा में भर्ती किया जाना चाहिए।

(6) स्थानीय समुदाय की भागीदारी बहुत ज़रूरी है। इसके लिए दाख़िला शुरू होने से पहले शिविर लगाये जाते हैं। जहाँ बच्चों को पुस्तकें, भोजन, पोशाक आदि दिये जाते हैं। एक शिविर में 250 बच्चे होते हैं, और शिक्षकों का प्रशिक्षण एक हफ़्ते का होता है। इसमें खेल, व्यायाम, नृत्य, संगीत, यात्रा आदि शामिल रहते हैं।

इस संगठन के द्वारा 300 गाँवों में 500 शिक्षकों के सहयोग से 80,000 से अधिक बच्चों को पढ़ाया जाता है। इसका परिणाम यह हुआ है कि परिवार के दृष्टिकोण बदल गये हैं-वे बच्चों की पढ़ाई पर ख़र्च करने को तैयार हो गये हैं। दूसरी ओर नियमित शिक्षा मिलने से बच्चों की हीन-ग्रन्थि दूर हुई है।

इस अभियान से विद्यालयों में ठहराव बढ़ा है,और छीजन-दर (ड्रॉप आउट दर) घटी है। इसके अलावा शिक्षक भी उत्साहित हो गये हैं, और उन्होंने बाल श्रम प्रथा दूर करने के अभियान में सक्रिय सहयोग देना शुरू कर दिया है। इस संगठन ने पुराने खण्डहरों, खाली पड़े सरकारी भवनों, आदि का भरपूर उपयोग शिक्षा शिविर आदि के लिए किया है। स्थानीय नवयुवकों और पंचायतों में नयी ऊर्जा एवं आत्मविश्वास का संचार इस अभियान से हुआ है जिसके कारण न्यूनतम मज़दूरी पहले से बढ़ गयी है, और काम के घण्टों और शर्तों में श्रमिकों के हित में सुधार हुआ है। बाद में श्रीमती शान्ता सिन्हा को राष्ट्रीय बाल अधिकार संरक्षण आयोग का अध्यक्ष बनाया गया था।

इस सफलता की कहानी को सभी राज्यों के प्रशासकों, स्वयंसेवियों, श्रमिक संघों, और अभिभावकों को बड़े पैमाने पर लागू करना चाहिए जिससे 'सफलता का द्वीप' निकट भविष्य में 'सफलता का महासागर' बन जाए। बिहार के गया जिले में एक सरकारी शिक्षक श्री विश्वनाथ ने रेल यात्रा करने के दौरान (और बाद में भी) खोमचा वाले बच्चों को साक्षर करने का बीड़ा उठाया, और पिछले कई वर्षों में सैकड़ों बाल मज़दूरों को साक्षर किया है जो निश्चित रूप से एक उपलब्धि है। बिहार में सनत सिन्हा का 'बाल सखा' भी सक्रिय है। इसी प्रकार 'बचपन बचाओ आन्दोलन' (कैलाश सत्यार्थी), तथा 'बाल दासता विरोधी अभियान' (कम्पेन एगेंस्ट चाइल्ड लेबर) जैसे ग़ैर-सरकारी संगठन राष्ट्रीय स्तर एवं अन्तरराष्ट्रीय स्तर पर सक्रिय हैं। यदि स्थानीय ग्राम पंचायतें, जिला प्रशासन, अभिभावक, और स्वयंसेवी संस्थाएँ इन बाल मज़दूरों के पुनर्वास और नियमित शिक्षण की व्यवस्था कर दें, तो सचमुच इन बच्चों की अँधेरी ज़िन्दगी में रोशनी आ जाएगी। आख़िर, अँधेरे को कोसने से बेहतर है प्रकाश का छोटा-सा दीया जलाना। एक बार दीया जल जाने पर उससे दूसरे दीपों को आसानी से जलाया जा सकता है क्योंकि विभिन्न क्षेत्रों में तेल है, और तेल से भीगी हुई बाती भी है। इसलिए, अन्त में, दुष्यन्त कुमार के इन शब्दों में कहना चाहता हूँ:

एक चिन्गारी कहीं से ढूँढ़ लाओ दोस्तो!
इस दीये में तेल से भीगी हुई बाती तो है।।

# 9

# वर्तमान बनाम भविष्य: कल नहीं, आज

प्राय: यह जुमला हर व्यक्ति की जुबान पर रहता है कि 'बच्चे राष्ट्र के भविष्य हैं' अथवा 'बच्चे राष्ट्र के भावी कर्णधार हैं' किन्तु भविष्य के नाम पर बच्चों के 'वर्तमान' की तिलांजलि दे दी जाती है। अधिकांश लोग बच्चों को बचपन का अधिकार मुहैया नहीं कराते हैं। उन्हें खेलने-कूदने का पर्याप्त अवसर नहीं देते। उन्हें कल्पना की उड़ानें भरने का मौका नहीं देते। उन्हें सोचने, विचारने, समझने, और अभिव्यक्ति का समुचित मौका नहीं देते। उन्हें खेलने के लिए न तो समय देते हैं और न सुविधाएँ। ऐसे में जीने के अधिकार, विकास के अधिकार, सुरक्षा के अधिकार, और सहभागिता के अधिकार से वंचित ये बच्चे बाल्यावस्था में ही वयस्कों की जटिल एवं दुरूह ज़िन्दगी जीने के लिए विवश होते हैं। इन बच्चों की ज़िन्दगी समाज के हाशिए पर होती है, और वे अपने स्वत्व, उम्र-समूह, परिवार, समाज, और शासन से अलग-थलग हो जाते हैं, तथा उनमें से कुछ परिवार की भूख मिटाने के लिए मज़दूर के रूप में 'बदनाम' हो जाते हैं। शेष अन्य 'सम्भावित' बाल मज़दूर होते हैं जो परिवार की आर्थिक स्थिति में थोड़ी-सी बदहाली आने पर बाल मज़दूर बन जाते हैं। इसलिए न सिर्फ़ खुले तौर पर काम कर रहे बाल मज़दूरों के लिए बल्कि छिपे हुए या सम्भावित बाल मज़दूरों के लिए भी परिवार, समाज, और सरकार की चिन्ता होनी चाहिए क्योंकि जो बच्चे बीच में पढ़ाई छोड़ देते हैं या जिन्हें भोजन, स्वास्थ्य एवं चिकित्सा की न्यूनतम सुविधाएँ समय पर मयस्सर नहीं होती हैं, उन्हें आज नहीं तो कल बाल मजदूर बनना ही है-सिर्फ़ समय का सवाल है। यह सर्वविदित है कि 2011 में भारत में लगभग 36 करोड़ बच्चे (30.4 प्रतिशत) 14 वर्ष से कम उम्र के थे। उनमें से अधिकांश का गुजर-बसर गाँवों

में होता रहा है। 2019 में भारत में कुल आबादी का 26.6 प्रतिशत हिस्सा 14 वर्ष से कम उम्र का था। इस प्रकार बच्चों (0-14 वर्ष) का हिस्सा (प्रतिशत) पहले से घट रहा है। यह सकारात्मक प्रवृत्ति है तथा 'जनसंख्या स्थिरीकरण' का प्रतीक भी है। किन्तु यह तथ्य भी महत्त्वपूर्ण है कि 14 वर्ष से कम उम्र के बच्चों की होने वाली मौतों में बालकों की मृत्यु-दर की तुलना में बालिकाओं की मृत्यु दर अधिक है क्योंकि बच्चियों के साथ शुरू से भेदभाव बरते जाते हैं जो निम्नलिखित हैं-(क) बच्चियों की भ्रूण-हत्या, (ख) जन्म के बाद बच्चियों की शिशु-हत्या, (ग) बच्चियों को समुचित पोषाहार, भोजन आदि न देना, (घ) बीमार होने पर बच्चियों का समुचित इलाज़ न कराना, (च) बच्चियों को विद्यालय न भेजना अथवा विद्यालय भेजने पर भी उन पर घरेलू काम का बोझ डालना, (छ) घर में काम की ज़रूरत होने पर उनकी पढ़ाई बन्द करा देना, (ज) रूढ़िगत मानसिकताएँ ('पराया धन'), यथा-बेटियाँ शादी के बाद ससुराल चली जायेंगी, इसलिए बुढ़ापे में माँ-बाप की देखभाल बेटे ही करेंगे, और बेटे ही मुखाग्नि देंगे। (झ) सामाजिक बुराइयाँ, यथा-बेटे शादी में दहेज पाते हैं जबकि बेटियों के लिए दहेज देना पड़ता है, (ट) बेटी के बाहर काम पर जाने पर उसे अपनी मज़दूरी का अधिकांश या पूरी राशि परिवार को देने की मज़बूरी होती है।

इन्हीं भेदभावों के आधार पर ही 'मनु स्मृति' में कहा गया है कि महिला बचपन में बाप के अधीन, जवानी में पति के अधीन, और बुढ़ापे में बेटे के अधीन रहे, और कभी स्वतन्त्र नहीं रहे। मगर उसी में अन्यत्र कहा गया है: 'यत्र नार्यस्तु पूज्यन्ते रमन्ते तत्र देवता' (जहाँ नारियों की पूजा होती है, वहाँ देवता निवास करते हैं। इसलिये या तो दोनों में विरोधाभास है या एक प्रक्षिप्त अंश है)। ख़ैर, जो भी हो, यह भेदभाव परिवार तक ही सीमित नहीं रहता बल्कि समाज में भी बदस्तूर बढ़ता जाता है। उदाहरण के तौर पर, एक ही तरह के काम करने पर भी पुरुषों की अपेक्षा महिलाओं को कम मज़दूरी दी जाती है। यह भेदभाव सिर्फ़ खेती के काम में ही नहीं, बल्कि औद्योगिक कार्यों, यथा-अगरबत्ती बनाने, बीड़ी बनाने, माचिस बनाने, क़ीमती पत्थर पालिश करने, ताला बनाने, पीतल का बर्तन आदि बनाने, दरी-कालीन बुनने, ज़री-कसीदाकारी करने आदि में भी बढ़ता जाता है। शिवकाशी (तमिलनाडु)

में माचिस उद्योग में सबसे अधिक लड़कियाँ काम करती हैं, और वहाँ खेती में लागू मज़दूरी से बहुत कम मज़दूरी उन्हें मिलती रही है और ग़ैर-कृषि व्यवसायों की मज़दूरी दर की आधी मज़दूरी वहाँ मिलती रही है। इसलिए उसमें बालकों की अपेक्षा बालिकाएँ ज़्यादा कार्यरत हैं। दूसरी बात यह भी है कि यह कार्य अकुशल प्रकृति का है जिसे बालक ज़्यादा पसन्द नहीं करते। तीसरे, माचिस उद्योग में लगे अधिकांश कार्यबल अनुसूचित जाति के परिवारों से हैं। उनमें लड़कियों को घर से बाहर निकलकर काम करने में कोई सामाजिक बन्धन नहीं है।

भारत में बच्चों के प्रति वयस्कों का नजरिया प्राय: स्वस्थ नहीं है। जो बच्चे होटलों, स्टेशनों, तथा अन्य सार्वजनिक स्थलों पर फेरी आदि करके अपना जीवन-यापन करते हैं, उन्हें हम कम से कम मज़दूरी देना चाहते हैं, और उनके साथ दुर्व्यवहार भी करते हैं। इन बच्चों के साथ असामाजिक तत्त्व न सिर्फ़ मारपीट करते हैं बल्कि आपराधिक कार्यों में उन्हें ज़बरदस्ती शामिल करते हैं, तथा भयादोहन करके उनका यौन-शोषण भी करते हैं। इसके अलावा पुलिस प्रशासन के निचले श्रेणी के कर्मी भी निहित स्वार्थवश उनका शोषण करते हैं, और उन्हें मुफ़्त में सामान या सेवा न देने पर आपराधिक मुकदमों में बच्चों को फँसा दिया जाता है। सरकारी आँकड़ों के अनुसार अधिकांशत: उन्हें सेंधमारी, चोरी, मद्यपान, आबकारी, जुआ, दंगा आदि में फँसा दिया जाता है क्योंकि ऐसे मामलों में अकाट्य साक्ष्यों की ज़्यादा ज़रूरत नहीं होती। ताश खेलते समय किसी बच्चे को जुआ में फँसाया जा सकता है, अथवा उस पर महुआ की शराब बनाने या पीने का लांछन लगाकर मुकदमा ठोंका जा सकता है। इसी तरह अज्ञात मामलों में कुछ रूपये-पैसे बच्चों के पास से बरामद दिखाकर उन्हें पॉकेटमारी या चोरी के मामले में फँसा देना आसान है। अफ़सोस है कि बच्चों के लिए रिमाण्ड होम, और बोर्स्टल विद्यालयों की भारत में बहुत कमी है और उन्हें किशोर न्याय अधिनियम (2000) के प्रावधानों, जो 2001 (अप्रैल) से लागू है, के विपरीत जेलों में ठूँस दिया जाता है। बिहार को आदर्श कारा बेउर, पटना में बच्चों के लिए एक स्वतन्त्र खण्ड है किन्तु दबंग अपराधी इनका यौन-शोषण करते रहे हैं, तथा धीरे-धीरे अपने संगठित गिरोह में भी शामिल करते रहते हैं। कई बाल सुधार गृहों की स्थिति दयनीय होने के

नाते बच्चे वहाँ से भाग भी जाते हैं। वर्ष 2005 में आरा के बाल सुधार गृह से क़रीब डेढ़ दर्ज़न बच्चे भाग गये थे। यदि बाल अपराधियों की पृष्ठभूमि देखें, तो पाते हैं कि आधे से अधिक के परिवार की मासिक आय 500 रूपये तक ही थी, और इसके अलावा अन्य 20 प्रतिशत बाल अपराधियों के परिवारों की मासिक आय 501 से 1,000 रूपये के बीच थी। 1994 में कुल 17,203 बाल अपराधियों में से 91 प्रतिशत बाल-अपराधी नये थे यानी वे पहली बार अपराध में प्रतिवेदित थे। इसी प्रकार अधिकांश बाल अपराधी अशिक्षित या मात्र प्राथमिक शिक्षा प्राप्त किए हुए थे। 2005 में 20,000 बाल अपराध प्रतिवेदित थे जिनमें कुछ झूठे मामले भी शामिल थे। नेशनल क्राइम रिकाड्र्स ब्यूरो के अनुसार 2019 में भारत में बच्चों के ख़िलाफ़ 1.48 लाख अपराध दर्ज़ किये गये थे, जो 2018 में दर्ज़ मामलों की तुलना में 4.5% अधिक था। इसके अलावा 2019 में कुल मामलों में से 31.2% अपराध पोक्सो कानून के तहत दर्ज़ किये गये थे। इनमें से 26,192 मामले बलात्कार के मामले थे।

भारत के विभिन्न क्षेत्रों में कुछ ख़ास व्यवसायों एवं उत्पादन-प्रक्रियाओं में बाल श्रमिकों की संख्या काफ़ी अधिक है और यद्यपि ये कार्य उनके स्वास्थ्य के लिए ख़तरनाक हैं, फिर भी इनमें उनकी संख्या बढ़ती जा रही है। किन्तु बिरले ही स्वयंसेवी संस्थाओं या जनसंचार माध्यमों के दबाव के कारण श्रम तथा पुलिस विभाग द्वारा छापा मारकर बच्चों को काम से हटाया जाता है।

किन्तु बाल मज़दूरी प्रथा सिर्फ़ भारत में हीं प्रचलित नहीं है। यह एक अन्तरराष्ट्रीय परिघटना रही है जिसके बारे में (युनिसेफ के अनुसार) चार तरह की भ्रान्तियाँ फैलाई गयी है:

(1) कि बाल श्रमिक सिर्फ़ अविकसित एवं ग़रीब देशों में प्रचलित है। यह भ्रान्ति भी ग़लत है क्योंकि अमेरिका, ब्रिटेन आदि में अभी भी बच्चे काम करते हैं। अन्तर सिर्फ़ इतना है कि वे स्वस्थ और शिक्षा भी प्राप्त करते हैं जबकि विकासशील देशों के बाल श्रमिक शिक्षा से वंचित रहते है।

(2) कि जब तक ग़रीबी नहीं मिटेगी, बाल मज़दूरी प्रथा नहीं मिटेगी। यह भ्रान्ति भी ग़लत है क्योंकि जब कोई बच्चा किसी ख़तरनाक काम में लगा होता है, तो उससे उसके नियोजक, ग्राहक, और उसके माँ-बाप फ़ायदा उठाते हैं, इसलिए इस शोषण के पक्ष को नजरअन्दाज़ नहीं किया जाना चाहिए। उसके

अलावा बाल मज़दूर होने से ग़रीबी कायम रह सकती है क्योंकि उक्त बाल मज़दूर अकुशल एवं कम भुगतान वाले काम के कुचक्र में फँसा रहता है।

(3) कि बाल श्रम मुख्यत: निर्यात उद्योगों में पाया जाता है। किन्तु यह सही नहीं है क्योंकि मुश्किल से 5 प्रतिशत बाल मज़दूर निर्यात उद्योगों में लगे हैं, शेष 95 प्रतिशत प्राय: असंगठित एवं अनौपचारिक क्षेत्रों में कार्यरत हैं।

(4) कि बाल मज़दूरी हटाने का एकमात्र उपाय उपभोक्ताओं और सरकारों द्वारा बहिष्कार एवं प्रतिबन्ध के ज़रिए दबाव डाला जाए। यह भी सही नहीं है क्योंकि तीसरी दुनिया के देशों में बाल मज़दूरी के विरुद्ध चेतना फैल रही है, तथा बहिष्कार एवं प्रतिबन्धों से उन बच्चों की ज़िन्दगी दूभर हो जाएगी जिन्हें काम से हटाकर कोई वैकल्पिक रोज़गार नहीं दिया जा सकेगा।

दिल्ली घोषणा-पत्र के मुख्य बिन्दु: इसी परिप्रेक्ष्य में भारत सरकार द्वारा आयोजित गुटनिरपेक्ष एवं अविकसित देशों के श्रम मन्त्रियों का सम्मेलन 19-23 जनवरी, 1995 को नयी दिल्ली में सम्पन्न हुआ था। वहाँ से ज़ारी 'दिल्ली घोषणा-पत्र' की मुख्य अनुशंसाएँ निम्नलिखित हैं:

(1) बाल श्रमिकों का पूरा सर्वेक्षण किया जाए।

(2) तत्काल ख़तरनाक नियोजनों से बाल श्रमिकों को हटाया जाए, एवं धीरे-धीरे सभी नियोजनों से बाल श्रमिकों को एक निर्धारित अवधि में हटाया जाए।

(3) नियोजन से बच्चों को हटाकर शैक्षिक संस्थानों में प्रवेश दिलाया जाए, और उनके लिए विशेष निवेश किया जाए, तथा ज़रूरत पड़ने पर विशेष विद्यालयों की स्थापना की जाए।

(4) विशेष विद्यालयों का पाठ्यक्रम इस तरह बनाया जाए कि बाद में वे औपचारिक विद्यालयों की मुख्य धारा में प्रवेश पा सकें।

(5) किशोरों को विभिन्न व्यावसायिक कौशल सिखाया जाए।

(6) बाल मज़दूरों के संरक्षण से सम्बन्धित कानूनों को सख़्त बनाया जाए और कड़ाई से लागू किया जाए।

(7) काम से हटाये गये बच्चों के परिवारों की पहचान की जाए, और ऐसा हुनर सिखाया जाए जिससे वे स्वरोज़गार या मज़दूरी वाला रोज़गार प्राप्त कर सकें, तथा ग़रीबी-उन्मूलन कार्यक्रमों से उन्हें मदद दी जाए।

(8) विभिन्न सरकारी विभागों में तालमेल पैदा किया जाए जिससे बाल मज़दूरी ख़त्म करने में त्वरित कार्रवाई हो।

(9) ग़ैर-सरकारी संगठनों की सहभागिता सुनिश्चित की जाए जिससे बाल श्रम-उन्मूलन की परियोजना एवं कार्यक्रमों के कार्यान्वयन का विकेन्द्रीकरण हो सके।

यह घोषणा निश्चित रूप से सराहनीय है मगर इनमें से अधिकांश बिन्दुओं पर कारगर कार्रवाई नहीं की गयी। अभी भी क़थनी-करनी में फ़र्क बना हुआ है।

ज्ञातव्य है कि सन् 1979 को 'अन्तरराष्ट्रीय बाल वर्ष' घोषित किया गया था, तथा बच्चों के हित में संयुक्त राष्ट्रसंघ की महासभा ने प्रस्ताव भी पारित किया था। उसके बाद सामान्य रूप से बच्चों के अधिकार पर सम्मेलन 20 नवम्बर, 1989 को संयुक्त राष्ट्र महासभा द्वारा सम्पन्न किया गया, जिसे 191 देशों ने स्वीकार कर लिया। यह बच्चों के लिए 'पहली पुकार के सिद्धान्त' पर आधारित है। इसके अनुसार किसी भी स्थिति में संसाधनों के आबंटन के दौरान बच्चों की अनिवार्य ज़रूरतों को सर्वाधिक प्राथमिकता दी जानी है यानी 'सबसे पहले बच्चे' (चिल्ड्रेन फर्स्ट)। इसमें बच्चों के सुकुमार बचपन एवं सम्मान को ध्यान में रखते हुए बच्चों के 4 प्रकार के मौलिक अधिकार शामिल किए गये हैं:

(1) जीने का अधिकार: इसमें स्वास्थ्य के उच्चतम मानक के स्तर की प्राप्ति, समुचित पोषाहार, तथा मानवोचित जीवन-स्तर जीने का अधिकार, तथा एक नाम और एक राष्ट्रीयता धारण करने का अधिकार शामिल है।

(2) सुरक्षा का अधिकार: इसमें शोषण, दुर्व्यवहार, अमानवीय व्यवहार, एवं अवहेलना के विभिन्न रूपों से पूर्णतया मुक्ति के साथ-साथ आपातकाल, एवं सशस्त्र युद्ध के दौरान विशेष सुरक्षा का अधिकार भी शामिल है।

(3) विकास का अधिकार: इसमें समुचित शिक्षा, शुरुआती बचपन के दौरान विकास एवं देख-रेख, सामाजिक सुरक्षा, अवकाश, आराम, एवं मनोरंजन करने के साथ-साथ सांस्कृतिक गतिविधियों का अधिकार शामिल है।

(4) सहभागिता का अधिकार: इसके अन्तर्गत बच्चों के नज़रिये के प्रति

सम्मान, अभिव्यक्ति की स्वतन्त्रता, सही सूचनाओं की उपलब्धता, सोचने-समझने की आज़ादी, तथा विवेक और धर्म के प्रति सम्मान शामिल है।

इस प्रकार इस समझौते के अनुसार सम्पूर्ण विश्व की मानव जाति के सारे बच्चों को बिना किसी भेदभाव और विद्वेष के उपर्युक्त अधिकार सुलभ कराए जाने हैं, और उसमें बच्चे की या उसके माँ-बाप की या कानूनी अभिभावक की जाति, राष्ट्रीयता, रंग, लिंग, भाषा, घर, राजनीतिक विचारधारा, सामाजिक उद्गम, सम्पत्ति, अक्षमता, जन्म, पंथ आदि को तरज़ीह नहीं दी जाएगी। इस समझौते के तहत 18 वर्ष से कम उम्र के व्यक्ति को 'बच्चा' माना गया है। भारत ने उपर्युक्त समझौते पर अपनी सहमति 1992 में दे दी। ज़ाहिर है कि इसके बावज़ूद अधिकांशतः कामकाजी बच्चे विभिन्न शोषणों के शिकार होते रहे हैं।

जैसा कि पूर्व में स्पष्ट किया जा चुका है कि बाल श्रमिकों के विशेष विद्यालयों में शुरू किए गये पाठ्यक्रम आकर्षक, मौलिक (औपचारिक से भिन्न), समस्या-उठाऊ एवं बाल केन्द्रित नहीं हैं। प्रायः पुराने पाठ्यक्रमों को पारम्परिक ढंग से पढ़ाया जा रहा है। उन्हें सब जगह समुचित रूप से तथा गुणवत्तापूर्ण 'दोपहर का भोजन'/नाश्ता नियमित रूप से नहीं दिया जा रहा है, तथा उसमें कुछ ऐसे बच्चे भी भर्ती कर लिये गये हैं, जो बाल श्रमिक नहीं थे, जबकि भारत सरकार के दिशा-निर्देश के अनुसार जोखिमपूर्ण कार्यों में काम करने वाले बाल श्रमिकों को प्राथमिकता के आधार पर भर्ती करना था। इसी प्रकार उन बच्चों के परिवारों को विभिन्न विकास योजनाओं, ख़ासकर ग़रीबी-उन्मूलन योजनाओं के तहत स्वरोज़गार या मज़दूरी रोज़गार उपलब्ध नहीं कराया गया है। इसके साथ ही उन पूर्व बाल मज़दूरों को विशेष विद्यालय में पढ़ाने के बाद मुख्य धारा की शिक्षा व्यवस्था में शामिल नहीं कराया गया है। इस प्रकार स्पष्ट है कि विशेष विद्यालय की अवधारणा अपने आप में बाल मज़दूरों के हित में है, किन्तु व्यवहार में वह सही ढंग से कार्यान्वित नहीं की जा रही है।

जैसा कि पूर्व में चर्चा की जा चुकी है, बाल मज़दूरी एक जटिल एवं बहुआयामी समस्या होने के नाते इसका समाधान भी बहुआयामी ही होगा। किसी जादुई छड़ी से इस समस्या का तत्काल निराकरण सम्भव नहीं है।

अतः यही दृष्टिकोण अपनाते हुए भारत सरकार ने निर्णय लिया था कि प्रथम चरण में जोख़िमपूर्ण कार्यों में लगे बाल श्रमिकों पर विशेष ध्यान दिया जाए, यानी उन्हें उन ख़तरनाक कार्यों से निकालकर विशेष विद्यालयों में पढ़ाने की व्यवस्था की जाए, तथा ग़ैर-ख़तरनाक कार्यों में लगे बच्चों को श्रम कानूनों के मुताबिक सुविधाएँ सुनिश्चित की जायें। किन्तु काफी समय बीत जाने के बावजूद अभी भी कई क्षेत्रों में ख़तरनाक कार्यों में बहुत सारे बच्चे काम करते हैं। अब यह लगभग सभी स्वीकार करते हैं कि जो श्रम बच्चों की शिक्षा बाधित करे, वह बच्चे के लिए हानिकारक है। इसका ख़ात्मा सिर्फ़ सरकारी उपायों से सम्भव नहीं है। आवश्यकता है कि समाज के सभी तबकों की, यथा शिक्षा तथा श्रम विभाग के अधिकारियों, श्रमिक संघ, बुद्धिजीवी वर्ग, शिक्षक, पत्रकार, धर्मगुरुओं, सेवानिवृत्त सरकारी कर्मियों, पत्रकार, साहित्यकार एवं संस्कृतिकर्मी की, इस कार्यक्रम के सूत्रण से लेकर कार्यान्वयन, पर्यवेक्षण, और मूल्यांकन तक में सहभागिता होनी चाहिए। यद्यपि अपने देश में सही स्वयंसेवी संस्थाओं की कमी है, फिर भी जो कुछ ईमानदार स्वयंसेवी संस्थाएँ हैं, तथा जो प्रतिबद्ध नागरिक हैं, उनको संगठित कर सघन तरीके से जन-जागरण अभियान चलाया जा सकता है, और इसके लिए इलेक्ट्रॉनिक (टी.वी., फिल्म) एवं छपाई के संचार माध्यमों (सोशल मीडिया सहित) का भरपूर उपयोग किया जाना चाहिए। किन्तु ऐसा न हो कि एक ओर बाल मज़दूरी के विरोध में हम यह सन्देश प्रसारित करें, "इन नाज़ुक हाथों के ज़ख़्म अभी भी भरे जा सकते हैं" किन्तु अगले क्षण किसी बहुराष्ट्रीय जूता कम्पनी के प्रचार में 'हे भाय! जरा बच के चलो...' गाते हुए जूता पॉलिश करने वाले बच्चे को मुस्कराते हुए दिखाएँ, मानो यह कार्य उसके बचपन के सर्वथा अनुकूल हो। हमें ऐसे अन्तर्विरोधों से बचने की ज़रूरत है, अन्यथा उपभोक्तावादी संस्कृति का सन्देश मानवीयता पर हावी होता जाएगा। अफ़सोस है कि महात्मा गांधी ने जिन सात सामाजिक बुराइयों (पापों) की निन्दा की थी, वे आज भी समाज में फूल-फल रही हैं: बिना सिद्धान्त की राजनीति, बिना मेहनत का धन, बिना विवेक का सुख, बिना चरित्र का ज्ञान, बिना नैतिकता का वाणिज्य, बिना मानवता का विज्ञान, एवं बिना त्याग की पूजा। इसमें आठवीं बुराई 'बिना बचपन का बाल श्रम' जुड़ गयी है! दुर्भाग्य है कि 2000 में पटना में एक

पत्रिका ने ग़लत तथ्य छाप दिया कि रेलवे स्टेशन के पास दातून बेच रही बच्चियाँ बाल श्रमिक हैं और यौन-शोषण की शिकार हैं!

अपनी पारिवारिक परिस्थितियों से मज़बूर होकर जो बच्चे नाना प्रकार के कार्यों में संघर्षशील रहते हैं, उन्हें हम उपेक्षित न करें बल्कि उन्हें सम्मान दें, तथा साथ मिलकर उन्हें संगठित करें। इसके साथ-साथ हम उनके व्यावहारिक एवं ज़मीनी अनुभवों को समझ-बूझकर देश की मुख्य धारा में उन्हें सहभागी बनाएँ। इसके लिए ज़रूरी है कि ऐसे कामकाजी बच्चों का विशेष रूप से, तथा अन्य बच्चों का सामान्य रूप से, सशक्तीकरण होना चाहिए अन्यथा वह दिन दूर नहीं जब ये बाल मज़दूर अपने परिवार, लोक समाज, और सरकार के विरुद्ध विद्रोह का बिगुल बजायेंगे, तब पछताने के सिवाय कोई दूसरा विकल्प नहीं होगा। महिलाओं और बच्चों का सवाल परस्पर जुड़ा है। महिलाओं की उपेक्षा और शोषण को बड़े पैमाने पर प्रकाश में लाया गया और आज स्वयं महिलाएँ नारी-जागरण आन्दोलन का नेतृत्व कर रही हैं, तथा राजनीतिक लोग उनके वोट की क़ीमत समझते हुए अब उनके सशक्तीकरण की दिशा में कमोबेश सहयोग का संकल्प ले रहे हैं। भारतीय संसद में महिलाओं के लिए आरक्षण का विधेयक (1996 में पेश) इस दिशा में एक महत्त्वपूर्ण कदम था। मगर कई क्षेत्रीय दल दलगत राजनीति करके उसे पारित होने में रोड़ा पैदा कर रहे थे, भले वह राज्यसभा से पारित था। ढाई दशकों के बाद 2023 में नारी शक्ति वन्दन अधिनियम 2023 संसद के दोनों सदनों से पारित हो गया जिसमें लोकसभा तथा राज्यों की विधान सभाओं में 33 प्रतिशत आरक्षण महिलाओं के लिए प्रावधानित है। यह संविधान में 106वें संशोधन के रूप में हैं। 28 सितम्बर 2023 को राष्ट्रपति श्रीमती द्रौपदी मुर्मू ने इसका अनुमोदन कर दिया और उसी दिन गजट अधिसूचना भी जारी हो गयी। मगर यह 2026-27 में जनगणना होने के बाद 2029 के लोकसभा चुनाव से प्रभावी होगा। उस समय लोक सभा और राज्य की विधान सभाओं की सदस्य संख्या बढ़ जायेगी। महिलाओं और बच्चों का सवाल नाभि-नाल की तरह होने से वह भी प्रासंगिक है। तो क्या हम बच्चों, ख़ासकर बाल मज़दूरों, को इसलिए उपेक्षित और शोषित करते रहेंगे कि उन्हें शासन में भागीदारी के रूप में वोट देने का अधिकार नहीं है? इसका ज़वाब बाल मज़दूरों के परिवारों, भारत सरकार, राज्य सरकारों,

स्वयंसेवी संस्थाओं, बुद्धिजीवियों, श्रमिक संघों, सामाजिक कार्यकर्त्ताओं, प्रशासकों, शिक्षकों, धर्मगुरुओं, तथा समग्र समाज को देना है। मानव जीवन के महत्वपूर्ण पहलुओं, जैसे महिलाओं और बच्चों का सवाल, ग़रीबी और बेरोज़गारी का सवाल, विषमता और बहिराव (एक्सक्लूजन) का सवाल, को बाज़ार के हवाले नहीं छोड़ा जा सकता, भले उदारीकरण, निजीकरण, और भूमंडलीकरण बदलाव का सब्ज़बाग दिखलाये। आख़िर अधिक आर्थिक वृद्धि दर वाले 'रोज़गारहीन' विकास का कोई मतलब नहीं है जो मानव जीवन की सभी दशाओं की गुणवत्ता में सकारात्मक परिवर्तन न लाये। आख़िर 'छोटू' कब तक छोटा रहेगा? इस ज्वलन्त सवाल का जैसा ज़वाब होगा, वैसा ही भारत का भविष्य होगा। लेकिन इसका ज़वाब 'कल नहीं, आज' चाहिए। कल किसने देखा है? 'कल हो न हो!' फिर भावी अनिश्चित काल के लिए सामने मौज़ूद वर्तमान को शोषण के जाल में क्यों फँसा रहने दें? एक ओर दुनिया भर में जानवरों की सुरक्षा, तथा पहाड़ों-जंगलों-जलाशयों की सुरक्षा की मुहिम तेज हो रही है, वहीं दूसरी ओर हम अपने बच्चों का नाना प्रकार से शोषण करने या करवाने से बाज नहीं आ रहे हैं। हम भारतीयों में धीरे-धीरे निष्क्रियता, उदासीनता एवं 'सब चलता है' की भावना इतना घर करती जा रही है कि हम बच्चों के प्रति अपनी मानवीय संवेदना को तिलांजलि दे चुके हैं। आइए, हम कामकाजी बच्चों को नये-नये सपने बुनने का मौका दें अन्यथा सपनों के बिना देश का भविष्य अन्धकार के गर्त में चला जाएगा। यदि बच्चों के सपने मर गए, तो मानवता स्वयं अन्धी एवं लूली-लँगड़ी हो जाएगी, क्योंकि पंजाबी भाषा के प्रसिद्ध कवि पाश के शब्दों में, 'सबसे ख़तरनाक होता है सपनों का मर जाना'। हम सभी संकल्प लें कि बच्चों के सपनों को न मरने दें।

हम निजी तौर पर प्रत्येक व्यक्ति, समूह, संस्था, परिवार, सरकार, और लोक समाज से अपील और निवेदन करते हैं कि वे बाल श्रम के मूल उन्मूलन की दिशा में कदम उठायें क्योंकि 'हज़ार मीलों की यात्रा पहले कदम' से ही शुरू होती है। हमें अपने बच्चों और दूसरे बच्चों के प्रति संवेदना में दोहरा मानदंड नहीं अपनाना चाहिए। प्रत्येक बच्चे में ईश्वर का अंश होता है (नास्तिक उसे 'प्रकृति का अंश' कह सकते हैं), सो उसे घृणा, वंचना, उपेक्षा, और शोषण का पात्र नहीं होना चाहिए। अब मात्र दयाभाव से भी काम नहीं

चलेगा। हमें बच्चों के अधिकारों (जीने, विकास, सुरक्षा एवं सहभागिता) का समर्थन हर हालत में करना होगा। यही सच्चा मानव धर्म है, यही सच्ची मानव सेवा है। दुष्यन्त ने ठीक ही कहा है :

आपके कालीन फिर देखेंगे कभी, अभी तो पाँव कीचड़ में सने हैं।<br>
अब तो इस तालाब का पानी बदल दो, ये कमल के फूल कुम्हलाने लगे हैं।।

× × ×

हो गयी है पीर पर्वत-सी पिघलनी चाहिए।<br>
इस हिमालय से कोई गंगा निकलनी चाहिए।।

कालांतर में संयुक्त राष्ट्र ने 2025 तक बाल श्रम की समाप्ति का आह्वान किया था क्योंकि 2020 में कोविड-19 (कोरोना) के कारण विगत दो दशकों में बाल श्रम उन्मूलन के लिए किये गये कार्यों को धक्का लग गया। इसके परिणामस्वरूप बाल श्रम की स्थिति बदतर होने की सम्भावना व्यक्त की गयी। मज़दूरी घटने पर ज़्यादा काम करने की बाध्यता भारत सहित तमाम विकासशील देशों में पाई गयी। दूसरे, कार्यरत माँ-बाप के बेरोज़गार हो जाने के कारण बच्चों को काम में लगाने की प्रवृत्ति भी बढ़ी। ऐसा ब्राजील, भारत, मेक्सिको, तंजानिया, ग्वाटेमाला आदि देशों में पाया गया। इसलिए अन्तरराष्ट्रीय श्रम संगठन ने भारत सरकार से 'विश्व बाल श्रम-विरोधी दिवस' (12 जून, 2020) को अपील की थी कि ग़रीबी-उन्मूलन तथा सार्वभौमिक साामाजिक सुरक्षा पर ज़्यादा ज़ोर दिया जाये, जिससे बच्चे विद्यालयों से बाहर होने के लिए बाध्य न हों, तथा विद्यालयों में भर्ती किये गये पूर्व बाल श्रमिक पुनः काम करने को बाध्य न हों। अस्तु, अन्तरराष्ट्रीय श्रम संगठन, तथा युनिसेफ ने संयुक्त रूप से बयान दिया कि विश्व की अधिकतम सरकारों ने कोविड-19 के कारण शिक्षा संस्थानों को बन्द कर दिया है मगर कहीं ऐसा न हो कि 'वैधिक कार्य करने की उम्र के बच्चे विद्यालयों से निकल न जायें, तथा अपनी सीमित शिक्षा और हुनर के साथ श्रम बाज़ार में न प्रवेश कर जायें।' अपने और अपने परिवार-रिश्तेदार के लिये सभी नागरिक काम करते हैं मगर सच्चा मानव वह है जो दूसरों के हितों के लिये प्रतिबद्ध हो।

# परिशिष्टः

## बाल श्रमिकों के बारे में 'दिल्ली घोषणा-पत्र'

भारत सरकार द्वारा आमन्त्रित गुटनिरपेक्ष एवं अन्य विकासशील देशों के श्रम मन्त्रियों का 5वाँ सम्मेलन नयी दिल्ली में 19-23 जनवरी, 1995 को ऐसे मौके पर सम्पन्न हुआ था, जब संयुक्त राष्ट्रसंघ अपनी 50वीं वर्षगाँठ, और अन्तरराष्ट्रीय श्रम संगठन अपनी 75वीं वर्षगाँठ मना रहा था। उक्त सम्मेलन में विश्व अर्थव्यवस्था, विशेषकर पिछड़े देशों की अर्थव्यवस्था, के परिदृश्य का अवलोकन करने पर निम्नलिखित तथ्य रेखांकित किये गये थे:

## विश्व अर्थव्यवस्था

(क) बेरोज़गारी और अल्प रोज़गार (अण्डरइम्प्लायमेण्ट) अधिकांश विकासशील देशों में बड़े पैमाने पर मौजूद है। अपेक्षाकृत आर्थिक विकास की दर कम होने और उन्नति की ज़रूरतें बदलने, युवकों की बेरोज़गारी एवं शिक्षितों की बेरोज़गारी बढ़ने, औपचारिक क्षेत्र में नौकरी के लुप्त होने, तथा अनौपचारिक क्षेत्र में नियोजन के बढ़ने, तथा महिला श्रमिकों की भागीदारी बढ़ने से समस्या जटिल हो गयी है।

(ख) अभी भी ग़रीबी एक महत्त्वपूर्ण परिघटना है क्योंकि विश्व की आबादी के 20 प्रतिशत, तथा विकासशील देशों की कुल आबादी के 30 प्रतिशत लोग ग़रीबी रेखा के नीचे हैं।

(ग) अधिकांश विकासशील देश कर्ज़ के भारी बोझ से दबे हैं। उनकी कर्ज़ देनदारी उनके सकल राष्ट्रीय उत्पाद (1993) का 30 प्रतिशत, तथा उनका कर्ज़-सेवा अनुपात उनके सकल राष्ट्रीय उत्पाद का 20 प्रतिशत है।

(घ) विकासशील देशों को संसाधनों का कुल शुद्ध हस्तान्तरण उनके सकल घरेलू उत्पाद (1992) का मात्र एक प्रतिशत है। किन्तु अधिकांश विकासशील देशों में संसाधन-हस्तान्तरण की दर नकारात्मक है।

(च) ऊँची आय वाले विकसित देश अभी भी विश्व-व्यापार का बड़ा भाग यानी 70 प्रतिशत ले लेते हैं।

(छ) यद्यपि बहुआयामी व्यापार समझौतों के 'उरुग्वे राउण्ड' का कार्यान्वयन किए जाने पर सभी देशों के आर्थिक अवसरों में वृद्धि होगी, और आर्थिक विकास, निवेश, तथा रोज़गार-सृजन पूरे विश्व में बढ़ेगा, किन्तु उनसे होने वाले लाभों को नवसंरक्षणवादी दलीलों यथा 'प्रतिबन्धित व्यापार' अथवा श्रम या पर्यावरण के मापदण्डों की आड़ में रोका जा सकता है।

उक्त सम्मेलन में उपर्युक्त विश्व आर्थिक परिदृश्य, ख़ासकर ग़रीबी, बेरोज़गारी की क्षमता, नकारात्मक संसाधन-हस्तान्तरण, कर्ज़दारी, व्यापार की बिगड़ती शर्तें; तथा संरक्षणवाद के नये रूपों के भय पर चिन्ता व्यक्त की गयी थी, और विकासशील देशों द्वारा अपने-अपने राष्ट्रीय स्तर पर इन समस्याओं के समाधान पर ज़ोर दिया गया। किन्तु इसके साथ-साथ अन्तरराष्ट्रीय स्तर पर संरचनावाद को कम करने, विश्व बाज़ारों, उत्पादनशील निवेशों, तथा प्रौद्योगिकी में विकासशील देशों की सुलभता बढ़ाने, तथा तकनीकी एवं वित्तीय सहयोग के लिए अन्तरराष्ट्रीय समर्थन बढ़ाने की ज़रूरत पर भी ज़ोर दिया गया था। इस सम्मेलन ने संयुक्त राष्ट्रसंघ के सौजन्य से मार्च 1995 में कोपेनहेगेन में होने वाले 'सामाजिक विकास सम्मेलन' में शासनाध्यक्षों द्वारा इन समस्याओं को उठाने की अनुशंसा की गयी थी क्योंकि उनका एजेण्डा रोज़गार-सृजन, ग़रीबी-उन्मूलन, और सामाजिक अखण्डता प्रस्तावित था। इस सम्मेलन ने विकासशील देशों द्वारा तीसरी दुनिया के देशों के विरुद्ध आर्थिक या राजनीतिक लाभ के लिए लागू किए जाने वाले एकतरफ़ा दबावपूर्ण आर्थिक उपायों को अस्वीकार कर दिया। इसी प्रकार यदि किसी देश द्वारा अपने कानूनों का इस्तेमाल अपने भू-भाग से बाहर जाकर दूसरे देशों की सम्प्रभुता का उल्लंघन कर किया जाता है, तो यह सम्मेलन उसे भी अस्वीकार करता है।

सम्मेलन द्वारा एक प्रोग्राम ऑव ऐक्शन (कार्रवाई का कार्यक्रम) बनाया गया था जो संक्षेप में निम्नलिखित है:

## (I) संरचनात्मक समायोजन (स्ट्रक्चरल एडजस्टमेंट) का प्रबन्धन

(1) मुद्रा स्फीति पर नियन्त्रण।

(2) बजट में उन क्षेत्रों में सावधानीपूर्वक कटौती करना जिनसे तात्कालिक सम्भावित रोज़गार में कटौती न हो।

(3) अनुत्पादक ख़र्चों में कमी कर उसकी बचत को रोज़गार-सृजन एवं रोज़गार-स्थायित्व वाली आधारभूत संरचनाओं के विकास में लगाना।

(4) छँटनीग्रस्त मज़दूरों का प्रशिक्षण, पुनःप्रशिक्षण, एवं पुनःनियोजन।

(5) श्रम संरक्षण, ख़ासकर विशेष निधियों का कुशल प्रबन्धन, और छँटनीग्रस्त मज़दूरों की समस्याओं का समाधान करने हेतु तत्पर एवं प्रभावकारी सेवा देना।

(6) सामाजिक सुरक्षा व्यवस्थाओं का कुशल प्रबन्धन।

(7) अन्तरराष्ट्रीय क्षेत्र में उत्पादकता, रोज़गार, आय-क्षमता, तथा कार्य की दशाओं (पेशागत स्वास्थ्य एवं सुरक्षा सहित) में सुधार।

(8) ग्रामीण उद्योगों का विविधीकरण (डायवर्सीफिकेशन)-पारम्परिक शिल्प उद्योगों में प्रौद्योगिकीय सुधार।

(9) लघु एवं सीमान्त किसानों का संरक्षण।

(10) संसाधनों का संवर्द्धन-बुनियादी शिक्षा और कौशल विकास, ख़ासकर कमज़ोर वर्गों का।

(11) लक्षित प्रत्यक्ष रोज़गार कार्यक्रमों की स्थापना-प्रशासनिक ख़र्चों में कमी, और लाभों के दुरुपयोग को रोकने का प्रयास करना।

(12) सार्वजनिक वितरण प्रणाली में सुधार, जिससे कमज़ोर वर्गों के लिए कम क़ीमतों पर आवश्यक वस्तुओं को मुहैया कराया जा सके।

## (II) रोज़गार

रोज़गारों के अवसरों को बढ़ाने के लिए निम्नलिखित उपाय किए जायें:

(1) श्रम-शक्ति पर जनसंख्या वृद्धि के प्रभाव को देखते हुए आर्थिक एवं सामाजिक नीतियों का पुनर्सामंजन। समय-समय पर जनसंख्या-वृद्धि की समीक्षा करना ज़रूरी।

(2) श्रम-शक्ति के वितरण, रोज़गार की प्रवृत्तियों, तथा बेरोज़गारी की विशेषताओं (अल्पकालिक, दीर्घकालिक, चक्रीय, संरचनात्मक वग़ैरह) की समय-समय पर समीक्षा होनी चाहिए, तथा उचित सुधारवादी उपाय किया जाना चाहिए। सभी क्षेत्रों यथा कृषि, उद्योग, एवं सेवा में रोज़गार-सृजन हेतु आर्थिक विकास की रणनीति उन्मुख होनी चाहिए।

(3) उत्पादन क्षमताओं की पूर्ण उपयोगिता ऐसे स्थापित की जाए जिससे घरेलू एवं निर्यात बाज़ार की ज़रूरतें पूरी हों, और इस प्रक्रिया में रोज़गार के उपयोग पर सकारात्मक प्रभाव पड़े।

(4) आन्तरिक एवं बाह्य संसाधनों का उपयोग रोज़गार-सृजन हेतु किया जाए।

(5) ख़ासकर ग्रामीण क्षेत्रों में स्थानीय संसाधन पर आधारित हस्तशिल्प उद्योगों की स्थापना की रणनीति बनाई जाए जिससे क्षेत्रीय विषमता कम की जा सके, तथा उन्नत प्रौद्योगिकी अपनाई जाए, जिससे कारीगरों को शारीरिक रूप से कष्टकारक प्रक्रियाओं से त्राण मिल सके, और उनकी उत्पादकता बढ़ सके, तथा उत्पादों की गुणवत्ता एवं बाज़ारीकरण में वृद्धि हो सके। इसके अलावा उन कारीगरों को प्रशिक्षण और ऋण उपलब्ध कराने की भी व्यवस्था हो।

## (III) मानव संसाधन एवं कौशल विकास

(1) सकल राष्ट्रीय आय, एवं शिक्षा तथा प्रशिक्षण पर सरकारी ख़र्च पर ज़रूरी अनुपात में निवेश हेतु नीतियाँ बनाई जायें।

(2) शिक्षा के क्षेत्र में उप-क्षेत्रीय प्राथमिकता यथा प्राथमिक शिक्षा, माध्यमिक शिक्षा, एवं उच्चतर शिक्षा का विश्लेषण किया जाए यथा उनके बीच निवेश अनुपात, विवेकपूर्ण तरीक़े से सामंजित किया जाए जिससे उस निवेश का सामाजिक लाभ एवं निजी लाभ बढ़ाया जा सके।

(3) शिक्षा की सुलभता एवं वहाँ ठहराव बढ़ाने के लिए मानव पूँजी के विकास के प्रयास की प्रासंगिक और बहुआयामी रणनीति बनाई जाए जिसमें निम्नलिखित उपाय किए जाएं:

(क) सर्वोच्च प्राथमिकता के रूप में प्राथमिक शिक्षा का सर्वव्यापीकरण।

(ख) औपचारिक शिक्षा के पूरक के रूप में अनौपचारिक एवं लचीली शिक्षा-व्यवस्था।

(ग) माध्यमिक शिक्षा में नामांकन एवं ठहराव पर्याप्त ढंग से बढ़ाना।

(घ) माध्यमिक एवं उत्तर-माध्यमिक शिक्षा में तकनीकी एवं व्यावसायिक शिक्षा में वृद्धि।

(ङ) त्वरित गति से बदलती प्रौद्योगिकी के अनुरूप, तथा श्रम-बाज़ार के लिए प्रासंगिक कौशल सीखने की लचीली व्यवस्था।

(च) उत्पादकता की प्राप्ति, तथा व्यावहारिक एवं सैद्धान्तिक ज्ञान से परिपूर्ण एवं एप्रेन्टिसशिप के मापदण्ड बनाए जायें, और इसमें शैक्षिक संस्थाओं और उद्योगों का परस्पर तालमेल हो।

(छ) आधुनिक शिक्षा में प्रौद्योगिकी का उपयोग हो।

(ज) औपचारिक डिग्री-डिप्लोमाओं तथा प्रमाण-पत्रों से रोज़गार को अलग करने हेतु हुनर के स्तरों के वस्तुगत मूल्यांकन की व्यवस्था हो।

(झ) तृतीयक एवं उच्च-तृतीयक शिक्षा (उच्च शिक्षा) का उन्मुखीकरण करके वैज्ञानिकों एवं प्रौद्योगिकी विशेषज्ञों की टीम तैयार करना:

(ञ) शोध एवं विकास कार्य का संवर्द्धन।

(ट) आत्मनिर्भरता का संवर्द्धन।

(ठ) स्थायी विकास में योगदान ।

(ड) प्रशिक्षित व्यक्तियों को स्वरोज़गार हेतु वित्तीय, गुणवत्ता संधारण, एवं बाज़ारीकरण में मदद करना।

## (IV) श्रम-बाजार

श्रम-बाजार, प्रौद्योगिकीय, एवं व्यापारिक शक्तियों में हुए परिवर्तन के आलोक में श्रम कानूनों और नियमों की समीक्षा की जाए। इसके अलावा सामाजिक सहभागियों की पूर्ण सहभागिता हो, तथा उसके साथ-साथ नियोजित व्यक्तियों की क्षमता बढ़ाने और नियोजन की तलाश करने वालों के लिए प्रशिक्षण की व्यवस्था हो।

## (V) लैंगिक भेदभाव-उन्मूलन

महिलाओं के प्रति बढ़ते लैंगिक भेदभाव को ख़त्म किया जाए जिससे शिक्षा तथा कौशल प्राप्ति में उन्हें समानता मिले, एवं स्व-नियोजन तथा मज़दूरी-नियोजन में उनके साथ होने वाले भेदभाव के विरुद्ध संरक्षण मिले, तथा महिलाओं के हितों को नुकसान पहुँचाने वाले कारकों के विरुद्ध भी उन्हें संरक्षण मिले। सरकार को इसके लिए निम्नलिखित कार्रवाई करनी चाहिए:

(1) महिलाओं के आर्थिक विकास की नीति प्राथमिकता के आधार पर घोषित हो।

(2) आर्थिक कार्यों में महिलाओं के योगदान पर अध्ययन किया जाए, और राष्ट्रीय लेखा में उसे शामिल किया जाए।

(3) महिलाओं के हुनर के विकास के लिए सकारात्मक उपाय किए जायें, तथा यह ध्यान रखा जाए कि किसी पेशे को सिर्फ़ महिलाओं के लिए अलग करने की प्रवृत्ति न हो जिससे सभी प्रक्रियाओं में महिलाएँ कौशल प्राप्त कर सकें।

(4) अनौपचारिक एवं सरल तरीक़ों से महिलाओं को स्वनियोजन हेतु ऋण आदि की व्यवस्था हो।

(5) सहकारिता, स्व-सहायता समूहों आदि के गठन में महिलाओं को रखा जाए, तथा विभिन्न प्रकार के विकास संसाधनों को उसके साथ मिलाया जाए।

## (VI) बाल श्रम-उन्मूलन

बाल श्रम प्रथा का उन्मूलन करने के लिए व्यवस्थित तरीक़े से निम्नलिखित उपाय करना चाहिए:

(1) यदि पूर्व में सर्वेक्षण नहीं किया गया हो, तो बाल श्रमिकों का सर्वेक्षण किया जाना चाहिए। इसके बाद विशिष्ट उद्योगों के बच्चों की दशाओं का विशिष्ट अध्ययन किया जाना चाहिए।

(2) तत्काल ख़तरनाक नियोजनों से निर्धारित अवधि में बाल श्रमिकों को हटाया जाए, और धीरे-धीरे सभी नियोजनों से बाल श्रमिकों को हटाने की नीति एवं कार्यक्रम बनाया जाए।

(3) नियोजन से बच्चों को हटाकर शौक्षिक संस्थानों में भर्ती किया जाए, और उसके लिए विशेष निवेश किया जाए, तथा ज़रूरत पड़ने पर विशेष विद्यालयों की स्थापना की जाए।

(4) विशेष विद्यालयों का पाठ्यक्रम इस तरह से बनाया जाए कि बाद में वे बच्चे औपचारिक विद्यालयों की मुख्यधारा में प्रवेश पा सकें।

(5) वयस्क बनने के पहले किशोरों को शौक्षिक प्रक्रिया के रूप में विभिन्न व्यावसायिक कौशल सिखाया जाए।

(6) बाल श्रमिकों के संरक्षण से सम्बन्धित कानूनों की संगत धाराओं को सख़्त किया जाए, एवं उनका कार्यान्वयन कड़ाई से किया जाए।

(7) काम से हटाकर शिक्षण में लाए गये बच्चों के माँ-बाप की पहचान की जाए, तथा उन्हें ऐसा हुनर सिखाया जाए जिससे वे स्वरोज़गार या मज़दूरी वाला रोज़गार प्राप्त कर सकें। इसके साथ-साथ उन्हें सरकार द्वारा चलाए जा रहे ग़रीबी-उन्मूलन कार्यक्रमों से भी मदद दी जाए।

(8) जहाँ एक से अधिक सरकारी एजेन्सियाँ बच्चों से सम्बन्धित कार्यक्रम चला रही हों, वहाँ उन सेवाओं और कार्यक्रमों में तालमेल (समन्वय) स्थापित किया जाए जिससे बाल श्रम ख़त्म करने के लिए त्वरित कार्रवाई हो।

(9) ग़ैर-सरकारी संगठनों की सहभागिता सुनिश्चित की जाए जिससे बाल श्रम-उन्मूलन की परियोजना और कार्यक्रमों के कार्यान्वयन का विकेन्द्रीकरण हो सके।

## (VII) अन्तरराष्ट्रीय एवं अन्तर-राज्यीय प्रवासी मज़दूर (इन्टरनेशनल एण्ड इन्टर-स्टेट माइग्रैंट लेबर)

(1) ऐसी नीति और कार्यक्रम बनाए जायें जिससे श्रमिकों का अन्तरराष्ट्रीय प्रवासन व्यवस्थित एवं वैधानिक तरीक़े से हो।

(2) वैधानिक एवं व्यवस्थित रोज़गार हेतु अन्तरराष्ट्रीय प्रवासी मज़दूरों को पूर्ण एवं मुफ़्त सूचना, प्रवासन एवं अप्रवासन के कानून, भर्ती, नियोजन, सेवा, तथा कार्य-दशा आदि के बारे में मिले।

(3) मूल देशों एवं गन्तव्य देशों में ऐसी विनियमन प्रक्रियाएँ हों जिससे बीच की सेवाएँ पारदर्शी हों।

(4) अन्तरराष्ट्रीय प्रवासन की प्रवृत्तियाँ तथा उनके शैक्षिक-आर्थिक प्रभावों के विश्लेषण हेतु सम्बन्धित देशों द्वारा समय-समय पर सर्वेक्षण, समीक्षा, एवं विशेष अध्ययन किया जानाचाहिए।

(5) अन्तर-राज्यीय प्रवासन से शहरों में भीड़-भाड़, असामान्य कार्य दशाएँ, समाज में तनाव आदि पैदा न हों। इसके लिए ग्रामीण क्षेत्रों में रोज़गार-सृजन के अवसरों के लिए नीतियाँ बनाई जायें।

## (VIII) अन्तरराष्ट्रीय व्यापार एवं नियोजन

अन्तरराष्ट्रीय व्यापारों से सम्भावित नियोजन का लाभ उठाने के लिए निम्नलिखित उपाय किए जाने चाहिए:

(1) निर्यातोन्मुखी विकास की रणनीति के लिए समुचित उन्मुखीकरण करना।

(2) पूर्ण निर्यात में व्यापारिक निर्यात बढ़ाने हेतु अधूरे एवं पूर्ण मैनुफैक्चर के ज़रिए उत्पादन का विविधीकरण (डायवर्सीफिकेशन)

## (IX) श्रम-मापदण्डों का उन्नयन

(1) अन्तरराष्ट्रीय श्रम संगठन के समझौतों को अन्तरराष्ट्रीय व्यापार से जोड़ने के प्रयास का सभी अन्तरराष्ट्रीय मंचों पर विरोध करना।

(2) अन्तरराष्ट्रीय श्रम संगठन के अन्तर्गत व्यापार सरोकारों से सम्बद्ध हुए बिना अन्तरराष्ट्रीय श्रम मापदण्डों की समीक्षा करना, उन्हें अद्यतन करना, एवं संग्रहण करना।

(3) प्रत्येक देश के सामाजिक, आर्थिक, और औद्योगिक विकास के स्तरों के अनुरूपअन्तरराष्ट्रीय श्रम संगठन के समझौतों के अनुमोदन हेतु राष्ट्रीय स्तर पर समय-समय पर समीक्षा करना।

(4) त्रिपक्षीय परामर्श के आधार पर व्यवस्थित ढंग से श्रम मापदण्डों को सुधारने हेतु राष्ट्रीय कानूनों को ताकत देना।

(5) राष्ट्रीय स्तर पर श्रम-मापदण्डों के कार्यान्वयन पर ज़ोर देना।

## (X) क्षैतिज सहयोग

संरचनात्मक समायोजन का प्रबन्धन, उत्पादकता का प्रबन्धन, मानव पूँजी का विकास, महिलाओं के नियोजन, तथा युवकों के प्रशिक्षण एवं नियोजन कार्यक्रमों पर ज़ोर, बाल श्रम-उन्मूलन, अन्तरराष्ट्रीय एवं अन्तर-राज्यीय प्रवासन का प्रबन्धन, निर्यात एवं रोज़गार-सृजन, श्रम मापदण्डों का उन्नयन आदि के आलोक में इस सम्मेलन ने क्षैतिज सहयोग पर ज़ोर दिया। उसके लिए आँकड़ों को एकत्र करना, सेमिनार/वर्कशॉप आयोजित करना, तथा अध्ययन-यात्राएँ आदि सम्पन्न हों। इसके अलावा श्रम प्रशासकों, नियोजकों के प्रतिनिधियों, तथा श्रम संगठनों, और विशेषज्ञों आदि का परस्पर आदान-प्रदान उनके अनुभव को बढ़ाने के लिए किया जाना चाहिए। इसके अलावा ऐसी संस्थाओं की स्थापना की जानी चाहिए जो औद्योगिक सम्बन्ध, सामाजिक सुरक्षा, पेशागत स्वास्थ्य एवं सुरक्षा, व्यावसायिक प्रशिक्षण, मज़दूरों की शिक्षा, आदि क्षेत्रों में समुचित सहयोग कर सकें।

इस प्रकार इनमें से अधिकतर अनुशंसाएँ इक्कीसवीं सदी में भी सार्थक एवं उपयोगी हैं। लेकिन यह भी सच है कि क़रीब तीन दशक बीतने के बावजूद इस घोषणा-पत्र का मनसा, वाचा, कर्मणा अनुपालन अधिकतर विकासशील देशों ने नहीं किया।

# सन्दर्भ ग्रन्थ-सूची


अवाचट, अनिल — ‘द वार्प एण्ड द वेफ्ट-1’, *इकोनॉमिक एण्ड पॉलीटिकल वीकली,* सं. 34, 20 अगस्त, 1988

अवस्थी, दिलीप — ‘ग्लास इण्डस्ट्री: कटिंग कार्नर्स’, *इंडिया टुडे,* 31 दिसम्बर, 1986

कण्ठ, आमोद एवं आर.एम. वर्मा — ‘नेगलेक्टेड चाइल्ड’ (1993), *‘प्रयास’,* नयी दिल्ली

कपाड़िया, कामिनी आर. एवं उषा नायडू — *‘चाइल्ड लेबर एण्ड हेल्थ: प्रॉब्लम्स ऐण्ड प्रास्पेक्ट्स’,* टाटा इन्स्टीट्यूट ऑव सोशल साइंसेज, मुम्बई (1985)

कोठारी, एस. — ‘एक्सप्लोयटिंग द यंग’, *इण्डिया टुडे,* 15 जनवरी, 1983

कोठारी, एस. — ‘देअर इज ब्लड इन दीज मैचस्टिक्स: चाइल्ड लेबर इन शिवकाशी’, *ई.पी.डब्ल्यू,* खण्ड 18, सं. 27 जुलाई 1983

कुलश्रेष्ठ, जे.सी., — *‘इण्डियन चाइल्ड लेबर’*

कुलश्रेष्ठ, डी.के. एवं एस.के. शर्मा — *‘चाइल्ड लेबर इन मुरादाबाद मेटलवेयर इण्डस्ट्री’,* द *इकोनॉमिक टाइम्स,* 19 अक्टूबर, 1980

| | |
|---|---|
| कार्लेकर, मालविका | *'पॉवर्टी एण्ड वीमेन्स वर्क: अ स्टडी ऑव स्वीपर वीमेन इन इण्डिया'* (1982), विकास पब्लिशिंग हाउस, नयी दिल्ली |
| कुमार, एस. | 'जेंडर इसूज ऐण्ड क्वालिटी ऑव वर्क लाइफ', *'लेबर एण्ड डेवलपमेण्ट'*, खण्ड 1, सं. 1, जु.दि. 1995 |
| कुमार, एस. | 'चाइल्ड लेबर एण्ड एजूकेशन', सिंह एण्ड मोहंती, (सं.) *'चिल्ड्रेन एट वर्क'* (1993), बी.आर. पब्लिशिंग कॉरपोरेशन, दिल्ली |
| किश्वर, मधु एवं रूथ वनिता (सं.) | *'इन सर्च ऑव आन्सर्स'* (1984), जेड बुक्स लि., लन्दन |
| खांडेकर, मंदाकिनी | *'अ रिपोर्ट ऑन द सिचुएशन ऑव चिल्ड्रेन एण्ड यूथ इन ग्रेटर बाम्बे'* (1970), टाटा इन्स्टीट्यूट ऑव सोशल साइंसेज, मुम्बई |
| खान, एस. | 'माइग्रैंट चाइल्ड लेबर इन कारपेट इण्डस्ट्री ऑव मिर्जापुर-भदोही', *'नेगलेक्टेड चाइल्ड'*, (1993) 'प्रयास', नयी दिल्ली |
| खातू, के.के. आदि | *'वर्किंग चिल्ड्रेन इन इण्डिया'* (1983), ऑपरेशन रिसर्च ग्रुप, बड़ौदा |
| गुलाटी, लीला | *'प्रोफाइल्स इन फीमेल पॉवर्टी: अ स्टडी ऑव फाइव पुअर वीमेन इन केरल'* (1981), हिन्दुस्तान पब्लिशिंग कॉरपोरेशन, दिल्ली |
| गंग्राडे, के.डी. एवं जोसेफ ए. गाथिया | *'वीमेन एण्ड चाइल्ड वर्कर्स इन अनआर्गनाइज्ड सेक्टर'* (1983), कान्सेप्ट पब्लिशिंग कं., नयी दिल्ली |
| घोष, ए. | *'स्ट्रीट चिल्ड्रेन ऑव कलकत्ता: ए सिचुएशनल एनालिसिस'* (1992), बी.बी. गिरि नेशनल लेबर इन्स्टीट्यूट, नोएडा (उत्तर प्रदेश) |
| जुयाल, बी.एन. आदि | *'चाइल्ड लेबर: द ट्वाइस एक्सप्लायटेड'* (1985), इन्स्टीट्यूट ऑव गांधियन स्टडीज, वाराणसी |

| | |
|---|---|
| बुर्रा, नीरा | *'बॉर्न टू वर्क: चाइल्ड लेबर इन इण्डिया'* (1997), ऑक्सफोर्ड युनिवर्सिटी प्रेस, दिल्ली |
| नायडू, उषा एवं एस. परशुरामन | *'हेल्थ सिचुएशन ऑव वर्किंग चिल्ड्रेन इन ग्रेटर बॉम्बे'* (1985), टाटा इन्स्टीट्यूट ऑव सोशल साइंसेज, मुम्बई |
| नायर, आर. | 'एजूकेशन: व्हाई डू मोर गर्ल्स ड्रॉप आउट'? *'कुरुक्षेत्र'*, 1-15 मई, 1983 |
| पटेल, बी.बी. एवं रक्षा अलघ | *'चाइल्ड लेबर इन इण्डिया'*, गाँधी लेबर इन्स्टीट्यूट, अहमदाबाद |
| प्रेमभाई | *'रिपोर्ट टू द सुप्रीम कोर्ट रिगार्टिंग चाइल्ड वीवर्स ऑव मिर्जापुर-भदोही-वाराणसी'* (1984), वाराणसी (मिमियो) |
| पुरुषोत्तम पी. | *'अ प्रोफाइल ऑव बीडी वर्क्स'*, 'सोशल चेंज, खण्ड 19, सं. 1, मार्च 1983 |
| बेकेले ए. एवं जे. बायडेन (सं.) | *'कम्बैटिंग चाइल्ड लेबर'* (1988), अन्तरराष्ट्रीय श्रम संगठन, जेनेवा |
| मण्डल, सुदीप्त | 'द बांडेड ऑव पलामू', *इकोनॉमिक एण्ड पोलिटिकल वीकली*, सं. 18, 1 मई 1976 |
| मोहसिन, नदीम | *'चाइल्ड राइट्स एण्ड एब्यूजेज'* (1994), ए. एन. सिन्हा इन्स्टीट्यूट ऑव सोशल स्टडीज, पटना |
| मिश्रा, जी.पी. एवं पी.एन. पाण्डेय, | 'सप्लाई ऑव चाइल्ड लेबर : एन इन्वेस्टीगेशन' (लेख), *लेबर एण्ड डेवलपमेण्ट*, खण्ड 1, सं. 1, जुलाई-दिसम्बर 1995 |
| युनिसेफ | *'एक बच्चा होने का अधिकार'* (1994), नयी दिल्ली |
| युनिसेफ | *'चिल्ड्रेन एण्ड वीमेन इन इण्डिया-1990'* (1991), नयी दिल्ली |
| युनिसेफ | *'द स्टेट ऑव वर्ल्ड्स चिल्ड्रेन 1997'*, ऑक्सफोर्ड युनिवर्सिटी प्रेस, नयी दिल्ली |

| | |
|---|---|
| यूनिसेफ | *'एन एनालिसिस ऑव द सिचुएशन ऑव चिल्ड्रेन इन इण्डिया'* (1994), नयी दिल्ली |
| राव, बी.बी. आर. एवं बी. मलिक | (1997) *'स्ट्रीट चिल्ड्रेन ऑव हैदराबाद: अ सिचुएशनल एनालिसिस'*, बी.बी. गिरि नेशनल लेबर इन्स्टीट्यूट, नोएडा (उत्तर प्रदेश) |
| रेड्डी, नन्दना | *'स्ट्रीट चिल्ड्रेन ऑव बंगलौर: अ सिचुएशनल एनालिसिस'* (1992), बी.बी. गिरि नेशनल लेबर इन्स्टीट्यूट, नोएडा (उत्तर प्रदेश) |
| श्रीनिवासन, के. (सं.) | *'डेमाग्रॉफिक एण्ड सोशियो-इकोनॉमिक एस्पेक्ट्स ऑव चाइल्ड इन इण्डिया'* (1979), हिमालय पब्लिशिंग हाउस, मुम्बई |
| सिंह, एन्ड्री मेनेफी एवं अनिता केलेस-वीतानेन | *'इनविजिबुल हैंड्स'* (1987), सेज पब्लिकेशन्स, नयी दिल्ली |
| सिंह, मुसाफिर एवं अन्य | *'वर्किंग चिल्ड्रेन इन मुम्बई: अ स्टडी' (1980)*, नेशनल इन्स्टीट्यूट ऑव पब्लिक कोऑपरेशन ऐण्ड चाइल्ड डेवलपमेण्ट, नयी दिल्ली |
| शर्मा, सुभाष | भारत में मानवाधिकार, (2024), नेशनल बुक ट्रस्ट (भारत), नयी दिल्ली। |
| वीनर, माइरन | *'द चाइल्ड एण्ड द स्टेट इन इण्डिया'* (1991), ऑक्सफोर्ड युनिवर्सिटी प्रेस, नयी दिल्ली |
| 'चाइल्ड लेबर : चैलेंज ऐण्ड रिस्पोंस' | बी.बी. गिरि नेशनल लेबर इन्स्टीट्यूट, नोएडा (उत्तर प्रदेश) |
| 'स्टेटिस्टिक्स ऑन चिल्ड्रेन इन इण्डिया' | (1996) नेशनल इन्स्टीट्यूट ऑव पब्लिक को-ऑपरेशन एण्ड चाइल्ड डेवलपमेण्ट, नयी दिल्ली |
| 'क्राइम इन इण्डिया' | नेशनल क्राइम रिकार्ड्स ब्यूरो (1994), (1991), एवं 2019 गृह मन्त्रालय, भारत सरकार, नयी दिल्ली |

‘द सिचुएशन ऑव वर्किंग चिल्ड्रेन इन तमिलनाडु’ (वर्कशॉप रिपोर्ट) — (1992), बी.बी. गिरि नेशनल लेबर इन्स्टीट्यूट, नोएडा (उत्तर प्रदेश)

‘द सिचुएशन ऑव वर्किंग चिल्ड्रेन इन उत्तर प्रदेश’ (वर्कशॉप रिपोर्ट) — (1992), बी.बी. गिरि नेशनल लेबर इन्स्टीट्यूट, नोएडा (उत्तर प्रदेश)

‘स्ट्रीट गर्ल्स ऑव दिल्ली’ — (1993), बी.बी. गिरि नेशनल लेबर इन्स्टीट्यूट, नोएडा (उत्तर प्रदेश)

‘स्ट्रीट गर्ल्स ऑव मद्रास’ — (1992), बी.बी. गिरि नेशनल लेबर इन्स्टीट्यूट, नोएडा (उत्तर प्रदेश)

‘माई नेम इन टुडे’ — खण्ड 1, सं. 2, अगस्त-अक्टूबर (1993)

‘माई नेम इन टुडे’ — खण्ड 1, सं. 2, अप्रैल-जून (1994)

अन्तरराष्ट्रीय श्रम संगठन — ‘वर्ल्ड लेबर रिपोर्ट’ (1992), जेनेवा

अलेक्स, जॉर्ज एवं समीत पांडा — (2015) चाइल्ड लेबर ला अमेंडमेंट, *इकोनॉमिक एवं पोलिटिकल वीकली*, सं. 38 पृष्ठ 16-19